JN303544

構成主義的
心理療法
ハンドブック

マイケル・F・ホイト 編
児島達美 監訳

金剛出版

The Handbook of Constructive Therapies
Innovative Approaches from Leading Practitioners

edited by

Michael F. Hoyt

Copyright © 1998 by Jossey-Bass Inc., Publishers,
Japanese translation rights arranged
with John Wiley & Sons International Rights, Inc.
through Japan UNI Agency Inc.,Tokyo
Printed in Japan

日本語版への序文

マイケル・F・ホイト
Michael F. Hoyt

　一つの言語で書かれ編集された言葉の数々が別の言語によってその姿を現すことはほんとうに驚くべきことです。この特別な本の中の各章は，著者たちと私が有益なものであると理解してきたアイデアを表現しており，日本の読者の皆さんが，十分時間をかけてこれらについて検討して下さるならば，私たちにとってこれほど光栄なことはありません。
　構成主義的心理療法の基本的な考えかたは，私たち人間は，自らの行動に影響を与える一つの世界観（「ストーリー」もしくは「物語」）を積極的に造りだしているということです。つまり，どのように見るかということが何を理解するかということの決定を，さらに，何を理解したかということが何をするかということの決定を促しているということです。読者の皆さんは，以下の各章の中で，構成主義的心理療法を実際に行う際の多くの異なる方法に出会い，それらを研究する機会が得られるでしょう。そして，ご自分の洞察，臨床経験，文化的な知恵を，クライエントが望むものをさらにもたらすような形で彼らのストーリーが変化することを援助できる方法を見出すのに応用していただきたいと思います。
　本書の中には，それぞれ熟考に値するさまざまな臨床的な諸問題とセラピストのスタイルが含まれています。しかし，それらすべてに関連した何らかの特徴も見出されるのではないかと思います。それは次のようなものです。（1）言葉の使用に際しての十分かつ鋭敏な注意にもとづいて，社会的に構成された現実に対する信念をもつこと。（2）治療同盟と本当の共同性を重要視すること。（3）クライエントの能力，動機，考え，価値，目標を何よりも尊重すること。（4）現在と未来の可能性がもっている価値を十分に認識すること。これらの特徴は，実は，かつて私のHAIKUの神様

がささやかれたものでもあったのです。

　　　言葉にこころを傾けて
　　　　　問題よりも解決の
　　　　　　そこに奇跡のしるしあり

　英語版の原著,『構成主義的心理療法ハンドブック』(1998) の編者として,すぐれたセラピストでもある書き手のグループと一緒に仕事ができたことは大変な喜びでした。そして,各章をまとめる作業を行っているうちに徐々に深く気づかされてきたのは,それぞれの執筆者が言葉についていかにそれを明瞭なものにし,大切にしようとしているかということでした。いずれもほんとうにすばらしいものになりました（言葉の使用についての専門家が自分たちの言葉をさらに見事に使いこなそうとしたのですから）。それだけに,日本語版の出版の話を耳にした時には,私は不安になってしまいました！　この著者たちの注意深い言葉の選択によって表現された多様な意味が果たして翻訳可能なのか,そうした心配が始まったのです。

　しかし,ありがたいことに私の心配はまったく無用なものになりました。日本ブリーフサイコセラピー学会の主要なメンバーの一人である児島達美教授が,日本語版の出版プロジェクト全体の監修に賛意を示してくれたのです。我々にとって,これは最大の幸運とも言うべきものでした。彼自身,専門家として,メンタルヘルスに関して高い知識をもち英語にも堪能な理想的な翻訳者のグループを集めてくれました。各翻訳者は,それぞれ担当する章の理論と内容についてはすでに十分精通しており,すべての作業が児島教授との協議の上で行われました。こうして,ここに,一貫した正確さと表現力そして有益なものに富んだ成果が誕生したのです。

　私は,原著『ハンドブック』の序論の謝辞で,各章の執筆者に対する感謝の意を述べましたが,ここにあらたなリストを書き加えることができることを大変うれしく思っています。児島達美教授そしてすばらしい翻訳者のグループ,さらにとくに読者の方々に,DOMO ARIGATO！

まえがき

ケネス・J・ガーゲン
Kenneth J. Gergen

　『構成主義的心理療法ハンドブック』の初版が誕生したことは実に喜ぶべきことである。意味の構成に関する一書，これこそは現代の文化，セラピーの本質，そして結局のところは人間であるとはどういうことかということについての今日的な対話を始めるにふさわしい入り口である。ところが，これらのテーマは，専門家たちの議論の中ではあまりにも見落とされている。そこで私は，何よりもまず，本書に含まれている文化の意味についてコメントしたい。セラピーに関する動きは，今日に至るまで文化の中においてその力を発揮してきた。それは，20世紀全体にわたり，人々が自らの人生の中で何が問題なのか，それはどのように問題なのか，ということを決定する際，また，これらの決定にどのように対応すべきか，といった点で中心的な役割を果たしてきている。事実，フロイトの時代から今日に至るまで，メンタルヘルスの専門家たちは，慣習に疑問を投げかけ，あらたな理解を促進するためのメタファーをこしらえ，人生の選択のための陣地を構築することによって，文化を動かす絶え間ない源泉の一つになっている。こうした点から，私は，本書を，セラピーの領域における文化の近代主義的な移り行きを際立たせた最初のハンドブックとして，きわめて重大な意義をもったものと理解している。もしくは，こう言ってよければ，文化を促進する役割としてのセラピーの専門的な力を実質的に復活させているのである。

　そのごく一端ではあるが，本書は，近代主義の時代の中心的な概念である真実，客観性，合理性，そして道徳原理といった諸概念が衰退しつつあることへの暗黙の解説書となっている。これらの概念は，どれほど，文化にもとづいた会話の流れを阻害する働きをしてきたことであろうか。また，どれほど，我々の表現の本性に制限を加えてきたことであろうか。その結果，自分たちに共通する未来の決定に参加することを

許された人々と声なき人々を切り離し，そして究極的には自己合理化された特権的な階層を造りあげてきたのである。それとは対照的に，本書の各ページでは，人々の間を引き裂かない対話を達成する努力によって，これらの従来からの諸概念を使わなくてもすむ可能性を示す実践と事例が豊富に含まれている。本書のほとんどすべての著者たちにとっては，他者に沈黙を命じるような言葉やイメージ，メタファーなどは存在しないし，逆に，会話の領域から閉め出されるものもない。ここで展開されているように，我々は，ありとあらゆる形の明瞭な事柄を認識し，把握するようにしなければならない。なぜなら，それらすべてのものが交差する場にこそ，未来への我々の最良の希望が保障されているからである。こうして，我々は，近代主義者の「唯一かつ偉大なる秩序」への信仰の衰退とともに，多様性の価値とコミュニケーションの形式を組み合わせていくことへの必要性が強調された新たな視野が立ち現われてくることに気づく。個人生活，家族，コミュニティー，さらには世界的な関係のレベルにおいてであれ，我々の希望は，真なるものと善なるものが「結び－合う (con-joint)」構成の内に存在しているのである。

　同様の観点から，本書は，セラピーのプロセスに関する今日的な議論の中での重要な役割も果たしている。つい最近までは，セラピーの専門家集団それ自体が近代主義的な文化のゲームを支配することによって，真実，客観性，合理性といった諸概念が長らくこの文化の明白さの中心となっていた。くわえて，彼らが近代主義的な文化と強く結びついていたために，彼らが作りだしたメンタルヘルスという概念が，この文化におけるより普遍的な道徳性をも見事に定義づけたのである。このようにして，我々は，精神，人間関係，病気や障害といったものについての客観的で価値中立的な知識をもつことを当然のこととし，それにより，もっとも有効な治療法を確立しようとする絶え間ない競争に満ちた専門的な伝統を造ってきたのである。しかし，マイケル・ホイトが序論の中で見事に論述しているように，この数十年における構成主義による問いは，こうした近代主義者の遺産に対して重大な疑問を投げかけてきている。つまり，知識と呼ばれるものは，明らかに個別的な理解の枠組みもしくは構造化される前の意味と結び合わさったものであること，そして，それらの意味の形態は，ある結果が他のものよりも価値があるとされるような関係性，また，さまざまな価値やイデオロギーそれに政治性を孕んだ関係性の内に必然的に組み込まれたものなのである。こうした現実を造りあげてきたのが他ならぬ専門家としての我々なのであるが，それはまさしく，我々がクライエントと関わることによって人生を規定する現実を編み出す治療関係という場でのことに他ならない。

　この徹底した見直しによる成果が本書の至るところに明らかに示されている。これらに関しては，各章において大いに語られることになるだろう。しかし，提示された

ものの中でいくつかのまだ議論されていない重要な諸特徴についてコメントをし，さらなる検討のための若干の方向性を示してみたい。私の観点からすると，各章とも斬新な共同性の精神によって特徴づけられているように思われる。近代主義者にとって重要なのは，真実は唯一つであり，それはもっとも見識があって，洞察力のある，もしくはすばらしい科学者の精神によってこそ明らかにされるというものである。この見方は，セラピー各学派間の競争による事実上の不協和を引き起こしてきた。そこでは，各学派が自らの利益のために他のすべての競争相手をだしにしてしつこく自分の権利を主張するのである。しかし，我々の現実の構成的な特徴が明らかにされてくるにつれて，対立，競争，そして階層性は少しずつ取り除かれつつある。本当の真実という陣地作りに精を出せば出すほど，専門性および文化のいずれにおいても生じる無限の意味生成のプロセスから徐々に遠ざかることになり，その結果はすでに見えている。それよりもむしろ，本書の各章は，スローガンの旗を振ることを全面的に拒否しつつ，共同体的な探求と言語と実践が絶えず交差しあう中での明らかな強さを示そうとしている。

　同様に，各章においては，専門的な知識の領域に潜んでいるもの（「聖なるもの」）とその外側に置かれたもの（「不相応なるもの」もしくは「世俗なるもの」）との間の境界の消失を目指す確固とした意志が働いていることに気がつく。そこでは何よりもまず，治療的な観点から，個人，家族，コミュニティーそして国家の間の人工的な境界をなくそうとする試みがなされている。そのようにして，セラピーを「共ー構成的（co-construct）」に見る意識が高まってくると，興味深いことに，クライエントの方はより一層治療理論を造りだすのにふさわしい参加者となり，専門家とクライエントの境界は破壊されていくことになる。しかも，そこにおいては，他の異なる諸領域――コミュニケーション理論，哲学，文化批評，文学理論，記号論など――の間での討論が保障されるにふさわしい空間が出現するのである。私は，知識の階層性が取り除かれることによって，セラピーの専門家集団が，社会全体の創造過程においては，自らも他の人々との生きた相互依存関係にあることを認識するようになれるのではないかと思う。

　三つ目の特徴としてとくに挙げたいのは，未完成の霊感ともいうべき言葉によって示されるものである。読者は，本書の目次にさっと目を通すだけでもおわかりになると思うが，そこには「家族構造の本質」，「意味生成の原理」もしくは「家族関係の基礎」といった聖典のごとき主題によるセラピーなど微塵もない。むしろ，各章とも，それぞれのタイトルは実にカジュアルでローカルなものであり，また，そこで提供しようとしているのは，究極的な言葉ではなく，会話の中に現れたまだ完成していない日常に有益な言葉の数々なのである。そして，私が見たところでは，ほとんどの章が

明らかにエネルギーと熱気を孕んでいるし，それらを引き出すためにもっとも重要なものが他ならぬこの未完成なるものではないかと思う。基礎や原理といったものを避けることによってはじめて，我々は，この未完成なるものにとどまることができるのである。このドラマはまだ終わったわけではなく，そこには来るべきものへの新しいそして予想すらできない転機がある。その時，おそらくもっとも重要なのは，我々が創造的な参加者であり続けることである。そうすれば，このドラマはさらなる展開をみせていくことになるであろう。

この未完成の精神という点で，さらにいくつかの方向を指摘しておきたい。これは，私にとって，将来にわたる議論に格別の実りをもたらすように思われる。まず，構成に対する意識をもつことによって，我々は，「病気」「疾患」「障害」などの諸概念が歴史的，文化的および政治的な堆積物であることにいち早く気づくようになる。こうした問題については，現在，構成主義の立場に立つ人々の文献の中で，実に多くの議論と批判が展開されている。たとえば，これらのカテゴリーは，人々や家族を悪者に仕立て，彼らの間を引き裂き，病気とみなす傾向を強めることによって，メンタルヘルスの専門家に対する依存を強めてしまうというものである。ところが，こうした懸念にもかかわらず，まとまった実践にまでは至っていない。ともかく，これら諸問題の重大性からすれば，我々は，会話をより社会の中へと向け，診断学に代わり得るものを発展させ，あらたなメンタルヘルスの方針を作り出す努力をしなければならない。これと同様に，構成主義的心理療法に身を置くことによって，測定のもつ問題性，とくに治療効果は実証的な——視点の違いに左右されない，価値中立的な——評価によって得られるという確信に疑いをもたざるを得なくなるのである。もう一度繰り返すが，こうした確信には明らかな欠陥があるにもかかわらず，それについての議論を広げ，メンタルヘルス活動のあり方を変化させるために協力していこうとする努力はいまだ少ない。

最後に，これまでの議論をさらに推し進めてみよう。そのためには対話の範囲をより広げてみる必要がある。そうすれば，そこにもっと多くのものが得られることになる。本書には，至るところに，セラピーの各派を包含しようとする動きが明らかに見られるが，重要な声は未だ聞かれないままである。その最たるものは，とりわけ近代主義者たちが形作ってきた諸々のセラピーにあらたな息吹を吹き込む好機の訪れを示すものである。精神分析，行動変容，ロジャーズ派セラピー，認知療法といったものは，それらが理論的な根拠としているものに問題はあるにせよ，意味の生成という文脈から理解することは可能である。さらにまた，それらの実践の大部分が本書に示されたものとかなり異なってはいるものの，より一般的には文化の重要な側面を担っていることも明らかである。構成主義的心理療法の努力が，意味と行動の変容の達成と

いう実践的な手段をより広めようとするものである限り，伝統的なセラピーを排除する原理的な理由はない。このように拡大された対話は，さらに，制度化されたセラピーから取り残された他のいろいろな声をも含んでいくものでなければならない。この点において，私がとくに思うのは，魂，愛，神といった言説に育まれた実践を行いながらも，それらを声にする正当な機会を未だ与えられていない幾多のセラピストたちのことである。これらのセラピストたちは，文化の中での豊かなそして意義深い伝統を体現しているのであるから，構成主義的心理療法が「共－構成」の価値をほんとうに強調するのであれば，彼らとの構成的対話のための空間もつくるべきである。事実，来るべき新しい会話の数々がある。したがって，この『ハンドブック』の次の版では彼らがその会場に迎えられるようになることが私の希望である。

さて，我々は，文化としての生活とセラピーのプロセスに関する更なる議論のために，本書がもっている意義にわずかながらでも触れることができた。最後に，私としては，本書が提示しているもっとも意義深く多様性に富んだ問い，すなわち，人間としての我々はいったい誰なのかというこの概念そのものを本書が変えつつあることについて指摘しておきたい。近代主義の伝統を支えている中心は，個人の精神こそ社会を形成する基礎的な最小単位であるという仮定にある。たとえば，個人に独立した思考の能力があるからこそ民主主義の制度は維持され，個人に愛する能力があるからこそ親密性の制度は確たるものとされ，さらに，個人に自由を行使する能力があるからこそ道徳的な責任性の概念の土台が形成される，といった具合である。しかし，構成主義的心理療法におけるさまざまな対話が明らかにしているように，独立かつ自足した個人という前提がますます問題性を孕んできている。今や，より明瞭な世界を構成するためには関係性が求められているのであり，もちろん，個人そのもののより深い理解も関係性から生じてくるのである。事実，民主主義，親密性，道徳的な責任性の制度など，こうした社会が立ち現れるための根本となるものは関係のプロセスに他ならない。さて，我々には，本書の会話を通じて示されたすべての意味を受け入れるだけの準備がまだできていない。しかし，本書の各ページに表現されている感性の変化は活気に満ちあふれ目を見張るものがある。来るべきこの探求のドラマに広範なる人々の参加が求められている。

1998年4月
ペンシルバニア州，スワスモアにて

目　次

日本語版への序文
　──────── マイケル・F・ホイト
　　　　　　　　（児島達美訳）　　3

まえがき
　──────── ケネス・J・ガーゲン
　　　　　　　　（児島達美訳）　　5

序　論
　──────── マイケル・F・ホイト
　　　　　　　　（児島達美訳）　15

第Ⅰ部　理論的な展望

第1章　再決断療法：ナラティヴのレンズを通して
　──── ジェイムズ・R・アレン，バーバラ・A・アレン
　　　　　　　　（深澤道子訳）　39

第2章　生成する会話：人間システムへの関与と
　　　　その概念化に向けたポストモダン・アプローチ
　──── ハーレーン・アンダーソン，スーザン・B・レビン
　　　　　　　　（吉川悟，吉川理恵子訳）　56

第3章　家族療法の理論モデルをわきに置いて
　──────── リン・ホフマン
　　　　　（伊藤順一郎，馬場安希，小林清香訳）　82

第4章　エリクソニアンの新しい認識論：新しいパラダイムの受け入れ
　──── ステファン・ランクトン，キャロル・ランクトン
　　　　　　　　（高工弘貴，宮田敬一訳）　103

第5章　可能性療法：包括的かつ共同的で解決を基礎とした
　　　　心理療法のモデル
　──────── ウィリアム・オハンロン
　　　　　　　　（原口葉一郎，竹田菜穂子訳）　125

第6章　家族療法でのストレンジ・アトラクタとナラティヴによる変容
　──────── カルロス・E・スルツキー
　　　　　　　　（中村伸一訳）　149

第Ⅱ部　臨床応用

第7章　子どもたちのストーリー，子どもたちの解決：
　　　　子どもやその家族に対する社会構成主義療法
　　　　　　　　　　　　　　　――――― ジェフ・チャン
　　　　　　　　　　　　　　　　　（森俊夫，黒沢幸子訳）　　173

第8章　セラピーにおける階層的関係の最少化：
　　　　リフレクティング・チーム・アプローチ
　　　　　　　　――― S・ミシェル・コーヘン，ジーン・コームズ，ビル・ディ
　　　　　　　　ローレンティ，パット・ディローレンティ，ジル・フリー
　　　　　　　　ドマン，デイヴィッド・ラリマー，ダイナ・シュールマン
　　　　　　　　　　　　　　　　　（志村宗生訳）　　196

第9章　ソリューション・フォーカスト夫婦セラピー：クライエントが
　　　　自己を満たす現実を構築するのを援助する
　　　　　　　　――――― マイケル・F・ホイト，インスー・キム・バーグ
　　　　　　　　　　　　　　　　　（日下伴子訳）　　214

第10章　長期間のクライエントとのよりブリーフなセラピーについての，
　　　　ソリューション・フォーカスト的なアイデア
　　　　　　　　　　　　　　――――― ジェイムズ・W・クライダー
　　　　　　　　　　　　　　　　　（白木孝二訳）　　239

第11章　拒食症へのナラティヴ・アプローチ：言説・再帰性・質問
　　　　　　　――― ステファン・P・マディガン，エリオット・M・ゴールドナー
　　　　　　　　　　　　　　　　　（大河原美以訳）　　259

第12章　暴力を振るう男性と行う内在化された他者への質問法：
　　　　アラン・ジェンキンズによるコメント付き
　　　　　　　　――――― デイヴィッド・ナイランド，ヴィクター・コルシグリア
　　　　　　　　　　　　　　　　　（土岐篤史訳）　　281

第13章　治療的スプリットを使って共感的ナラティヴをつくる
　　　　　　　　　　　　　　　　――――― ハイム・オマー
　　　　　　　　　　　　　　　　　（玉真慎子訳）　　293

監訳者あとがき　307
文　　献　315
人名索引　331
事項索引　333

構成主義的心理療法ハンドブック

序　論

マイケル・F・ホイト
Michael F. Hoyt

　構成主義的心理療法は，人間は自らの心理的現実を単に表出するのではなく，それを構成しながら意味をつくりだす存在であるという認識から出発するアプローチである。それは「我々人間は構成的存在であるという構成」(Hoyt, 1996a, p. 8)，すなわち，我々は積極的に一つの世界観をつくることによって自らの行動に影響を与えていく存在であるという構成に基づいている。構成主義的心理療法という傘のもとに集められた解決志向アプローチ，ナラティヴセラピー，共同言語システムアプローチ，リフレクティング・チーム，相互作用モデル，ネオ・エリクソン派といった理論モデルに拠ってたつ臨床家たちは[注1]，共同性の尊重によってクライエントの人生の幅が広げられ，クライエントの能力と資源の十分な活用が強調された時こそ，治療的可能性の扉が開かれるということに格別の認識をもっている[注2]。構成主義的心理療法の目標は，より好ましいとされる（「臨床的」もしくは「治療的」）現実の社会的構成に注意を払うことによって，クライエントの人生に肯定的な影響を引き出すことにある (Freedman & Combs, 1996; Watzlawick, 1976, 1984, 1992を参照)。我々は，クライ

注1) ここに挙げた各学派のリストはもちろんすべてを包括したものではない。あとの考察や本書中の各章をみてもわかるとおり他の理論にもとづく諸学派も含まれている。それらの名前をあげてみると，ストラティジック・アプローチ，認知行動療法，交流分析，ゲシュタルト療法，アドラー派，ユング派，さらに精神力動心理療法におけるいくつかのより新しい学派などである。これらも，心理療法の実践における構成主義的な本質については積極的に認識している。スルツキー (Sluzki, 1988, pp. 80-81) は次のように述べている。「構成主義は，セラピーをどう行うかということよりも，むしろセラピーについて語るための一つの方法である。構成主義は，ある技法のセットというよりも，むしろ知識についての一つの理論であるから，クライエントを援助するためのある特別な方法を提供するものではなく，我々が臨床的な道具をどのように用いているか，そして実践家のもっている信念とその実践の間にはどのような相互の影響があるのか，こうしたことについての理解の方法である」

エントが「差異を生む差異を作りだす」(Bateson, 1972, 1988; de Shazer, 1991) ことを援助するのである^(注3)。

この『構成主義的心理療法ハンドブック』は，創造的な概念，特別な治療技法，そして治療効果の可能性を示し得るような魅力ある事例を提示できる臨床家と理論家のエキスパートたちによる貴重な概説書である。編者としては，本書が，言語と想像力のもつ力，それに加えて援助，共同性そしてクライエントの能力尊重の原理に対する十分な認識にもとづく広範な実践的なハウツーの技術を提供できる「ユーザーガイド」になればと願っている。

構成主義的心理療法の基本要因と特徴は何か？

心理療法の世界に「新しい方向性」への動きがあらわれてきており (O'Hanlon & Weiner-Davis, 1989)，それは人間がもっている力と可能性に対する大いなる理解へと誘う。また，患者やクライエントに対しては，彼らの弱さや限界よりも彼らの活力を引き出す強さと資源により焦点をあてるものである。そこでより強調されるのは，人々がそれまでどうであったかということよりも，むしろどこに行くことを望んでいるのかという点である。だからといって，それぞれの置かれた痛みに満ちた深刻な状況を無視するのではない。ただ，従来の精神医学における病理化から離れて，人間は，良かれ悪しかれ，自分自身の現実をユニークな工夫をもって創りだす存在なのだという，より楽観的な見方に移りつつあるのである^(注4)。

たしかに，セラピストは，臨床的な場面にあってはしかるべき技術と専門性を発揮するものであるということを認識しているが，セラピストこそ何が「正しいか」を知っており，それゆえに「患者」（もしくは「クライエント」）^(注5) にとって「一番良い」こと（つまり「問題」に「見合う」こと）をもたらすために「介入」し「治療」するのだ，という客観主義の考え方からは徹底して身を引こうとしている。むしろ，セラピストとクライエントは，より希望に満ち，勇気を引き起こし，最終的には世界内に生きる自己という健康的な感覚を構成するような意味生成のプロセスにおける共同参加者として捉えられる。ホフマン (Hoffman, 1997, p. 337) が述べているように，

注2）利用ということについて議論する場合には，とりわけトランス現象に言及することが一般的である (de Shazer, Short, 1997, p. 19での引用; Gilligan, 1987; Goldfield, 1994)。しかし，ミルトン・エリクソンは「患者のもっている機能的な資質と能力および経験的に獲得している学習を十分に利用し可能なものにする」ことを薦めて，すでに利用の意義を十分に明らかにしている。さらに続けて「これらは，患者の生活に新しい方法を教え込むことよりも最優先されるべきである。なぜなら，その新しい方法は，セラピストが患者個人の心配事にとって正しく役に立つと思われることから発してはいるけれども，その理解は不完全なものになりかねないからである」と述べている (Erickson, 1980, p. 540)。

注3）リューブニッツ (Luepnitz, 1988, p. 73) によれば，ベイトソンが好んで用いた「差異を生む差異」というフレーズは，ウィリアム・ジェイムズの造語である。

「結局,今日の心理療法という世界は哲学的な分水嶺の頂点にあって,一方に,近代科学の客観性に基づいた伝統的なもしくは『モダン』の立場,他方に,複雑な人間の意識における現実は,決してその外に不変的にあるものではなく,その現実を知るための言語の使用の仕方から独立したものでもないとする『ポストモダン』の立場をかかえている」(注6)。

このような移行の一部は,心理学における社会構成主義者たちの運動にもよっている(Gergen, 1985)。構成主義のセラピストは次のような認識のもとに立っている。すなわち,我々は「鏡に映った部屋」(Hare-Mustin, 1992, 1994; Rorty, 1979) を「レンズ」(Hoffman, 1990; Zeig & Munion, 1990) を通して覗き込んでいるということ,知識は「遠近法的なもの」であること (Smith, 1997),「どう見るかが何を知るかを規定し,何を知るかが何をするかを規定する」ということ (Hoyt & Berg, 本書の第9章),我々は,知っていようがなかろうが,自己再帰的オートポイエシスに組み込まれているということ (Maturana & Varela, 1980),そして,我々は「歴史をつくる」のであって,単に「歴史をのこす」のではないということである。構成主義のセラピストは,「力と確実性への誘惑」(Amundson, Stewart, & Varentine, 1993) を放棄し,「好奇心」(Cecchin, 1987) と「健康的な不遜さ (healthy irreverence)」(Keeney, 1990; Cecchin, Lane, & Ray, 1992) を維持し,さらに「壮大な主題やすべてを包括す

注4) 本書の刊行にあたっては,すでに出版されている "Constructive Therapies" (Hoyt, 1994d) と "Constructive Therapies, Volume 2" (Hoyt, 1996b) が直接の土台となっている。したがって,さらなる理論的な考察やより広い臨床応用について知りたい読者は,ぜひ,これらも参照されたい。くわえて,次に挙げる書物にも有益な示唆が含まれている。"The Invented Reality: How Do We Know What We Believe We Know?" (Contributions to Constructivism) (Watzlawick, 1984), "Constructivism: What's in It for You?" (Efran, Lukens, & Lukens, 1988), "Narrative Means to Therapeutic Ends" (White & Epston, 1990), "Therapy as Social Construction" (McNamee & Gergen, 1992), "The New Language of Change" (Friedman, 1993), "Therapeutic Conversations" (Gilligan & Price, 1993), "The Stories We Live by" (McAdams, 1993), "Story Re-Visions: Narrative Therapy in the Postmodern World" (Parry & Doan, 1994), "Constructivism in Psychotherapy" (Neimeyer & Mahoney, 1995), "Depth-Oriented Brief Therapy" (Ecker & Hulley, 1996), "Constructing Realities" (Rosen & Kuelhwein, 1996), "Narrative Solutions in Brief Therapy" (Eron & Lund, 1996), "Narrative Therapy: The Social Construction of Preferred Realities" (Freedman & Combs, 1996), "If Problems Talked" (Zimmerman & Dickerson, 1996), "Narrative Therapy in Practice" (Monk, Winslade, Crocket, & Epston, 1997), "Narrative Therapy with Children and Adolescents" (Smith & Nylund, 1997), "Playful Approaches to Serious Problems" (Freeman, Epston, & Lobovits, 1997), "Becoming Miracle Workers" (Miller, 1997) および "Narratives of Therapists' Lives" (White, 1997)。

注5) 患者,クライエント,医者,セラピスト,臨床家(さらに,これらと関連したセラピー,治療,介入,コンサルテーション,会話)といった用語それ自体を脱構築することで,それらのプロセス,その目的,参加者たちの役割に関する暗黙のかつ強力な前提が明るみに出てくる(Hoyt, 1979, 1985を参照; Hoyt & Friedman, in press)。本書の各執筆者のほとんどは平等性を強調し,病気と病理に関する医学的な意味合いを最小限にとどめるためにクライエントという用語を好んでいるようである。

注6) 科学者たちが主観性と知識の限界ということといかに格闘しているか,その興味深い議論についてはホーガン(Horgan, 1996) を参考にしてほしい。

るような理論に疑いの眼差しを向けるのである。なぜならば，いかなる社会理論も個々の文脈と価値のシステムの外側にその妥当性を主張することはできないからである」(Doherty, 1991, p. 40)。構成主義のセラピストは，心理療法は「臨床的認識論」の練習であり (O'Hanlon & Wilk, 1987)，「記号論のプロセス」(Gergen & Kaye, 1992, p. 182) であり，そして，工学よりもむしろ解釈学であり，物理学よりも詩学であり，人間の生における縦糸と横糸で織られた織物を吟味していく研究領域であることを認識している (Hoyt, 1996a)[注7]。構成主義のセラピストは，「第三の波」(O'Hanlon, 1994) である共同的な流れに相互主観的な共同参加者もしくは共同作者として参与することで，渇ききった実証主義者たちの岸にあがることを拒むのである。

構成主義のセラピストは，ガーゲン (Gergen, 1985, p. 267, 1994a; Gergen, in Hoyt, 1996c も参照) が指摘している次のような観点についても認識している。すなわち「認識された世界についての用語は社会的な人工物であり，人々の間での交換を歴史的に位置づけることにより得られた産物である。構成主義の観点からすると，理解のプロセスは自然の力によって自動的に引き起こされたものではなく，人々の行為と共同作業による，すなわち関係性の内に生じる結果である」。これと同様に，ホフマン (Hoffman, 1993, pp. 89-90) はこのテーマを反復して次のように敷衍している。

> それと対照的に，社会構成主義の理論は，意味の一連の展開は人々の間での相互作用によって次から次へと生じてくるという仮定の上にたっている。それらの意味は，頭の中に閉じ込められたものでもなければ，我々が個人の「こころ」と考えているものの内側に存在するものでもなく，常に変化する物語の大きな流れの一部分なのである。したがって，この理論は認知を基礎とする生物学なモデルによる安定性は問題にせず，そのかわりに諸概念の発展は社会的に引き出されてくるある流動的なプロセスであることを主張している。人々の問題を考える際には，それを彼ら自らがそのように語ることを承諾したストーリーとして捉えることがセラピストにとってはとりわけ有益となる。……セラピーの実践においてさまざまなスタイルがお互い競い合ってはいるが，それぞれの実践家たちが，すべてのセラピーは人々の間での会話の形態をとっており，これらの会話によって発

注7) シャファーマン (Shafarman, 1996, p. 25) は，ウォーレス・スティーヴンスの「黒い鳥を調べる13の方法」と題する詩から，「詩人とセラピストが同じであることを調べる13の方法」について書いている。「1．正確な注意を維持する能力。2．言語とそれを取り巻く変化の媒体としての沈黙を用いる力。3．来るべき時を待っている変化の可能性を感知する視力。4．人を巧みな始まりとふさわしい終わりに導く微妙な移行の経験。5．伝わりやすい形式になるようなものを形作る卓越した知性の発達。6．思いやりをもって語り，行為し，真実を証言する能力。7．変化を振り付けていく際のペース，時間，リズムがもっている力に対する認識。8．苦痛を知恵の内に含みつつ変容させるための原型の素養に対する配慮。9．家系と先祖の力への尊敬。10．ユーモア，成長，遊びを呼び起こす技術。11．形式のもつ美，あわせて，賢明なる形式の破壊の必要性に対する認識。12．時を越えて耐え忍ぶための何かの創造。13．日常生活での当たり前の行為の中にも神秘の存在を感じるセンス」

見されるのは相互承認によって与えられる「現実」に他ならないことに賛同するのであれば，それらが大きな輪の中に一緒になることも可能である(注8)。

したがって，以下にフリードマン（Friedman, 1996, pp. 450-451）が述べているように，構成主義のセラピスト(注9)は，

- 社会的に構成される現実を信じている。
- クライエントとセラピストが対話と会話によって意味を共同して構成する治療関係の再帰的な本質を強調する。
- 階層的な立場の違いから，お互いの考えを平等に提供しあい，相違を尊重する立場へ移行する。
- クライエントの苦境に対する共感と尊重，そして治療的会話がもっている抑圧され，否定され，もしくはそれまで無視されてきた声と物語を開放する力への信頼を維持する。
- 治療においては，クライエントを彼ら／彼女らの苦境とジレンマに対するエキスパートとして認め，彼らを運転席に座らせることによって，共同して目標を構成し，方向を話し合う。
- クライエントがもっている能力，強さ，資源を探求し，病理の探索や強固な診断的違いを明らかにすることを避ける。

注8）ホフマン（1993, pp. 90-91）はさらに続けて次のように述べている。「私は三つの新しい強力なレンズを頼みにしている。一つは構成主義の理論である。二つ目は私が二次的な見方と呼んでいるものである。そして三つ目はジェンダーである。社会構成主義の理論はまさしくこれらのレンズを見るためのレンズであり，他の二つは，それぞれの領域での世界観を生き生きと表現し，揺さぶるために私が自前でこしらえたものに過ぎない。この三つのレンズはいずれもメタファーとして心理療法に適用できる。また，この三つのすべてが，自分が考えていることはあくまで一つの見方であって，それは，常にまた将来にわたって他の見方からの理解もあり得るという自覚を促すレンズのセットである。ある「事実」は単なる一つの「意見」にすぎないということを理解するには，別の「事実」の発見が最初の「事実」と同様に説得力があり，かつそれと完全に相反するものであることにショックを受けない限りは生じてこない。したがって，この一連の事実は，我々が，それらを交替させるにせよ，いずれかを選択するにせよ，そのためのより大きな枠組みを提供するものである。道徳および科学における絶対的なものをあきらめるという犠牲を払わなければ，社会構成主義者は選択についての拡張されたセンスを手に入れることはできない」。これと関連した考え方を，W・T・アンダーソンは彼の簡潔なタイトルをもつ著作，"Reality Isn't What It Used to Be"（Anderson, 1990, p. 3）の中で次のように述べている。「我々が一番多く所有しているものをあげるとすれば，それは信念体系である。しかし同時に，それ以外にもある。それは，すべての信念体系——すなわち人間の現実についての考え方——に対して沸き起こる疑念であり，これが社会的に構成されたものである。これは，さまざまなストーリーについてのストーリーであり，さまざまな信念についての信念である」

注9）構成主義の大地の仮想の領土に入るには，地図上にさまざまな名前が記されている。例えば，コンストラクティビスト，コンストラクショニスト，ディコンストラクショニスト，ソリューション・フォーカスト，ソリューション・オリエンテッド，ポシビリティ，コオペレイティヴ，ダイアロジック，カンバセーショナル，コラボレイティヴ，コンピーテンシー，リフレクティヴ，ポストモダン，ナラティヴ，ポストストラクチャル，インターサブジェクティヴ，……

- 欠陥と障害に関する用語の使用を避け，病理（と疎隔）の専門用語のかわりに日常言語を用いる(注10)。
- 未来と変化への積極的な見方を志向する。
- 治療的会話で用いられる方法やプロセスに対する鋭敏さを保持する。

言語と言語行為

　我々は，言語システムを通じて「知り」「理解する」(Anderson, 1997; de Shazer, 1994; Efran, Lukens, & Lukens, 1990; Furman & Ahola, 1992; Gilligan & Price, 1993; Miller, 1997, Watzlawick, 1978; Watzlawick, Beavin, & Jackson, 1967)。言語と言語行為は我々が意味を産出し情報の交換をするためのやり方である。言語はそれ自体すでに対人相互的である。我々が「現実」と呼ぶものは社会的に構成されたものである(注11)。それゆえに，ホフマン（Hoffman, 1993）は「共同的な知」に言及し，ディ・シェイザー（de Shazer, 1991, p. 50）は簡潔に「内側ではなく，間に」と述べている(注12)。

　言語は一つの媒体であり，かつ，それ以上のものである。我々の句読点のつけ方（訳注：「～は～である」といった言語行為そのもの）が我々自身を組織化し，その意識を形成し，現実を構造化する。ヒルマン（Hillman, 1995, p. 20）が指摘しているように，「観念『idea』のギリシャ語にあたるeidosは，見ること『to see』にあたるideinに由来する言葉で，次の二つの事態を意味する名詞に関連している。それは，（a）形態として見えるものと（b）ものの見方のことである。我々は観念を理解すると同時に，観念を用いて理解している。観念は，我々の精神が与えた形態であり，かつ，我々の精神をして出来事を具体化された経験へと形作るものでもある」。「言語は単なる『導管』

注10）バーガーとケルナー（Berger & Kellner, 1979, p. 308）は，口をゆがめて皮肉っぽく次のように書いている。「もし，理論的な明晰さには専門用語の重々しさこそが必要だなどと思っていないのであれば，できる限りジャルゴンの類いの使用は避けるべきである。社会学者と現象学者いずれも，そのために胡散臭さと悪評を得てしまったのだから」

注11）動名詞としてのlanguagingという用語の使用は（Anderson & Goolishian, 1988; Maturana, 1988），言語のもっている行為性と言葉が存在に形を与える力の双方を強調している。このことは，聖書の『創世記』第1章第3節に書かれた「神は仰せになった『光あれ』と。すると，光が現れた」というストーリーに見出すことができる。出来事よりもプロセスとして，また実体よりも機能としてのあり方は，バックミンスター・フュラー（Fuller, 1970）の"I Seem to Be a Verb"，オハンロンとハドソン（O'Hanlon & Hudson, 1995）の"Love is a Verb"といった書物のタイトルによく現れている。ルネ・デカルトが「我思う，ゆえに我あり」と書き，ヒギンズ教授の座右の銘が「あなたのことがわかるように話してごらん」であるとすれば（バーナード・ショウが書いた劇『ピグマリオン』（訳注：『マイフェアレディ』の原作)），社会構成主義者は「僕たちはどんなふうに存在しているのか話してごらん」と言うであろう。

注12）その一つの例としては，解決志向セラピーの中でのカスタマー，コンプレイナント，ビジターの区別が挙げられる（de Shazer, 1988, pp. 85-90; Berg, 1989を参照）。これは，個人の特性よりもセラピストとクライエントの関係性に言及したものである。協力（cooperation）や合わせる（fit）といった用語の使用は，システム，結合，文脈が分析の単位であることを意味している。

ではない」(Lakoff, 1995; Reddy, 1993)。リブチンスキー (Rybczynski, 1986, pp. 20-21) は，言葉の伝達という側面を強調しながら，次のように述べている。「言葉が重要である。言語は，水道管のような単なる媒体ではなく，我々がどのように考えているかということについての反省である。我々が言葉を用いるのは，単に対象を記述するだけでなく，観念を表現するために用いるのであり，言葉を言語に導入することは同時に観念を意識に導入することになる。ジャン-ポール・サルトルが書いているように，『対象に名前を与えることは，直接的で，反省以前の，おそらく無視すらされている出来事を反省と客観的精神の地平へと引き出すことである』」

構成主義のセラピストは，我々の世界観をつくりだす言語の諸相とこれらの構成における実際的な結果（有効性）に焦点をあてる。ワツラウィック，ウィークランド，フィッシュ (Watzlawick, Weakland, & Fish, 1974, p. 86) は，この点を彼らの独創的な著書である『変化の原理——問題の形成と解決 Change: Principle of Problem Formation and Problem Resolution』の中で明らかにしている。

> 過去からの出来事が明らかに変化しそうにないと，我々は，変化の可能性に対する希望をまったく捨ててしまうか，もしくは，少なくともある点では意義あるものではあるが，過去が現在に影響を与えているということを確信するに違いない。ただし，その確信は過去の経験に対する現在の解釈という方法によってでしかないのだが。もし，そうであるならば，過去のもつ意義はそれが「真実」もしくは「現実」なのではなく，今ここで，過去を見るある見方の問題となる(注13)。そうなると，現在との関係において過去に優位性や因果性を付与する理由はなんら説得力をもたないことになる。そして，このことは，過去の再－解釈が現在の行動に影響を与える多くの可能性をもった方法のうちの単なる一つにすぎないということを意味する。したがって，この場合に我々があらためて問うべき唯一の実用的な質問は次のとおりである。現在の行動の望む方向への変化はどのようにすればもっとも効果的に生じるか？

人が「ものを見る」その仕方は言語を通じて生じてくる。ガーゲン (Gergen, 1993,

注13）すべての時間が現在における構成であるということは，T・S・エリオット (Eliot, 1943, p. 13) の有名な詩 "Burnt Norton" の最初の一節を思い出させる。
　　時は現れ，時は過ぎ去る
　　いずれの時も，来るべき時に現れる
　　来るべき時は，すでに過ぎ去りし時の内に
同様の観察を，聖アウグスティヌスはすでに告白の中で書いている (Boscolo & Bertrando, 1993, p. 34 からの引用)。「現在において明白かつ疑いないのは，未来も過去もそこには存在しないということであり，三つの時間——過去，現在，未来——という言葉自体が不正確である。より正確に言うとすれば，過去の事柄についての現在，現在の事柄についての現在，来るべき事柄についての現在となる。人間の精神の内には，こうした時間についての三つの側面があり，それは他のどこにも見出すことはできない。過去について思いめぐらす現在が記憶であり，未来について思い巡らす現在が期待である」

p. x）は次のように説明している。

> クライエントが，多くの悲惨で，抑圧され，失敗に満ちた話によって治療の場面に持ち込むさまざまな報告は真実に近いものではなく――それはおそらく彼らの欲望や認知の無能さのバイアスがかかってはいるだろうが――，物語やメタファー，文化的な論理などによって成り立っている人生の構成物を提供しているのである。それらは，人生を如実に映す鏡や地図よりももっと音楽的で詩的なものを伴っている。それらの大きな意義は，その相対的な妥当性にあるのではなく社会的な有用性にある。この文脈における治療の最大の目的は，クライエントをある特殊な叙述から解き放ち，より大きな展望へのもう一つの道を開くものとなることである。

ロスとチェイシン（Roth & Chasin, 1994, p. 189; Atwood, 1993 も参照）も言語のもっている圧縮もしくは開放の多くの作用について次のように強調している。「我々の多くの人生物語は，我々の創造物であり，また創造主でもある。そうした人生物語は，我々一人一人が社会的存在として他者と関わる中で自らを作り，さらに作り直していく上での根本的な方法である。しかし，我々は，自分にとって支えとなり元気づけてくれるものとして頼りにしている関係が困難な状況になると，ついつい，自分自身を自らのストーリーを作る者としてよりも，決められた役を演じる役者のように感じてしまうものである。その役は，台本にはなく，他者によって決められたものであり，そのようなドラマの中では，我々は満足することのない反復に陥り，痛みに満ちた終幕へと向かわされてしまう」

こうした観点においては，セラピーはある特別な種類の会話として理解されることになる。

> 意味と理解は社会的にそして相互主観的に構成される。相互主観的であるとは，二人もしくはそれ以上の人々が同じ出来事を同じ仕方で体験しているということに合意（理解）する，そのような出来事が進展する状態のことを指している。……セラピーとは，治療的会話と呼ばれるものの中で起こる言語的な出来事である。治療的会話は，対話を通じての相互の探索であり，相互の交流の中で，それぞれの考えを交換しあうことである。そこでは，新たな意味を絶えることなく発展させ，問題を正面から「解決せずに解消する」方向へと向かう。つまり，それは，治療システム自体を解消することであり，問題を編成し問題を解決せずに解消するシステムである。変化は対話による新しい意味の進展である（Anderson & Goolishian, 1988, p. 372, 傍点は原著内。また，Anderson, 1997 および本書の第2章を参照のこと）(訳注1)。

訳注1）この部分の訳出については，すでに野口裕二・野村直樹による十分に吟味されたものがあるため，その一部を引用させていただいた（S・マクナミー，K・ガーゲン編『ナラティヴ・セラピー――社会構成主義の実践』金剛出版, 1992, p. 64）

アンダーソンとグーリシャン（Anderson & Goolishian, 1988, pp. 382-383）は，こうした「治療的会話」の共同創造においてセラピストが選択すべき点についても明らかにしている。

- セラピストはクライエントが描写する問題の枠内での質問を維持する。
- セラピストは多様で相反するようないろいろな考えを同時に頭に描く。
- セラピストはクライエントと対立するようなものよりも協調的な言語を選択する。
- セラピストはクライエントの言葉を学び，理解し，その言葉で会話をする。
- セラピストは決して早急な理解などしない尊敬に満ちた聴き手である。
- セラピストは質問をし，その答がさらなる新たな質問を生み出す。
- セラピストは問題を定義するプロセスにおいて相互的な共同性を生み出すような会話的な文脈を創りだすことに責任性をもつ。
- セラピストは自分自身との対話的な会話を維持する。

　言語と言語行為には，単なる語りと語ること以上の広範な意味が込められている点に注意しておくことが重要である。会話や対話といった用語は，言葉の交換ということに焦点があてられているようで，そこでのさまざまな社会的な複雑性を覆い隠してしまっているかもしれない。コアーレ（Coale, 1992）が指摘しているように，セラピーの中で生じていることは言葉そのもの以上のものである。これと同じ趣旨から，ウィック（Wick, 1996, p. 74）は，「構成主義者は言語ばかりに目がいっている近眼の持ち主である」とのコメントをしている。ゴールドナー（Goldner, 1993, pp. 159-160）は，言説（discouse）というタームを用いることを好む理由として次のように述べている。「私は，治療的な対話を記述する最も良い言葉は言説ではないかと考えている，なぜならば，フーコーが示したように，言説とは言葉，意味，知識，そして権力をあわせもったものだからである。それは，心理療法が精密なる専門家文化によって形づくられ，かつそれに組み込まれた一つの社会的実践であることを我々が認識するよう要求しているのである。専門家文化は，物事の理解の仕方や呼び方を必然的に強制し，また，ある種の『知識／権力の言説』のように，それを生産し管理する者はそのように意図された者たちに対してより高い地位にあることが必要とされるのである」
　トム・アンデルセン（Andersen, 1992, p. 64-65; さらに Eron & Lund, 1996 も参照）もまた，ある新しいストーリーや物語（narrative）が展開される際の「治療的な語り」の構成主義的な使用について次のように強調している。「自己もしくは他者と話すことは，自己を定義する一つの方法である。この意味から，我々が用いる言語はこ

の言語を用いた瞬間に我々が誰であるかということを作りだす。……新しい意味の探求は新しい言語の探求をも含むが，我々が自分にとってもっとも落ち着けるような感覚をもった自分自身になるような探求であるとも言えよう。いわゆる『治療的な』語りとは，探求の一つの形式として見なすことができるかもしれない。それらは，すなわち，新たな記述，新たな理解，新たな意味，新たな言葉のニュアンス，そして究極的には新たな自分自身についての定義の探求である」

　このことは「人生の再叙述」（Schafer, 1992），「残されたストーリー」を語り続けること（Meichenbaum, in Hoyt, 1996e），「物語的真実」の創造（Spence, 1982），「援助的会話」の促進（Eron & Lund, 1996）といったものの不可欠な成分である(注14)。したがって，物語によるメタファーは次のような相互作用的な見方への転換を伴っている。

　　　ナラティヴ・アプローチは，セラピーにおける他の相互作用モデルとはかなり異なった理解がされてはいるけれども，本質的には相互作用のパターンに焦点をあてるという側面をもっている（例えば，Watzlawick, Weakland, & Fish, 1974）。ナラティヴセラピーの枠内では，「相互作用のパターン」はストーリーが時間を超えて展開し，相互作用による経験がストーリーを構成する「詰め物」を提供するような特殊な文脈として考えられている（Zimmerman & Dickerson, 1994）。人は特殊な相互作用の文脈の内に生じる自らの経験の意味を理解するための重要なものを創りだす。すなわち，それが相互作用のパターンの経験による効果なのであり，……ストーリーはまた，ある関係性の文脈の内でお互いが相互に影響しあう形で経験される。このように，相互作用的な視点における相互関連の本質は，メタファーがもっている時間を超えた経験の感覚を捉える際の豊富さの内に存在し続けるのである（Neal, 1996, p. 75）。

　ナラティヴ・セラピストは，「家族のメンバーが問題そのものについての新たな記述――外在化の記述――の構成に参加する」ように促す（White, 1989/1999, p. 37）(注15)。これは「物語の書き換え」もしくは「人生の再－著述」の主要な部分である。

注14）言語がもっている力についての認識は心理療法の領域において新しいものではない。例えば，ディ・シェイザー（de Shazer, 1994）の著作のタイトル "Words Were Originally Magic" は，ジークムント・フロイトの一節を借りたものである。フロイト（Freud, 1915/1961, p. 17）は次のように書いている。「精神―分析の治療は言葉の交換以外の何ものでもない。……患者が語り……医師が聴く。……言葉は元来，魔術とされ，今日においても，古代からの魔術の力は多く引き継がれている。言葉によって，人はあらたな幸福の喜びを手にし，また，悲惨の内に自らをおとしめもする。……言葉は感情を呼び起こし，通常，人々の間で相互に影響を与え合う手段となる。それゆえに，我々は心理療法での言葉の使い方をないがしろにしてはならないし，分析医と患者の間を行き交う言葉を聴くことに喜びを感じなければならない」。構成主義の動向は，アルフレッド・アドラー（Adler, 1931/1958）やカール・ユング（Young-Eisendrath & Hall, 1991）の仕事，さらに他の学派の内にも見出すことができる。

「ストーリーは人々がそれを実行するためには埋めなければならない不足に満ちている。これらの不足が人々の生きられた経験と想像力を取り戻す。あらゆる実行によって，人々は自らの人生を再叙述する。人生の進展は，人々の再叙述のプロセスすなわち人々がストーリーに参加し，それを取り入れ，それらを自らのものとするプロセスそのものに他ならない」(White & Epston, p. 13)。

バーグとディ・シェイザー (Berg & de Shazer, 1993, p. 7) は，例によってごくシンプルに「変化は言語の内において生じるように思われる。何について話し，どのように話すかが差異を生じさせ，これこそが通常（クライエントに）差異を生む差異に他ならない」と述べている。

このような観点においては，ナラティヴ・セラピストと解決志向のセラピストは（少なくとも二人の創始者は）明らかに同意している (Duval & Beier, 1995, p. 65からの引用)。

> マイケル・ホワイト：……これはインスー先生がやっておられることについての私のほんの解釈に過ぎないし，この解釈を押しつける気は毛頭ありませんが，先生は，人々が自分たちの人生について，つまり自分自身について違った語り方ができるようにしておられるのではないかと思うのですが。それはおそらく，人々が思いやりに満ちたやり方で自分自身との関係が結べるようになることではないかと。人々が何かしらの形で先生のところに会いに来ると，自分とは，また他の人々とは一体誰なのかということについて少し違った語り方をやっていく，こういう考えは当たっているでしょうか？ インスー先生。
>
> インスー・キム・バーグ：違っている，何と違っているって？
>
> マイケル・ホワイト：彼らがあるべき姿とは対立するような自らを無情に批判したり評価するようなあり方なんですが。
>
> インスー・キム・バーグ：私はそう願っていますよ。私たち皆そうしようとしているのでないかしら？
>
> マイケル・ホワイト：そうですね。

変　　化

ミラー (Miller, 1997, pp. 213-214) は次のように述べている。

注15) ホワイトは，他のところでも，問題の外在化がもっている価値について述べている (White, 1998, p. 5; Ross & Epston, 1996も参照)。「『外在化』は，人々に，耐えがたいものとして経験している彼らの問題を客観化し，時には，擬人化するよう励ますセラピーの一つのアプローチである。このプロセスを通じて，問題は分離されたものとなり，問題とされていたその人や関係性の外にあるものとされる。それによって，人々やそれらの関係者に固有のもので，したがって，彼らがもっているとされる性質を治すべきものとみなされたそれらの問題は，治す必要もなくなり人々を制限する力も失われる」

我々は，それぞれ固有のやり方で，自分の人生体験に関心を向け，それを解釈しながら，自分の社会，自分自身，そして他者を構成している。さらに，我々がストーリーを構成していく営みは，社会的現実に対する我々の考えを吟味するような仕方で——通常は確証を与える——，我々の人生を形成する『客観的事実』の記述にとどまらない。人生の諸事実が変化するのは，我々が一旦不変の真理もしくは客観的現実だと受け取ったものを書き直す，そうした新しいストーリーを構成する時である。別の言い方をすれば，自らの人生について語るストーリー，そして，そのストーリーから引き出される意味が自己実現の予言として作動することは少なくない。我々は，ストーリーを用いることによってすでに知っているいろいろな知恵を自らに教え込むのである。ブリーフセラピストは，クライエントが自分と自分の人生について新たなストーリーを構成できるように励ますことで彼らの自己実現の予言を発展させようとする。そのために，クライエントがもっている能力と素質を用いるのである。

構成主義のセラピストは，人々がいかに自らの現実を構成するか，そのことによる真の効果がいかに大切であるかということを知っている。ガーゲン（Hoyt, 1996c, p. 351）は，情報を意味あるものとする文脈のもっている最大の意義と，そして，その真の帰結の重要性のいずれをも強調して次のように述べている。

　セラピーにおいてはおそらく，『物事がどのようであるか』よりも我々がそれらをどのように解釈しているかということの方がとくに重要となるのではないだろうか。身体的接触それ自体はたいしたことではないが，それが異なった意味の枠組みでは，友好的な支持の感覚を引き出したり，人を陶酔の感覚にさせるし，逆にセクハラの訴訟を引き起こすことにもなる。顔を殴られたのが家族のメンバーであればセラピストを探しに行くことになるだろうし，ボクサーであれば戦術を変えさせることになるだろう。ここで強調しておきたいのは，効果的なセラピーを意味の変換として捉えてみようということである。しかし，すでに指摘したことからもわかるように，私は，この変換をある認知的な事態としては基本的に見ていない。むしろ，諸行為における一つの変容として捉えている。そして，それは何にもまして言語に依存しており，決して言語を限定するものではない[注16]。

注16）この同じ会話の後半で，彼は次のように指摘している。「この構成主義とナラティヴの方向に動いていくことによって，我々は，言葉それ自体の中で目標となる言葉を決めることが起こってくる。我々はセラピストとして，あたかも新しい言葉のセットが『うまく目的を達成する』かのように，新しい意味の感覚，新しい物語，新しい構成物を生み出そうと試みる。実際，私は，そのようなやり方で自分について語ることがある。しかし，これは究極の問題すなわち，そこから意味が生成される関係そのものを見失うことである。事実上，関係が意味に先行している。……我々は，自らが常にすべての人間，すべての与えられたものとの関係性の内に完全に組み込まれているという感覚を発展させるべきではなかろうか。そして，我々が霊的な領域という言葉で言おうとしているものに近づく時，純粋な関係性（これ自体，関係の内に生まれたものだが）に対するこの畏敬に満ちた感受性を思い起こしてもよいのではなかろうか」(Hoyt, 1996c, pp. 364-365)

たとえ，何ごとかについての知識はそれを知る人がいなければ得られるものではないにせよ(注17)，その何ごとかがそこにあることは確かだし，もし，その何ごとかを無視するとなれば相当の危険を冒すことになる（Coyne, 1985; Fish, 1993; Held, 1995; Hoyt, 1996a; Speed, 1984, 1991を参照）。とりわけ，コアーレ（Coale, 1992）が主張しているように，「ただ，何かについて語る」ということは，クライエントによってはふさわしくないかもしれない。なぜなら，変化のための行動を起こさないことの言い訳として用いられる可能性があるからである。「行為は時として言葉以上にものを言う」「理屈はいいから，とにかくやってみよ」とはよく耳にする言葉である。ピットマン（Pittman, 1992）は，誤りを正すことよりも言葉だけをもっともらしく変えるような人たちを激しく攻撃している。またコアーレ（Coale, 1992, p. 19）は口を開くたびに「貧しい家族にとっては，飢えをリフレイミングしたところで何の役にも立たない」(注18)と述べ，続けてミニューチン（Minuchin, 1991, p. 49）の次の一節を引用している。「貧困の家族は自分自身のストーリーを書く力を奪われてきている。彼らの絶望，無力そして依存に満ちた物語は，記録はされていないけれども，明らかに社会制度との共同によって書かれたものである。これらの物語が制度と社会という共著者によるものであることに気づかず，家族の物語があたかも家族だけで書かれたものであるかのように示されると，家族のメンバーはさらに気力を失い，能力のある援助者たちは混乱し，すべての人々の活動がさらに効力を失うことになる」

誰のセラピーか？　誰のストーリーか？　誰の人生か？

とくにヘイリー（Haley, 1977）のようなストラティジック（戦略的）な立場にたつ

注17） フォン・グラッサーフェルド（von Glaserfeld, 1984）やフォン・フォスター（von Foster, 1984; Segal, 1986の中にも記述されている）などのいわゆる「純粋な構成主義者」たちは，すべての知識は読み取り手に拘束されているという哲学的に徹底した議論を展開してきた。ワツラウィック（Watzlawick, 1984, p. 9）は次のように述べている。「我々は，自分が知っていると信じていることをどのようにして知るのか？　……我々が知っていることは，一般的には，現実世界そして物事が現実に存在するありようについての我々の説明と理解の結果によるものとみなされている。……では，どのようにして我々は知るのか，ということについてはきわめて頭を悩ませる問題である。この問題を解決するためには，いわゆる，精神をそれ自体の外に置き，その作用を観察する必要がでてくる。この観点では，その本性上，自己の根拠をまったくもたない精神のプロセスをもって，外側の世界の中に我々があたかも独立して存在するという事実を直視することは到底できない。ということからすれば，この本の『意図された現実 The Invented Reality』というタイトルもそうナンセンスなものでもなさそうである。もし，我々が知っていることが，それをいかに知るようになるかということに依存しているとすれば，我々の現実に対する見方は，現実は我々自身の外側にあるとする実際のイメージではもはやなくなる。しかし，それはまた，この見方に到達していくプロセスによって必然的に規定されたものでもある」。我々は意味を作り出す者であり，常にそのまた一部分でもあって，「本来は存在論者でありながら不本意な認識論者でもある」（Bruner, 1986, p. 155）。このことは，まさしく我々個人の責任性を明らかにしたものである。中立的な客観性とは神話に過ぎない。マックブライド（McBride, 1996）の一節を借りれば，神こそが「水の色」である。

注18） これは明らかにガンジーの有名な言葉「神は食物の姿で飢えた人々の前に現れた」を暗示している。

セラピストは，セラピーで起ることについてはセラピストが責任をもたなければならないことを明言しているけれども，すべての臨床家がその実践において何がしかの権力を及ぼしていることは間違いがない。ウィークランド（Weakland, 1993, p. 143）は次のように述べている。

> あらゆる人間関係の中では，コミュニケートしないことはできないように，影響を及ぼさないこともできない。影響は人間関係に固有のものである。我々はクライエントに影響を与えないわけにはいかないし，彼らもまた我々に影響を与える。したがって，そこでの我々の唯一の選択は，何も考えなしにそうするか，意図的に影響を否定するか，もしくは十分に影響を考慮し責任をもってやるかのどれかである。クライエントはそれまで自分たちではうまく達成できなかった変化を求めてやってくるわけであり，一方，専門家として彼らに効果的な変化が生じるような影響を及ぼすことはセラピストの仕事の本質ではなかろうか。だからこそ，我々は治療のあらゆる側面について大いに考え，コントロールするのである。もちろん，その際にはクライエントの行動と言葉に沿うことは言うまでもない。どの面接で誰と会うか，面接のタイミングをどうするか，クライエントに新しい考えや行動を起こしてもらうためにどのような提案をするか，クライエントが報告する進歩もしくは出会った困難に対してどのように反応するか，そしてとくに，何を言うかではなく，どのように伝えるか，これらがセラピストの仕事である。しかし，ここでストラティジック（戦略的）な立場から強調しておきたいのは，セラピストがすべての力，知識，支配をもって動き，クライエントは単にセラピーでの諸活動の受身的な対象に過ぎないようなセラピーのやり方を薦めたり，支持しているのではないということである。仮に，そうしたやり方が可能だとしても，それはきわめていかがわしいものである」

ここでの議論を，ワイナー-デービス（Weiner-Davis, 1993, p. 156）は解決志向の観点から「我々はクライエントをリードしないわけにはいかないから，問題は『我々はクライエントをどこに導くべきか？』ということになる」との的確な指摘をしている。また，ミラー（Miller, 1997, p. 183）はさらに詳しく次のように述べている。「解決志向のセラピストは……クライエントとの間でお互いに満足のいくような会話を構成するために質問を用いている。それらの質問は，セラピーにおける会話の中で外側の世界についての情報を得ようとするためではなく，クライエントの生活についての新しいストーリーを創りあげるための情報を引き出すために計画されたものである。したがって，解決志向ブリーフセラピーの言説内においてはすべての質問が構成的なものである。それらは，クライエントの生活の中にすでにあると解決志向のセラピストが信じているセラピーの目標を明らかにし解決を構成するために計画されたものである」(注19)

同様に，エロンとルンド（Eron & Lund, 1996, p. 34）は，その著『ブリーフセラピーにおけるナラティヴによる解決 Narrative Solutions in Brief Therapy』の中で，ナラティヴ・セラピストの意図性について明らかにしている。

> マイケル・ホワイトとデイヴィッド・エプストンは，セラピストに効果的な会話をすすめていくための地図を提供している。オルタナティヴ・ストーリーを探求するセラピストのコメントや質問，方向性には目的がある。ホワイトとエプストンはセラピストが行うことについては，セラピストに責任があるとしている。ストーリーの書き換えのプロセスにおいては，クライエントこそが専門家でかつ第一の著者であり，セラピストは第二の著者と見なされているけれども，治療的変化における第一の責任性は誰にあるかといえば，それは他でもないセラピストである。セラピストは，問題の脱構築，その意味の変化，そして問題によって脅かされてきた人々の生活を緩和するという固有のセラピーにおける目標をもってストーリーを書き換え……，（ホワイトとエプストン）は，個人の好み，意向，ストーリー，そして経験が変化のプロセスに相応しいものであることを肯定することによって，人を再び社会システムの内に参加させてきたのである。1970年から80年代にかけてのストラティジック（戦略的）な家族療法家たちと同様に，これらのポストモダンのセラピストたちも問題の変化に対する構想をもっているのではないだろうか」

ホワイトも，我々が「影響力」をもっており，そこには「権力の差」があることに同意して次のような考えを示唆している（in Hoyt & Combs, 1996, pp. 38-40）。

> 我々は，自分がセラピーのプロセスにいかにも関与していないかのごとく振舞うことはできない。また，治療的な相互作用に影響を及ぼしていないかのごとく振舞うこともできない。セラピストがとるべき立場に中立性などありえない。私は，自らの人生に傷つき不自由な状態にあることを示すあらゆる事柄を語る人々と関わりあうことによってこの事実を喜んで引き受けることができる……。そして，私はすでに何かの「ために」そこにいるという意味での中立性の不可能性ゆえに，私は何のための存在かということを疑う責任をもっており――これがすなわち，私の生き方であり考え方でもあるのだが――，そのことをさまざまなやり方でやることができる。例えば，他者の人生にとってふさわしいかどうかという点に顧慮する中でこの私は何のためにいるのかということを疑うことができる。また，他者との関係の中で私が反対の立場にあるというまさにこのことを再生産する可能性があるという意味で，私は何のためにいるかということを疑うことができる。さらに，私は何のためにいるかということが，ジェンダー，身分，人種，

注19）俳句（Hoyt, 1996fも参照）
　　　言葉にこころを傾けて
　　　問題よりも解決の
　　　そこに奇跡のしるしあり

文化，性的な好みなどの世界において別々の場所をもっているという点でも，私は何のためにいるかということを疑うことができる。そうしたものである。

構成主義にもとづくセラピストは——彼らの実践は，共同性，共同参加，間主観性，共同創造といった言葉であらわされるものだが——，因果関係，支配，権力そして管理という事柄に殊のほか注意を向ける。「ナラティヴにもとづく意図」（Combs & Freedman, 1994）とクライエントの自己決定を十分に尊重するそのような認識がなければ，「誘い招きいれること」「驚きを示すこと」「質問をすること」は，間接催眠暗示の不誠実な使用に陥ってしまいかねず（Freedman & Combs, 1996, p. 6; Schmidt & Trenkle, 1985を参照），いわゆる治療的操作は「透明性の名のもとに隠されてしまう」ことになりかねない(注20)。

それとは対照的に，構成主義のセラピストは，敬意に満ちた共同性への参加という基本的な観点から権力の不当な行使を避ける。そして，さまざまな見方を取り入れること，阻害された「声」に（時には，それを呼び起こし）耳を傾けること，抑圧され，混乱した経験を認識し表現するための空間を創りだすこと，こうしたことに格別の注意を払う。劇作家であるトニー・カシュナー（Kushner, 1995, pp. 7-9）もすでに次のように述べている。「自由における最大の本質は寛大さであり，自由さを示す基本的なあり方は包含であって排除ではない。……権利を奪われた人々の訴えのすべてを一覧表にすれば，ともかく民主主義を唯一のものと信じる必要のある人たちによる『被害者学』と『政治的真実』への怒りの声は高まってしかるべきである。民主主義は単純なものではなく，それは，多数者が少数者を支配するということを意味してはいない」

したがって，ある構成主義のセラピストたちにとっては，セラピーは明らかに政治的行為であり，権力の罠をさらけ出し，隷属され権利を奪われている人々（有色人種，女性，子ども，高齢者，ゲイとレズビアン，貧困者とホームレス，身体的，精神的に異なる人々など）がもっている固有の知識に特別の権利が与えられる場となる。こう

注20）構成主義のセラピストは，向精神薬の使用による介入についてもその見方を広げることができる。ストーリー書き換えの復活（Restoring resorying）とは，治療薬の使用がクライエントの自己能力向上の援助に適切に使用されるめに私が好んで用いる用語である。治療薬の使用には，たしかに乱用の危険性（マインドコントロール）が常につきまとうけれども，彼らが，自らの人生を「再著述」し，生きていくために必要な思考の整理と感情の緩和をもたらすものでもある。クライエントから提案がない限りは，治療薬を処方したりすすめたりすべきではないという臨床家もいるが，私はそれには賛成しない。むしろ，私は，彼らが置かれている状況が誰にでも明らかなものである場合には，社会的環境に対抗するようなオルタナティヴ・ストーリーを持ち出すことはしないし，控えることにしている。これもまた，クライエントへのサービスという我々の仕事の一部ではなかろうか。人々には，場合によっては何らかのもの（情報）が提供される必要がある。言うまでもないことだが，ここで最も重要になってくるのは，強制ではなく招待による説明同意に対する十分な配慮であり，これこそがキーとなるものである。

して，多くの個人的問題が有害な文化の所産から生じたものとして捉えられることになる。それらは，明らかな社会的不正とその結果生じる（それはおそらく巧妙に行われるのだが）有害な制度化された態度の内在化の両方を含んでいる（Albee, 1997; Brown, 1997; Markowitz, 1997; Waldegrave, 1990）。一方，他の構成主義のセラピストたちは，臨床的な状況を一般的な政治的用語で解釈はしないが，レイン（Laing, 1967）が「経験の政治学」と呼んだような，我々がどのように語り，何を語るかということは誰によって規定されているのかということへの鋭い関心は持っている。エフレン，ルーケンス，ルーケンス（Efran, Lukens & Lukens, 1988, p. 32）は，これらの点を次のように具体的に述べている。

> 構成主義者は言語的なコミュニティを最も重要なものとみなしているので，この観点で仕事をしているセラピストたちは，自分たちは本質的に政治的な事柄に関わっているのだという考えに慣れていなければならない。他の人間の日常的な行為と同様，セラピーは権力機構，交換，そして特別な伝統と言語形式の維持を助長するものである。個人の責任制と倫理という事柄はいずれも，「治療」「精神衛生」「正常な家族」「家族忠誠」といった客観性の響きをもった用語によってかわすこともできなければ覆い隠すこともできない……。構成主義者にとっては，治療的な試み全体が根本的に倫理の範疇における一つの行為である。それは，ともに生きるための記号群を考案し，形成し，そして再公式化していくことを含んでいる。この観点に立って言い換えれば，セラピーはセラピストを含むそこに参与する人々すべての思い，願いそして期待をかみ合わせていくための対話である。

構成主義のセラピストはある中央地点でクライエントと出会う。クライエントはセラピストの援助を求めてくるかもしれないが，一方が優れていて，何が適切で，理にかなった，正しことかについて審判を下す者ではない（たとえ，どちらかだとしても，それは究極的にはセラピストではない）。そこでのアプローチは「相互友好的」（Griffith, 1997）であり，セラピストは「真の参与者」（Cantwell & Holmes, 1994）である。ドレンゲンバーグ（Drengenberg, 1996, p. 52）は，ブーバー（Buber, 1958）の「我と汝」とガーゲン（Gergen, in Hoyt, 1996c）の「関係の尊厳」の両者を呼び起こすような出会いについて書いている。

> ……我々は共有された空間で出会う……上下の区別なく……
> 尊敬の念に満ちて……回帰の海に漂いながら……さらに明らかとなってくる，
> 我々がいったい何者で，何を行い，何を必要としているかを……
> 我々の交流の出会い……内なる力は高められる
> 成長に向かって……それぞれもはや同じ者にとどまることはない……

クライエントの目標を明らかにし，それに尽力することにこそ綿密な注意が払われなければならない。クライエントは，従来の言い方では，セラピストの指示に従わず抵抗する者とされることで，権力闘争の中にいたのではないだろうか（Albee, 1997; Tomm, 1993を参照）。だから，クライエントは，自分が行きたくもない方向へ心理的に連れていかれたり従わされることを拒否せんがために対抗圧力の実践に従事したのである。それゆえに，ホワイト（White, 1995; Hoyt & Combs, 1996でのWhiteの引用も参照）は，我々が治療状況の政治性に十分注意できるように「説明責任の構造」という言葉を提唱している。トム・アンデルセン（Andersen, 1991, 1992）は，家族に「リフレクティング・チーム」の声を聞いてもらうようにし，マディガン（Madigan, 1993）は，家族の前でセラピスト側の関心と動機を「関係づけ」ている。ディ・シェイザー（de Shazer, 1984, 1985, 1988; Hoyt, 1994bでのde Shazerの引用，Hoyt, 1996dでのde Shazer, Weaklandの引用も参照）とバーグ（Berg, 1989）は，我々がクライエントを「カスタマー」として尊重するような関係性を形成することで「抵抗」は「消滅」することを主張している。アンダーソンとグーリシャン（Anderson & Goolishian, 1992）は，「クライエントはエキスパートである」と述べ，ローゼンバウム（Rosenbaum & Dyckman, 1996）は，クライエントが彼のオフィスに入ってくると静かに頭を下げて，これから始まる出会いでの自分の位置を確認するようにしている。そして，トム（Tomm, 1991; Bernstein, 1990; Freedman & Combs, 1996, pp. 269-272）は，クライエントに押しつけにならずに「空間を広げる」「倫理的な態度」への気づきを何にもまして提唱している。こうした治療的意図による微妙なニュアンスと効果的な側面の数々を，読者は，以下の各章の中で見出すことができるであろう。

本書が生まれてきた経緯と本章の利用の仕方

この数年来，これまでとは異なるセラピーの諸モデルに対する関心が広がってきている。それは，メンタルヘルスサービスを求める人々の援助に，より明るく利用者にやさしいアプローチを提供するものである。この動きは，広範な社会的変化による要請（例えば，コンピューターと情報処理の爆発的な進展，生態学的な環境問題に対する認識，多様な文化を受容する大きな動きなど）と並行して，人間の変化のプロセスに関するより人間的な思考方法への希求やさまざまな理論的および臨床的な発展との組み合わせによって進んできた。さらに，マネジド・ケアによる効率性重視の圧力によって（Hoyt, 1995），新しいサービスの提供の方法が検討されるようになった（単に同じことはもう繰り返さないというだけの意味ではない）ことも大きな要因である[注21]。

このハンドブックは，すでに発刊されている2冊の書物（Hoyt, 1994a, 1996b）で

示された視野を拡大しさらに発展させ，若手，中堅いずれの実践家にも一つの場において有益なリソースを提供することを目的に企画されたものである。本書の基本的な方針について各執筆者には次のように依頼した。

> 私は，治療におけるさまざまな「構成主義の立場に立つ臨床家」のアプローチを示し得る包括的な書物のことを構想しています。それは，多くの論文にくわえて興味深い面接も含まれたものです。各論文では，それぞれのアプローチに関する理論およびその根拠についての概説をしていただき，実際にどのようになされたのかということを示す逐語と関連するケースを提示していただきたいのです。一つの論文（もしくは本）だけで，そこでの心理療法の方法をすべて教えることは到底無理なことではありますが，読者が，逐語やコメントをとおして，実際に何が起っているのか，そしてそれぞれのアプローチに固有なものは何かということが理解できるようになればと願っています。読んで面白く，そして役に立つ，そのような刺激的な本ができることを目指しています。

各執筆者はさらに次のような指示を受け取った。

> 今夜，あなたが寝ている間に，奇跡が起って，今あなたが取り組んでいる論文がすっかり書き上がっているとします。翌朝，目を覚ました時，あなたはその原稿の中に何を見つけるでしょう？　どんな基本的で重要な考えがそこにあるでしょうか？　まだ最初の介入に迷っているセラピストを助けるために，より良い臨床的にも洗練された提案はどのようなものでしょうか？　あなたが，もちろん他の読者たちも，「これだ」とうれしくなるようなすばらしい考えや新しい方法，それに興味深い論考はどのようなものでしょうか？　あなたの考えはどのように広がるでしょうか？　その論文の中で一番おいしいところはどこで，あとどんなスパイスをきかせるでしょうか？　……

どの執筆者も，徹底して練られ，創造性にあふれた，見事なほどの多様性に富んだものを返してくれた。私にとってこれほどの喜びはない。さて，読者によっては，第Ⅰ部の「理論的な展望」での議論に何より関心をもたれる方がおられるだろう。一方，

注21）心理療法の効果と効率ということに関心をもっている人々には，構成主義療法によるさまざまなアプローチは魅力的なものかもしれない。しかし，これらのアプローチは，心理療法の実践にかかる費用を抑制しようとする今日の支配的な動きよりもずっと以前から始まっているのである。解決志向セラピーの創始者であるスティーヴ・ディ・シェイザーは，この点に関して彼の考え方をきわめて明確にしている。「我々はマネジド・ケアの要請に応えているのではない。我々は，この30年にわたってブリーフセラピーを実践してきた。マネジド・ケアなど誰かの悪い考えにすぎないと思われていた頃よりも前に，我々は，このアプローチを発展させていたのだ」(Short, 1997, p.18)。オハンロン (O'Hanlon, 1991)，リプチック (Lipchik, 1994)，ナイランドとコルシグリア (Nylund & Corsiglia, 1994) などすべてのブリーフセラピストたちもまた，「切り詰め」もしくは短縮する治療方法としての厳密な時間制限の使用に反対する意見を述べている。私も，他のところで，そのような実践に対する反対の意見を述べ，マネジド・ケアによって避けることのできない治療上の問題点について論じている (Hoyt, 1995, 1997; Hoyt & Friedman, in press)。

すぐに第Ⅱ部の「特殊で複雑な臨床場面での考察」のための「個別の臨床応用」の方を詳しく見ようとされる読者もおられると思う。さらに，最初から最後までとおして読まれる方もおられるだろう。各章とも固有の価値をもっているが，リフレクティング・チーム（Andersen, 1991; Friedman, 1995を参照）のような読み方によって，本書全体が個々の部分の総和以上のものになるように意図されている。

『構成主義的心理療法ハンドブック』にアプローチするための唯一の道を提案する気持ちはない。最良かつ正しい読み方など存在しない。構成主義的心理療法のプロセスに対応しながらも，個々人はそれぞれ固有の（多様な）意味を見出すことになる（de Schazer, 1993を参照）。このような考え方は決して新しいものではない。数世紀前の禅僧，臨済は弟子たちを前に「私が語っているすべてのことは，ちょっとした体の不調を癒す薬に過ぎない。私が語ることの中に絶対的な真実などない」と警告している（Schloegl, 1975, p. 48からの引用）。アメリカ先住民の教師であるローリング・サンダーもまた次のように忠告している。「君たちに警告しておきたい。私をそっくり真似てはいけない。君たち自身のやり方を見出しなさい。人はそれぞれ独自のものになれと言われてきているのだから。それでもなお，私がとってきた方法ややり方を見ていれば，君たちにとって，どうすればいいか，また，どういうことなのかについてのヒントにはなるかもしれない。その上で，君たちは，自分自身の存在，自分自身の歌，自分自身の祈り，そしてやっていくべき自分自身の物事を見出さなければならない」（Boyd, 1974, p. 92からの引用）[注22]。

読者の方々には，自らの洞察と経験を活用し，書かれたもの以上のものを学び，そしてクライエントの変化を援助する際に彼らが望むものをもっともたらすことができるような方法を見出せる受容と生成の力をもっていただきたい。

謝　辞

このハンドブックの全ページを洗練された言葉で飾ってくれたすばらしい仲間たちに心から感謝したい。ムーチャスグラーシアス！　カムサムニダ！　ダンケシェーン！　トーダラーバ！　サンキュー！　彼らの専門的な知識，寛大さそして努力の

注22）カッシュマン（Cushman, 1995, p. 3）は，彼の著「自己を構成し，アメリカを構成するConstructing the Self, Constructing America」で，この問題を近代という文脈の中で捉えながら次のように論じている。「どの時代にも，自己なるものをどう位置づけるか，ということについての支配的な見方があり，人間であるとはどういうことかということに関する一連の固有の基本的な信念が存在する。それらの信念によって，それぞれの自己なるものに関する固有の位置づけが，病気やその土地の治療者たち，そして癒しの技術を特徴づける。これらの諸自己と役割は交換もできなければ同等のものでもない。それぞれが何らかの普遍的な規範に還元され得ないユニークでその土地の真実を具体的に示している。なぜならば，そのような還元もまた，ある固有の文化がもっている参照の枠組みに明らかに依存しており，イデオロギー的な事項を含んでいるからである」

数々によって，こうして一緒に仕事できたことは最高の喜びである。

　また，本書の中のさまざまなアイデアを提供するにあたって，自分たちの経験を報告することを許可してくださった多くの（無名の）クライエントや患者の方々，さらに，それぞれの著作からの引用に関して快諾していただいた多くの著者や出版社にも感謝したい。

　くわえて，絶えることのないご支援をいただいたジョシー・バス出版社（とくにアラン・リンズラーとキャティー・レビン）とカイザー・パーマネントにも感謝申しあげる。

　最後に，妻のジェニファーと息子のアレックスにはすべての面で感謝している……過去，現在そして未来にわたって，共に分かち合う大地と空，そして数々の言葉と音楽。

第Ⅰ部
理論的な展望

第 1 章
再決断療法
ナラティヴのレンズを通して

ジェイムズ・R・アレン，バーバラ・A・アレン
James R. Allen, Barbara A. Allen

　1960年代から1970年代を通じて，ボブ・グールディングとメリー・グールディング夫妻はカリフォルニア州のビッグ・サーとサンフランシスコをつなぐ海岸沿いの地域で再決断療法を開発した。その沿岸地域一帯は，当時開花しつつあったさまざまな革新的心理療法にとって肥沃の地で，例えばビッグ・サーに開かれたエサレン研究所ではいろいろのタイプの人間性心理学にもとづくアプローチと人間開発・成長のためのセラピーを奨励しており，この研究所の中に居をかまえたフリッツ・パールズをはじめヴァージニア・サティアや，近くの小さな町カーメルに住むエリック・バーンはいわばその地域の名士たちで，グールディング夫妻の友人でもあった（Anderson, 1983; Hoyt, 1995）。最初は主としてカーメルで，後にワトソンヴィル近郊のマドンナ山で仕事をしながら，グールディング夫妻はバーン（Bern, 1974）の脚本理論とパールズ（Goulding, 1976; Perls, 1969）のゲシュタルト技法のいくつかとを結合させ，その結果生まれたのが，集団療法でも個人療法でも実施可能な効力抜群で新しく，かつ短期のナラティヴセラピーなのである（Goulding & Goulding, 1978, 1979）。

再決断のプロセス

　再決断療法は以下の段階をおって進行する。

1. 治療契約を発展させる。
2. この契約と関連している重要な早期の場面の再体験。これは自身，他人および人生全般に対する早期（幼児期）の決断を含む。
3. この場面への新しい情報，体験および感情の導入。

4．（それに関する一つの）再決断。
5．この新しい決断のアンカリング（しっかりと固定させる）と再確認。
6．（再決断をした）このクライエントが，それ以前の生活環境に戻った時点での再統合（新しい決断をした後に，これまでの生活の中に戻っていくためには空想などの中でリハーサルをする必要があるだろう）。

ジョン：生まれてくるべきではなかった男の子

自分の子どもたちが手に負えない（その内の二人は薬物中毒者になってしまっていた）と話しながら，ジョンは「まぁ，万事休すとなれば，僕はいつでも自殺できるのだから」とつけ加え，そしてハッ，ハッと笑った。

セラピスト：それは君にとって笑い事ではないよ。
ジョン：〔目が涙で潤む〕ええ，笑いごとではありません。
セラピスト：子どもの頃に，君が自殺することで喜んだ可能性のあったのは誰だったのかな？
ジョン：僕です。他には誰も思い当たらない。僕はいつもそんなふうに，つまり自分が厄介者だ，と感じたのです。
セラピスト：その自分が厄介者だ，という感覚を持ち続けたまま過去に戻りなさい。できるだけ小さな時まで。君がかつてこんなふうに感じた時にまで。
ジョン：〔目を閉じて，しばらく黙っている〕ええ。僕は5歳くらいで，家の裏庭の芝生に寝ころんでいます。パパとママがまた僕のことでけんかをしている。僕は両耳を手で塞ぐ。僕はもうこれ以上は我慢できない，もうたくさんだ，と感じている。自分を殺そうとして地面の土を食べるんだ，でもそれは効き目がない。
セラピスト：その場面にもっと深く入っていきなさい。両手で目を覆って。土の味を味わってごらん。
ジョン：〔しばらくして〕僕は地面に横たわって泣いている。そして本当に一人ぼっちなんだ。するとそこへ僕の犬のムクがやってきて，僕の顔をなめる。
セラピスト：オーケー。今度はムクを両腕で抱いているところを想像してごらん。その犬への君の愛情と，犬が君に感じている愛情を実感するんだよ。
ジョン：犬が僕の顔を舐めているのを感じられます。愛されているっていう感じがする。僕のことを心にかけてくれたのは，抱かれるのが好きなムクとビッグ・ママ〔彼の母方の祖母〕だけなんだ。
セラピスト：そこには，自分を殺したくないと感じる部分はあるかな？
ジョン：ええ，あります。その部分はムクのキスと暖かい柔らかさに感謝しているし，犬が僕と一緒にいるのを喜んでいるのが嬉しいんだ。
セラピスト：オーケー，ジョン。君の中の死にたいという部分がここにある椅子の上にいる，と想像してごらん〔椅子を持ってくる〕。さぁ，君の中の生きたい，という部分になって，死にたい部分に話しかけるんだよ〔ジョンは身を乗り出す〕。

セラピスト：君が自殺の部分に話さなければならないのは何だろう？
ジョン：〔自殺を〕するな！　してはダメだ。パパとママは君のことを心に掛けてくれなかったけれど，ムクは君を大切に思っているよ。それにビッグ・ママもだ。
セラピスト：君は何歳かな？
ジョン：四つか五つです。もう一つの部分と同じ年です。
セラピスト：次にこの椅子に座って，ビッグ・ママになってごらん。
ジョン：〔ビッグ・ママとして〕ジョン，私はあんたを愛しているし，これまでもずっとそうだったわ。あんたはあんたを欲しいと願っている家族の中に生まれてくるべきだったのよ。あんたを生んだ時に，親たちがまだ大人になりきれていなかったのが本当に残念だわ。
セラピスト：いいぞ，また椅子を変えて。さぁ，ジョン。君の答は何だろう？
ジョン：ねぇ，ビッグ・ママ。僕は生まれてからこのかた，ずっと愛されたと感じたかったし，一緒にいるって感じたかった。でもビッグ・ママ以外にはそんな感じは持てなかったんだ。
セラピスト：〔椅子を二つ持ち出す〕それを君の両親に言うんだ。
ジョン：こん畜生！！〔叫びながら〕僕は愛されている，一緒にいるって感じたかったんだ。もし僕が欲しくなかったんなら，どうして生んだんだよ。あんたたちが僕を愛せないのは僕に落ち度があるわけじゃない〔しゃくり泣きをはじめ，息を止める〕。
セラピスト：息を止めないで。君は自分の哀しみをせき止めているよ。
ジョン：〔尾を引く長い哀しみの叫びにつづいて怒鳴る〕あんたたちが僕を愛せなかったのは僕のせいじゃない。僕を養子にだすことだってできたんだ。そうしたら養子にした人たちが僕を愛してくれただろうに。
セラピスト：その通りだ。君がムクやビッグ・ママに望まれたのと同じように，君のことを欲しかった家族の中に生まれて成長したと想像してごらん。自分の両親には何と言うかな？
ジョン：地獄に堕ちろ，だ。あんたたちが僕を欲しくなかったからといって，そんなことぐらいで僕は自殺なんかしないぞ。僕は生きるんだ——そして僕に愛情をくれることができる人たちの中に愛情を見つけるんだ。
セラピスト：それをもう一度言ってごらん。
ジョン：僕は愛することができる人たちを探して愛情を貰う。そしてそれを受け取ります。
セラピスト：実験してごらん。このグループの中のいろいろな人に今と同じことを言ってみて，どんな感じがするか見てみることだ。

ジョンは，声音や姿勢をいろいろと変えながらそれを行う。その後でついに彼は言葉を発した。

ジョン：いい感じだ。自分が強いという感じがする。
セラピスト：もう一度座って。大人になっている自分が，あの小さな5歳の坊やを自分の腕の中に抱いているところを想像してごらん。

ジョン：〔両目を閉じて〕ええ，僕は彼を両腕の中に抱いています。そして彼は僕の胸と首に寄り掛かっています。
セラピスト：いいよ。次に彼が困難を切り抜けてきた人間だったことを君は誇りに思っている，と言ってやりなさい。そして「僕が君の面倒を見て，安全に守ってあげるよ」とか，何かそれに似たことで，君にピンとくることをつけ加えてごらん。
ジョン：〔優しい微笑が顔を横切る〕そう。そして自殺をするのは良くないんだよ。
セラピスト：その通り。さて，ジョン。最後に一つ。君は自分自身と，つまり僕とではなくて君自身と，次のような契約を結ぶだろうか。君は現在もそして未来も，偶発的にまたは意図して自分を傷つけたり殺したりしない，という契約を。
ジョン：ええ。今の僕にはそれができます。

　再決断療法では禁止令，決断，再決断などの交流分析用語が用いられる。禁止令とは，しばしば言語形成期以前に与えられる早期のいろいろなメッセージであり，破壊的テーマの人生を歩むことを奨励する（例えば，考えるな，感じるな，子どもであるな，成長するな，他人を信用するな，するな！　生存するな）。こうした禁止令は両親や両親以外の家族メンバー，および社会により与えられ，運命のさまざまな偶発事件によって与えられることさえある。ジョンの場合，彼の誕生が親たちにとって早すぎたというタイミングの悪さと，自分の両親に愛された経験がない，ということから彼は「生存するな」という禁止令を受け取ったと言えるだろう。それとあわせて「一員になるな」という禁止令も受け取っている。幼児期の決断はこのような種類の禁止令への反応としてなされ，来るべき人生のナラティヴの土台を形成するのである。多くの人がまだ小学校に入学する以前に決断した自分の人生（脚本）を生きていると考えるとその事実に粛然とならざるをえない。ジョンの場合，彼の決断は「もしいろいろなことがどうにもならないほど悪くなれば，僕はいつでも自殺できるのだ」というものであった。この例で紹介した「再決断」は，幼児期にした決断を変える，またはそれにとって代わる新しい決断なのである。それは自分の人生を書き直していることである。
　このケースは利用価値のあるいくつかの技法を提示している。つまり，一つの感情を重要な鍵になる早期の場面にまでさかのぼっていくことをフォローしながら，感情の度合いをより強め，問題を現在の時点で外在化させることを可能にする「二つの椅子を使ったゲシュタルト・ワーク」，そして「自殺をしない」という契約の使用である。このケースはジョンと両親の間の早期の相互作用に関するワーク，およびジョンの中の死にたいと望む部分と死にたくない部分の葛藤のワークを説明している。これは一つの問題のパターンに対するいろいろな例外の喚起と拡大（de Shazer, 1985）に類似しているし，抑圧されたナラティヴ（Foucault, 1980）にも似ている。
　ジョンの最初の言葉である「僕はいつでも自殺できるさ，ハッ，ハッ」は絞首台の

交流として知られ，他人に笑うように誘いかけて，もし相手が笑えば，結果として自分の自己破壊的な行動が彼らによって間接的に承認されたとみなす交流である（Bern, 1972）。もしセラピストがジョンと一緒に笑っていたら，ジョンはこれを自殺することに対する許可として受け止めた可能性がある。また，この発言は，ジョンがセラピーの価値を貶めようとしているのをセラピストに気づかせまいという誘いかけでもあった。ジョンはすでに「自分を落ち込ませるのは止める」という契約をしてはいたが，ここで取り上げ，ワークを行った問題については，セラピストはまだそれを行うための契約をしていなかった。きちんとした正式な契約をしないままあえてすぐにこのワークを始めたのは，実は上記の理由によるのである。つまりこのセラピストの意図は，ジョンに対して，彼の言ったことが真剣に受け止められており，自殺することは絶対に良くないことだとジョンに見せること，言い換えれば，即時の保護と生きることへの許可を提供することだったのである。

　この介入があってから数カ月後，ジョンは妻と一緒に他の州に住む両親を訪問した。この訪問の最中にジョンの母親は彼の妻に「家族の秘密」を明らかにしたのだった。ジョンの両親が離婚の準備をしていた矢先，母親が子ども（ジョン）を身ごもっていることがわかったのである。母親は漂白剤やコートハンガーを使って中絶しようとしたが失敗し，自分がしようとしたことに対する罪悪感から子どもを生もうと決めたのだった。しかし生んで間もなく，母親は遠縁の従姉妹に子育てをまかせてしまい，ジョンはこの人たちと1年以上を一緒に過ごした。その後両親はヨリを戻し，ジョンを引き取ったけれども，この事実について語られることはなかった。彼は，このストーリー（それはずっと抑圧されてきたか，すくなくとも彼には伝えられなかった）を聞いてもまったく驚きはしなかった。むしろ，彼はそれをあるところまではすでに知っていたことの確認として受け止めたのである。このストーリーは，4，5歳の時に彼が理解した世界の中では彼の早期の決断が賢く正当なものであったこと，一方で，自分の人生はもはやこうしたものを土台にする必要はないのだということの理解には役に立ったのである。

ミュリエル：「大きくて，ブヨブヨの塊」

セラピスト：あなたは何を変えたいのですか？
ミュリエル：私は，大きくて，ブヨブヨの塊であることをやめたいです。
セラピスト：正確に言うとどういうことなのかしら？
ミュリエル：私は45キロも肥りすぎています。化粧品の使い方も，髪の結い方も知りません。それよりももっとひどいのは，どんどん肥っていくことなんです。今では私はチョコレートを隠したりさえするのですよ，子どもたちにやらなくても済むように。

セラピスト：〔椅子から立ち上がり，ミュリエルから肥った部分を取り上げて，それを近くの椅子の上に置くフリをしながら〕わかりました，じゃあ，これがその大きな，ブヨブヨの塊であるふりをしなさい。それにあなたは何と言いたいかしら。

ミュリエル：私はお前なんかいらない。大嫌いよ！　私の人生を台なしにしているお前を憎んでいるのよ！〔泣きながら〕

セラピスト：じゃあ，今度はここに来て，塊になってごらん。

ミュリエル：〔椅子を変える〕ミュリエル，私はあなたの塊よ。私がついていてあなたはラッキーなのよ。私がいなかったらあなたなんて存在しないんだから。

セラピスト：ミュリエル，あなたにいて欲しくなかったのは誰なのだろう？　こんなことを言ったり感じたりしたのは誰なのかしらね？

ミュリエル：私の父です〔泣きながら〕。

セラピスト：〔新しい椅子を持ち出して〕わかったわ，じゃあ，この椅子に座って，あなたの父親になるのよ。そしてミュリエルに生まれただけでもラッキーなんだぞ，と言ってごらん。

ミュリエル：〔父親として〕お前は男の子のはずだったんだ。女の子など，真っ平ゴメンだ。お前が女の子であるよりもブヨブヨの塊のほうがマシなのさ。

セラピスト：〔父親役のミュリエルに向かって〕お父さん，あなたが何故女の子が欲しくなかったのかをミュリエルに言ってもらえますか。

ミュリエル：〔父親として〕女の子は僕を居心地悪いというか落ち着かなくさせるんだ。女の子は違う生き物なんだよ。僕には姉妹がいなかったし，母が亡くなった後では一族は男だけだったから。僕が知っている唯一の女の子はこの子の母親で，それに彼女は女の子というより男の子に近かった，本当のお転婆娘だったんだ。

セラピスト：……ということは，あなたがミュリエルに女の子で欲しくなかったのは，女性の周囲では自分が居心地悪くて落ち着かなくなるというのが理由なんですか，お父さん？

ミュリエル：〔父親として〕その通り。私はそれが怖かったのだ。私は彼女を恐れたのだよ。

セラピスト：ミュリエルが自分の女性の部分に気づき，そしてブヨブヨの塊ではなく本物の女性だ，と感じてもかまいませんか？

ミュリエル：〔父親として〕かまいません。

セラピスト：彼女にそう言って下さい。

ミュリエル：〔父親として〕ミュリエル，お前が本物の女性になって，女性と感じても僕はかまわないよ。君を不幸にしようと意図したことなんか一度もなかったんだ。わかっていたのは女の子たちが怖くて，男の子たちと一緒のほうが居心地良かったということだ。僕はアメフトのコーチで男の子たちには馴れていたんだ。お前は自分である，という権利を持っているのだよ。

セラピスト：〔他の椅子を指しながら〕さぁ，ミュリエルとして父親に返すことはないのかな。

ミュリエル：〔椅子を変える〕そうよね，お父さん。私はもともと持っていたその権利を自

分のものにします。私は食べ過ぎるのを止めて，洋服の上手な着方や，お化粧の仕方や髪の結い方も習います。そうしてそれを存分に楽しむわ！　私はあなたが間違っていたとか，ダメな人だと立証するために自分の人生をムダにするのはおしまいにします。
セラピスト：それをもう一度言ってごらん。
ミュリエル：〔前よりも大きい声で〕あなたが間違っていた，と立証するために自分の人生をムダにするのは止めます。お母さんが教えられなかったことを教えてくれる人たちを探すわ。どんな洋服を選んで，どんな着方をするか，どうすれば女性らしくなれるかを学ぶことにする。〔興奮したように笑いながら〕そして私は自分をエンジョイするのよ！

　自分が女性たちの周辺では居心地が悪かったために，ミュリエルの父親は娘に「もし女の子でなければ存在してもよい」「お前（女の子）であるな」というような禁止令を与えたであろう。それに加えて，彼は男の子のようなお転婆娘を妻としており，この母親はミュリエルに女性的であるとはどういうことなのかを教えることができなかったのである。ミュリエルの早期決断は「わかった，じゃあ私は女の子ではない。でも何か別のものとして存在するわ。私は大きなブヨブヨの塊だからあなたは私を認めないわけにはいかないのよ」というようなものであったようだ。
　この短い挿話は，まず（塊の）具体化・客観化に始まり，ついでそれが制約的なメッセージを与えている（父）親に変化し，その父親とのインタビューがあり，それについで再決断がなされ，再決断についての子どもの喜びが経験されるというプロセスを描いている。
　この3カ月後，ミュリエルは甘いものを食べるのをすでに止め，1日に5キロ歩き，体重が12キロ減っていた。そして，上手な着こなしをすること，化粧をして髪を整えることなどに手を貸してくれる女性たちを見つけていた。

実践に当たっての諸要素

　次に，再決断療法の重要な鍵になる概念についてさらに詳細に見ていきたい。

契約

　治療のための契約は，治療の舞台を設定し，同時に治療の焦点となるものである。セラピストは契約が変化のためのものであること，治療のゴールが意義あるもので，測定可能であり，達成できるものであることを確認する必要がある。このゴールは，それが達成されたときにはセラピストとクライエントの両者にそれがわかる形で設定される必要がある。例えば「私はこの憂うつな感情を取り除きたい」は「私は自分がダメな奴だ，と自分に言い続けるのを止めたい」あるいは「私は一日中死んだ母親を

恋しがって過ごしたくはない」とはきわめて異なるのである。また，この契約は法的にも適ったものでなければならない。そして最後に，契約はクライエントとセラピストの全ての部分（訳注：〈親〉〈成人〉〈子ども〉）で受け入れられるものであることが必要とされる。「私は体重を減らさなければ（禁煙しなければ，……を止めなければ）ならない」は元旦の誓いに似た契約であり，それ自体では永続しないだろう（訳注：言い換えると，〈親〉からの「ねばならぬ・するべきだ」的な要素だけでは契約として片手落ちなのである）。再決断療法家はそれを現在の事実に基づいたいろいろの理由（交流分析の用語では〈成人〉の思考と呼ぶ）と，クライエントが何を得るか（もっとセクシーになるなどの〈子ども〉の反応。ただしそれがクライエントを脅かすものではない場合だが），または失うか（疲労感があるという〈子ども〉の反応）を含んだものにまで発展させようとするのが普通である。このプロセスを通じて，セラピストは用心深い旅行ガイドのように振舞い，保護を提供するが，それはクライエントが自分に最上の利益にはならないようなゴールを選ぶのを防ぐためなのである。当然の話ながら，その結果として「自殺をしない」「殺人をしない」という契約は全ての契約に優先する（Allen & Allen, 1984）。

　治療のための契約は，管理上の契約とは区別される必要がある。週に一度来所し，治療費を払い，その他にも必要な手順を踏むといった約束をするクライエントは，変化のための契約，つまり治療のための契約はしていないのである。再決断療法における治療契約は変化のためになされるもので，説明，教育，仲間づきあいのためや，各種の「ねばならぬ」で自分を苦しめるためになされるのではない。優れた治療契約が，再決断療法が短期に行われることを可能にする理由は，この契約が問題を限定し，探索を一つの特定のゴールに制限するからである。しかし，もし，クライエントが何かを変えようとは考えているが，まだその時が来ていないと信じている場合には，このアプローチはこうした人たちには役立たない。ただし，こうした人たちでも，グループに参加することで役に立つことを発見する可能性はある。なぜなら，グループの中で行われる他の参加者たちのワークが，自分がまだ解決していない問題を刺激し，代替案としてある特定の探索的な契約をしたいと望むようになる可能性も存在するからである。

一つの鍵となる場面を展開する

　再決断をするワークでは，クライエントは現在の契約に関連している決断をした自分の人生上の鍵となる場面を見つけるように求められる。この場面は現在進行中の出来事や最近の出来事，かつての幼い頃の出来事，幻想（空想）の場面，夢，ジェスチャーや身体の動きを誇張したことから導き出されたもの，笑い（例：ジョンの絞首台

の笑い），または問題を具体化する（例：ミュリエルのブヨブヨした塊）ことから発展したものなど，さまざまである。

　多くのクライエントにとって，再決断をするのが最も容易なのは自分の幼い頃の場面が入っている場合で，それは彼ら自身がこうした場面の中では子どもであるからである。再決断が最も完全に体験されるのは，その場面に登場する主人公たちがもとのメッセージを与えた人物である場合である。

夢の利用：抑うつ状態の若い女性が週末のマラソン療法（訳注：通常金曜日の午後から日曜の昼まで，食事，睡眠時間は別として連続して行われる集団療法）に参加した。望まれずに生まれてきた子どもだった彼女は，母親が「死ね！　死ね！」と叫びながら自分を中絶しようとしている場面を想像した。それは決して簡単にいったわけではないが，私たち（セラピスト）は「自殺をしない」契約をすることに成功した。しかしそれは「このマラソンが終わるまで」という条件つきだった。私たちはこのセッションの中で彼女に明確な「生きてもよい」という許可を与えた。つまり彼女は今自殺をすることで母親を喜ばせる必要はないのであり，また彼女は生きる権利を持っているということなのである。このセッションが終わって自分の部屋へ帰る途中で，彼女は聖母マリア像の前を通った。その晩，彼女は聖母マリアが「子どものあなたは，自分を愛してくれる家族の中に生まれる権利を生まれつき持っていたのですよ」と自分に語りかける夢を見た。翌朝，自分と聖母マリアを二つの椅子の対話で演じながら，彼女は自分に「生きてよい」という許可を与え，またそれを受け取ることができたのである。

　ずっと後年になって打ち明けたところによると，このマラソンに参加したとき，彼女は私たちが「あなたの状態は参加するには重すぎる」と言うように仕向け，そう言われたらこの拒否を自分の自殺を正当化するために使おう，と思っていたのだそうである。しかしその代わりに彼女は自分自身に生きてよい，という許可を与えたのであり，そして驚いたことに，それまで続いていた抑うつ状態は霧散したのだった。

一つの感情またはフレーズを追いかける：幼い頃の場面を想起するのを助けるために，私たちはクライエントが使ったばかりの言葉を「小さい女の子になって，……という言葉を聞いてごらん」「あなたに……してはいけない，と言ったのは誰だろう？」のように繰り返すこともある。またジョンの場合のように「目を閉じて，あなたが今感じているのと同じ感じがしたような場面，同じ問題を持っている場面に戻ってごらんなさい」と言うこともある。

外在化：痛み，怒り，哀しみが問題となっているケースのような場合には，ゲシュタルトの二つの椅子のテクニックを用いて，クライエントに「この問題をまるで人間で

あるようにみなして話しかけてごらんなさい」と言い，それに続いて「あなたのその問題になって反応なさい」と指示することもある。時によっては，こうした後に，ミュリエルのブヨブヨの塊と父親の例で見たように，椅子に座っている「問題」が誰なのかを想像させ，その人とのワークをするのが役だつこともある。これは「取り込み」または問題とその裏にある対象の表現の具体化である（Hoyt, 1994c）。クライエントはこうした具体化を何か異質のもののように扱い，ホワイトとエプストン（White & Epston, 1990）が奨励したようにそれと闘うかもしれないが，実際にはそれを変化させたり，これまでにはしたことのない新しい方法で解決するなどを通じて，何らかの新しい理解を得る助けになる可能性のほうが多いのである。

身体の動きの活用：身体の何らかの動きやジェスチャーに声をつけてみるという方法で鍵になる場面が引き出されることもある。例えばダイアンは，夫に対する激しい怒りをコントロールできなくなるのを恐れてセラピーを受けにきた。

 セラピスト：あなたが変えたいのは何でしょう？
 ダイアン：私は自分が夫にしていることを止めたいのです。私は彼に猛烈に腹を立てているのに何にも言わないか，逆に爆発するかのどちらかで，中間というものがないんです。まるで，赤いペンキで塗るか，白いペンキで塗るかのどちらかで，ピンクで塗るということがないんです。

こうした描写をしながら，彼女は椅子の肘掛けの部分をコツコツと叩いている。

 セラピスト：あなたの手に声をつけてみてください。それは何と言っているのでしょうか？
 ダイアン：わかりません。
 セラピスト：今やっていることをもっと誇張してみて〔手本を示す〕。
 ダイアン：私はあんたを下に押さえつけている。それからあんたを解放する〔沈黙〕。まぁ，何ということでしょう，それは私の父がいつもやっていたことと全く同じだわ。私は感じてはいけなかった，少なくとも，感情を表現してはいけなかったのです。いろいろな感情を抱いてもかまわないけれども，それを見せてはいけなかったのです。ごくたまにカンシャクを起こして大声で泣きわめいたことがありましたけれど，その後では父と仲直りをして，その後では彼はとてもやさしかったのです。

補足すること：セラピストとしての機能の一つは，クライエントの話の中で欠けているものが何かに耳を傾け，観察することである。人生は豊かなものであり，その中で起きたことを全て語ることは不可能である。したがって，細かい部分が抜け落ちていたり，一方で，強調される部分がでてくるものである。セラピストがこの点に注意を払っていれば，クライエントは鍵となるある場面について新しい理解を得ることにな

るかもしれない。この補足の手続きは、ホワイトとエプストン（White & Epston, 1990）のオルタナティヴ・ナラティヴ（代替となる物語）を発展させる方法や、例外に焦点をあてたディ・シェイザー（de Shazer, 1985, 1988）の手法と類似してはいるが、それぞれが異なる流派の中で開発されている（de Shazer, 1993b）。

実践に当たってさらに考慮すべき諸要素

次に、決断と再決断をするプロセスについてさらに詳細に見ていくことにしたい。

人生早期の場面を変えることと再決断

　鍵となるような場面が、クライエントと片親、または両親との間の二つの椅子を用いた会話の中に必然的に生じてくるが、それを通じてクライエントは幼かった頃の出来事を再体験する。時によっては、ミュリエルの場合のように、クライエントを母親または父親であるかのようにみたてて私たちがインタビューすることがあり、それは彼らがこうしたメッセージを与えた理由を探るためである。この方法は、クライエントの自分の両親に対する見方や、なぜ彼らがそうした行動を取ったのかということについて全く新しい理解をもたらすのが普通である。それを通じてクライエントは何らかの新しい経験をし、新しい情報を入手するのである。これらの全てが「現在」の中で行われる。つまり、過去について語るのではなく、現在それを経験することが鍵なのである。

　ごく幼い、まだ魔法をかたく信じているような年頃の子どもが決断をしているということに注目すべきである。子どもが理解している世界の中では、これらの決断は生存競争に生き残るための価値を持っており、成人してからでさえもそれらを価値あるものとして経験している。こうして、これらの決断は生き続けるのである。

　これらの決断を探っていく際に、グールディング夫妻（Goulding & Goulding, 1978, 1979）は禁止令（クライエントが自分の人生の物語を決断するために使用した幼い頃に貰ったメッセージ、または人生テーマを指す）を見つけようとした。こうした早期のメッセージは通常、前言語的または非言語的なもので、一人の人間から与えられたと見るよりは、その子どもが育った早期の環境の中から来ている可能性がある。最も一般的なのは「生存するな」「お前であるな（お前のジェンダーであるな）」「近寄るな（親密になるな）」「我々の一員になるな」「感じるな」「子どもであるな」「考えるな」「成功するな」「成長するな（大人になるな）」「するな」「重要であるな」「OKであるな」である。私たちは、この反対の面、つまりクライエントが過去に必要とし、現在でも必要としている許可が何であるかを見ること、例えば「存在せよ」「お前のジェンダーでよい」「親密であれ」「子どもでよい」等々に注目するのが役に立つこと

を発見してきている (Allen & Allen, 1996, 1997a, 1997b, 1997c; Allen et al., 1997)。現在までに発表されてきた膨大な量の調査研究が,こうした許可が子どもの頃の,および成人してからの回復力,つまり不運や惨劇から立ち直る能力や,内部の弱さに有効に立ち向かう対処能力の基礎にあるという事実を立証している。

再決断療法家の中には,禁止令を本当のものとみなしている人たちもいるが,こうした禁止令が絶対に真実である,あるいは事実起きたことなのだと仮定せずとも再決断療法を行うことは可能である。むしろ,セラピストがなすべきことは,クライエントが制約的なナラティヴから,もっと代替策のあるナラティヴへと移行するのを援助することなのである。ある母親が実際には禁止令を与えなかったという場合もあるだろう。しかし,彼女がそれを与えたのだという立場を取り,空想の中で彼女に語りかけることを通じて,クライエントは確信を得るのである。こうして,クライエントは自分が新しい人生を選んだのだという感覚を手に入れるのであり,グールディング夫妻 (Goulding & Goulding, 1978) が著書『パワーはクライエントにあり The Power is in the Patient』で明言しているのはこのことなのである。これに加えて,こうした体験は指標としての役割も果たす。つまりクライエントが後になって起こすさまざまな変化を説明する出来事になるのである。

選ばれた場面や,禁止令についてのセラピストの信念システムがどのようなものであれ,再決断療法の目的は,クライエントがかつて受け入れたメッセージを拒否し,新しい決断をするのを援助することにある。メリー・グールディング (Goulding, 1997, p. 87) はこの点について次のように述べている。

> クライエントは,子ども時代にした有害な,または現在の生活の中での成長の邪魔をするような決断にはまりこんでしまっている時に再決断をする。彼らの再決断が早期の子ども時代の場面という文脈の中で行われることは決して少なくない。
>
> 時にはこうした場面が実際に起きたこともあろうし,それが起きたに違いないというクライエントの思いこみのこともある。心理療法の分野で,記憶の真偽症候群 (real and fake memory syndrome) についての論議が生じるのは,クライエントが報告する場面の妥当性についてセラピストが全て判定しなければならないと考えるからである。セラピストは,探偵や裁判官,または陪審員ではない。セラピストの仕事が真実の発見であったことは一度もなかった。彼らの機能はクライエントが自分の現在の人生にできる限り有効に対処していけるよう援助することなのであり,過去の場面はこの課題に役だつことが多いのである。
>
> 私は,大体において自分のクライエントを信じているし,私の考えが核心をついたものだとも思っていない。重要なのはクライエントが過去から回復し(その過去が本当のものであれ,想像の産物であれ),そして充実した人生を歩むことな

のである。

　セラピストは，クライエントがする再決断が彼にとって有益なものであり，昔の不幸なことの繰り返しではないことを確認する責任がある。力や強さは逆境という鍛冶場で鍛えられる。人生経験は役だつ資源として扱えるし，希望が治療のゴールになる可能性もある。

　再決断のプロセスの中で，クライエントは情動的な体験（交流分析用語では〈子ども〉の自我状態）と，その体験を理解する新しい認知の枠組み（〈成人〉の自我状態）の両方を得る。交流分析用語では，再決断は〈自由な子ども〉からなされるのである。

アンカリングと再統合

　再決断は終着点ではなく，出発点である。クライエントは新しい方法で考え，感じ，行動し始めるのである。私たちはクライエントが再決断の直後に追加の治療を受けるよりも，むしろ彼／彼女が自分の再決断を実践するほうが好ましいと考えている。そして後になってもし困難な問題に遭遇したり，何か新たに変えたいものがでてくれば，治療に戻ればよいのである。

　クライエントが再決断をした後に必要とする重要な治療的課題は，彼がそれを日常生活の中で具体的な行動に翻訳できるよう援助することである。私たちは次のような方法をよくとる。まず，クライエントに目を閉じ，自分が家族と一緒に自宅にいる，または職場にいると想像するように求める。そして次のような教示を行う。「あなたが変えた自分の感じ方，考え方や行動の仕方について気づいてください。あなたと家族たち，職場の人たちはどんな交流をしているでしょう？　その人たちはあなたの中に起きた変化に気がついていますか？　それについて満足しているのは誰だと想像しますか？　不快に思うのは誰でしょう？」

　この空想の中でもしクライエントが何か問題を体験したら，それに関して再契約をして，こうした新しい問題を解決するためのワークをする。このプロセスは，現実の生活の中に新しい人生計画を植えつける役をする。それと同時に，クライエントが自分の再決断を維持するのに必要とするのは何かを正確に描き出すのに役立ち，また新しい解決のためのストーリーの方向を支持する助けにもなる。例えば，衝動的なクライエントは，破壊的な行動を変えるためにしばしば訓練をする必要があり，精神病理的な行動から得ていた興奮の代わりに適切な代替物を発見する必要がある。

　再決断は，例えば一度または二度のセッションで，というふうに迅速に行われる可能性があるが，クライエントの多くはその再決断を補強するためにもっと長い時間を

必要とする。ほとんどのクライエントが自分の古いゲームを試してみて，昔馴染みのイヤな感じを再体験するだろうが，しかしそれは以前ほど強烈なレベルではない。こうした場合，彼らは自分を痛めつけるような内的対話（批判する〈親〉と言い訳をする〈子ども〉の間の）に耽ることも可能だが，自分が何をしているかに気づいたことで自分をほめ，別なことをすることもできる。第二の方策がより好ましいのはいうまでもない。

ナラティヴセラピーとしての再決断療法

　ナラティヴの重要性と，世界についての同時的かつ共存的な解釈のもっている重要性を深く認識することこそ，ポストモダンの顕著な特徴のように思われる。家族療法の分野では，ホワイトとエプストン（White & Epston, 1990）が，それまでは抑圧されていた物語を個人の人生の前面に持ち出すための綿密なアプローチを開発している。また，もし自分の問題が既に解決されていたら，その人は何をするであろうかについて探索すること，もしくは，例外に目を向けるというディ・シェイザーの解決志向セラピー（de Shazer, 1985, 1988）も同様の観点に立っており，問題から解放された未来のナラティヴを強調する。私たちは再決断療法も同様であると信じている。禁止令はナラティヴのテーマであり，再決断は自分の人生を自分で書き直す方法なのである。

　鍵になる場面を再演し，それに以前とは異なる何かを導入することを通じて，クライエントはその状況を新しいものとして概念化する自由を得，それに関して以前とは異なる感覚をもつようになる。その結果，そのクライエントは，かつての決断とは異なる決断をすることができる。こうしたやり方で，再決断のプロセスは一つの状況・文脈を提供し，その中でクライエントは新しいライフ・ストーリーについて決めることが可能になる。セラピストはこのプロセスをガイドし，クライエントがかつて信じていたことを補足するような質問をすることを通じてクライエントの理解を修正するのである。しかし，（セラピストと協力しての話だが）セラピーのゴール（契約）を決定し実際に新しい決断をするのはクライエントなのであり，それを行うことを通じて，クライエントは新しい人生のナラティヴを選択したという感覚を持つのである。

　再決断そのものの後にくるのが，将来について計画することである。このクライエントは新しいストーリーについて将来どのようにして支持を手に入れ，行動の新しいコースに対してポジティヴなストロークをどうやって貰うのだろうか？　これはいろいろな点でディ・シェイザーの「ミラクル・クエスチョン」（de Shazer, 1985）に類似しているように見える。しかし，再決断療法で強調されているのは，もし変化が奇跡的に現れたとしたらクライエントは何をするか，ということよりも，新しい決断を

した今，クライエントはどんなふうに違うことをするだろう，ということである。そしてこの新しい決断とは，人生のナラティヴを昔の束縛から自由にするものなのである。

それぞれ異なるセラピーの学派，もしくは，異なる治療者によって一つの治療的枠組みがどのように使われているかということを検討する際，ボードリャール（Baudrillard）が1984年に書いたポストモダンによる現実の喪失というエッセイの中で示唆している進展の四つの段階について考慮することが参考になるだろう。この4段階の最初の段階は，一つのイメージ（ナラティヴと読みかえる）が基本的現実を反映しているという仮定で特徴づけられる。第二段階では，そのイメージ（ナラティヴ）は，私たち人間が接触できない基本的な現実を隠匿していると推測される。第三段階では，ナラティヴは単なる見かけを演じているだけであり，実際には基本的現実の欠落を隠しているのである。そして第四の最後の段階では，ナラティヴは紛れもなくフィクションになる。これは幻影（simulacra）の段階であり，その元となるものをもたないイメージである。セラピストとクライエントによって，再決断療法はこの四つのレベルのどの段階でも実践できるのである。

再決断療法は，単にクライエントが行う説明の修正というよりも，彼らが自らのナラティヴを再著述できるよう援助するものである。心理療法がこのような形で理解されるとすれば，それはセミオシス（訳注：ものが有機体に対して記号として機能する過程）のプロセス，つまり，共同的な言説の文脈での意味の鋳造のプロセスなのである。クライエントとセラピストの相互作用は，クライエントのストーリー（またはテキスト）が展開される場なのであり，それは両者による共－構成である。セラピーのゴールは，促進助長され，共同執筆され，共同して創造されていくのであり，何か新しいナラティヴを押しつけることではない。

再決断の視点から見た他のナラティヴセラピー

ホワイトと彼の同僚たち（White & Epston, 1990）は，オルタナティヴ（alternative：代りとなるもの）な結果に焦点を当てることを通じてクライエントの生活史の中にオルタナティヴ・ストーリーを発見しようとした。これは再決断療法に類似しているようだが，再決断療法家はクライエントが過去を現在において再体験し，積極的に決断をすることをより強調している。再決断療法家は具体的なナラティヴを創造することを奨励し，ゲシュタルトの対話ではクライエントに苦痛や悲嘆のような問題と対決させるが，これは問題をより良く理解し，再決断につながる新しい何かを学習する予備的な段階であるのが普通である。

再決断療法家は，はっきりした契約を求め，明確なゴールを設定することを通じて

治療プロセスの責任を負う。これは探求の領域を限定することであり，グーリシャンとアンダーソン（Anderson & Goolishian, 1988）のスタイルとは著しく異なっている。彼らは治療的な会話に「無知」という立場から関わり，多義性と相互再帰性にもとづく多様な視点による会話を信奉している。しかし，再決断のプロセスにおける共同的な協議によるゴール（契約）という部分はセラピストの影響を受けているけれども，再決断をするパワーはクライエントのものであることは明確である。これと対照的に，ホワイトのやり方ではパワーはよりセラピストの方にあるように見える。解決志向のセラピストのワークと似て，再決断のプロセスはきわめてゴール志向である。しかし，再決断療法家は情動の再体験を現在の中に求め，将来の選択についてはクライエントの決定にまかせるのである。クライエントは自分自身の個人的な解決策を決めたことに対して「ストローク」される。焦点が当てられるのは再決断をするクライエントの能力とその選択であり，クライエントが新しい生き方を支持するために環境を修正したことであって，解決そのものというわけではない。交流分析を用いることを通じて，再決断療法はクライエントに「ストーリーを書き換える」方法と，その体験を理解する方法の両者を提供する。ホイト（Hoyt, 1997b, p. xvii）は次のように述べている。「ディ・シェイザー（de Shazer, 1985, 1988）のような解決志向のセラピストは，問題のパターンに対する例外の喚起や増幅といった点から，再決断療法家の〈自然な子ども〉をストロークする方法を評価し，さらに，解決に向けた世界観とストーリーの流れの出現をさらに構成し，支持するための方法という観点から，再決断療法家のアンカリングの使用，ストローク経済の変化と〈成人〉の計画を理解できるかもしれない」

　私たちのストーリーは，次にあげるような良いストーリーを形作るものは何かということについての自分たちの考えに制約されている。始まり，途中，そして終わりがあること，出来事が結末にふさわしい形で配列されていること，前進，後退，安定といった何らかの形式があること，もしくは，ミステリー，喜劇，悲劇なのかといったものであること，などである。再決断療法は，他の構成主義的心理療法とともに，私たちの経験を位置づけているストーリーが，後になって私たちが注意を向ける体験領域，それらに与えた意味，そして最終的には私たちの人生の中での方向性や関係性を決定づけるものであるという信念を分かち合っている。しかし，人生はストーリーと同じものではない。人生はストーリーの上演である。

　本章を終わるにあたって，これにふさわしいと思われる一文を引用したい。それは，オスカー・ワイルドが文学を擁護して行った発言である。「人生には具体的な形はないが，文学にはそれがある。したがって，文学が人生を模倣しようとすれば，文学固有の本質を放棄していることになる」（Graff, 1979, p. 52）。再決断療法では，まさに

これと逆のことが行われるのである。つまり，人生を文学，ないしは，少なくともナラティヴとして概念化し，クライエントが，新たな，問題が染み込んでいないナラティヴを創造していけるように援助するのである。

第2章
生成する会話
人間システムへの関与とその概念化に向けたポストモダン・アプローチ

ハーレーン・アンダーソン, スーザン・B・レビン
Harlene Anderson, Susan Levin

　私たちのポストモダン・アプローチは，説明概念として，社会構成主義，物語理論，そして現代の解釈学に基づいている（Anderson, 1995, 1997を参照）(注1)。これらの概念は，文化や伝統さらに個人・夫婦・家族療法を含む心理療法の通例となっている諸前提の妥当性と，それらに基づいた実践，研究，教育のあり方に危惧を唱えるものである(注2)。また，これらは，急速に変化しつづけている現代世界の歩調にあわない専門家／非専門家の二分法や階層構造のあり方に挑戦するものである。私たちのアプローチは何年もかかって発展してきた。それは，クライエントや同僚，学生たちとの成功や失敗に終わった治療における会話についての臨床経験や討論を基礎としている(注3)。言語と知識がもっている関係的および生成的な本質を認識すれば，ポストモダンの実践の本質は会話となる。人間の生活と対人関係，知識と専門技術は，会話

注1）私たちは，社会構成主義（social constructionism）と現実構築主義（constructivism）を区別している。前者は，意味と現実を構成する際の共同体的および関係的な側面を強調しているのに対して（Gergen, 1994a, 1994bを参照），後者は，個々のレベルでの構成を強調している（Kelly, 1955; von Glaserfeld, 1987を参照）。私たちの見方からすると，「構成主義的心理療法」について考える場合には，クライエントとセラピストが共一構成のプロセスにどのように参加しているかという点の識別が重要である。そうした意味からすると，私たちの治療の実践とその哲学は，本書の著者たちの中では，アンデルセン（Andersen, 1987, 1995），ホフマン（Hoffman, 1993），ペンとフランクフルト（Penn & Frankfurt, 1994）の仕事により近い。

注2）私たちは，治療（therapy）という言葉をどちらかというと使いたくない。なぜならば，私たちは，ポストモダンの見方がもっている中心的な意味が明らかにされ，知られるようになってくれば，治療それ自体が消滅すると考えているからである。

注3）クライエントという言葉もまたしっくりしない。私たちの毎日の仕事では，彼らのことを単に「私たちと話をする人」と呼ぶことが多いからである。本論では，長い言い回しによる面倒さを避けるためにクライエントという言葉を使うことにする。私たちは，会話もしくは語りという言葉に，内言と外言，すなわちまだ言葉になっていない考えと実際に口にされた言葉の両方を含めている。

の中で形成され，さらに再形成されていく。だからこそ，変容と変化の可能性は，自己を表現しようとすればするだけその人にとって無限の多様性や表現があるということになる。ポストモダン・アプローチの目標は，既存の真理を発見したり予言する代わりに，会話によって未だ作られていない可能性を生み出し，未知なるものに近づき，それらを広げたりできるようになることである。私たちは「無知の姿勢」を重視している（Anderson & Goolishian, 1988, 1992）。無知の姿勢とは，単に何も知らないといった意味ではない。それどころか，セラピストがわかっていると思ったり考えたりすることに関して，自分のセラピストとしての立場がどのようなものかを留意することである。セラピストの知るという行為は，相手に先行するものではなく，いつもためらいがちな姿勢を保ち，つねに挑戦と変化のために開かれている。

　私たちのアプローチの核となる前提は，対話の自然な成り行きが変容であるということである。私たちは，このような変容性のある治療的会話を対話的会話と呼ぶ。ドイツの作家で歴史家でもあるフリードリッヒ・パフ（Paff, 1996）は「もし，すべての会話がうまくいくならば，セラピストの存在意義はなくなるであろう」と述べている。まさに，このことが，私たちのいう会話である。これらの前提に立てば，重要な疑問が生まれてくる。それは，セラピストとクライエント双方がお互いに，以前にはありえなかった創造性を広げ，可能性を生みやすいようにするために，セラピストはどのような会話をしたら良いのだろうかという疑問である（Anderson, 1997）。だからこそ，心理療法，教育，相談，さらに調査研究などの研究分野に関わらず，私たちの実践の目的は，このような会話のための空間を作りだし，そのプロセスを促進することにある。この問題に対する一つの答として，私たちの実践を具体的に示すために，本章ではまず，私たちの哲学的な前提を明確にし，続いて，スー（訳注：共著者であるスーザン・B・レビン）が経験したある臨床的なストーリーを語ることにしたい。

治療の諸文化を対比させる

　モダニズムおよびポストモダニズムは，いずれも治療の文化を形づくっている包括的な認識論的，哲学的立場である。それらの主唱者たちの間にはさまざまな相違点はあるけれども，それぞれが共通した，また異なる特徴をもっている。どの立場であっても比較することのできる二つの本質的な特徴は知識と会話の概念である。一般的にモダニズムは，我々の外側にあって，発見されるのを待っている世界の客観的な現実と，普遍的な現象としての人間の本性を前提としている。この観点における知識とは，認識する者から独立していて，累積され，安定したものである。そこで，知識は，認識する者に特権を与え，権威と権力を授けるような社会構造を作ることを正当化するのである。認識する実体が中心となり，実体や自己は知りうるものとされている。知

識は，壮大でかつ世界を支配する物語に集められ，続いて，単一なメタレベルの言説として広まり，個人の経験や物語や日々の知識よりも大きな影響を及ぼすようになる。セラピストは，正常と病理について，これらをメタレベルで認識する者であり，人は自分の人生をいかに生きるべきか，より良く生きるためには何が必要なのか，生きにくい人生を改善するにはどうすればよいかということについての権威者である。そうなれば，治療の成果は，この確実性の内に認識され，前もって決定されるようになる。このように，セラピストは，専門的かつ文化的に正当化された心理療法の知識や物語から導き出されたものであるために，セラピストの声はクライエントの声に対して権威的なものとなる。

モダニズムを信じる人にとって，会話は（口語であれ文語であれ，言語・非言語にかかわらず）説明的である。それは，物事そのものというよりも，事実として与えられている現実，そして，すでにそうなっている物事の自然の理を現したものになっている。トップダウンの伝統に基づく社会システム（例えば，政治，経済，行政，地域，家族などの各システム）は，階層的で二極性を持った形式に構造化され組織化されている。専門用語として記述される用語（例えば，境界例，共依存，家族における否認のパターン）はあらかじめ決められ固定化している。

ポストモダニズムは，これらの神聖な領域の伝統や価値に対して哲学的かつ実践的に広範にわたる挑戦をしてきた。長い時間をかけて芸術，文学への批判がなされたのと同じように，ポストモダニズムは，社会理論の中で少しずつ注目されてきた。ポストモダニズムは，モダニズムが支持する法的に保障された権威的で普遍的な社会・文化的な物語に対して過激なまでに疑義を投げかける。ポストモダンの何たるかは，モダニズムの発展や延長によるものではなく，むしろまったく異なる哲学的な伝統である。この観点においては，現実さらに知識は，関係的なもの，すなわち，人々がお互いに調整しあう言語と行動によって社会的に影響を受けたものとなる。現実は，動的で途切れることなく形成され，それによって流動的で無限に変化していくものとなる。言語は創造的で生成的なものであるという中心的な概念が，我々の経験と世界や人生の出来事についての理解の仕方を制限すると共にその機会を与えもするのである。

物語やストーリーを語る際のメタファーは，モダニズムであれポストモダンであれ，治療の理論と臨床において中心的な意味を持つものとされている用語である。すべての治療の理論と臨床において，メタファーは，セラピストがそれを用いる時の意図とクライエントの物語に相対するセラピストの立場の違いによって区別される。モダニズムの立場であれば，セラピストはストーリーを語る熟練者であり，物語の編集者である。セラピストは，クライエントの語り直したものや，新たなストーリーがどのようなものであるかということについての考えをもっていることになる。セラピストは，

クライエントが語ったものの中からすでに知られているストーリーの部分を明らかにしたり，新しいストーリーをつけ加えるための選択をしようとする。言い換えれば，セラピストは，自分がもっている物語に関する専門性に基づいて治療の結果を導き，それを念入りに作りだそうと積極的に関与するのである。

ポストモダンの観点では，社会的に構成された物語を通して，私たちは自分の人生を生き，それを組織立て，私たち自身の生きていることを理解しようとする。私たちのストーリーは，分離された状態の中や，一個人の心の中では何も生まれず，物語は関係によって生まれるのである。私たちが自分の人生における出来事や経験——さらに自己のアイデンティティも含めて——に帰属させる意味や理解は，関係性と他者との会話によって作られ，経験され，共有されるものである。

人はそれぞれ，自分自身のストーリーの語り手であり，自分の人生についての専門家であり，自分の物語による経験を認識する者である。同時に，ストーリーは，経験を伝えるために用いられ，それを語ること自体がすでにその経験を形作り，すでに何らかの変容を生じさせているのである。そして，これらはすべて，ストーリーを語ることの文脈と目的に依存している。クライエントの物語は変化の対象ではなく，また，セラピストは他者の物語の専門家ではない。私たちのゴールは，例えば，肯定的でより好まれるような特別な種類の物語を構成することにあるのではない。私たちの経験においては，対話による会話の自然な結果が変容なのである。

ポストモダン・セラピーに対して，これは「どうにかなる」態度をもったものであるという批判がある。これは，私たちが意図するものではない。ポストモダニズムが提唱していることは，私たちが信じている外側に存在する客観的な真実と私たちの社会的な世界との間に一つの正しいもしくはさらに正しい関連性などないということなのである。ケネス・ガーゲン (Gergen, 1994a, 1994b) が示唆しているように，真実とは言説によって社会的に構成され，変容するものなのである。ポストモダニズムでは，真実についての真実の存在を主張しているのではない。そうではなく，ポストモダンによる思考と批判の中に埋め込まれている重要な洞察は，ポストモダニズムそれ自体が分析されることに開かれており，必然的に自らをも変容させていくものであるということである。

治療が意味するもの

次にあげる諸前提は，個人・夫婦・家族療法という名称に関わらず，どのようにセラピストが治療システム・治療のプロセス・治療関係を概念化していくかということに関わるものである。それはいくつかの重要な問題を提起することになる。

治療システム

● 会話の中では誰が治療システムに含まれるのか？ 治療システムのメンバーはどのように決められるのか？ 誰が話すべきかを決めるのは誰か？ さらに，トム・アンデルセン（Andersen, 1991）が述べたように「誰と一緒に？ いつ，どこで，何について？」

　人間システムやその関係のあり方を言語の観点から考察することで，私たちは人間システムを言語システムとして概念化する方向へと移行することになった(Anderson, 1995, 1997; Anderson & Goolishian, 1988; Goolishian & Andreson, 1987, 1992)。治療システムは，人々が何らかのつながりによって相互に関わり合うような一つの言語または会話システムに他ならない。そして，そのつながりを作るものは，通常「解決」を見いだすための「問題」として考えられている。この概念化によって，システムが問題を作り出すのではなく，問題について話すことが治療の中でつながりを作りシステムを決定することになる。個人であれ，複数の人々の組み合わせによるものであれ，いかなるシステムも，言語／会話システムとして概念化される。ここで重要なことは，治療システムは個人・夫婦・家族といった社会的な役割によって区別されるものではないため，通常の個人・夫婦・家族療法といった区別も消滅することになる。

　セラピストは初回またその後の面接で誰と会うのか，そして，治療の中で何について話すことがよいのかといった事柄については，その都度の話し合いをベースに会話の参加者によって相互に決定されるのである。システムの構造と会話の内容はあらかじめ決定されるのではなく，瞬間瞬間の言葉のやりとりによって変化していくものである。それと同様に，その結果をあらかじめ決定したり予測したりすることもできない。

　それぞれの治療システム，それぞれの治療での会話は，特異な出来事として見なされる。個々のいわゆる問題と呼ばれるものは，固有な人生における固有な状況の一形態として概念化され，その問題が埋め込まれている社会的なやりとり，関係性，環境の文脈の中においてのみ意味をもつのである。このことは，共通性（例えば，個々の問題やジレンマを超えた，もしくは個人やある人間集団を超えた）を見つけようとしても，それはできないということを意味しているのではない。それはできるのである。それよりも，ここで焦点を当てようとしているのは，人々の間や個々の問題，ジレンマの間にある希少さ，差異であり，もしくは，我々が好んでそう呼んでいる人生状況であって，これらはたしかに，そこにあるのである。

　ブリッタ・ロゴとギニラ・ストロムという二人のスウェーデン人のセラピストは，

私たちのヒューストン・ガルベストン研究所に 2 カ月間滞在したおり，この治療システムの概念化についての彼らの経験を次のように述べている。「人々がやって来て，出て行く，その流れるような，柔軟性に満ちた，一定の動きを見ていると……，それは，アイデアというものが，規則や厳密な構造に従ったもしくはその範囲内ではなく，一定の動き，話し合い，そして異種交配の内にいかに作られていくものであるかということを教えてくれている」(Anderson, 1996, p. 3 より引用)

治療プロセス

● 会話のプロセスの中でどのようなことが起こるのか？　変化や変容はどのように概念化されているのか？

　治療とは，対話的な会話によって特徴づけられる一つの言語活動と見なされる。そこでのプロセスにおいては，クライエントとセラピストは会話的なパートナーとなり，お互いがそれぞれ慣れ親しんだ物語を披瀝し合いながら新しい物語を発展させていくのである。この相互性は，この－中で－共に，後になり－また－先になり，与え－つつ－受け取り，語り－合う，そうしたプロセスを含んでいる。このような相互性は，同時に，人々がお互いに結び合い，協力し，構成しあう共同的な質問と関係性を生み出す（Anderson & Goolishan, 1992)。

　私たちは，人々を援助するための空間とプロセスを作りたいと願っている。それは，トム・アンデルセン (Andersen, 1991) が「これまで自分自身にもまた他の人々とも話さなかったような方法でお互いに話す」と述べていることである。お互いが話す際，私たちは，自分を介しながら，可能性に向かって，会話が持続するように話し，クライエントは，「自由」と「希望」につながるような形で話すのである。対話を触発し，維持するためには，セラピストの仕草や言葉は，その人のストーリーにぴったり寄り添っていなければならない。私たちは，お互いが話そうとしていることやまだ話したことのないことについてもっと知りたいと願っている。また，私たちは，人が，私たちに聞いてほしいと思うことに注目し耳を傾けたいし，質問をし，会話に近づいたり一体化したりできるような関係を作れるようにしたいと願っている。しかし，質問やコメントは，あらかじめ知り得るものではないし分類できるものでもない。それらは，物語をさらに広げ，明らかにし，保護し，変容させるようなその瞬間の会話から引き出されるものであり，その会話に固有のものである。

　私たちはまた不確定的でありたいと願っている。私たちは，他の人々が，私たちが選択したものではなく，彼／彼女たちが参加したいと思っている会話に彼らが参加できる空間を残しておきたい。これが意味しているのは，私たちは，会話の変化によって生じる変化に常に備え，自分たちの強固な考え方や先入観，既存の価値観に対する

挑戦を喜んで受け入れ，新しく起こってくる出来事に晒される喜びを感じられるようにするということである。この点については，本章の後半で提示する実際の臨床場面の報告で明らかになると思われる。

　対話の中にあっては，それぞれの人が個人的なストーリーを話したり，個人的な見解を表明してもよいということが認められていなければならない。また，ありきたりの見方，混乱したような曖昧さ，元気一杯の態度などが一緒に存在し得る空間が必要である。対話は，探索し，発展させ，詳細にし，消し去り，そして新しさを生み出す機会を提供する。対話は，耳を傾け，同時に，違った聞き方ができる機会を提供する。例えば，私たちは，ある人のストーリーに耳を傾けていた時，そこに一緒にいた別の人は，そのストーリーを違った形で聞いていたという経験をしている。また，それぞれの人のストーリーに対する我々の興味を披瀝すると，それを聞いている人々が，話をさえぎったり，間違った見方を訂正しなければというような感覚をもつことはほとんどない。彼らは，私たちもまた彼らのストーリーを聞こうとしていることを知っているし，そのことを理解している。

　対話や双方向の会話は，一人語りや一方通行的な会話とは違うものである (Anderson, 1995, 1997; Anderson & Goolishian, 1988; Goolishian & Anderson, 1987)。対話は，一緒に語ることである。一人語りは，誰かに対して語っているのである。対話が一人語りに陥ってしまうと，一つもしくはいくつかの考えで独占され，すべての空間はそれで覆い尽くされて，創造性と新しさへの接近の機会は制限されてしまう。

治療における関係

● セラピストは，どのように他の人々とのつながりの中で自分を位置づけるのか？セラピストの専門性と責任性とは何か？

　セラピストの専門性とは，会話をするための空間とプロセスを作り，それを促進する能力にある。責任性は，そのようなプロセスを生み出し強めるような関係を発展させることにあって，会話の内容に向けられたものではない。

　このような専門性における重要な決め手は，セラピストが自らを相手と関係づけるその立場のとり方にある。つまり，セラピストが彼らとどのようにそこにいて，彼らのことをどのように考え，彼らとどのように語るか，ということである。それは，純粋で，自発的な，自然な姿のあり方であり，「あなたを尊重しています」「あなたは話すべき価値ある何かを持っています」「私はそれを伺いたいのです」といった他の人々と理解し合えるようになろうとする態度，姿勢，雰囲気によって特徴づけられるものである。もっと簡潔に言えば，一人の人間として相手と関わるのであって，分類するためではない。

無知の姿勢とは，セラピストをクライエントから教えてもらう立場におくものである。無知とは，対話への自然な招きであり，「人々が一緒にいると感じられる」（Shotter, 1993）会話への参加を促す自然な招きである。そこでは，人々は，自分は誰かに貢献できるし，実際にそうしてきたと感じられ，また，人の話を聞こうとしたり，聞いてもらえたと感じられるようになる。ところが，時折「でも，クライエントは専門家であるあなたにそのようにあってほしいと期待したり，そのように見たりするものでしょうか？」といった疑問を投げかけられることがある。たしかに，そのとおりである。しかし，無知の姿勢は，消極的な態度を意味するものではない。何か質問を受ければ，それに答えようとするし，こちらに何か意見があれば，それを提示しようとする。ここで重要なのは，そうした疑問は，私たちが発展させてきた治療のシステム，プロセス，関係の中にあっては解消してしまうということである。スウェーデン人の同僚であるブリッタとギニラは，私たちの研究所での一日が終わると「多くの質問や混乱」をかかえ，翌日には，それらのことについての話し合いや，答が得られることを期待して帰ることがよくあったという。そして，次のように話してくれた。「私たちは，お互い，毎晩といっていいほど，いろいろな可能性について論じあったのです。ところが，翌朝，先生から何かとくに気になるようなことはなかったかと尋ねられると，前の日にあった混乱が多少なりともなくなっているのです。そういうことがよくありました。問題が『解決』したのではなく，お互いの考えを出し合うことで，前日には必要だと確信していた答をすでに不必要なものにしてしまっていたのです。（お互いに会話する中で）私たちが理解した広がりと可能性だけで十分でした。当面の問題は解消してしまっていたのです」

　要するに，これまでの心理療法の前提と実践は，急速な社会と科学技術の変化による今日の世界にあって妥当性を失いつつある。この現象は，近代の実証的－科学的な言説に対する懐疑の増大と関連している。知識と言語の本質は関係性の内にあり，その中で生成するものであることを強調する社会構成主義を含むポストモダンという潮流は，心理療法における文化と伝統に挑戦している。その代わりとして，治療についての哲学，人の存在と行動の概念化，共同的な関係を生み出すクライエントとセラピストの関係のあり方を生み出している。治療は，パートナーシップにもとづく試みとなりつつある。ここで，その実例として，スーによる一つの臨床のストーリーを取り上げることにしたい。

「好むと好まざるとに関わらず，人生には必要なことがいっぱいあるものだ」

　ここでは，私たちのアプローチがより生き生きと伝わるように，ある治療の流れに

ついての物語を提供することにする。その際，全体の要約とより詳細な説明のためにビデオで撮影された治療場面のいくつかを抜粋して示すことにする(注4)。この私たちのストーリーは，スーが初めて家族のメンバーと連絡を取った時から，フォローアップの電話による終結までの1年にわたる時間的な流れを示している。

私たちは，これから，この治療に参加した時のそれぞれの観点と立場から一緒にストーリーを伝えることにしたい。そこでまず，スーによる合同面接の前段階での家族との出会いを要約した物語から始まるが，それは一人称と過去時制によって語られている。続いて，ハーレーンが，読者が家族の別の姿を描けるよう，ビデオに撮影された面接を初めて見たときのことを描写し要約している。この物語は，ビデオに撮影された家族が部屋に入ってきて面接が展開していくその様子を「見る」ところから始まっており，これは，現在時制と三人称で語られている。その中には，引用符もしくはビデオからの逐語の抜粋の形で，家族メンバー自身の言葉が挿入されている。そして，再びスーの声に戻り，フォローアップが提示されることになる。ストーリーはどのように語られるべきかということについて何らかの考えを持っている読者にとっては，一人称から三人称に代わったり，話が行ったり来たりすること対して不快な感じをもたれるかもしれない。私たちとしてはそうならないでほしいと願っている。

会話のはじまり

私（スー）は最初，マイケルと彼の娘のリンダに会った。紹介してきたセラピストは，私が暴力や虐待に関わるクライエントの治療に強く興味を持っていることを知っていた（Levin, 1992）。父親のマイケルは，13歳になる娘リンダとの関係がうまくいかないことに悩んでいた。リンダは，前妻との間にもうけた3人の子どもの二番目であった。リンダは，父親が虐待すると主張して，父親が彼女に会いに来ることをかたくなに拒んでいた。一方，マイケルは，何とか娘と会う機会を作りたいと願い弁護士に相談していた。その弁護士は，治療によって父親と娘の間の対立を解決できないものかどうか，前妻のデビィと協議した。

私は，どんなケースでもすべての人と一緒に面接をすることにしているので，この家族メンバーの場合，個別であれ合同であれ，どうすれば援助できる話し合いの方法がとれるかということに好奇心を持って挑むことになった。私が通常行う最初のステップは，家族の話を聞くことである。私は最初にマイケルと話をすることにした。なぜなら，マイケルが何よりも相談を求めてきたその人であったからである。マイケル

注4）私たちがこの面接を詳細な実例として本論中に選んだのは，これがビデオテープにとられ，その逐語も用意されていたからである。逐語をおこしてくれたヒューストン・クリアー・レイク大学で家族療法を勉強している学生であるバーナデッティ・ウィリアムスに感謝する。

は，前に受けた治療が「嫌な」経験のようであった。そこで私は，彼がなぜ再度治療を受けてみようという気持ちになったのかを知りたかった。すると，治療で嫌な経験をしたにもかかわらず，彼には娘に再び会いに行けるようになることを諦める気持ちなどまったくないことがわかった。私は，彼が考えている他の方法について尋ねた。彼は，リンダの母親である前妻のデビィは問題に「気づいていない」と信じていた。彼は，もしも母親が娘に父親のところへ行くように仕向ければ，そして父親のことを良いように話してくれれば，問題は簡単に解消すると考えていた。誰もがリンダの味方に立っているので，治療にあまり期待を持っていなかった。しかし，彼の弁護士がデビィとの間で今回の治療の合意を取りつけてくれたので，もう一度治療を受けてみようということになったのである。私は，今の状況についてもっと知りたいということから，彼との個人面接を提案した。それに対して，彼は同意したが，私との個人面接にあまり多くの時間を費やしたくないとも述べていた。なぜなら，（面接で）直接リンダと話をしないことには何も始まらないと強く思っていたからであった。

　次にデビィを呼んで自己紹介し，私が娘のためにどのような援助ができるのか，彼女の考えを聞いた。すると，デビィは，マイケルがすでに私に話していたことや，リンダは父親と同じ部屋にいてはならないという決定がなされていること，さらに彼女自身，この件でリンダにどう対応したらいいのか混乱していることなど，何度も繰り返し語った。彼女はジレンマに陥っていた。それは，父親のところへは行かないという娘の決心を支えてあげることが母親の仕事であると信じてはいたが，マイケルとの間でまた法廷処分を巡る対立がひどくなることを避けたかったので，弁護士が提案した治療を受けてみるということに同意をしたのであった。そこで私は，デビィとリンダに予約した日に来てもらい，そこで彼女のジレンマについて少しの時間彼女とだけ話し合う場をもつことを提案した。デビィは，即座にこのやり方なら続けてもよいということに同意した。

　マイケルと，そしてデビィとリンダとの最初の面接は，彼らと彼らの置かれている状況について私の中で形をなしはじめていたいくつかの考えをより強めるものとなった。その状況はまさにエスカレートしていた。そこにはすでに潜在的な彼らについての見方が示唆されていた。すなわち，マイケルは脅迫と威嚇の人物であって，彼の父親としての役割から生じる責任や思いは二次的なものにすぎないというものである。したがって，リンダとデビィはマイケルの犠牲になっており，さらに，デビィに関しては，リンダとマイケルの関係を妨害しているというわけである。

　マイケルは，彼に対して「公平」に振舞ってくれるセラピストが必要だということを強く訴えた。それは，彼の視点で話を理解しようとしないまま，娘だけをただかわいそうだと同情しないでほしいということであった。法廷で下された娘を訪問する権

利が侵害されつつあるのだということを理解できるセラピストを必要としていた。私たちは，私が公平な態度で，正直に話をし，彼に対しても支持的であろうとすることを，彼がどのように理解してくれるようになるかを探求した。そこで，私は，父親とは会わないというリンダの決心に対するマイケルの見方，そして，過去の彼らの関係についての彼のストーリーを学んでいくことにした。彼は「幼児期」のリンダについて話しながら，その頃の父娘の愛情に満ちた関係について語った。リンダは初めての女の子で，彼女が10歳かそれくらいにデビィと別れるまでは，彼の言葉によれば「典型的なおとうちゃんっ子」であったという。彼は，カレン（二番目の妻で，今は彼女の方から別れてしまっている）のためにデビィや家族を置き去りにするという「大きな間違い」を犯してしまったと述べた。そして彼は，デビィは，たしかに「自分から新しい生活を求めて」，1年前に再婚はしているけれども，離婚していた間はリンダに頼っていたし，未だに家族を見捨てた自分を非難し続けていると信じていた。マイケルは，この治療の中でリンダに会えないのであれば，リンダに会いに行くという問題の進展はまったくないという信念を繰り返し主張した。

　さて，次に，私がリンダと母親に会い，母親に話をしてもらっているとき，最初のうちリンダは静かだった。ところが，すぐさま一転して，リンダは，かつて別のセラピストに会った時のこと，そして，そのセラピストは父親と会い，父親が娘を会いに来させるつもりなのかどうかについて話し合っていたことを語り始めた。リンダは，そのセラピストとの面接がうまくいかなかったことについて父親を非難し，「彼は，いつでも，なんでも，めちゃめちゃにしてしまう。いつも自分のやり方を押し通そうとする」と文句を言った。デビィによれば，そのセラピストは，リンダとマイケルがお互いの問題について手紙に書くことを提案し，マイケルは一通手紙を書いたが，リンダは返答さえしなかったという。私は，その手紙に対するリンダの反応について尋ねてみたが，彼女は父親が何を書いたかどうでもいいし，手紙の内容を思い出すだけで気分が悪くなると述べた。リンダは，父親とは連絡を取るどころか，顔を合わせるのも嫌だとかたくなに主張し続けた。リンダがこの治療に来たのは，もし自分が来ないと，父親が別のことで母親を告訴するかもしれないと思ったからだけだということであった。彼女は，母親が法廷に出ていくための「お金がない」と話していたことを心配し，また，父親に会うかどうかを自分で決められる年齢になっていると思っていた[注5]。私は，デビィと法廷でのことについて話し合うため数分ほしいと頼むと，

注5）私たちが仕事をしているテキサス州においては，12歳になった子どもには，両親が離婚した場合，いずれの親の保護監督を受けるか，また別れた親との面会をどうするか，それらの決定に彼らの意見を述べる権利が与えられている。ただし，裁判官は彼らの意見に従うのではなく，決定の際にそれらを考慮に入れることになっている。15歳になると，子どもには自分自身で保護監督や面会を決定する権利が与えられる。

リンダは礼儀正しく喜んで待合室へと出ていった。

　デビィとの会話では，マイケルが娘に会いに行くことを再開しようとする意図はどのようなものだと思うか，彼の動機がどんなことだと思えるか，リンダが父親の訪問を拒否するという行動をどんなふうに理解しているのか，告訴されるかもしれない重圧と，娘がかたくなな態度を取り続けているという二重の重圧をどうしようとしているのか，などの質問をした。デビィの見解は，リンダが父親とそっくりの意志の強さを持っており，自立した子どもであるというもので，それはマイケルが述べていることと一致していた。デビィは，リンダと父親が幼い頃に一緒に多くの時間を過ごしており，それによって兄や妹が父親からいくぶんいい加減な扱いをされてきたのではないかと時々心配になると述べた。デビィは，「おませな10歳」のリンダが両親の離婚問題について母親に質問したのが分岐点となり，マイケルと別れることになったのだとはっきり述べた。こうして，リンダは「つらく，孤独な」人生を歩む母親の心の支えになっていったのである。デビィは「母親と娘というより，友人同志のようなもの」と今の関係について述べた。彼女は，リンダを従わせようとして聞かない時や，母親の定めた約束事が気に入らない時言い争いが続くため，たまに重荷に感じてしまうのだとつけ加えた。デビィによると，今の夫はリンダが母親を尊敬していないとよく文句をいっていた。デビィも夫の言い分にある程度同意するが，リンダに愛され，支えられ，理解されているとも感じていた。

　デビィは，マイケルがリンダ以外の二人の子どもたちと会うことに関して起こっている問題についても述べた。例えば，マイケルは，会える時間が限られているのだからと言って，会う時間内に二人が課外活動に行くことを許さないこともしばしばであった。子どもたちは，そのことだけでなく，父親は彼らに会いにやってきても，テレビを見る以外何もしないと彼女に文句を言っていた。デビィは，子どもの養育について進行中の法廷闘争のことも話してくれた。マイケルは，彼女が養育費を子どもたちのためではなく，彼女自身のためにも使っているという訴えをしているということであった。彼は，頻繁に養育費の使途についての説明を求め，子どもたちに対しても母親が買ったものを確認していたという。

　私たちは，この面接の最後で，彼女とマイケルとリンダの間のもめごとをなくすには何が役立つかということについて話し合った。デビィは，リンダが「言うことを聞くようになること」しかないという考えを述べた。そこで，私は，それは，リンダは父親と会ってみるべきだという考えを支持していることを意味するのか，もしそうであれば，どんな状況で会うのがよいのかと尋ねた。彼女は「そのとおり」と答え，これまでも，直接父親に会って，どうして頭にきているか，何が怖いと思っているか，話し合うようにリンダにすすめていたという。しかし，彼女がつけ加えて述べたのは，

リンダはともかく父親に会うことをかたくなに拒否しているので，自分にはそのように強制することはできないということであった。そこで，私たちは，リンダと次のような目的で会うことに決めた。それは，父親との同席面接の可能性について話し合い，彼女の心配と反対の意見を聞いてみることにあった。

続いていく会話

　その間に，私はもう一度マイケルと会い，彼の次のような不満をさらに探求していった。彼は，リンダとデビィと二番目の前妻のカレンが自分のことをどう見ているかは知っているし，それらがいかに誤解されたものかということを感じていると語った。彼が支配的で，暴力を振るい，脅迫し，人を思い通りにしようとしているとみんなが言っているとも語った。彼はこのような表現が非常に不公平で誇張されており，本当のことではないと感じていた。彼によれば，リンダに起こった「身体的な出来事」は，「とても反抗的」で「無礼な若い女性」への体罰としてやったことであったという。彼は，体罰を加える前にリンダの態度を変えようとしてやってみた方法について述べた。マイケルは，一度だけカレンとの間で起こった暴力沙汰についても自ら語った。その事件は，彼女が彼を叩いたその反動で，彼女をひっつかんで突き飛ばし，彼が逮捕される要因となる傷を作ったというものであった。彼は「人はふつう女性が暴力的であると思っていない」ので「誰もが私を嘘つきだ」と思っているに違いないと話した。

　私たちは，リンダとの同席面接をすることが可能かどうか，彼がどうすれば望みが叶うのかについて話し合った。マイケルが即座に反応したのは，もう4カ月も娘と会っていないので，ただ娘に会いたいということだけであった。彼は，リンダが自分の生活から父親を遠ざけるために作り上げたと彼が感じている比喩的な壁について説明しながら，「娘とわかりあえる」ように話し合いたいと語った。彼はこの壁を「打破できる」方法が見つけられるかもしれないとは言いつつも，実際にはどうすればいいかわからないと語った。私は，マイケルに，彼はこの壁を強化するようなことをできる限り回避し，また，仮に合同面接となった場合，そこでやらないことについて話すことに興味を持ち始めているようだし，また，リンダが何に反応するのかを彼は知っているようにも思えると伝えた。くわえて，父親と会おうとしないリンダの決心は，彼が娘とまた会えるようになりたいという決心と同じくらい強いものなのかもしれないとも伝えた。私は，同席面接についてリンダと話してみようと思っていることを彼に告げた。

「娘は気にしないし」「父親は強制ばっかりだから」

　リンダとの同席面接ができそうかという話し合いにおいて，同席面接という話をした途端，デビィは前向きに耳を貸してくれたのだが，リンダは即座に涙ぐみ失望の意を示した。彼女は「あなたは真面目に話を聞いてくれているの。一緒に面接をするなんてこと，したくないのよ」と異議を申し立てた。私は彼女が一緒に面接をしたくないと話していたのを前に聞いていたけれども，裁判所の決定から身を守れるようにするための他の方法がわからないことを告げた。私は二人に親権に関する裁判に応じることがよりよい選択であると思っているかどうかを尋ねた。デビィは裁判をしないで済むようにしたいと述べ，リンダに同席面接に応じるように言った。私はリンダに父親と会うことで起こる最悪と最良のシナリオについて尋ねた。リンダは，（「父親が自分のことをすごく気にしているかのような見栄えの良い行動をするかもしれないと思うだけで」）怖くなってしまうことについていくつかの説明はしたが，「ただ，会いたくないだけ」と繰り返し語った。

　ここで，リンダは自分ではしたくないことをどうすればいいのかということを巡って興味深い会話が生まれてきた。デビィは，話に加わり，リンダが何もしないという決心をすれば，どれほど大変な状態になるかということをあらためて語った。私たちは，家でのしつけのことや，リンダが母親の言うことを聞かないと何が起こるのかなどについて話し合った。この話し合いは，人々は，自分ではしたくないことをどうやって，また，なぜするのだろうかというテーマにまで広がっていった。そして最終的に明らかになってきたのは，リンダが父親との同席面接に参加するためには，彼女はそうはしたくないけれども，ただ「しなければならない」から，そうしているだけだということを，全員が理解している必要があるということであった。私たちは，さらに，彼女には何も話さない権利があることについて，また，彼女はいつでも父親や私と会うのをやめることができることについても話し合った。私はリンダに，父親が彼女に何を話したいと思っているかを尋ねたが，父親が何と言おうが彼女は「気にしない」と答えた。

コメント：すべての治療的会話において，私の望むことはただ一つ，治療の中であろう外であろうと，対話の可能性が広がっていくことである。治療のあらゆる会話において，私は満足のいく結果というものを期待していなかった。私のささやかな願いは，これまでしたことのない方法で，彼らがお互いに話し合うことや，自らを振り返れるようになるための最初の一歩となることだけであった。話し合いがどこに向かって進んでいくのかはわからないままであった。この時点で私の考えていたことは，純粋に同席面接がリンダとマイケルにとってそれぞれの決心を表現したり示したりする良い

機会になるに違いないということだけだった。予測はできないが，可能性として考えられたのは，リンダが面接の場に来てくれること（来てくれない場合であっても）がマイケルに何らかのこれまでにない考え方を生み出すかもしれないということ，マイケルのリンダに会いたいという決心が何らかの成果を導くかもしれないこと，マイケルは，彼女の会いたくないという想いを少しくらいは理解できるようになるかもしれない，といったことであった。私が（さしあたり）持っていた面接の効果についての考えは，面接を早く終結に導くことではなく，フォローアップの面接も視野に入れたものであった。

すでに指摘したように，こうした考え方は，取りあえずやってみようといったことではなく，私たちが参加し，語りあうこうした種類の会話の結果は前もって予測することはできないということを意味しているにすぎない。私たちは会話の内容に意図的な方向づけをしたくないのである。ともかく，人々が自分たちにとって重要で，話すのに必要だと考えていることを語る場での空間を提供し，そのプロセスを進展させていきたいだけなのである。私たちの経験では，このような空間が与えられれば，人々はそのようにするものである。

次なる会話：緊張と不満の高まり

かなり緊張している父親と娘が相談室に入り，やや緊張した母親は一人で受付で待っていた。私は，まず，父親と娘それぞれに緊張の度合いを尋ねた。すると，お互いの緊張感についてその場に少しだけ笑いが生まれた。それから，リンダに今一番心配していることについて尋ねた。彼女は，父親が彼女を抱きしめたり，何か話させようとしたりすることが心配だと言った。私は父親に，娘を抱きしめたり話をさせようというつもりがあるのか尋ねた。父親は，娘に会えたことがとてもうれしく，これ以上今は何も望んではおらず十分であると答えた。そして，父親は，この状況がさらに悪くなってしまうことの心配を語った。リンダは，ここへ来なければならないことが事態を悪くさせたと文句を言って，緊張感を一気に高めた。彼女は，父親とセラピストだけでなく母親までも，面接に来るように強要して，全然私を助けようとさえしなかったと自分の思いを語った。私の質問に答えて，リンダは，あらためてここに来たくなかった理由を説明した。私はマイケルにリンダが仕方なくここにいるのだということがわかったかどうか尋ねたが，彼は，ともかく娘と会えるチャンスを得たことがうれしいと何度も繰り返して語った。

そして，マイケルは，娘が自分のことをどれくらい気にかけてくれているか，彼女がいかに美しく，いかに成長してきたかということについて話した。ここから，やがて来るリンダの14歳になる誕生日のことや，マイケルが娘の人生の重要な場面に立

ち会えなかったことでどれくらい悲しかったかという話題につながっていった。リンダは，これまで一度も，父親は自分に会いに来た時に何も特別なことをしてくれなかったとなじり，彼女を含めた子どもたち全員に会いたくて仕方がないなんて嘘八百だと父親を非難した。彼女は，父親は自分中心で自分自身が不幸だから，子どもたちに会いたいと思っているのであって，だから，子どもたちを惨めな気分にさせ，子どもたちの大事な日常的なクラブ活動や友達と関われる時間を奪い取っているのだという考えを述べた。父親自身がずっと不幸だったから，子どもたちが幸福になってほしくないだけだと文句を言った。父親はテレビを見せてくれるだけで，電話をさせてくれず，好きな食べ物を買ってくれなかったと文句を言った。

　こうしたリンダの文句の数々にマイケルが口を挟み，リンダと私に，月に2回子どもたちと会うためにどれほど大変な思いをしているか，それに，時には，母親が訪問の予定を無視したことで会う回数が少なくなると自分の立場を説明し始めた途端，緊張感と不満は高まった。マイケルは，子どもたちと会うための時間と「格闘しなければならず」，そのために，子どもたちに外での活動を我慢させるのは決して理不尽なことではないと感じていたこと，でも，訪問中，リンダの弟がサッカーの試合に出なければならなかった時には，何回かは行かせていたことなどについて語った。しかし，リンダは，そんなことはたまたまであって，その時は，父親が約束の時間を勘違いし，それを「取り繕う」ために弟を行かせたのだと言った。このように，リンダとマイケルは，出来事の推移やその理由について異なる立場を取り続けていた。私は，二人にこの面接で何かの成果が得られたように感じられたかどうか尋ねた。それに対して，マイケルは，誤解と中傷による不満を表明し，一方，リンダは，父親が嘘をつき続ければ，事態がどれくらい変わるかわからないと語った。

　私は，もう一度話し合いをやってみるとすれば，なにが違えば良いのか，どんな違ったことができるのだろうかということを言葉にしながら一人でつぶやいてみた。すると，リンダは，どんな条件でも父親と会いたくないと断言し，マイケルは娘の訪問を「諦める」意志はないと言った。リンダは，どうして父親と会うことが父親にとってそんなに重要なのか，自分が会いたくない時でも「私が強要されなくてはならない」のはなぜかと尋ねた。彼は，娘を愛していること，娘が望んでいるか否かにかかわらず，どんな時でも娘にとっての父親でありたいのだと言った。それに対して，リンダは，たとえ，今のように父親が強要して自分に会い，将来，そういうことができるようになったとしても，自分は二度と父親には会わないとはっきり言い放った。

　私たちは，すぐに面接を終わりにした。リンダは父親と一緒に面接室を出たくなさそうにしていたので，マイケルが先に面接室を出て行った。私は，リンダと一緒に待合室に歩いて行くと，彼女は母親の腕の中に泣き崩れてしまった。私がデビィに，あ

とで連絡をしますとだけ告げると，二人は帰って行った。後日，私はデビィに電話をし，リンダが面接についてどんなふうに話していたかということを尋ねると，デビィは「驚くべき早さで回復している」と述べた。そして，デビィが言うには，リンダには言いたい思いがたくさんあるように見えるが，リンダはそのことについてはほとんど口にしないとのことであった。私は，デビィに，リンダと父親はまったく意見が合わなかったけれども，リンダがこの問題についての自分の感じ方を父親に伝えられるようになれば，それが彼女にとっての援助になるのではないかと伝えた。これに対しては，デビィからはとくに質問はなかった。

コメント：リンダと父親の同席面接をまた行うかどうかは保留のままにされた。その時々になされる会話が次に起こる出来事を決めていくことになる。すなわち，それぞれの会話の参加者が，次なる治療的会話をする必要があるかどうかという決定をし，もしそうならば，誰が面接に加わるべきかが決められることになる。デビィは，リンダと父親の次の同席面接を設けることを強く望み，リンダは嫌がっていたけれども，渋々それに同意した。マイケルはすでに次の面接への期待を示していた。ここからは，ビデオテープに取られている次の同席面接を見たハーレーンの話に入りたい。

会話は続いてゆく：オルゴール

　ビデオテープは，父親が面接室に入ってきて，大きな声で「こんにちわ」と挨拶するところから始まっている。彼はソファーに座り，リラックスできる場所に身を置き，ソファーの肘掛けに肘をおき，買い物袋をそばのクッションの上にのせている。彼は時折手ぶり身振りを使って話をし，会話が激しくなってソファーの端に座ったりする時以外は，面接ではずっとこの姿勢である。リンダは，すでにソファーの左端に置いてある椅子に座っている。彼女は正面を見据えており，父親の入室を歓迎する様子はない。彼女は，手を膝の上に組んで，指いじりや靴の踵を動かして暇つぶしをしている。面接の間，彼女は父と意見が合わなかったり父親に文句を言ったりする時には声を荒げるが，ずっと単調なリズムで体を動かしている。彼女はジーンズにニットのプルオーバー，ランニングシューズといういでたちで，肩の下までのびた茶色の髪の一方を耳の後ろにかき上げ，あとは前に垂らしている。

　父親は中背で，やや痩せており，短く切った顎髭と口髭をしており，髪は頭の両側まで禿げている。カーキ色のズボンと，ポケットに鉛筆が入る格子柄のシャツを着ており，あたかも仕事からちょうど帰ってきたきたかのようにみえ，カジュアルな着こなしである。父親と娘はよく似た顔つきをしている。

　スーはカメラの位置を調整したあと，リンダの左側に座っている。話し合いの間，スーの振舞いと声は落ち着いており，好意的である。彼女はリラックスしており，

時々微笑んでいるように見える。椅子に座ると，彼女は父親の「大声でこんにちわと言ったこと」について話をする。父親は「彼女に聞こえたかどうかを確かめたかったのだ」と答える。スーは父親に話しかけ，前回，彼女，父親，リンダの間で交わされた話し合いに触れ，「今日はどのくらい緊張しておられるのですか？」と質問する。彼は素早く「そんなに緊張していないですよ」と答える。スーは，微笑みながら「緊張している」と言っているリンダに向き直る。父親はリンダの「緊張した笑い」について触れ，「笑うことは良いことだ」と思っているので笑わせようとしたのだと言っている。この父親の言葉にスーがちょっとした意見を述べると，それに混乱した父親は，「おそらく，その点については私が理解しそこなっているのかもしれません。娘が微笑んでいるのを見た時，これは，娘が少し気楽な気分になり，居心地の悪さもやわらいだ兆候だと思ったんですがね」と語る。

　この会話は，スーが，リンダと父親に「今日の目標，もしくは，起こってほしくないことはどんなことでしょう？」と質問したところから転回している。父親は即座に「もめごとや問題になってしまうのは嫌だし……，ほんの少し楽しめることを望んでいて……，関係の正常化への一歩を踏み出せればと思っている」と反応している。スーは，「関係の正常化」が「父親が娘に会う上での問題」のことを指していることを知る。リンダは，スーと父親のそれぞれに目を動かしながら，まっすぐ向かい合うように話し続ける。父親が娘と会うことについての問題を詳しく話しているうちに，それをリンダが妨害し，異議を挟んだところから，多くの対立する現実の第一歩が始まる。スーは，リンダに「ということは，あなたはそのことについて違っているような記憶があるのね？」と尋ねる。スーは，リンダと父親がこれまでに出会った時のことでのお互いの考えを改めるために必要なそれぞれの視点について知る。スーは，それぞれが確認したり訂正したり考えを広げたりするチャンスを作るため，二人がスーに話したいと思っていたことについてスー自身が聞いたことをさらに理解しようとする。例えば，父親の反応に対して，「でも，あなたは娘さんに会うのに柔軟に対応しているのに望むほどの結果にはなっていない。あなたがおっしゃっておられるのは，そういうことですか？」と質問している。父親は「そういうことです。それじゃ満足できないけれど，そういうことです」と説明している。

コメント：会話は，面接中のあらゆる場面でさまざまに転回する。それぞれの人々が何を言っているのかということについて，私たちがもっと知ろうとすると，会話は曲がりくねり，堂々巡りになって，最初に出た話に後で触れることになったりしながら動いていくものである。ここでの会話は，父親はスーに良い印象を与えようとしているのだというリンダの信念が表明されることによって再び転回している。

　リンダはさらに，父親が会いに来るときに兄妹のためにはお金を使わないでいるこ

とに挑戦を続ける。リンダと父親は，子どものためにどれくらいの金銭的援助をすべきかについて，彼女の友達とその親の場合を引き合いに出して議論している。スーは不思議そうに「あなた方二人がお金のことについて議論し合うというのは，いったいどういうことなのですか？」と伝えている。父親は，母親が彼の贈物の価値を過小評価しようとしているに違いないという思いを語る。彼は，自分がどれほどの出費と犠牲を払っているか，そのことをリンダは評価していないと，スーに身を乗り出してまで抗議するが，リンダはその話を遮り，中断させ，そうして再び二人の言い争いが続く。スーは，レフリーになることをやめ，合図をすると「時間切れです。このような会話を続けていったら，私たちはどこに行き着くのでしょう？」と静かに言う。

　スーは，父親のリンダに対する見方や対応を説明する際のその固執ぶりに疑問の念を示す。すると，父親は，他の二人の子どもたちにも同じようにしているからだと説明する。スーは「今日こそそうまくいくようにがんばっているのでしょう。彼女と一緒に何をしていくつもりなのですか？」と応じている。彼は，椅子に座り直して，スーに「(私の)くどい性質かも……。他の人に自分のことをわかってもらいたくて回りくどい説明をしてしまう」とコメントしている。

　リンダは話に割り込んできて，父親の父親らしくない証拠をもっと示そうとしている。スーは，「それは，別の話になっています。1分間その話について横に置いておけるかな？」と口を挟む。スーは，リンダと父親の間で今まさに起こったことに戻りながら，おそらく父親がリンダと関わることができる他の方法があるかもしれない，と好奇心をもって尋ねている。スーは，リンダに向かって，もし，父親が「あなたを悩ましている他のこと」について知ることができたら……と伝えつつ，(父親の方を向きながら)「どちらかというと，あなたにできるかもしれないと思われることは，自分の正当性を主張したり説明する立場に立つよりも，彼女を悩ましている他のことについて彼女から教えてもらおうとすることではないでしょうか？」と尋ねている。父親はリンダの方に向き直って「何が問題なのだろう？」と言っている。彼は，リンダの反応に引きつけられ，スーは「説明」という言葉を用いてコメントしている。父親は「正当性を主張しつつ」娘を叱っている。彼は再び，「何が問題なのだろう？」とリンダに尋ねる。彼らは，リンダの兄妹が週末に父親を訪問することについて緊迫した議論をしている。父親は，リンダと会うことの理由を明確にする必要があるのであれば，訴訟をおこすこともできるのだと脅す。リンダはこの脅しに反応してエスカレートするが，父親はこのことでは失うものはないと思っていると述べる。リンダは，父親のやることなすことすべてが悩みの種になると繰り返す。

コメント：あらゆる会話は，あることについて話をし，その後別のことについて話をしたり，再び元の話に戻ったりするといった寄せ集めの状態で成り立っている。ここ

に見られたような素早く進展する会話は続け難いものである。スーが「それは，別の話になっています。1分間その話について横に置いておけるかな？」と，リンダが割り込んで話をしようとすることを遮ろうとしたとき，それは二人の声いずれも聞こうとする試みであった。彼女は，繰り返すことが多い性質であるという父親の話を支持しつつ，繰り返すことが多い性質を示すことなく，リンダと関わる代わりの方法についての彼の考えを知ろうとした。一方で，スーは，リンダの心にしっかりと刻み込まれた父親に対する「父親らしくない」という考えを尊重しつつ，それをリンダに返そうとしている。しかし，リンダが父親のやることなすことすべてが悩みの種になると繰り返したとき，会話は再び別の方向へ変わった。スーは，リンダが，以前の会話の中で父親のことで話していたことを思い出していた。それは，父親がいかに彼女を悩ませているかという内容で，この面接では彼女はそれに触れてはいなかった。そこで，スーは，その内容について思い出したことを声に出して話し，同時に，もしリンダが望めば，彼女自身にそのことについて話す機会を与える以外は何も頭に浮かばなかった。

　スーはリンダの方に向き直り，以前の面接の時にした質問にふれ，「あのことを彼に言ってもいいですか？」と尋ねている。リンダはそうしてとばかりにうなずく。スーは，リンダが父親は「わざとらしい（彼の）やり方で（私の）気を引こうとしている」と考えていることを父親に告げる。リンダは，このことについては会話の最初に触れていたが，治療以外の場面では父親が「昔の父親のまま」ではないかという懸念を言わないままにしていた。そこで，リンダは，父親が彼女を罵倒し，「身体的な」体罰を与えることが父親にとってどんな「つもり」なのかということを話しはじめる。彼女は例を示す。「私の髪の毛を引っ張ること，耳を引っ張ること，そして私を叩くこと」。父親は，自分が家にいるときと治療の場面とでは違うと否定する。

　スー：どんなふうに身体的な体罰をされるのか，この部屋でやってみてもらえませんか？
　父親：そんなことできっこない。彼女を捕まえたり……，叩いたり……，耳をひっつかんだりしたことはあります。彼女に行儀良くしてほしいのです。彼女に自制心を持ってほしいのです。親としての威厳を重んじてほしいと思っている。ところが，彼女は無礼な態度をとるようにしつけられている。私はそういうのは好きじゃない。
　リンダ：違う。私はそういうふうにしつけられてなんかないわ。
　スー：無礼な態度を直すためには，体でわからせるってことになるんですか？
　父親：前にはそうした時がありました。彼女が無礼な態度を取るので，彼女を押さえつけ，ベルトで叩いた時もありました。彼女に暴力を振るったことについて言っていることは全部，彼女が無礼な態度を取ったことの結果です。私の意見としては，娘が父親を尊敬できるようになってほしいというのは，常識外れなことではないでし

ょう。おまえがあれほど無礼な態度を取らなきゃならないほど，私がどんなことをした？

コメント：最後に父親がした質問は，父親の視点の転換を示している。父親は，自分の正当性を主張することから，娘の見方への好奇心とそれを理解しようとする方向へわずかだが動いている。リンダは，3人の子どもたちに「はい，わかりました」とか「いいえ，わかりません」というセリフを言わせようとする父親の「有無を言わさない要求」について異議を唱える。

  父親：おまえに誰が中心人物であるかわかるようにさせるための方法だ。好き嫌いにかかわらず，生きていく中では，他の人に敬意を払う必要がいっぱいある。それは，規則を守る必要など，とにかく，ありとあらゆる所で必要とされる。リンダ，人に敬意を払うことは，家族の中だけじゃないのだよ。でも，人を尊敬するということを覚えるのは，家族の中から始まるものなんだ。よい親として，おまえにそれを教える義務がある。おまえが好むと好まざるとにかかわらずだ。
  リンダ：怒鳴ったり，叩いたりして教えるべきではないわよ。
  父親：誰だって，叩いたりするのが好きなわけじゃない。
  リンダ：そうね。でもあなたはそうするでしょう。
  父親：それには，答えたくないね。

リンダは文句を言い続けるが，スーがその途中で「ちょっとの間，お父さんと話をさせて。今の話は大事なことだと思うから」と口を挟む。スーは，父親とリンダの間で今話されていたことを要約し，それが，良い関係を作ろうとしていることからどれほど離れているかについてコメントをする。

  スー：つまり，一般的な意味で，〔しつけるための〕「方法をもう一度考え直してみる気がありますか？」ということなのですが。それは，彼女がやがてあなたに会いに来る気になった時，「前もってどんなことに備えておくべきか」ということを彼女が知るためにはとても重要なことじゃないでしょうか。

リンダは，スーの使った「会いに来る」という言葉をとらえ，「私は絶対にしたくない」と抗議する。この時，父親は，リンダの抗議に対してではなく，スーの質問に応答する。すると，リンダはそこに割り込み，「叩く」という話に会話を戻そうとする。父親は「こぶしで，こんなふうにおまえを殴ったというのか？」と問い詰める（バンバンと強く自分の手にこぶしを打ちつけながら）。リンダは「いいや」と答える。それから，父親は最後にリンダを叩いた時のことを詳しく話しはじめる。それは，リンダが「意図的に」妹に向かって石を投げ，妹の耳が切れてしまったという事件についての話であった。その時はじめて，リンダは父親に対して身体を正面に向け，涙を

浮かべながら「私はそんなことやってない」と強く抗議する。スーは，石の事件についての二人の話に出てきた「意図的」「処罰」「論理的」といった言葉に興味を抱いたことを表明する。スーは，父親の話の中に出てきた「リンダは他の二人の子どもと違う」という表現によって父親が直面している課題に取り組みはじめる。スーの言葉を挑戦ととった父親は，身を乗り出して自分自身を指さしながら話をはじめる。

> 父親：私には，子どもたちをどんなふうに育てるか決定する権利がある。
> スー：ともかく，私が申し上げたかったのは，あなたが子育てについて違う考えをもとうとしておられるのではないかということなのです。なぜなら，あなたは，他の二人の子どもたちと同じような関係を彼女とも持とうとしているとは思えないからです。そうはなさってこられなかったし，どんなふうにされたのかは私にはわかりませんが。
> 父親：あなたのおっしゃるとおりですし，私もわかっているのです。この子と他の二人は違っているから，この子には違う対応を選んできたのです。私には，権利があり，義務があり，子どもたちがどんなふうに人生を生きていくかを決定する責任があるのです。だからこそ，私たちはここ〔治療に言及しつつ〕にいるのです。
> スー：まったくその通りですね。
> 父親：この子には他の二人の子どもたちよりも他のことが必要だというのが私の意見ですし，私はそのことをやろうとしてきたのです……ところが，そうさせてもらえなかった……なぜなら，他の人間は〔見るからに，リンダの母親のことに言及しながら〕賛成しなかったし，違う見方をしていたからです。他の人間がどう理解し，考えていようと，関係ありませんよ。私の義務と責任は今でも何ら変わらないのです。子どもたちにとって必要なことだと思うことをやるだけです。この子は親の権威に対する尊敬の念がまったくないのです。
> リンダ：ええ，その通りよ。お父さん，あんたになんか全くないわ。

リンダと父親の間で，ほんのちょっとだが，激しいやりとりが交わされたあと，父親は再びスーの方を向く。

> 父親：あなたはご自分の考えを述べようとされたし……私もあなたの考え方はわかりました……，〔しかし〕あなたがどのようにされようとしているのか，もう一つよくわからないのです。あなたがどういう目標を目指そうとされておられるのか，そのことを知るのに，私としてはまだ十分にあなたの話を伺っていないのです。私は，あなたが提案されることを受け入れるつもりですが，あなたが何を提案されようとしているのかがわからないのです。
> スー：見つける……違ったアプローチを，この状況から離れて……こういうのではうまくいきません。それに，違ったアプローチによってどうなるかも私にはわかりません。
> 父親：どうしてうまくいかないのですか？

父親は，尊敬の話に戻り，「私は変えたいのです。(リンダが父親に尊敬の念を持っていないという父親の話に言及しながら）父親……一般的な家族では父親……，親たちは，どうやっているんでしょうかね？」と語る。スーと父親の会話は，誰が変化を期待していて，どのような種類の変化であればいいのかということにお互いが考えを巡らせながら続いている。リンダは，この会話にじっと聞き入っており，割り込んでくることはない。父親は，再び，体罰の話題に戻り，質問する。

　父親：どの社会でも〔昔から〕体罰は行われてきたのに，なぜ，今の社会では体罰は歓迎されないものになっているのでしょうか。たしか，聖書の中に書いてあったと思うのですが，「むちを惜しめば子どもがだめになる」。違いますか？　体罰は突然放棄されたのですか？　体罰は，もはや親の指導法としては受け入れられなくなっているのでしょうか？
　スー：それに対する私個人の答を望んでおられるのですか？
　父親：世の中のためにあなたに答えてほしいですね。

　しつけについての短いやりとりの後，父親が過去に起こってしまったことを変えることはできないけれども，「(あなたは）今日……明日……来週……これからの人生ですることは変えることができますよ」とスーが言い出したところで，会話は再び転回していく。そこで，父親はリンダの方に向き直り，彼女に不満を復唱するように求める。彼女はすぐさま不満の数々を口にし，尊敬の問題に戻って話し始める。面接の時間がそろそろ終わりに近づいてきたところで，スーは父親に「私が娘さんに話しましょうか，あなたが私に相談されておられたあのことを」と尋ねながら，リンダに，父親が面接室に入ってきて座った時にソファーに置いた買い物袋の中には，彼女の誕生日プレゼントが入っていることを伝える。リンダは「そんなの欲しくない」と言う。スーは，そこに，リンダにとって，彼女と父親のいつものにらみ合いよりも，この状況を処理するのに何か別のものがあるような気がすると言う。スーは，自分で想像した可能性を口にする。そこには何も決定されたものはない。父親は，水色の紙で包まれ，リボンがかけられた箱のプレゼントを買い物袋からゆっくり取り出し，リンダに差し出す。彼女は受け取り，ゆっくり包みを開け，うれしそうな表情を見せ，箱のラベルを見て優しい笑い声を立てる。父親は「それは，緊張の笑いかな？……警戒してしまうよ」と優しく尋ねる。リンダはオルゴールを引っ張り出し，ふたを開ける。そして，曲の最初の数小節が流れたところでふたを閉める。

　スー：わあー，これ，何という曲ですか？
　父親：特別な曲なのですよ。
　スー：〔リンダに向かって〕何の曲かわかるの？

リンダ：ええ，私が小学校2年生の頃に好きだったんです。
スー：本当，すごい！ 何という曲なの？

　リンダは，その歌は父親が連れていってくれたコンサートで聞いたのだが，曲名は覚えていないと語る。父親は，スーに，この歌はライチャス・ブラザースの『アンチェインド・メロディ』であると語る。リンダは，この贈物を欲しくないと繰り返し述べ，オルゴールを箱に戻し，父親に渡す。父親は受け取り，一瞬戸惑いながら，買い物袋の中にそれを戻す。
　次の面接の日程について話をする中で，スーは，デビィ（リンダの母親）が「彼女にとって大切なことを話す」ためにここに来たいと言っていたことを伝える。父親は「この面接で，ということですか？」と尋ねる。スーは，そのことについては決めていないので，彼の考えを聞きたいと伝える。彼は，そのことについてはスーと「個人的」に話したいと述べる。「わかりました」とスーは答え，面接は終わる。
コメント：私（スー）は，リンダがプレゼントを受け取るかどうかということについては何らの介入もしなかった。また，父親が娘に会いにいくこと，彼らが和解すること，さらに面接をするかどうかということについても何らの方向性も示そうとはしなかった。何らかの結果を導くための話し合いをしようとはしなかった。面接全体にわたる私の行動と言葉は，リンダと父親がお互いに彼ら自身が違った形で話をしたり，行動したりすることができるような空間とプロセスを促進するための試みであった。そうしていく中で，私の経験の内に，前もって予想できなかったような新しい意味，新しい選択が生まれてきた。その新しいものは会話から，また，それぞれの人の貢献によって生まれてきた。そして，それは，それぞれの人とその状況に固有のものであった。さて，ここで，私たちは次の面接に進むことにする。

「私はいつもあなたを愛しているよ」

　マイケルとの次の面接が，結局，最後から二番目の面接になったことは私（スー）にとって驚きであった。マイケルは，この1週間はとても大変で，多くのことを考えていたと述べた。彼は，リンダが誕生日のプレゼントを見た時に示した反応に驚かされたこと，リンダにとって，父親である自分と関わろうとしないことがいかに真剣な思いであったかということが，今回よくわかったことについて述べた。彼は，絶望を含んだ小さな声で，娘の考え方を変えることができるようなものがあるかどうかということについて尋ねてきた。私は，彼が，彼女のことをどれほど気にかけているか，そのことを彼女に示せるものはあると思うけれども，彼女は自分の立場に固執しているように思えると答えた。マイケルは，彼女を尊重し押しつけではない形で彼女に接

する仕方をどんなふうにして示すべきかということについての私の考えを尋ねてきたが，その時のマイケルは真剣かつ率直に見えた。

　私たちは，彼がリンダと関わる上で，できる限り押しつけにならず，またリンダからの何らかの見返りを要求したり期待せずにやれる方法について話し合った。マイケルは，仮に「彼女が望んでいるものを彼女に与え」，しばらくの間，治療や彼女に会うことを止めたとしたら，いったいどんなことになるのだろうかと口にして尋ねてきた。その時のマイケルは，落ち込んだ感じで，以前とは異なり，あの再三にわたって見せていた活気や迫力をなくしていた。私がそのことについて触れると，彼は，現実に「打たれ」，これからどうやったら一番良いのかそのことを今考えているところだと答えた。私は，次のようなことを彼に尋ねた。治療と彼女に会いに行くことを止める決心をするのかどうか，そのことについてリンダに話したいことがあるのかどうか，彼が今考えていることを彼女に知ってもらうために面接を受けたいと思うかどうか。これらに対して彼は合意した。そこで，私たちは，リンダが面接に来たら，リンダとの会話についての彼の考えについて話し合うために面接の残り時間を費やすことにした。

　リンダも同意した。その面接はごく短いものであった。マイケルは，治療とリンダに会いに行くことを止めることに悲しみと恐怖の念を表明した。同時に，彼女のことを諦められないでいる気持ちをリンダに伝えた。「私はいつもおまえを愛しているよ，リンダ。いつもおまえの父親でいたいんだよ。良い関係がもてることをいつも望んでいるんだよ」。マイケルは，母親と離婚したときに，彼女を傷つけてしまったことや残して去っていったことをすまないと思うとつけ加えた。私が，リンダに，父親から昔のことについてのこんな話を聞いたことがあったのかと尋ねると，彼女は初めて聞いたことだと答えた。私は，彼女に，父親が話してくれたことについて何か言いたいことはあるかと尋ねた。彼女は，ふっと微笑みを見せ「ありがとう，お父さん」とだけ応え，それ以上の言葉はなかった。二人にもっと言いたいことがあるかどうか確認のための質問をしたあと，面接を終了した。リンダは，ほほえみを浮かべ，はねるような靴音を残して部屋を出ていった。その間，マイケルは，あたかも身動きができないかのように，しばらく座り込んでいた。私は，しばらく父親の側にいて，父親の言葉がいかに感動的であったか，また，リンダがいかに「粘り強い」娘であったかということに触れた。私は，マイケルに，これからも必要があれば，力になりたいと申し出，リンダとの「仲直り」に対する父親の期待と希望が実現されることを心から願っている旨を伝えた。ここで，次にスーによるフォローアップに移ることにする。

フォローアップ

　さて，そこでは何が起こったのだろうか？　これらの会話の中に何らかの差異を作り，「以前にはどこにもないと思われていた可能性を創造し（Anderson, 1997）」たのだろうか？　語られる出来事について，そこに新たな意味と自己と他者に向かう新しい立場を生成するもう一つの方法の発展があったのだろうか？　治療的会話は，面接室の外での関係性にまで広げられるのだろうか？　(Gergen, 1994a, 1994b)
　私（スー）が最後にマイケルとリンダに会ってから1年数カ月が経った。最初の4カ月の間にマイケルから2回電話があった。そこでの話は，リンダが父親に対してまだ何らの反応も示しておらず，彼としては，このまま待ち続けるべきか，また治療を受けた方がよいのか，もしくは裁判所に行った方がいいのか迷っているというものであった。そこでの私たちの会話はごく短く，将来の面接を行うための決定と選択の余地を残しておくことを確認したものであった。次にマイケルと連絡をとったのは1年後で，それは，本章に彼のストーリーを掲載する目的でフォローアップの電話を彼にかけた時であった。マイケルは，私たちと一緒にやってきた「成功の物語」を語ってくれた。彼が言うには，彼とリンダは数カ月ごとに会えるようになっており，ちょうど今，2週間の夏の訪問が終わったところであった。彼らの関係はうまくいっていた。この変化を彼はどのように理解しているのかと尋ねると，彼は，彼女には自分と会う準備が整うための「時間」と「場所」が必要だったのだと述べた。彼の口調は楽観的な雰囲気であった。彼は，ともかく良い方向への変化だけを語り，しつけ，尊敬，オルゴールなどにまつわる問題に満ちた過去の出来事について触れることはなかった。

哲学的な姿勢に戻って

　スーとこの家族のメンバーたちの仕事は，治療の中で出会った人々とどのように考え，話し，行動するかということについての考え方に基づく私たちの治療哲学を表現している。また，私たちが，治療システム，治療プロセス，クライエントとセラピストの関係をどのように概念づけているかという点を明らかにしている。それは，そこに参加したすべての人々が自らの創造性を得る機会と可能性を生み出すことができるような，そうした会話のための空間を造りだし，促進させるための一つの実例となっている。私たちの哲学を実行させるための唯一の道などない。なぜなら，それぞれの臨床状況，それぞれの問題，そして，それぞれの人（もしくは集団）はいずれも異なっているからである。したがって，哲学的な姿勢の表現の仕方もまた，これらの差異とそれぞれのセラピストの個性やスタイルによって変わってくるものである。

第3章
家族療法の理論モデルをわきに置いて

リン・ホフマン
Lynn Hoffman

　私は，　族療法に注目し，実際に家族療法をやり始めて以来，私が「藪の中にあるもの」(Hoffman, 1981) と呼んだものを探し求めていた。いつの日かきっと，私たち家族療法家は，家族のコミュニケーションの中に，情緒的な苦痛の原因を発見することができると信じていたのである。私は，原因発見の鍵を求めて，ある理論モデルからまた別の理論モデルへと渡り歩いた。そして，この探求の旅が絶望的なものに見え始めてきた時，私は，幸運にも，時代思潮の転換によって救われることになった。私たちは，フェミニズムとポストモダニズムという二つの思潮に導かれて，初期の家族療法における方法論の基礎であった客観主義による信念体系に疑問を持ち始めたのである。専門家と呼ばれる人が，その人自身のものではない，外部にある何か，あるいはなんらかの行動を「変化させた」というものの見方は，ますます確実性を失ってしまった。アセスメントや介入といった，おなじみの用語も，何を指し示しているのか曖昧になってしまった。とりわけ，私たちが信じてきた因果論的な理論モデルは，その明確さを失い，理論の霧の中に消えていってしまったのである。

　この点を理解するのに，マーガレット・シンガー（Singer, 1996）の最近の文献が大変役にたったのでここで紹介したい。彼女は，その論文「リハビリテーションから病因論へ From Rehabilitation to Etiology」の中で，心理療法には，20世紀のうちにリハビリテーション・モデルから病因論的モデルへの転換があったことを述べている。シンガーによれば，心理的な問題の領域にセラピーという言葉を初めて用いたのは心理学者のアドルフ・マイヤーだそうである。マイヤーは心理・生物学的な概念によって，精神障害に対するリハビリテーションという発想を生み出した人である。当

注：本章は，*Journal of Marital and Family Therapy*, 1998, 24(2), 145-146.に初出。許可を得て再録。

時はまだ，情緒的な問題の原因や，その薬物療法について十分には解明されていなかったので，マイヤーは根本的な変化よりもむしろ，今生じている苦痛の軽減に焦点をあてた支持的で教育的なタイプの治療法の重要性を強調した。このリハビリテーション・モデルによるアプローチは，20世紀の初頭に，合衆国全体に多大な影響を及ぼしたのである。

　一方，シンガーが病因論的アプローチと呼んでいるものは，主に精神分析の影響を受け，第二次世界大戦後に広まったものである。フロイトは，その初期には催眠を症状の緩和に用いていたが，彼はその後の理論の中で，無意識にあるものの回復をも目指した，より深層に迫るタイプのセラピーを開発した。シンガーによれば，戦後，このタイプの治療のバリエーションは急増したが，その多くは，幼児期に人がこうむった苦痛を同定し，そこに結びついた記憶と感情を再体験できるようにし，かつその体験を扱ってそこから先に進む手助けをすることが治療的に効果があるという仮説に基づいたものであった。

　シンガーは，この病因論的な視点が，時を経るうちに，彼女の同僚が「非難して変化させる（blame and change）」方法と呼んだものへと変化していったことを述べている。この方法の発想は，人々が自分の苦痛の原因を自分以外の何かや誰かのうちに見つけることができたら，彼らは変わることができるというものである。この発想は，セラピーを，悪影響を与えているものを暴き出し，対決することによって治癒が生まれるというものに変えてしまったのである。そして，問題のある両親やクライエントにつけ込んでくるセラピスト，機能不全の家族，――極端な場合には――悪魔崇拝，宇宙人による誘拐，前世で出会った誰かなどが悪影響を与えるものとして指摘されたのである。この立場に立つセラピストの中には，カルトのやり方に似通った催眠術的な方法を用いて，クライエントが「記憶を取り戻す」ための手助けをする記憶再生のスペシャリストになっている者もいる。しかし，シンガーは，カルトに関する研究（Singer & Lalich, 1997）を通じて，こうした実践を詳細に観察した結果，彼らが，無実の人も罪人同様に扱ってしまうことによって数多くの誤りを犯してきたという感想を持っているのである。

　シンガーの論文は，私自身の思考をいくつかの点で明らかにしてくれた。すなわち，家族療法も「非難して変化させる」という方法に加担しているということであり，それは，私が抑圧理論の家族療法版ではないかと考えていたことを大いに基礎づけてくれるものである。家族療法が発展する途上において，隠された連合，家族の持っている秘密，無意識に共有された神話（根拠のない考え），そして無視された深い悲しみなどについて，ずいぶん多くのことが書かれてきた。そして，こうした事柄は情動的な問題を招くものとされ，治癒がもたらされるためには，これらが明らかにされて，

徹底して取り組まれなくてはならないとされたのである。子どもの症状は両親間の機能していない関係を隠蔽したものであるという考えは，別の隠された原因や責めを負うべき契機の存在を想定していることになる。

　結局のところ，やったのは誰だ，といった問いが，家族にも臨床家にもぞっとするような影響を与えながら，家族療法の発展の中に組み込まれてきたのである。その初期においては，非難すべきは母親，という風潮があった。その次には，家族全員が標的となってしまった。さらに，フェミニストセラピーの出現によって，重荷を負うべき者は父親と夫に移っていったのである。この動揺に巻き込まれた臨床家の中には，女性抑圧に抵抗する戦いに加わらなければ，共犯者として訴えられるのではないかという感覚にとらわれた者まで出る始末だった。

　しかし，非難の的は移り変わり，民族や階層，人種に基づく差別そのものに向けられるようになってきた。情緒的な問題についての病因論は，今や，私たちすべてを含む，より広範な文化的言説にまで拡大してきている。このことが圧力となって，これまでの中流階級の白人が優位な領域においては必ずしも歓迎されてこなかった人々に対して門戸を開放しようとする，長らく待ち望まれてきた努力に拍車がかかることになった。そして，メンタルヘルスの専門的な知識それ自体もまた抑圧的な言説として取り上げられることになり，ここに，きわめて重要な意識の変革が動き始めたのである。それ故にこそ，私は，この動きに喜んで参加したいと考えている。

　とはいえ，この動きは，あらたな「非難して変化させる」ゲームに陥る危険性がある。しかし，こうした懸念に応えるかのように，家族療法の分野における地殻変動はできる限り非難を避ける方向へと進んでいる。例えば，マネジド・ケアの発展により，短期的な効果への関心が高まるとともに，これまで常に病因論に基づく知見を拒否してきたパロ・アルトのメンタル・リサーチ・インスティテュートで発展したブリーフセラピー・アプローチ（Watzlawick, Weakland, & Fisch, 1974）は新たな信頼の一票を得ている。また，スティーヴ・ディ・シェイザーとインスー・キム・バーグ（de Shazer, 1991）による解決志向アプローチは，非難を引き起こす枠組みからの解放を果たしたもう一つの例である。そうした点では，クライエントの回復力や強さを強調するビル・オハンロン（O'Hanlon & Weiner-Davis, 1989; 本書第5章を参照）やスティーヴ・ウォーリンとシビル・ウォーリン（Wolin & Wolin, 1993）といった臨床家たちも同様の方向を示している。

　シンガーは，心理療法が過去に持ち得ていたリハビリテーション的な発想の回復をとなえているわけだが，これも，同様の方向を示していると思われる。私は，治療（セラピー）という言葉は，例えば理学療法のような控えめで理にかなった分野に起源をもつ言葉であろうと常々考えてきたものである。したがって，心理療法という言

葉は，私には見栄っ張りな親戚のように，また，家族療法にも，似たようなうさん臭さがつきまとっているように思えていた。私は，シンガーの著作によって，自分自身を普通の仕事をしているカウンセラーとして考え，また，リハビリテーション的なものの見方に後戻りしてもいいのではないかと思えるようになってきたのである。

しかし一方で，私は新たな別の動きにも気づかされつつある。その実践のスタイルは，私がかつて受けたトレーニングのような戦略化された面接とはほとんど対照的な形で発展している。それは，全くといってよいほどの自由に漂うスタイルだが，相手に対する真摯な態度と関心の向け方においては際立っており，苦痛に耳を傾けようとする。その流れには，個人的な関わりのような場合も少なくなく，うんざりしてしまうほどの辛抱強さがあり，あちこちに突起が生じていて，一定のペースというものが見られない。良い状態や希望のサインには注意を向けるけれども，「治すこと」や「癒すこと」には関心を示さない。このように，そこには，ある面，専門的なものがほとんど見えてこないのである。はたして，このようなスタイルを「治療」と呼ぶことができるのだろうか？

リフレクティヴな会話

さて，この問いについて論じるにあたり，私はまず，経営コンサルタントであるドナルド・シェーン（Schön, 1983）の考え方と，より主観的な方法で仕事をすることについての彼の理論的根拠について語ることから始めたい。シェーンの考えは，私にとって，まるで暗い道を照らしてくれる強力なヘッドライトのようなものであった。私は，客観的な現実の地図を捨てて治療がいかなるものかを描き出そうと試みたのだが，その時に私が感じたのは，あたかも私がこの世界から足を踏みはずしてしまったような感覚であった。心理学者のハーレーン・アンダーソンと ハリー・グーリシャン（Anderson & Goolisian, 1992）だったら，「無知」の姿勢をとることについて話すだろうし，私もその意見には賛成する。しかし，私の心の中では女優のリリー・トムリン（訳注1）の次の言葉が聞こえてくるのである。「私は，いつも，すばらしい人間になりたいと思っていたの。でも，今はね，あの頃，もっと率直だったらよかったのにと思うの」

さて，シェーンの仕事に関する知識については，アルゼンチンの精神科医であるマルチェロ・パクマン（Pakman, 1996）から得たのだが，パクマンは，セラピーを社

訳注1）女優。ミシガン州立ウエイン大学医学部に進学したが，選択科目でとった演劇に魅入られ，コーヒーハウスなどでパフォーマンスに明け暮れる。65年にはニューヨークに移り，コメディエンヌとしてテレビショーで活躍した。69年からに西海岸に戻り，コメディー番組「LAUGH IN」の電話交換手役で有名に。75年「ナッシュビル」で映画デビュー。アカデミー助演女優賞候補に。

会に対する批判的な活動と捉えており,そのような関心からシェーンを知ることになったのである。パクマンが私に語ってくれたところによれば,シェーンはちょっと珍しい研究に熱中していたという。それは,さまざまな専門家の教授の仕方や仕事ぶりを観察しながら,彼らに,その実践の理論的根拠について尋ねるというものである。その専門家たちは,ある時には自分たちがしようとしていることを理解しているように見えたが,別の時には,途中で止めてしまったり,急にその方向を変えてしまうのであった。そこで,シェーンが,その理由を尋ねてみると,もっともらしい,しかし説得力のない答が返ってくるか,「さあ,わからないねえ」と言うだけだったのである。

シェーンは,こういう時の専門家たちの説明を「信奉されている理論 (espoused theories)」と呼んだ。なぜなら,そこで行われようとしていることに比べて,彼らの説明があまりにも薄っぺらで味気ないものであったからである。そこで,彼がさらに詳細に,当の行為の変更がなぜ起きたのかということについて尋ねてみると,その同じ専門家が,彼らの行為そのものの深層から掘り出されたようなルールを目の前に見せてくれることが結構見られたのである。このような考えを,シェーンは「使用における理論 (theories-in-use)」と名づけた。それらは,公式的な理論とはまったく異なるレベルで機能しており,専門家たちの創造的なプロセスが機能しなくなったとき以外には通常の意識には登らないものであった。

シェーン (Schön, 1983) は,彼の古典的な著書である『リフレクティヴな実践者 The reflective Practitioner』の中で,こうした所見についてのいくつかの見解を述べている。彼は,ほとんどの専門家が西洋科学の暗黙のヒエラルキーに従っていると述べている。科学の枠組みにおける実証主義者の高みに従えば,基礎科学の原理こそ第一のものであり,応用科学のさまざまな主義主張も,元をたどれば,この基本的な原理に由来していることになる。シェーンは,これを「技術的・合理的」見方と呼ぶ。この枠組みの中で成功をおさめてきた医学や工学は,都市計画やソーシャルワークといった厳密な原理をあまり持たない領域をも魅了したのである。その結果,シェーンに言わせると,技術的な合理性は「今日の専門的な実践における好みの認識論」となったのである。

しかし,それは,すべての分野における最良の認識論なのだろうか? シェーンは,多くの領域において,理論という高原と実践という「湿地帯」の間にズレがあることを見出している。技術的・合理的な見方は,神学やソーシャルワークのような分野ではうまく機能しないのである。シェーンが提起しているのは,こうした場合には,実証主義的なヒエラルキーを逆さにして,帰納的に実践から理論を作りあげるのが良いのではないかということである。これは,シェーンが「行為におけるリフレクション

(Reflection-in-action)」と呼んでいるプロセスに関与することを意味しており，瞬間瞬間に，かつ，きわめて再帰的なあり方で作動するものである。この二つの比較から，シェーンは，技術的・合理的な見方について次のように述べている。それが前提としているのは，「世界は客観的に知り得るものとして存在し，それは実践家の価値感やものの見方とは独立したものであるということである。実践家は，自分自身と自分が関わろうとする対象との間に境界を引かなければならない。技術的に対象をコントロール下におくために，対象を観察し，対象との距離を保たなければならないのである。その際の探求に対する姿勢は，見物人あるいは操作する者のそれである」(Schön, 1983, p. 163)

これに対して，「行為におけるリフレクション」のモードでは，まったく対照的に，実践家や学生は彼らの理解の基盤を，彼らが経験しているそのプロセスのうちに置いている。そこでは，比喩的な枠組みに重点がおかれている。それは，シェーンが「～のように見ること」もしくは「～のようにすること」と呼んでいるものである。そこに関わっているすべての人々は，「その場でちょっとやってみること」や「スケッチブックのうえや物語風に描かれた仮想の世界」から引き出される多くの可能性を徹底的に試そうとすることになる。このような活動は，通常の調査研究のようには見えない。なぜなら，そこでの探求者たちは，客観的な獲物を見つけることには関心がなく，シェーンが「状況に内在している変容の力」と呼んでいる，もっと捉えどころのない何かを捜し求めているからである。

シェーンは，行為におけるリフレクションには，その場での，それぞれの動きややりとりから，次の動きややりとりが見えてくるようなタイプの実践が必要であると述べている。ここで，私はロバート・パーシの『禅とバイクのメンテナンスの技能 Zen and The Art of Motorcycle Maintenance』の一節を思い出した。彼は，次のように述べている。「(熟練した) 職人は，取扱説明書を一行だって読んでいくようなことはしない。彼は作業を進めつつ，決定を下していくのである。だから，彼は，わざわざじっくり考え込んだりしなくても，作業に熱中しつつ，かつ，自分がやろうとしていることに注意深くいられるのである。彼はどんな取扱説明書にも従っていない。なぜなら，手にある材料の性質が，彼の考えや動作を決め，同時にその過程を通じて，手にした材料の性質が変わっていくからである」(Pirsig, 1974, p. 148)

シェーンは，このようなタイプの活動を「リフレクティヴな会話」と呼んでいる。どんな学問分野でも――組織運営コンサルティング，建築学，心理療法，都市計画，医学，そして工学でさえも――専門家とその技法や手段の間には，絶え間ない，行ったり来たりのやりとりがある。彼が専門家と研修生との作業において見たものも，まさにこのことだったのである。そのほとんどの場合において，専門家は研修生のプロ

セスにフィードバックを与えるだけでなく，専門家自身のプロセスについてもフィードバックを与えていたということである。これがなければ，おそらく物事は行き詰まっていたであろう。

また，リフレクティヴな会話では，もろさや弱点といったことを十分に許容することが必要とされる。なぜなら，この会話では自分自身のプロセスが人目にさらされることになるからである。同時に，この会話に取り組もうとすれば，相談を受ける側は，今までとはまったく異なる——専門家がクライエントにとって必要なものや欠けているものを知っているという仮定に基づいた通常のクライエント・専門家の関係性とはまったく異なる——関係性に入りこむことになる。ここで，私たちは，このような考えに初めて真摯に取り組んだ人々の一人であるアンダーソンの仕事に立ち戻ってみよう（Anderson, 1997; 本書の第2章も参照のこと）。彼女にとって，セラピーとは，単なる治療ではなく，新しい現実を生む可能性を持った相互に行われる会話なのである。

無数の知覚よりなる雲

アンダーソンがグーリシャンと発展させた共同言語システムアプローチの中で，彼女が提起していることは，セラピーとは問題が解決（solved）されるのではなく，問題が解消される（dis-solved）プロセスであるということである[訳注2]。アンダーソンによれば，問題とは，「不安げな異議申し立て」のために交わされる会話によって定義されたものであり，それが解消されるということは，別の会話がそこに生じてくることである。ただし，それは，伝統的な家族療法にみられる病因論的な前提に立った会話とはまったく異なるものである。

社会構成主義の理論（Gergen, 1994）に影響をうけたアンダーソンの信念によれば，私たちが現実として経験していることは，あらかじめそこにあって，私たちの感覚によってその存在を確認されるのを待っているというようなものではなく，社会的，言語的な機織りによって常に編み出され，編み直されているようなものということになる。どのようにセラピーを行うかという，私たちの考えでさえも例外ではなく，このようにして編み出されたものの一つに過ぎないのである。一例をあげてみよう。認知の研究者であるジョージ・ライコフ（Lakoff & Johnson, 1980）は次のように述べている。問題解決を何かにたとえるとすると，私たちのほとんどはなぞなぞやテストを連想する。つまり，そこには，正解があり，問題についての専門家はその正解を知っている，というわけである。ところが，あるイランの留学生と話をしたところ，この

訳注2）dis-solveは，直訳すれば「解決—しない」ということになるが，ハイフンをとったdissolveには，本来「溶ける，解消する」という意味があり，このdis-が掛け言葉になっている。

留学生は「自分の問題の解決」というフレーズに化学的な解決の意味を考えたというのである。つまり彼は，問題が次々と投げ込まれ，やがて溶けていく，ぶくぶくと泡立つビーカーをイメージしたのである。この話をセラピーに当てはめてみるとどうなるであろうか。もし，セラピーを従来の「問題解決（problem solving）」と考えれば，そのアプローチは因果関係による変化という考えに至るだろうし，「化学的解決」と考えればなにやら錬金術に近いものを思い浮かべることになるであろう。

　アンダーソン自身はそれを錬金術だとは思っていないだろうが，しかし，この言い回しは彼女の仕事のスタイルをうまく言い当てている。数年前のことだが，ある日，私は，彼女が，ある若い女性の話をじっくりと聞いているのを観察したことがある。この女性の家族はその場に同席していたが，ただ椅子に深々と座っているだけであった。かつてのジェイ・ヘイリーならば，こんなふうにしている臨床家を見ると，家族を集めてはいるが，ただ個人療法をしているにすぎないとよく批判したものである。そこで私は彼女に正直に尋ねた。いったい何をねらってそうしていたのかを教えてほしいと。すると彼女は「私が注意深く丁寧に聞いていれば，他の家族のメンバーたちも，少しは，裁判官みたいな批判的なやり方をやめて，彼女の話を聞いてくれていると思うのよ」と答えてくれた。

　その彼女の答を聞いた時，私の頭の中で，ぱっと光がはじけた。彼女が意識を集中していたのは，話すという行為ではなく，聞くという行為に対してだったのである。間接的に聞くという経験ができる場を提供することで，彼女はそこに参加していた家族に，防衛的になったりすぐに反応したりせずに，語られる話に耳を傾ける機会を与えていたのである。私がそこで見たのは，聞く行為がつくる文脈が，そこに湧きあがってくる感情や態度——私が「無数の知覚よりなる雲」と呼び始めたもの——を変える溶媒（solvent）として機能し得たということであった（訳注3）。

　「無数の知覚よりなる雲」という概念は，私たちを社会構成主義へと立ち戻らせるものである。社会構成主義の関心事の一つは，それだけで単位となっている言語（unit language）にとって代わる，関係性をあらわす言語（relational language）を見出すことである。私たちは，自己とか家族といったような，個々の項目を示す言葉は数多くもっているのだが，哲学者のルートヴィヒ・ヴィトゲンシュタイン（Wittgenstein, 1963）が社会生活における「言語ゲーム（language games）」と呼んだものを記述する方法はほとんど持ちあわせていない（訳注4）。このような流れの中で，社会言語学者のジャン-ポール・ロイタド（Lyotard, 1993）は，構造主義やシステム理論に基づく「ニュートン物理学のような人類学」は，「言語粒子の語用論」に取って代わ

訳注3）これも「解決策」と「溶媒」の掛け言葉になっている。著者はアンダーソンの面接のやりとりを化学的な解決（chemical solution）のメタファーで見ているので「溶媒」のニュアンスが濃い。

った方がよいと提案している。また，社会学の理論家であるエドワード・サンプソン (Sampson, 1990) が指摘しているように，ポストモダンの心理学では，近代心理学における自立した個人の代わりに，「所属しているコミュニティ」や「関係による合奏」から切り離せない「埋めこまれた個人」を見るようになったのである。

　なぜ，この「ニュートン物理学」からの方向転換が重要なのだろうか？ その最も大きな理由は，私たちが行動を「変化させる」，家族を「再構築する」，あるいはシステムに「介入する」という試みにあまりにも深入りしすぎてしまったことにあろう。もし，問題というものが，ちょうど小さな虫が集まった雲のような「関与の群れ」からなるものであるとしたらどうであろうか。私たちが，もし，自分の仕事をそうした雲に影響を与えることだと決めたとすると，私たちはその群れ中の小虫の一匹という立場からそれをしなくてはならないのである！

　したがって，私の観点は，生きているものの一部であるようなプロセスに影響を与えることは，外部から観察して問題を治すような操作とはまったく異なるということである。もし，これが妥当であれば，私たちには道具としての言語の代わりになるものが必要になってくる。今，私は，治療的な会話をフィルターのようなもの，ちょうど人工透析の時に用いられるフィルターのようなものだと考えている。そうであれば，私たちの仕事においては，最初は怒りや不安，悲しみを持って訪れた人々も，ドアをあけて出て行く時には，より大きな希望を感じていけるはずである。家族療法の中でますます高まってきている肯定的な側面の強調ということは，このような観点から見てとることができる。無数の知覚よりなる雲に何らかの影響が与えられて，問題に巻き込まれてしまった人々が，互いにもっと肯定的に感じることができるようになれば，その他の事柄もアイロンで衣服のしわを延ばすように解消していく機会がより多く訪れるようになるのではなかろうか。その時，私たちに求められるのは，人々が今いる状況から始めなければならないということである。しかし，それはパレアナ（訳注5）のようにすべて良しといった態度を見せたり，あるいは，銀製のお盆にのっている解決策を配ってまわったりすればよいといった事態では決してない。

訳注4）ヴィトゲンシュタインによれば，「言語における語の使用がその語の意味である」。すなわち，言語にあらかじめ設定された意味や規則などない。「言語と言語の織り込まれた活動の総体」によって，言葉の指し示すものが決まってくるというのが言語ゲームのあり方である。隠喩的に言えば，ゲームをしながら，その中でルールが変えられてしまうゲームとして，言葉のあり方が規定される。ここでの著者は，言葉をそのようなものとして捉えた上で「表現が乏しい」ということを主張していると思われる。

訳注5）エレナ・ポーター著『少女パレアナ』『パレアナの青春』の主人公。孤児になった少女パレアナは，叔母のミス・パレーのもとに引き取られる。ミス・パレーは彼女に冷たくあたるが，パレアナは持ち前の明るさと「喜びの遊び」（小さなことに喜びを見出す「よかったことさがし」）で町じゅうの人に喜びと奇跡を巻き起こし，ついにはミス・パレーも……というようなストーリー。ここでは，何でも肯定的に見るだけで現状を変えない，といった批判的なニュアンスで用いられている。

ここで私は，アンダーソンとグーリシャンの会話としてのセラピーという考え方を支持する立場から，会話の理論に簡単に触れておきたい。事実，会話の理論は存在しており，実際に用いられている。この理論の提唱者は，つい最近亡くなったサイバネティックスの学者であるゴードン・パスクである。彼は，ユーザーの会話のスタイルに合わせて反応できる「利口な」コンピューターを開発した時に，会話の理論という言葉を編み出した。パスクは，コミュニケーションをすでに知っていることについてのメッセージの交換と捉え，それと会話を同一視することに警告を発している。会話とは，彼によれば「参加する者にアイデンティティを与え，新しい何かへと導く生成的な活動」なのである（Pangaro, 1996）。

折り重ねること

　トム・アンデルセン（Andersen, 1990）のリフレクティング・チームもまたフィルターのように機能している。この方法の中では，そこに参加している人々の考えや感情が折り重ねられ，話し手と聞き手が交互に入れ替わってゆく。それによって，彼らの中に驚くほど思いやりにあふれた環境が創りだされるのである。アンダーソンの仕事と同様，お決まりの戦略化された特徴というものが存在しない。セラピストと家族が話をし，リフレクティング・チームがいくつかコメントをし，そして，セラピストと家族はそのコメントに対してさらにコメントをする。そこには最後のメッセージとか課題の指示などない。アンデルセンは，「会話を続けること」こそが自分たちのアプローチの目標であると説明している。介入ということについてまったく無神経と言ってよいほどの姿勢でありながらも，変化は生じるのである。しかも，リフレクティング・チームの面接は因果論的な働きかけとは対極をなすがゆえに，それがどのように機能しているのかということを人に説明するのは難しい。

　しかし，そのことを説明するのに，いつものたとえ話を紹介したい。それは，1950年代の初め，私が大学教員の妻として田舎暮らしをしていた頃，お隣の年配の婦人がパンの焼き方を教えてくれた時のことである。彼女が教えてくれたことの中で一番記憶に残っていることは，パン生地を練っている時のことであった。まず，小麦粉，水，イースト，塩などの素材をボウルに入れて混ぜ，ねばねばの団子状にしてから，さらに小麦粉をつけ，端の方を真中に折りたたむように何度も練っていくことになる。そうやってパン生地を練っているうちに，私の先生は「もうすぐ，生地が生きてくるからね」と口にしたのであった。私は，ちょっとびっくりして，「そんなこと，私にどうやってわかるのですか？」と尋ねると，彼女は「生地があなたの手に逆らってくるから」と答えてくれた。彼女は正しかった。生地を折り重ねるプロセスで，私の手の熱によって生地は育まれ，パンが膨らむ準備ができたのである。

「折り重ね」方式は，さまざまな種類のミーティングに利用することができる。グループをより小さい数人よりなるユニットの集まりとして考え，それぞれのユニットに属する人に，互い違いに，積み重なるようにコメントを出すことを求めればよいのである。しかし，ここには，一つの要素がある。それは，さきほど紹介した話の中で，手の暖かさによって象徴されているものであり，これこそが重要なのである。今，ここで私が語っていることは，ヴァージニア・サティアのいう絶え間ない楽観主義のようなもののことである。こう言うと，それは批判的にものを見る能力を置き忘れたことだと信じている人々にとっては驚きであろう。しかし，会話の中から会話に影響を与えることを願うならば，言葉は共感的な場——お互いに相手の側に立って理解しようとする場——から発せられる必要があるのである。

リフレクティング・チームでの私自身の経験を語る時，一番の驚きであったのは，イメージを生み出すその場の力であった。その場においては，私も仲間も，家族力動を分析したり，解釈をしたりすることから自分たちが遠のいていたのである。つまり，分析とか解釈といった行為が，人々を物のように扱ったり，彼らに不愉快な感情を掻き立てさせることになるのだという思いがますます強まってきた。そして，その代わりに，私たちは，比喩や言い伝え，詩や物語——私たち自身の私的な物語までも——を使って自分自身をも表現した。私たちのもとに相談に来ている人々の困難を映し出すような個人的な経験の分かち合いこそふさわしいものに思われたのである。

また，感情を表に出すことについてもより自由な感覚を覚えた。私は，自殺のあった家族の相談を受けていた同僚のことを思い出す。面接が始まるとすぐに，彼は，彼自身がつい最近妻の死を看取ったことを語り，それを家族と分かち合ったのである。その発言はたしかに個人的なことではあったけれども，まったく正しいものに感じられた。私の同僚のメアリー・オルソンは，かつて，社会構成主義の理論は苦痛についての理論（theory of suffering）を含んでいないと述べている（Olson, 1995）。その時，私は「なるほど！」と思い，また，その後，家族システム理論も同様であると断じた。ところが，リフレクティングの姿勢は，私たちに苦痛を認めることの許しを与えてくれたのである。その時，私は解放感を味わうことができた。なぜなら，苦痛を扱うことが私の仕事の一部でありながらも，何年もの間，この仕事をひそかに「感傷的なセラピー（corny therapy）」と呼んでずっと秘密にしていたからである。

そこで起こってきたことは，セラピストとクライエントとの間には境界があるべきであるという「侵すべからざる考え」の崩壊の始まりであった。私たちがよりオープンになっても，どういうわけか，自己開示を禁じる人々が恐れていたような悪い影響は生じなかったようである。私はこのことが不思議であった。それはおそらく，治療関係が，もはや，クライエントが傷つきやすい子どもでセラピストが力のある親であ

るという，かねてよりのお好みの構図には根ざさなくなったからかもしれない。クライエントとセラピストの関係がより平等になるにつれて，セラピーはもっとオープンなものになり始めたのである。それとも，逆に，オープンなセラピーが平等な関係を作ったのであろうか。

コミュニティへの参加

　この問いに取り組む上で，ナラティヴセラピーに起こった革新（White & Epston, 1990; White, 1995）について私の所見を若干述べたいと思う。本章では，ホワイトの最近の面接スタイルを中心に見てみたい。それは，通常では考えられないような主観的な波長の上に成り立っていて，私がここでこれまで述べてきたような，今までとは異なるやり方にフィットした方法に見えるのである。

　ホワイトの貢献には多くの側面がある。その一つは，会話そのものを作り直すのに会話を用いる彼の能力である（Kogan & Gale, 1997を参照）。彼は，私たちの自分自身についての考え方——それは，メンタルヘルスの領域からのさまざまな意見によるものも含まれるが——を，その鋳型にはめ，覆い尽くしてしまう文化的な言説に対抗するのである。また，言説を標的にすることで，個人を非難することを避ける。実践のレベルでいえば，彼の「外在化」技法は，人々が絡めとられている困難をその人自身から切り離すのである。私もこれには賛成である。これは，カーペットを汚いと言ったり，捨てたりする代わりに，そのカーペットの上にいながらそれを織り直すようなやりかたといえよう。

　ホワイトが行ってきたことを総体的に見てみると，それは，セラピーを自然なものにしたということになる。セラピストとクライエントの境界は，かつては揺れ動いていたが，今では崩壊してしまっているのである。彼は，伝統的なメンタルヘルスのしきたりを無視して，相談に訪れた人々の生活に直接入り込む。彼がデイヴィッド・エプストン（Epston, 1989）と一緒に発展させた初期のアイデアは，クライエントに強さを称える手紙を送ったり，彼らに価値があることを証明する方法として「認定書」を与えるというものであった。このように，私たちの通常の生活におけるお祝いや記念の儀式もまた，セラピーの世界にいる人々とその外にいる人々双方の関わりによって，彼の仕事の一部となったのである。

　ホワイトが立会人（witnesses）という形でリフレクティング・グループを利用したことは，私に言わせれば，トム・アンデルセンの発明の予期せぬ贈り物である。ホワイトは，他のどの臨床家よりも，彼が「関心を向け合うコミュニティ（community of concern）」と呼んでいるものを創造しようとしている。私の言葉でいえば「コミュニティへの参加」である。このカテゴリーに入るのが，ホワイトの「新たな仲間づ

くり（re-membering）」の実践である。彼は，彼が言うところの「あなたの人生というクラブ（the club of your life）」を応援する仲間を集めるためには労を惜しまない。もちろん彼が集める一番大切な仲間の一人は彼自身である。他の仲間たちは生きていても，死んでいても，想像上の人物でも実在の人物でも，勇気を与えてくれると思われるものなら誰でも良いのである。まったく知らない人ということもあり得る。彼の最近のワークショップに参加した時，私たちを惹きつけたのは，うんちもらしを克服し，面接に消防士のユニフォームを着て現れたというある小さな男の子の話である。ホワイトは，父親がその息子を近所の消防署に連れて行き，消防士たちと一緒に「厄介な状況」をコントロールすることについて話すことを提案したのであった。

　ホワイトはまた，ワークショップに参加した人々をも，リフレクティングな立会人にしてしまう。参加者は，専門家としてよりもむしろ個人としての視点から話すように励まされるが，援助者であるという文脈で定義されているので，参加者の意見や感想は，彼らを勇気づけてくれた人々，つまり，その場に呈示されたケースに対する「お返し」の贈り物となるのである。ホワイトは，人々の人生を「より厚みのある描写」にするために何層にも積み重ねてゆくような，こうした実に見事な実践を発展させてきたのである。

　ホワイトの面接の核心部分にあるのも，この忍耐強い積み重ねである。あるワークショップで見せてくれた面接のビデオテープで，ホワイトは，すぐにカッとなることで有名な，セラピストに今まで一度も口を利いたことのないという男の子とほんの少しずつ繋がりを作っていた。そうやって，ホワイトは，ようやく次のような男の子の言葉を引き出し，それに賛同するところまでこぎつけたのである。この男の子が言うには，カッとなることをやめるつもりはないけれども，ただ，あいつらが仕掛けてくる攻撃は，自分が怪我してしまいそうだから嫌だということであった。ここが，彼の物語を書き換える入り口になった，とホワイトは述べている。ホワイトは，男の子がその攻撃と闘うために，すでに学校ではどんな工夫をしているのかを尋ね，どのようにしたら家でもそれが応用できるかについて新しい物語が作りあげられた。家族は，この子がいつもはよくしゃべる子であることを口にし，その子自身，自分は堂々と意見が言えることについては10点満点だと胸をはった。この面接の後，ホワイトによれば，自宅での状況は著しく改善したということであった。ところで，このケースでは，いったい何がそのような結果を促進するものとなったのか，また，子どもの行動の変化や，そこに立ち会った人々の知覚の変化がいったいどのようなものであったかということについて語ることは困難であった。

　最後に，私が「立会人」と呼んでいるホワイトのスタイルがもっているやや捉えどころのない要素について述べたいと思う。彼は，とても慎重で，相手からの確認をし

ないうちには，どのような動きや反応にものっていかない。「これでよろしいですか？」というのがしばしば用いられる問いかけである。もし，自分の考えを示すのが早すぎて押しつけになってしまったと気づいた時には，彼は一歩引く。そうした点では，彼のごく最近の面接のスタイルは，ハーレーン・アンダーソンやハリー・グーリシャン，トム・アンデルセンの面接と同様に，再帰的で探索的なものになっている。彼のこのようなやり方を初めて見た時，私は，わが意を得たという感覚で一杯であった。彼は，ひたむきに，関わっている相手の経験から寸分も離れないようにしているのである。

　以上，ホワイトの仕事について触れてきたが，もちろん，これだけで，彼が揺り動かした心理療法におけるもっとも大切な前提のすべての側面について語ることはできない。彼は，愛する人を亡くした人々に対して，彼らの深い悲しみそのものを扱うよりも，彼らが，その愛する人に「やあ，こんにちわ」と言えるように援助するのである。また，幻聴に悩む人には，敵意に満ちた声との戦いの中で味方になってくれそうな，友好的な声を探して集めるように提案する。さらに，従来のスタイルによる治療で苦しんでいる人々には，専門家の権威に対してやんわりとした異議を唱える方法を差し出すのである。この人物は，まさに，体制にとらわれずそれを覆すアイデアがこんこんと湧いてくる泉に他ならない。人々は，彼の，不正や乱用を促進する言説に抵抗するそのやり方に感嘆する。しかし，この私にとって，彼のすばらしさに最も心を引かれるものは，もう少し小さなところにある。それは，彼の，ごく細いつながりの糸の数々をも大切に織り込み，陰に隠れ息をひそめている一番小さな声をも聞き取れるようにする，そのような方法である。

理論モデルをわきに置いて

　こうした関係性に焦点をあてたセラピーのスタイルによる革新は，私に，理論モデルをわきに置いてしまった時にどんなことが起こるのかという自問を引き起こすことになった。すでに述べたように，家族療法における理論モデルには，一般的に，病因論的でかつ規範的・指示的なものの見方が張りついている。「ここが間違っている。だからこうすることがあなたには必要なのです」という具合である。個々の理論モデルは，それぞれ異なる治療的操作の分野を生み出し，それぞれがそれまでの理論をさらに包括するものにはなった。しかし，私の内に生じた新しいインスピレーションのおかげで，私は，その枠組みの外側の世界を見ることができるようになった。こうして，理論モデルが溶けてなくなっていくにつれて，私は，東洋の敷物のように美しい実践という名のタペストリーが，足元に，そして，あらゆる方向に広がっていることに気がついたのである。

私は，この経験に一番ピッタリとしたある話を思いだす。それは，母親の遺灰をめぐる話である。私の母，ルース・リーブスは，一人の先駆的な織物のデザイナーであり，豊かな民族の伝統がある国々のデザインの表現様式を研究していた。晩年の10年間，彼女はインド政府からの要請で，インドの村々に伝わる織物のカタログ作りに従事していた。75歳の時，ガンの診断を受けた彼女は，合衆国に送還されることになった。母を敬愛していた若いインドの助手たちは，もう二度と再会できないものと考えていたが，3カ月の治療の後，彼女は自分の仕事を完成させることを熱望して再びインドの地に戻ってきたのである。その1年後，母は心不全のために亡くなったが，彼女のインドの友人たちは，遺灰の半分を，高い功績を残した人にのみ許された場所であるガンジス川とジムナ川の合流地点に散灰してくれた。そして，残りの半分が私の姉宛てに届けられたのであった。

　それからまもなくして，私は，母の仕事場を友人と片づけていた時に，いくつかの金属製の缶をみつけた。その中には，青や赤，白や黄，灰色といった粉の染料が入っていた。私は，それぞれの中身をたしかめると，捨てるためにわきに置いておいた。ところが，友人は，それらの缶の一つを見てくぎづけになった。その缶の表面には，非常に複雑な模様が彫り込んであったのである。彼女は，その缶の中を見てつぶやいた。「これ，粉の染料じゃないと思うわ」。私も見てみた。それは，なんと，母親の遺灰だったのである。ここから，私たち家族のとまどいが始まった。私たちは，母が生前，自分が家を建てた土地に埋葬されることを望んでいたことを知っていた。しかし，近い将来，業者がやってきて，その土地をブルドーザーでならすことになるかもしれないことが心配だったのである。

　何人もの人と相談したが，ある人類学者の友人が私を助けてくれた。彼はこう言った。「君が気にしているのは，実は遺灰のことじゃなくて，骨壷のことだろう。遺灰を取り出してしまえばいいんだよ。そうしたら，自分がしたいようにできるじゃないか」。このアイデアは，たちどころに私を救ってくれた。いったん器から遺灰を取り出してしまえば，それを彼女の大好きだった場所に埋めるのに何の問題もないように思えた。そこは，二筋の小川が流れ，シダがその周りを覆い，一本の背の高いユリノキがあたかもその地を治めるように植わっている苔むした場所であった。

　理論モデルを取り除くということは，まさに，この骨壷を投げ捨てる感覚に似ていると思う。私は，そうすることによって，そこに新たな空間が現れたような感覚を味わったのである。さまざまなアプローチを統合する必要などなく，私は，自分がとても価値があると思っている実践的なアイデアを，その理論的根拠に関係なく，新しい目で見ることができたのである。どうして人々は，実践な研究に基づいた一連のガイドラインを作ることができなかったのだろうか？「できっこないさ，そうやって作っ

た枠組みだって，理論モデルの一つなのだから」と人々は言うであろう。たぶんそうなのかもしれないが，少し意味合いが違うように思う。理論モデルという言葉は，客観的に観察し追試しうる方法論を打ち立てようとすることをその中に含んでおり，その意味で西洋科学のパラダイムの内側にとどまっているのである。それゆえに，これからの仕事がもつ意味は，すでに公式化されているアプローチの前後を見てゆくことによって，家族療法（「関係に関する実践」という言い方を私はしばしば使うが）に今までにない新たなものを見出す作業ということになる。

　では，このことは，私が，理論モデルに伴うより大きな知識の理論をも投げ捨てようとしていることを意味するのであろうか。いや，そうではない。私がやろうとしていることはただ一つ，それらの理論をそれ自身がもっている価値に見合うよう再編成することである。それらの理論は，ものごとを入れるのに便利な器としてのパラダイムである限りにおいて，必要なものなのである。例えば，科学の枠組みはニュートン物理学の器を必要とするし，社会言語学の枠組みはポストモダンの器が必要なのである。一つのパラダイムが他のパラダイムより優れているということはない。しかし，パラダイムはその取り扱う領域に合ったものでなくてはならない。心理療法のような「ソフトな」領域では，人間の事象がもっている直線的因果律によらない複雑性を説明することができ，かつ，そのような事象に影響を与えうる客観主義によらない方法を提起しうる哲学が必要なのである。

　ところで，理論モデルとなると，それらは個々のブランド名を創り出し，競合的で排他的になる。したがって，理論モデルを考える時には，シェーンのセンスにみならって，メタファーとして，もしくは「あたかも～のような」といった取り扱いをするのが良い。繰り返しになるが，ぴったりしているかどうか，ということが大切なのである。ナラティヴ・アプローチの中心的なメタファーである「いくつもの物語」という表現は，「人生を再著述する」という作業を記述するのに適合している。「会話」のメタファーは，現実とは社会的な言語のやりとりに基づくものであるという概念と一致する。そして，「リフレクティング・チーム」は，それ自体がすでに再帰的なスタイルの具現化されたメタファーなのである。

　理論モデルは，発見学習に役立つようなお伽話であり，複雑な現実を入れた容器のようなものであるから，そこに含まれているアイデアまでなくしてしまおうと思う必要はない。この目的のために，私は，家族療法最大のヒット集と呼ぶ分類を提案しよう。私たちの領域には，たとえそれを生み出した理論は受け入れないにしても，私たちが用いることのできる，すばらしいもので満たされている。例えば，ジェノグラムは，そうしたアイデアのひとつである。ところで，読者の中で，リフレクティブなジェノグラム，あるいは勇気といったテーマに基づいたジェノグラムを作ってみたこ

とがある方はおられるだろうか。あるいは，逆説的な課題というのもヒットの一つであろう。私も，この課題を時々用いることがあるが，その際には，それがどんなものであるかということをすっかり説明して，人々が実際にそれを試みるかどうかということもまったく気にしていない。あるいは三角関係というのもその一つである。実際，人々はこれに魅力を感じるし，直感的にもよく知っているのである。私たちは，自分の好みに応じて自分自身のリストを作ることができるのである。

　私はまた，その仕事ぶりが大好きだった家族療法家たち全員を振り返ってみるのも好きである。今になってわかることは，いかに理論モデルが臨床実践で何が行われているかを見えにくくしているかということである。サルバトール・ミニューチンは，私からすると，時々，逆説的な動きをしているように思えることがあるが，彼は，そのことは認めようとはしなかった。なぜなら，それらの動きは彼の構造的アプローチという理論モデルにはなじまないからである。また，ブロリオ・モンタルボは，かつて，私に，カール・ウィタカーの面接を分析した時の話を語ってくれたことがあった。ウィタカーは体験派以外の何ものでもないと言われていたが，その面接には構造的アプローチの意味づけが含まれていたことに彼は驚いたという。私自身は，ミルトン・エリクソンの全業績が戦略派に乗っ取られることにずっと抵抗してきたのだが，その理由は，戦略派によるものが，私が「異なる声」（Hoffman, 1993, 1997; Hoffman & Wheat, 1997）の中で取り上げた多くの例を含んでいたからである。

　ここで，仮に，各理論モデルに共通する実践上の要素を見出そうとすれば，最も幅広く行われているものは，ヘイリーが言うところの「肯定的な側面を強調すること」である。エリクソンとサティア（Satir, 1964）の仕事においては，肯定的な側面の強調は「抵抗を扱う」ための方法と捉えられてきた。ウィタカー（Whitaker, 1989）にとっては，それは「手術のための麻酔」であった。ミラノ派（Boscono, Cecchin, Hoffman, & Penn, 1987）にとっては，肯定的意味づけ（positive connotation）は，解釈という苦い錠剤を飲みやすくするために施された表面の甘味のようなものであった。このように，肯定的な側面の利用は，多くの異なる理論的拠のもとで，繰り返し湧き上がってきたものである。しかし，これまで新しい作品を書き続けてきてみて，今の私が強く感じるのは，肯定的な側面の利用が，ある治療的な戦略という側面を超えて，何かもっと全体的なスタンスのようなものになってきているのではないかということである。

治療的な楽観主義

　このようなスタンスをもったセラピストとしては，サティア（Satir, 1964）こそが見事な先駆者であった。彼女は，人間能力向上運動（human potential movement）

の先導者としての地位から追放はされたけれども，当時としては大変先んじた発言をしており，それが今になってようやく聞き入れられるようになったのである。ここでは，やはり，彼女が実際にどのような治療的関わりをしていたかということに触れておくべきであろう。1カ月前のことであるが，私は，自分が35年前に書いた「もう一つのヴァージニア・サティア」と題する，長くて回りくどい（未発表の）論文を読んでみようと思い立った。それを読み返しながら，私はある種の啓示ともいうべきものを受けとった。その論文の著者は，当時聞いたこともないようなプロセスを理解しようと試みている無知な門外漢であり，35年経った今でもまだその状態に変わりはない。ともかく，何かをつかまないではいられないという思いで一杯であった。そこには，ヴァージニアが，現在，私たちの領域において私が最良の仕事と信じている希望に満ちたものと同様のものを適用していることが示されていたのである。

以下の一節は，サティアが，車の盗みをはたらいた息子をもつ，ある警官の家族との面接の一場面である。その少年は保護観察中で里親に預けられていた。ちょうど，その少年が，サティアに，車を盗んでいる時，悪いことをしているのだということはわかっていたと語ったところであった。

サティアは，それに答えて，次のように言った。「私にはそうは思えないけど。その時，君の心の中には別の目的があったんじゃないかという気がするのよ。つまり，ある意味で，そうする方が自分にとってはいいんだということをわかっていたんじゃないのかな」。少年はそれにうなずいて言った。「うん，僕の友達の親戚の人でね，ソノマのすぐ近くにでかい牧場を持っていた人がいたんだけど，その人が，町のことをいっぱい話してくれたんだ。その話がめちゃくちゃ面白くて，田舎者のおまわりのことや女たちのことや，とにかく全部が面白かったんだ。だから，俺たちは木を切り出して，それで金を稼ごうと思い，俺は二度と戻ってこないつもりだったんだ」

その少年は，何人かの昔の悪仲間と会っていたわけだから，それはすでに保護観察違反であった。彼が言うには，その仲間たちも一緒に会っていて，それでうまく逃げられたのだから，きっと自分も大丈夫だと思った，ということだった。そこで，サティアはこう言った。「君はね，仲間の連中の中でもとくに，捕まらないように注意していなくちゃいけないんだよ，だって，目をつけられているし，特別な奴だということになっているからね。なんでかと言うとね，君には才能があるし，頭もいいし，それにカッコいいからさ。すると，君を助けたいと思っている人たちにとっては，この私も含めてなんだけど，君のそういう魅力を知っている分だけ，君がどじを踏んじゃうとがっかりして頭にきちゃうのよ」

私はその場に同席して見ていたのだが，このサティアの言葉に少年は頭をしっかりと上げ，落ち込んでいる様子の警察官の父親は，あたかも周りの世界を直視するかの

ように，背筋をピンと伸ばしたのである。今振り返ってみて強く感じるのは，サティアはつねに「コミュニティへの参加」に関心を払いつつ，「無数の知覚よりなる雲」を念頭において仕事をしていたということである。

私自身の実践から

　本章を終える前に述べておくべきことがある。それは，客観主義者の立場からの転換が，私の仕事にどのような影響を与えてきたか，ということである。開業のセラピストとして，人々の相談にのっている時には，私は，素敵なアイデアやちょっとした情報の数々が落ちてきて溜まってくる大きなボウルになったつもりでいる。そして，時折，そうしたアイデアや情報のいくつかを差し出し，それらを確かなものにしたり，逆に，曖昧にすることもある。あるいは，希望への幕が上がれば，それに従うようにしている。私は，できる限り，自分がやることや言ったりすることの背景を表に出すようにし，さらにまた，私自身の生活で得た経験を差し出すことによって，それらを結び合わすことのできる場所を探すようにしている。しかし，基本的には，ともかく自由なスタイルでそこに座り，話を聞くことにしている。

　とはいえ，そこには唯一私がつねに探しているものがある。それは，家族療法家のクリス・キンマン（Kinman, 1995）が「神様からの贈り物と潜在的な力」と呼んだものであり，人々が語る話の中に，その証拠を見出し，それを相手に差し出すようにしている。言い換えれば，人々がすでに大切な航海に乗り出していることを示すサインを探しているのである。こう言うと，それらは，エリクソン派の利用（utilization）の動きや，ソリューション・フォーカスト・アプローチの技法のように聞こえるかもしれない。しかし，私にとっては，それらは，求めずして思わぬ幸運にめぐり合うような感覚にもっと近いものであり，私の中からではなく，進行中の会話のやりとりが綾なすところから立ち上がってくるものなのである。

　その一例として，最近受けたごく普通の相談での話をしようと思う。私は，ここで，その話の分析をするつもりはないし，私の経験したままを提示することにしたい。ヘレンは50代の大学教授である。何年か前に家族療法を受けに来たことがあった。今回相談に来たのは，子どもたちにどこか悪いところがあるのではないかという心配が拡がってきたためであった。子どもたちは成長し自分たちの生活もうまくやれていた。しかし，ヘレンにとっては子どもたちが「正常でない」ように見えるのであった。息子のジェイムズも娘のモリーもまだ結婚してはいなかった。ヘレンは，モリーがレズビアンではないかと心配していた。ヘレンによれば，モリーはデートの相手を見つけようとはしてはいるけれども，つい最近つきあっていた男性から「デート中に眠ってしまうから」という理由で振られたのだという。

ヘレンが，心配のもう一つの証拠としてあげたのは，子どもたちの顔立ちが「鈍感」に見えるということであった。彼女は，かつて妊娠した折に，つきあいでよくお酒を飲む機会があったので，子どもたちが胎児性アルコール症候群にかかってやしないか心配していた。それに，二人とも自分に似ておらず，両親と同じような知的で文化的な世界に飛び込んできそうにもないことが彼女を残念な気持ちにさせていたという。ヘレン自身，自分の母親，そしてまた夫ともとても親密な関係を持っていたので，子どもたちとも同じような関係を持つことを熱望していたのである。

　そこで，私は，自分の子どもがここ数年来私と話さないこと，その結果，私は若い同僚の何人かを「気持ちの上での娘たち」にしているという話をした。ヘレンは，小さな大学で担当の講座を持っており，そこで指導している二人の学生のことをとても誇りにしているが，彼女たちを，そのような個人的な関係の中で考えたことはなかったと述べた。それは役に立たない提案の部類ではあったが，私は，今まで子どもたちに家族写真の切り抜きを送ろうと考えたことはなかったかどうかと尋ねてみた。それに対して，彼女は，子どもたちはそういうものに興味を持つとは思えないと答えた。しかし，彼女は，最近また，子どものころからの宗教であるカトリックにもどってみて，そこにちょっと安らぎを見出していることを口にした。教会の一員として参加しているわけではないが，ミサに出ることは精神的な支えになるとのことであった。

　次の週，ヘレンは，ジェイムズが学校に戻りモリーが働いている街に行って彼らを訪ねてみようと思っていることを話してくれた。そして，かつて彼女の母親が，ヘレンの住む街を訪れてくれて，母親の泊まっているホテルの部屋で一緒に過ごした時のとても楽しかった思い出を私に語ってくれた。しかし，モリーは決して自分にはそんなことをしようなんて考えもしないだろうというのであった。そこで，私は，今までにモリーがとても愛情あふれる振舞いをしてくれたことはないのかどうか尋ねてみた。すると，ヘレンいわく，4年前，モリーは母親である彼女を抱きしめ，子どもとしての自分に多くの愛情を注いでくれたことに対する感謝の気持ちを言ってくれたとのことであった。しかし，それ以来，そういうことは一度もなかったという。

　そういうことから，ヘレンは，今回娘のところに泊まるのをとても恐れていた。つまり，娘に失望してしまうのではないか，また自分も娘を失望させてしまうのではないかという不安があったのである。私は，モリーがどのように彼女を失望させてしまうのか，と尋ねた。すると，ヘレンは，娘はちょっと太り気味で，「女らしく」しようとしない，もしかしたら母親の容姿にやきもちを焼いているかもしれない，と答えた。そこで，私は，モリーが母親である彼女と一緒にできることについて尋ねてみた。それに対して，ヘレンは，モリーは自分と一緒にショッピングに出かけて，デパートで仕立て直しの商品を買うのが好きだけれども，ヘレンにすれば，それは，安物ばか

りで，どうしようもないものばかりだと言うのである。

　私はヘレンに，彼女の受けた悲しみが理解できることは伝えた。しかし，私自身としては，どうすれば，彼女に受け入れてもらえるような何か役に立つ考えを差し出すことができるのか，迷っていた。そこで，私は，娘とショッピングに行くつもりなのかどうか，尋ねてみた。彼女は，そうすると答えた。私は，モリーが母親の好みや姿を評価していることは確かなのだから，自分が「これだけは」と思っていることが大切なのではないか，そして，それは，まさに神様のお恵みのようなものではないだろうか，と話してみた。すると，ヘレンは，この考えに強く打たれ，「まあ，そんなふうに考えたことはなかったわ」と答えてくれた。その時，彼女の目から涙があふれていた。彼女は，涙を流しつつ，何度も「本当に神様のお恵みみたいね，そうね，祝福のようだわ」と口にした。私も，とても心を動かされながら，自分の子どもたちのことを考えていた。

　3週間後，ヘレンは電話をかけてきて，ワシントンへの旅行は大成功であったこと，モリーと彼女は一緒にショッピングを楽しみ，ジェイムズは新しい大学での課程に満足した生活を送っていたことを話してくれた。しかし，それ以上に彼女と私を驚かせたのは，モリーとジェイムズが一緒にヘレンにプレゼントをくれたことであった。それはなんと，額縁に入った彼らの子ども時代の写真であった。

第4章
エリクソニアンの新しい認識論
新しいパラダイムの受け入れ

ステファン・ランクトン，キャロル・ランクトン
Stephen Lankton, Carol Lankton

　現代のセラピーにおける認識論は二つの世界観によって説明することができる。一つは，人がいかに変わらないものであるかということを説明するものであり，もう一つは，変化を生み出すための働きを示そうとするものである。本章では，現代のセラピーにおける伝統的なアプローチと新しい構成的なアプローチの基本原理を比較対照し，それぞれのアプローチに固有の理論と実際の介入について検討することにしたい。その際，セラピストと変化の主体者にとっての新しい認識論的および存在論的な立場を明らかにするうえで，エリクソニアンの枠組みを用いることにする。この枠組みもしくは世界観を持つことによって，治療的変化についての考え方にさらに一致したものがみられるようになり，臨床家は変化の手だてを直観にだけ頼らずに済む。

伝統的世界観の歴史

　心理学，精神分析学そして心理療法における考え方の歴史的発展を辿ってみると，そこには伝統的な世界観を形づくってきたひびの入った（制限された）論理が明らかになる。これから検討されるそれらの重要な諸点を表4.1にあげている。左の欄には，古代から何世紀も受け継がれてきた西洋思想を要約している。その中で，心理学の起源と西洋思想から誕生した認識論の両者について記した。右の欄にはそれらに対応する新しい考え方を示している。

　古代の考え方における最初の前提は，我々が知ることのできる独立した真理が存在すると考えることである。紀元前4世紀の初め，プラトンの先験的な演繹法による観念論によって，宇宙には，我々の経験に先立って存在する真理が想定され，かつ，我々は何らかの方法によってその真理に到達できることが主張された。さらに，彼の

表4.1 認識論の比較

伝統的世界観	新しい世界観
真理は存在し，かつ認識し得るものである	真理とされるものを共同で構築する
真理は注意深い観察によって明らかになる	関与することしかできない－観察することは関与することである
自然と対抗する立場を取る	自然と共同する立場が取られる
観察者は観察されるものと分離される	観察者は，自分が観察しているシステムの一部である
大きな部分の還元によって真理により近づくことができる	経験への句読点の打ち方は，基本的に気まぐれなものである
個々の部分が名づけられることについては疑問の余地はない	パターンの識別は，名づける者の経験と選択によって決まってくる
問題志向－原因の特定	目標志向－課題の解決
病理の解明－疾病の発見	健康性の発見－望むリソース形成の援助
過去志向－過去に原因を置く	未来志向－目標を現在および近い将来に置く
個人は，環境と関係なく活動する	個人と環境は生態系をなす
原因を個人の内面に置く	問題をシステムにおける各要素間の相互的，循環的なものとして把握する
専門家が治療を「施す」	変化の代理人として，問題解決のための文脈の創造を援助する

弟子であるアリストテレスは彼の著『天体論』において帰納法と経験的観察による真理への道を示した。しかし，その際に，人間は感覚に寄らず真理への道を論じうるものとして初期の三段論法を導入したこともまた重要な点である。例えば，彼は霊魂の存在を根拠に，地球が宇宙の中心であると主張した。そして，その後140年の間，この考え方は，プトレマイオス（プトレマイオスの宇宙モデルとして知られる）によって洗練され，さらに一層広く受け入れられていくことになった。しかも驚くべきことに，我々の外側に認識し得る真理が存在するということを根拠にしたこの考え方は，二千年もの間，何の疑問を投げかけられることもなく今日まで続いているのである。実際，現代においてもその方法論は，我々のごく日常的な論法に影響を与えている。例えば，マスコミは，薬物乱用の原因や，なぜ子どもたちが自殺に走るのかを真面目に質問してくる。あたかも，我々には，問題を明らかに説明できる真理をどこか他のところにもつことができるかのようである。この場合での，より適切な質問は，子どもたちが幸せになれるには，我々がどのような援助ができるかを尋ねるものではないだろうか。かつて，天空を見つめていた者たちが古い方法論によって，その見方に偏りが見られたように，現代においても，クライエント，子どもたち，仲間の生活を見つめる際には，未だに多くの者たちが先入観に囚われている。

さらに，伝統的な認識論は，我々を自然から切り離し，自然と対抗する関係にあるという前提に基づいている。これもプラトンにまで遡れるが，（プラトンが主張した）

心身二元論の原理は，ローマカトリック教会と『神の国』を著した聖アウグスティヌス（354-430A.D.）により広められた。このようなすでに偏った世界観によって，人々は，人間の身体とも対抗した形で，それを超越した真理を求めようとしたのである。そして身体は人々を価値のない感覚世界なるものに鎖でつないでしまうものと見られたのである。こうした雰囲気によって，その後1400年にわたり，あらゆる文明でどれだけ多くの市民が自分の感覚を見失うことになったかということは容易に理解される。我々は，自らを自然から切り離して，そこに独立した真理を探求できるという前提を次々と積み重ねてきたのである。

　1514年，ポール・ニコラス・コペルニクスが匿名で，自らの宇宙モデルを公表したことから世界観に変化が見え始めた。その100年ほど後の1609年，地球が宇宙の中心ではないという異説が定着することになった。これは，望遠鏡の発明によって初めてなされたものであり，かのガリレオがケプラー望遠鏡を使って木星の周囲を回る衛星を発見したことによる。これが，宇宙に存在するものすべてのものが地球の周囲を回っているのではないという決定的な証拠となった。こうして人々はようやく実際のデータを用い，より注意深い観察のもとに議論する勇気を持ち始めたのである。

　ところが，啓蒙運動として知られるこうした華やかな才気の訪れも，心理学にとっては功罪相半ばするものに過ぎなかった。すなわち，我々は宇宙に対して何らの影響も与えることなく，その中の直線的因果律を観察することができるという少々見当違いの考え方が基本的にあったからである。こう言ってしまうと話が先に飛び過ぎるきらいがあるので，あらためて，現在のセラピストたちが伝統的なものとは異なるもう一つの考え方に向かおうとしている動きをより良く評価するために，伝統的認識論の発展の様相についてさらに検討をしていくことにしたい。

　理性の時代の誕生によって，17世紀には科学と知性が大きく発展した。しかしそれらは，本来的な共同と関与という感覚を我々からさらに遠ざけてしまう結果となった。例えば，経験論の立場にたつフランシスコ・ベーコンは，1620年に著した『新オルガノン（ノブヌ・オルガーヌム）』の中で，自然を「支配」し，その秘密を暴くべきであるという考えを打ち出している（そういえば，この年は，最初の奴隷船がアメリカの海岸に到着したのと同じ年であった）。こうしたことが現代心理学の誕生に知的な影響を与えたのである。啓蒙主義の時代においては，真理は本来的に観察者とは関係なく存在し，観察者は自然と切り離され，時にはそれと完全に対抗するものとされていた。その結果，我々は，自分が公平な観察者であり，さらに，自然はもとより，ある人種の人々に対してでさえ，自分たちの考えと合わなければ，彼らを支配し，その秘密を暴くことができるということを真実として受け入れるようになったのである。こうしたことは，我々の文化の隅々にまで浸透している。その一つとして容易に

理解できることは，現在，いわゆるポストモダンによるセラピーの時代と言われる中においてでさえ，我々がいかに人々に抵抗的で病理的なレッテルを貼り，疑いのまなざしでもって治療に当たっているかということである。

　再度，表4.1に戻ろう。左の欄に真理，観察，分離そして対抗する立場の概念に基づく伝統的認識論を記述している。さらに次の二つの項目は還元とラベリングである。とくにこの二つの概念は，その後の150年間に出現した考えから生じた伝統的認識論の一部である。その点を簡潔に述べるならば，1676年にオレ・レーマーが光の速さを当時としてはかなり正確に測定したことから，この種の知識がある意味で重要な次元を示唆することになったということである。すなわち，いかなる文明も，還元し，ラベリングし，測定できないものはないのだという考えに至ってしまったようだ！　しかし，この現代において，我々がすべてのコンピューターを駆使したところで，そのような芸当などできるわけがない。ともかく，この偉業が，当時発展しつつあった伝統的認識論への信頼をさらに強化したことは間違いがない！　さらに，この信頼を一層高めることになったのは，1687年，ルネ・デカルトの弟子であるアイザック・ニュートンによって明らかにされた運動の法則，微分法，引力・宇宙・時間の法則であった。

　この世界観は，あらゆる学問と知識が進歩していくにつれて，急速にその勢いを増していった。200年もしないうちに，ジェイムズ・クラーク・マックスウェルが電磁波理論を公表し，その20年後には，マイケルソンとモーリーが，後にアインシュタインによって再検証されることになる有名な光の実験を行った。観察と還元主義がもたらした変化は目覚しく，物体の本質の驚くほど感動的な細部描写が世界中にもたらされたのであった。この時点で，数学とテクノロジーという道具が，宇宙から原子の内部に至るあらゆる領域において人間を捉えたのである。その間ずっと，我々は還元とラベリング，観察とその際の自らが独立した感覚，そして，そのようにしながら真理を探求するすべを教えられた。それは，あたかも，自らが探求しているものに我々は何ら影響を与えないかのような形で進められたのである。

　1896年，ジグムント・フロイトは『ヒステリー研究』を携えてこうした舞台に登場し，無意識（Freud & Breuer, 1955を参照）という概念を積んだ心理学の船を進水させたのである。彼は，その時代の科学および自然法則と普遍的な秩序に対する信仰から大きな影響を受けていた。彼が自らの船の帆を揚げて出航していった先はまさにこうした海であった。彼は，過去に起因する直線的な原因を持った問題を探求するアプローチを作り上げるつもりでいたのであろう。還元によって，個人の内面に目を向けつつ，観察によって自分は真実を見い出すことができると考えた。これこそ彼が実践し，提唱したことである。

科学者と精神科医は，身体医が患者に対して手術や投薬治療を行うのと同様に，事実を収集した上で受け身の患者に「治癒」につながる「処置」を行う専門家であった。セラピストは，個人の内面に巧妙に隠されている原因を探求することによって，個人の具体的かつ現実的な諸要素を還元し，それらにラベルをはろうとするのである。専門家の期待通りの反応をしない患者にはすべて「抵抗」というラベルがはられるかもしくは悪い状態にあるとされたのである。

　物理学の世界において関与宇宙（participatory universe）の観念が受け入れられるようになるまでにはまだしばらく時間を必要とはしたが，認識論の発展過程ですでにそれらに関わる問題は浮上してきていた。ヒュームの指摘がそれにあたるが，これについてはカントが後の1781年に言及している。また，自然科学の分野では，いくつかの実験結果が研究者たちに次のような結論を引き出させたのである。すなわち，我々の観察行為自体が実は宇宙に秩序を課してしまっているのではないかということである。それらは，例えば「波動－粒子」理論（これは，カントより11年前に発表されている），光に関するマイケルソン・モーレー問題，1920年にマックス・プランクによって概念化された量子原理，そして，言うまでもなく「非決定性原理」と，それをさらに有名ならしめた1926年のハイゼンベルクによる「不確定性原理」などに見ることができる（Hawking, 1988）。

　しかし，これらどれ一つとして，その時点での伝統的世界観を崩すまでには至らなかった。ほとんどの人が，こうした新しい現実についての概念によって提示された不合理かつ逆説的な事象は，科学がもっと進歩すれば必ず解決するものであると考えていた。事実，フロイトはカントの考え方を積極的に退けてしまっていたようである（Freud, 1923/1966, p. 538）。理論家たちは，素粒子物理学と量子数学によって，こうした認識論が示している不合理性に惹きつけられ，関与宇宙なるものを理解し始めるようにはなったが，先端科学とは無縁の人々にとっては，こうした理解は漠然としたものであった。そのことが，心理学をも，自ら進水した方向へそのまま航海し続けさせることになった。物理学の方がすでに，関与することなく観察し，共同で構築することなく独立した真理を知ることなど不可能であることを明らかにしていたのにもかかわらず……。

新しい認識論の最近の動向と発展

　社会科学の分野においても異なる認識論は現れ始めていた。多くの理論家がこの問題に取り組んだが，その中でも最も明確な理論と才能を示したのは，元来，生物学者であったグレゴリー・ベイトソンではないだろうか。1950年代初頭，彼はサイバネティックス分野の発展に大いに寄与した（ノバート・ウイナー，ハインツ・フォン・

フォスターらと共に)。そこで彼は，自然システムの知識をもとにした自己制御メカニズムとサイバネティックス研究を行った後，さらに人間システムの研究に関心を向けるようになり,「パロ・アルト・コミュニケーション・プロジェクト」として知られる研究チームを組織することになった。

1952年，コミュニケーションに関するベイトソンの研究プロジェクトは，家族成員間の情報伝達における相互作用の調査に着手することになった。彼らは，そこで得られた健康的，非健康的を問わないコミュニケーションに関するいくつかの特筆すべき知見を1956年に「統合失調症の理論化に向けて Toward a Theory of Schizophrenia」と題する重要な論文に著した。その中で，ベイトソン，ジャクソン，ヘイリー，ウィークランドが統合失調症の対人関係的な起源について論じている。続いてこのチームは，家族療法の分野の中でも，とくに，人間システムの変化とストラティジックなブリーフセラピーにつながるシステムズ・アプローチおよびコミュニケーション・アプローチを開発した (Jackson, 1968a, 1968b; Satir, 1964 参照)。家族療法における三大アプローチ（他の二つは，人間の潜在能力開発運動によるものと，精神分析的アプローチによるものがある）の一つとされるこの開発にあたっては，ミルトン・エリクソンから大きな影響を受けている (Haley, 1963, 1985)。この点については本章において後にまた言及する。

ベイトソンは，伝統的なアプローチと新しいアプローチとの相違をいたるところで明確にしようと試みているが，とりわけ『精神の生態学 Steps to an Ecology of Mind』の中の次の一節がわかりやすい。「ニュートン的世界とコミュニケーションの世界との相違を簡潔に述べるとすれば，次のようなことになろう。前者にあっては，事物に現実があるとされ，文脈を排除することによって世界の単一性が獲得されている。一方これと対照的にコミュニケーションの理論家は，メタ関係の検証を力説し，すべての事物を排除することで単一性を獲得するのである」(Bateson, 1972, p. 250)（訳注：訳文は，佐伯他訳 (1986) を参照して若干の訂正を加えている）。ベイトソンは，ほぼ例外なく，すべてのセラピーの専門家が，自分と切り離された現実の真理を知ることができ，観察すること自体がその外的な現実を変えることはないという誤った考えに感化されてしまっていると考えていた。心理学の現実に対する姿勢は現実を切り離すことに他ならないのである。要素に還元してラベリングするという行為こそが純粋なものと思われているようだが，実は，そうした観察者たる人物の行為自体がすでに，目の前の現実に適用できるようなラベリングを作り出しているのであり，それによって，一連の経験に句読点を打ち，出来事に秩序を与えているということには気がついていない。それ故に，伝統的なセラピーでは，過去に起因する問題を探求するなかで当たり前のように現在の生活の文脈を排除したり軽視して，一個人の精神内界を記述するための病理

学に根ざした用語を数多く開発したのだとベイトソンは考えていた。

　このようなベイトソンの考えを引き継いだセラピーにおける言語は，抵抗，葛藤，防衛，隠された動機，抑圧，権力などといったメタファーとは相対立する立場を示すことになる。なかでも，サズ（Szasz, 1961）とレイン（Laing, 1967, 1972）は，こうした枠組みで治療した結果による副作用として，患者を個人的にも社会的にも傷つけている事実について実に見事に述べている。そして，このような立場から見ると，ラベリングされた個人は，その際のセラピストの意図の有無にかかわらず，独自の内的な病理を持っているとセラピストが確信を深めるような行動を容易に取りやすくなるものである。

　そこで，以上のような新たに誕生したセラピーにおけるアプローチの特徴を，表4.1の右の欄に要約している。真理は観察可能なものであると信じるよりも，真理は我々の関与によって共同構築されるものであるとする方がよいであろう。セラピストは，リフレイミングや潜在能力を回復させる方法を通して，クライエントがそれまではできなかった方法で彼らに固有の望みを表現してもらおうとする見方を提供することになる。この簡単な行為だけでも，セラピストとクライエントが今の状況をどのように見るかということについて話し合うことの重要性が明らかにわかるはずである。これは，専門家が単に受け身の態勢で，過去と結びつけた真実を直線的に原因探しするような方法ではない。そうではなくて，専門家は積極的な共同参加者として，変化の文脈を創造していくことを援助し，その展開の中から健康性を見いだし，そこに句読点を打ち，セラピストとクライエントの二人で，その人なりの経験に基づくリソースを取り戻し，それらを構成しつつ，現在と未来のゴールを目指す方法である。

新しい認識論が示す徴候

　世界は人々の関与と共同作業によって創りだされるものであるとする見方は，構成主義的心理療法における多くの積極的な介入や新しいアプローチ群の本質である。伝統的パラダイムとしてよく取り上げられるニュートンの自然法則は宇宙の限られた出来事にしかうまく適用できない。つまり，きわめてミクロな素粒子レベルの集合はもとより，マクロの天文学的レベルの集合についての情報収集にも向いていない。こうした伝統的パラダイムをセラピーの文脈において検討する際もっとも重要なことは，伝統的パラダイムは，複合体や非線形システム，生物，そしてとりわけ人間の領域において変化はいかに生じるかということについての有用な知識を見出すには役立たないということである。伝統的パラダイムを使えないところに適用したところで，それは，せいぜい，なぜ物事は変化させられないのかを説明するだけのことである。新しいパラダイムは変化を創造する世界観である。

この新しいパラダイムへの転換の適用範囲をより幅広く拡大することは重要であり，その有効性はセラピーだけにとどまらず，ヒトの行動を扱うすべての分野に及んでいる。例えば，マスコミのレポーターが現場から暴力事件を報道する際，彼らは，その暴力に対する単なる受身的な傍観者ではなく，すでに関与者である。したがって，彼らは，一方でお互いが優しく助け合う社会を，他方，妄想的で暴力的な社会を共同して構築することもできる。このことは学校においても同じである。教師は「学習障害」なるものを正確に見つけ出すことはなくても，自らの教育方法を改善する必要性があることには気づいている。しかし，教師たちは，従来の認識論の影響から，事実は受身的な態度によって観察できると信じ，事実に合うラベルを選択しているだけである。彼らは，「障害」児は「頭の中」に何らかの問題があるのだと見なして，医学的，心理学的な介入，それもほとんどは薬物治療の方に回してしまう。そして，多くの専門家が，時代遅れの世界観すなわち変化を起こすことができそうにないやり方ばかりで子どもたちの治療にあたっている。その結果，セラピストが，子どもたちやその家族に自分たちの違う側面に気づいてもらったり，別の考え方ができるようになったり，異なったコミュニケーションがとれるようになったり，さらにはもっと効果的に自分たち自身を生かす方法を教えにくくしている。

　社会全体としては，未だ，伝統的な認識論による初歩的で安物の方法が大手を振っていて，そこに新しい認識論によるいくばくかの方法が漠然と混在した状態になっている。このような異種混合の中にありながらも，変化の兆しは確実に現れてきている。多くの人々が，伝統的な認識論には今ひとつ「しっくりした感じ」に欠けるところがあること，したがって，それは，我々が関与世界について理解していることをうまく説明できないのではないかということを直感的に感じてはいる。それでもなお，新しいモデルとその原理を行動面において具体化する語彙は，日々の社会生活にまでは浸透していない。家庭のレベルにおいてもこうしたパラダイムは不安定な状態にある。夫婦は相変わらずお互いの経験に句読点を打ち，ラベルをつけたことをさらに得ようとしている。二人の間の憎しみや愛は，夫婦にとっての客観的な事実ではなく共同して創り上げた事実であって，問題の経緯やその意味合いを分析してみたところで，それで新しい解決に向かうことには決してならない。むしろ，望むゴールと利用可能なリソースを分析することの方が解決に向かっていけるのだが……。

　多くのセラピーが現代認識論のほんの一部しか利用しておらず，セラピストもまたそのほとんどは古い伝統的パラダイムの慣習に寄りかかっている。彼らがそうしてしまうのは，受けてきたトレーニングによるものであるが，それは，ある患者が「不安発作」と診断されれば，早々に投薬する開業医の場合のようなものである。患者は，一旦，あるラベルが自分につけられれば，すぐに解決できそうな日常の現象的な知識

そのものから注意を逸らしてしまう。診断名がしっかりとつけられてしまってからでは，どうやって不安が生まれ，それを消し去る生活の場をどのように築けばよいのか——誰が助けになり，どうやってやればよいのか——といった質問はなされず，また，その返事が返ってくることもない。このような形でラベルをつけるセラピストは，クライエント自身の変化する能力を阻害している。それは，彼らの悪意からではなく，時代遅れのトレーニングがそうさせているのである。

　伝統的パラダイムの使用をチェックし，新しいパラダイムに従った行動を起こすには，我々の一人一人が真剣に努力しなければならない。問題解決のための新しいパラダイムに転換することを個人および家庭のレベルで意識できるようになるには，社会にとってさらに多くの経験が必要になるだろう。近年のこうした状況下において，数多くの現代セラピストの中で最も注目すべき人物がミルトン・エリクソンである。彼はこうした原理を臨床ではっきりと示している。

新しい認識論へのエリクソンの功績

　フロイトが理論化という点で大きな功績をあげたとすれば，エリクソンは介入法という点で同等のインパクトを与えた。エリクソンの重要な功績として多くの専門家が感じているのは催眠利用のさらなる発展である。しかし，専門家の中には，多様な方法での言語の使い方——間接的指示，メタファー，逸話，混乱，治療的拘束など——をとくに評価し，利用，間接法，クライエントの言葉の使用といったよく知られた概念を開発したことに彼の功績を認めようとするものもいる。

　こうした一つ一つの介入法がもたらしたメリットには数限りないものがあるが，それよりもさらに重要な功績は，こうした介入法すべてに共通するエリクソンの人間と問題へのアプローチの仕方，すなわち，それらを統合する認識論的，存在論的な立場である。ベイトソンが，エリクソンの臨床の観察から，新しい認識論の最もすぐれたモデルとして，彼の考え，認識，実践を論じたように，我々も，エリクソンの臨床がこうした考えを行動に移す上での最も有効なモデルであると確信している。

　新しい認識論は，どう人が変化するのかを具体的に示すものであって，事実や因果関係の説明をしようとはしない。それは，クライエントが望むゴールを達成するためのリソースを構築する積極的アプローチによるセラピーであり，その中で，セラピストとクライエントは，経験に気づきとその意味の理解をつくり上げるために共同していくのである。

　こうした特徴は，リフレイミングや経験に基づく潜在能力の回復といったエリクソニアンの介入に典型的なものであり，その好例として，性的交渉を持てないことでエリクソンのもとへ相談に訪れた新婚夫婦のケースをあげることができる（Haley,

表4.2 エリクソニアン・アプローチの要素

非病理学を基礎にしたモデル	問題は，問題解決に最も役立てられる
利用	患者が面接に持ち込んだものはどんなものでも治療のゴールのために利用する
間接法	思考の刺激と指示を避ける行為
活動	クライエントに，望むゴールにつながる行動を起こさせる
戦略的	セラピストは積極的にゴールを設定し，介入して，フィードバックを評価する
未来志向	過去の問題の分析よりも，現在と未来のゴールに焦点を当てる
魅力あるものの利用	セラピーで挑戦するものに結びついた，気持ちのよい精神的喚起を促す

1973)。エリクソンは，その夫には新妻に対する愛情がないという考えは持たなかった（多くの人々にはそれが事実に見えたようであるが）。さらにまた，フロイトのいうエディプス葛藤，すなわち，この男性が新妻と性的交渉を持てないのは彼が母親に対する性的欲望を持ちながらも父親からの報復を恐れるという内的葛藤を経験しているからである，といった考えかたもしなかった。それとは逆に，エリクソンは，この夫は，彼独自の妻に対する深い思いを今までできなかった方法で表現しようとしていること，そして，今，彼に必要なのは，これこそ最高の表現であるということがわかるような何か特別なやり方を開発することにあるという見方を提示したのである。こうしたエリクソンの状況に対する見方が，そこに健康的なものを見出し，夫婦が，リソースを取り戻すことによって，現在そして未来のゴールへと向かっていけるような変化のための文脈を構築することを促したのである。ここで，エリクソニアン・アプローチのいくつかのエッセンスを表4.2にまとめておくことにする。

行動面から見たセラピー

伝統的な認識論と新しい認識論との違いを示すために，エリクソニアンの視点からみたセラピーにおける四つの問題を取り上げてみたい。それらは，表4.3に示した通り，暗示の目的とその使用，間接的介入としてのメタファー，症状の持つ意味，そして治癒の要因である。エリクソンの臨床実践に関連するセラピーと介入法に固有の諸特徴の重要性は，それが「非凡（uncommon）」（Haley, 1973を参照）であるからではなく，変化の文脈を構築する過程でセラピストとクライエントを結びつける媒介としてそれらが機能しているという点にこそあるのである。その一つの例として，間接法とその使用について検討してみよう。伝統的認識論では直接的暗示を好んで用いるが，それは，臨床の場に持ち込まれた問題を解決するのにはこうすべきであるということを専門家が対象化された相手に対して伝えるやり方である。それに反して，間接的暗示は，クライエントが主体としての価値のあるものを理解し，現在のゴールを達成す

表4.3　4要素の比較

項目	伝統的	新しい
暗示の利用	直接的，権威主義的	間接的，許容的
間接法，メタファー	クライエントが用いれば，一次過程（primary process）の徴候であり，クライエントが退行したサインである	リソースを取り戻す，クライエントなりの反応をさせる，役立つ経験的文脈で学習のための橋を築く
症状の意味	内的葛藤，防衛の失敗	発達に必要なコミュニケーション
治癒	洞察，自我の強化，内的葛藤の解消をすることになっている	新しい関係パターンが展開したり，周囲に対する創造的な応答が増えることによる

るのに必要な経験を取り戻して連合を築くのに用いられる。ということは，そこでは，その相手をすでに何がしかの固有の知恵と積極的に自分からセラピーに参加しようとする意志をもったクライエントとみなしているのである。したがって，セラピストは，提示された混沌としたものに対して少しでも役立つやり方で取り組もうとする時には，クライエントの反応から学ぶのである。

　また，症状や問題をあるサインやコミュニケーションとして概念化することも新しい認識論のもう一つの側面である。したがって，症状の存在とその持続については多くの観点からの理解が可能となる。例えば，それは，クライエントが必要なリソースとの連合を築けないというフィードバックかもしれないし，クライエントが環境に何らかの働きかけをしていることの証拠とみなすこともできるかもしれないし，また，それ自体がコミュニケーションであるかもしれない，というように。こうした見方は，相互作用的で，ゴール志向で，未来志向である。したがって，症状は個人の内的葛藤のサインであるという見方とは対照的である。自分にあった創造的な方法で問題が解決できずにいれば，人は誰でも葛藤状態に陥るものである。新旧の認識論の間の決定的な違いは，ある症状を理解する際，何を重要とするかという判断の内に存在しているようである。この体験の断片を内的葛藤から生じた症状と呼ぶのか，それとも，症状は，対人関係上の問題を解決しようとして人が努力しているサインであるとみなすのか？　もし，症状を前者のようにいうとすれば，それは古い伝統に基づいているのであり，他方，後者のほうがより適切だというのであれば，それは新しい見方に立ったものということができよう。

　治癒についての考え方もまたアプローチの違いに反映される。伝統的な治癒についての見方は，内的葛藤の解消，個人としての自我強化，抵抗の除去，症状の除去そして最終的には職業生活や愛情関係を維持する能力と結びつけて考えられる。このシナリオは，過去の葛藤や欠如した自我の強さや，そこから生じてきた「パラタクティクス」な歪みに由来する出来事を「徹底操作」された個人に力点を置いている。もちろ

ん，そこでは「洞察」が得られる場合もあるし，時には「修正情動体験」もあり得る。こうした治癒の考え方は過去志向である。それに対して，未来志向の発想では，治癒とは，現在の社会環境の下で好ましい人間関係を維持し，発達に必要な新しい対応スキルを身につけるということになる。

エリクソンの考え方の変遷

エリクソンの多くの弟子たちが，彼の著作の中から「本当の」エリクソンの姿を見い出すことに困難さを覚えている。ある者は，とても指示的なエリクソンの姿を描いた論文の目にすることもあれば，その同じ論文の中でむしろ非指示的な彼の姿を読み取る者もいる。また，エリクソンは非常に権威的だと強く主張する者もいれば，許容的な人物だという者もいる。しかし，彼の論文や著作の検討，さらに彼と共に過ごした体験からすると，エリクソンの考えは時とともに変化し発展したといってよいだろう。1945年と1975年の彼の著作の間には異なる見解が示されている。彼のどのようなクライエントと問題の見方が，この新しい認識論に反映しているのかを示すために，暗示の目的とその利用，間接法としてのメタファーの利用，症状の意味そして治癒概念の四つの考え方についてその変遷を年代順に述べることにする。

直接的暗示と冗長な暗示：エリクソンの初期の催眠についての解説の中に，クライエントに何かをする権威的な専門家の立場から，自らの考えを整理しようとする患者に刺激を与える変化の文脈の共同構築者という立場への移行が見られる。1945年に出版された逐語録では，「いま，あなたを，深い，深い，眠りに入れたいと思います」(p. 54) とか，「私はあなたを，どんなレベルのトランスにも入れることができます」(Erickson, with Haley & Weakland, 1967, p. 64) などのセンテンスに見られるように「深いdeeper」を何度も繰り返すような冗長な暗示を用いているが，そこには，彼が受けた伝統的認識論によるトレーニングの影響が色濃く残っており，この時点では指示的な立場であったことを示している。

しかし，1976年までには，エリクソンは冗長な暗示による方法をまったく使わなくなり，事実，彼は間接的暗示が臨床における「重要な要因」であると記している (Erickson, Rossi, & Rossi, 1976, p. 452)。しかし，さらに興味深いのは，彼が人生を閉じる瞬間においてもなお明らかな進展を見せている点である。1980年の彼の没後に出版された本の中で，彼は，自らを誰かをトランスに誘導する権威主義的な専門家ではなく，アイデアや暗示を「差し出す」一人の人物としての立場に置いている (pp. 1-2)。また，初期の頃の自らのやり方にも反論して，「私は患者に，あなたは疲れを感じて眠くなる，と語りかけるような方法は好まない」(Erickson & Rossi, 1981,

p. 4) と述べている。それは，完全に正反対の立場であり，伝統的認識論から新しい認識論への旅立ちの表明である！

間接的介入としてのメタファー：エリクソンのセラピー場面での役割は常に多義的なものであった。例えば，1944年には複雑な物語を用いてクライエントの神経症的メカニズムを刺激し，消失させる治療をしている（Erickson, 1967）。また，1954年には，彼が「偽造された病歴」と呼ぶところのものを読み聞かせて，クライエントの一過性症候群（fleeting symptomatology）を取り除いたと述べている（Erickson, 1954/1980c, p. 152）。1970年代初頭頃になると周知のように，セラピーや普段の会話の要点を説明するのに用いた数々の事例の喩え話がある（Haley, 1973）。そして最晩年となる1979年の著作には，介入としての「メタファー」という表題の一節が設けられている（Erickson & Rossi, 1979）。こうした事実からすると，エリクソンは初期の頃よりセラピーにおいて多義的でどのような事態をも受け入れられるような間接的な方法を用い，次第にその頻度が増していったとするのが最も適切な結論ではないだろうか。

症状の意味：エリクソンの症状の捉え方には，ごく初期の伝統的で分析的な見方から，この世を去る直前のシステミックで人間関係的な見方への方向転換がある。彼は1928年に医学の学位を取得した後，インターンとしてコロラド総合病院へ赴任し，1938年から1939年頃までそこに留まっているが，1954年の段階でも「神経症的症状は，防衛的で保護的な性格による行動によって悪化する」（Erickson, 1954/1980c, p. 149）と記しており，防衛，攻撃といった概念を用いた伝統的で分析的な見方をしている。

　1966年に彼が「精神的疾患は，人間同士のコミュニケーションの崩壊である」（Erickson, 1966/1980a, p. 75）と記したことが新しい認識論への移行を示している。そして，1979年になってついに彼は一定の考え方に到達している。すなわち，「症状はコミュニケーションによって形成され」そして「適切な自覚が形成される過程での発達上の問題の手がかりである」（Erickson & Rossi, 1979, p. 143）と述べている。この考え方は，パーソナリティ理論によらず，一人一人のクライエントに合わせた理論を考案したエリクソンが，繰り返し，ことあるごとに口にしていた次のような考えと符合する。「一人一人の人間が個性的な個人である。したがって，心理療法は個人個人が求めるその人にしかないニーズに沿って組み立てられるべきであり，仮説に基づいた行動理論の基準に人を当てはめるものであってはならない」（Zeig & Lankton, 1988）。

治癒は経験の再連合であり，直接暗示によるものではない：エリクソンの治癒についての考え方は，1948年からその生涯を終えるまで本質的に変わらぬものが流れている。1948年，彼は，治癒は暗示が効いたのではなく，経験の再連合が発展したものだと考えた（Erickson, 1948/1980b, p. 38)。(この文献では，エリクソンがセラピーにおいて直接的暗示を使いたがらず，間接的暗示を好んで用いていたことがわかるが，先に引用した1954年の一文にもあるように，誘導過程では，まだ直接的暗示を用いていた)。エリクソンの臨床家としての最後の著作においても，本質的にこれと変わらぬ同じ考えを見ることができる（Erickson, 1979; Erickson & Rossi, 1980, p. 464; Erickson & Rossi, 1981)。

まずその精神に敬意を払うこと

エリクソニアンの介入が，伝統的あるか否かに関わらずいずれの認識論の精神においても利用できることは興味深い。セラピストがその気にさえなれば，患者にプロザック（訳注：SSRI型と呼ばれる新しいタイプの抗うつ剤。1980年米国で発売されて以来，一般の人々の間でも爆発的な人気を呼んでいる）を投与するのと同じようにメタファーなどの介入を使うことができる。実際，ある特定の診断レベルの患者に，あれこれとメタファーを語るように指示した文献もある。古典的な認識論に支配されたままのセラピストが用いてもそれらの介入が成功することはある。しかし，このようなセラピストたちがエリクソンのアプローチに対して示す関心はその場限りであり，そのうちの多くの者は，驚くような治療効果を約束してくれる新しい技法を探し回り始めるであろう。

エリクソンの最も偉大な功績は目を引く介入にあるのではない。事実，伝統的な認識論に縛られているセラピストであっても彼の介入は使えるし，それが「うまくいく」こともある。ただ，それらのほとんどは，お決まりの介入以上の効果と感動そして印象を見せることはないし，それどころか，そのような枠組みからエリクソンの介入を考えること自体骨の折れる作業となる。

ところが，エリクソンのアプローチにもとづけば，クライエントや彼らの問題に対して無理なく斬新な介入を予見することができる。新しい認識論を身につけるところから初めて，それぞれのクライエントに合った多くの新しい介入が生まれてくることになる。言い換えれば，いくらエリクソニアンの介入を使ったところで新しい認識論の自覚は生まれないが，目標志向にもとづいた新しい認識論を持てば自ずと介入は生まれてくるということである。種々の介入は，新しい認識論が作り出す心構えから溢れ出てくる。エリクソニアンの介入と新たな認識論にもとづく態度を併せ持つことができれば，ほんの数回の面接であっても力強い変化の束を生み出すことは不可能なことではない。

生活経験の再連合——認識論の利用

　エリクソンが治癒は生活経験の再連合の促進によるものであると述べた際，そこにある一定の時間枠を特定していたわけではない。理論的には，必要なリソースとなる経験を取り戻し，それをクライエントが役立てることのできる文脈に結びつけて連合を築くには，わずかな時間で十分なのであって，面接のすべてを使う必要などないのである。ただし，特別な場合には，問題や症状として語られている出来事の順序やパターンを混乱させ，問題の最初のサインを新たな連合により得られた選択の記憶として理解できるような知覚を形成させることによってクライエントを援助することもある。そこでは，症状の複雑さ，経験に基づくリソースの有効性，クライエントの動機づけ，セラピストのスキルといったものすべてがこのプロセスの長さを決める要因となる。しかしそれでもなお，誰もが（伝統的な認識論で）考えていたよりも，満足できる方法で，かつ，はるかに短時間に，クライエントに大した不安も与えずに，主たる治療目標の解決へと導けることは少なくない。

　例えば，深刻な虐待やトラウマに起因する問題には，長く辛い治療が必ず必要であるという世間一般の合意がある。それは，トラウマの記憶を思い出し，追体験し，恐怖や激しい怒りを吐き出してカタルシスを得て，必要に応じて予期されるうつや不安に対しては投薬を受けながら，ゆっくりと虐待の傷を癒していくといったものである。たしかに，こうした治療方針が実際に最善の選択となるクライエントもいる。ところが，セラピストの中には，それらがすべてのクライエントに共通する一定の症状と同様の虐待の経歴を持ったものであるという青写真と「治療計画」をつくらせる結果となっているものもいる。

　新しい認識論は，そのクライエントに最も合った個別の治療法を決めるために，一人一人のクライエントに常に新鮮なまなざしを向けることを大切にする。我々は，画一的な治療をどのクライエントにも一様に適用させようとする診断分類や診断名は使わない。摂食障害，パニック障害，うつ病といった場合には，それらのどのクライエントも似た症状を持っている。しかし，一人一人のクライエントは非常に個別的で，独自の経過を経てその症状に至っているのであるから，当然，「治癒」についても一人一人個別の希望と目標を持つことになるのである。

　ここで，一つのケースを紹介することにする。44歳の太り過ぎの女性教師ジョアンは，幼児期に受けた性的虐待に起因すると思われる，身体の痛み，広場恐怖の範囲の拡大，抑うつ的な思考といった問題の治療のため我々のもとへ紹介されてきた。紹介元のセラピストは次のように述べている。すなわち，彼女には，疼痛のコントロールおよび「過去から引きずっている感情に触れ」カタルシスを得るのに催眠療法が効

果的であり，それによって「修正情動体験」や「症状との共生」をもたらし彼女の心理状態は改善するのではないか，と。

我々はジョアンについて，愛想がよく，仕事にひたむきに打ち込む勤勉な女性という印象を持った。彼女は，バレット食道炎，胃潰瘍，痙攣性大腸炎，肩，膝，足首の関節痛，さらに，もっとも我慢ならない左臀部痛などの身体的問題を抱えていた。初回面接で臀部の痛みが和らいだことで，彼女はセラピーによって変われるという期待を抱き，適切な暗示を受け入れて，すぐにそれを自分の目標へと活用できるクライエントとなった。彼女は処方されていた薬の量をとても減らしたがっていた。

次の面接では，性的虐待の背景を語れるくらいに落ち着いていた。それは，疎遠になっている自分の兄に，繰り返しフェラチオを強要されていたという内容だった。さらに自殺願望を持っていること，子ども時代のフェラチオを連想することから十代から大人になるまでずっと水以外の飲み物を飲めずにいることも打ち明けた。これまで，個人的な男性との交際はなく，性的にもきわめて消極的だった。彼女は，そうした男性との関係を持てないことを明らかに嘆いてはいたが，彼女なりに，それも過去の心理的問題と身体的問題に起因する病気の一つだと考えていた。

最初の催眠誘導は彼女の宗教的な志向性を利用して行った。彼女は，祈りを通じて穏やかな感情に触れる感覚を味わっていた。祈りを用いることによって，面接の間ずっと，ますますそうした感覚が広がるのを感じていた。セラピストとともに，彼女は心地よい安全な感覚を強く抱けるようになった。さらに，セラピストがいくつか追加したラベリングによって彼女は喜びの感覚をも受け入れるようになった。その後のわずかな面接で，こうした心地よく楽しい感覚がさらに大きく膨らむことによって，臀部，足，そして最終的には肩に感じていた身体の痛みはすべて消失していった。液体の嚥下困難という症状は，安全で，心地よく，楽しい体験をずっと心に抱いた状態の中で，自ら飲みたい物を飲んでいるイメージを持つことにより緩和した。もちろん，苦痛に耐え，躊躇しつつではあったが，オレンジジュース，アップルジュース，麦芽牛乳などの濃厚な飲み物を自ら飲もうとしたのである。その結果，ついに，自分が好きなものを普通に飲めるようになった。

彼女は，さらに視覚的なセルフ・リハーサルと後催眠暗示を用い，繰り返し，祈りを通しての催眠と，面接の間ずっと抱けるようになった心地よく楽しいという感覚に注意を集中して社会的な接触のイメージも広げていった。空想の中で休暇をとり静養できている自分の姿を繰り返し浮き上がらせることができるようになると，それに続いて，生まれて初めてボートでの氷河ツアーに参加するためにアラスカ行きの長い休暇を取り，氷河湖の水上飛行機のフロート上に勇ましく立っている自分のことを自慢げに報告した。

また，彼女が自殺念慮を口にするときには，常に彼女のその体験について時間をかけながら語りあうことによって，彼女は新しい結論に至った。否定的な経験を肯定的なものへと変化させたという意味では，それはリフレイミングの技法によるものであるという指摘もできるかもしれないが，大切なのは，技法よりも話し合いを持つことである。リフレイミングは，セラピストがクライエントに受け入れられる経験を概念化できる方法を提供できたときのことをいうのであって，まさに相互作用がうまく運んだ成果であると心得ておく必要がある。何も考えず，ただ「介入」なるものを使うのではない。とくにこのケースの場合，彼女の自殺したいという思いや記憶がリフレイムされたとすれば，それは，彼女がとても辛く，死んでしまいたいほどの苦しみと痛みの現実に直面しながらもなお，心地よく，心の支えとなる楽しい感情を築こうと努力してきた自分自身の勇気と強さに気づいたからである。そして，自殺を試みた過去の記憶は，自分の生活が改善される可能性を強く信じ続けた勇気の記憶となった。このことは，彼女がずっと抱えていた過食の問題が改善していく契機とも関連している。すなわち，以前までは，彼女はストレスを減らし，自分が愛され受け入れられているという感覚を高めるのに過食を使っていたのだが，催眠による連合と後催眠暗示を通して得た，自分は生活を改善しようとしてきたという直感と自覚の体験を過食という問題にあらたに結びつけたのである。その結果，彼女は2カ月も経たないうちにみるみる体重を落とすことができて，喜びを感じるとともに，今や，体重，抑うつ感，社会的な孤独感，痛みなどが減少してきていることに満足できるようになっているのである。彼女は主治医と連絡を取りながら，薬を減らし始めた。3カ月が過ぎる頃には，大量の薬は半分以下にまで減り，さらに減らしても，痛みを感じることがなくなり，社会的な接触は増え，健康的に食事も摂れるようになっていた。さらに，回復した自己イメージに合わせたワードローブに代えることさえするようになった。
　このセラピーは，過去の問題を分析したり，彼女に自分の辛さを話してもらおうとするのとは正反対の目標志向を常とした。彼女は，今まで一度も実際に体験したことがなかった，喜び，ほっとした気持ち，満足感，自尊心といった経験を積み，こうしたことを，開かれつつある新しい社会との接点に結びつけていく方法を探すための援助を受けた。さらに，こうしたセラピーは，催眠に注意を集中して，彼女の食行動を変えることや，人と接し，働く上での当たり前の自信をつけることにも用いられた。その後，セラピーの焦点は彼女の虐待への認知的枠組みに移された。数回の面接が複雑な連合と解離の練習に費やされ，それにより，彼女は，過去に性的虐待を受けた記憶や経験を人に話すことができ，さらに今の日常生活で自動的にいやな経験とならずに，覚えておいたり，思い出したりができるようになった。また，この経験は彼女の独り言に焦点づけられた。彼女は，否定的な独り言を制するための意識的，無意識的

な方法を開発し，その後の何回かの面接を通してこの方法を身につけた。彼女は，リラックスしてトランス状態に入り，心地よく安全な感覚をしっかりと持ち続けたまま，幼い頃の自己像を解離し，その状態の中で，成長を促す独り言が身体に馴染む習慣になるまで繰り返し練習した。彼女が新しく身につけたこの習慣は，否定的な独り言が始まったと気づいた瞬間に同時に成長を促す独り言を始めるまでになり，そのことによって，成長を促す語り掛けがいかに役に立つものかということを彼女は理解したのである。この過程で最も明らかになったのは，彼女が宗教的な信念と向き合うことによって，自らのすべての成長においてさらに持続させるべき画期的な決断を下したことにある。いずれにせよ最も重要だったのは，彼女が仕事以外でも快適で喜びに満ちた経験を続けていくに値するだけの人物であったということに他ならない。これは，日常生活の中で自分の独り言をモニターし，次々と肯定的な経験を生み出す新しい独り言を自らに供給する能力から明らかだった。この意識的な方法が，面接での練習と教育すなわち実際の生活に向けた催眠と，どうすればそうしたことがうまくいくか，そのことを確信できるようになるためのリハーサルによって作られたのである。

　治療がかなり進んできていたある面接で，彼女は，彼女の紹介者であるセラピストと会い，その時に交わした会話の内容を報告してくれた。それによると，そのセラピストが彼女の調子良さそうな姿を見て，彼女が「怒りを吐き出した」からであろうとコメントしたことに対して，ジョアンは「怒りって何でしょう？　怒りは感じていませんよ」と返事をしたという。このことから，このクライエントは，従来のアプローチを用いる他のセラピストには，彼女が否定的な経験に浸り，セラピストと共有する必要があるという前提ができあがっているのだということを実感したのである。それとは異なり，彼女が経験したセラピーは，自分自身の経験の中から肯定的なリソースを自分で探し出すために，催眠，間接暗示，メタファーを使い，目標志向の行動を起こすことに焦点を合わせたものであった。また，後催眠暗示，行動リハーサル，現実課題によって，彼女はそうした経験に基づいたリソースを，食事，仕事，身体的な快適さそして人々との交流といった自分の日々の生活の中に活用したのである。

介入を選択する：初めに……

　エリクソニアン・アプローチでは，セラピストに対してどんな局面においてもクライエントへの配慮に満ちた注意を怠らないことが求められる。すでに触れてきた，これぞエリクソンのものともいうべき諸技法（催眠，逆説的処方，間接的暗示，メタファー，曖昧課題など）については，セラピーの文脈からそれらを切り離して，それ自体をアプローチにしてしまっていることが少なくない。これでは，レシピに書かれてある食材を実際の食事だと考えるのと同じようなものである。食事を準備する技にこ

そ注意が払われなければならない。その意味では，心理療法における種々の介入も，使われてみて初めてこれがその介入だったのかということに気づかされることの方がよりすばらしいといえよう。こうした何を最も重要とするかという観点と，認識論に焦点をあてるという本章の文脈に従って，個々の介入の具体的な使用法についてはここまで述べていない。もちろん，介入を使う際にそれに熟達しておくことは言うまでもない。この点については，すでに詳しく述べている（Lankton, 1980; Lankton & Lankton, 1983, 1986, 1989）。実際，個々の介入については目に見えてわかりやすいので教えることも容易だが，アプローチの本質についてはそうはいかない。そこで，本項では，クライエントとの出会い，問題の把握，関係の構築，治療目標の設定，そして何らかの契約を交わすまでの時間的な経過に沿って，介入の選択を包括的に議論しようと思う。こうした一連の行為は，セラピー開始直後のわずかな時間のうちに生じ，文字通りその後の流れやスタイルを決め，さらに，そのあとのクライエントとの出会いが伝統的な認識論もしくは新しい認識論のいずれの所産となるかどうかを決めることになる。

　初回面接の開始早々に多くのことが方向づけられてしまうものである。一般に患者が専門家のもとを訪れるときは，内科医や歯科医のようにある領域についての専門家であることを期待して来る。例えば，患者が「下の三番目の歯が痛むんです」と言う時には，患者はそれが専門家にとって必要なすべての情報であると予測し，自らの身をあずけるのである。そこで専門家はそれらに基づいた精査と，何をすべきかの判断をし，実際に，患者を椅子に座らせて麻酔をかけたりすることになる。このアプローチは伝統的な認識論に基づいたものであり，歯の治療には十分に効果を示すものである。しかし，この領域においてすら，患者の期待に応えるためのより生産的な方法が存在しないわけではない。ところが，心理療法の領域では，クライエントがセラピストを伝統的な専門家の役割に置こうとすればするほど，エリクソニアン・アプローチとそのすべての介入はうまくいかなくなる。言い換えれば，こうした構成主義的心理療法が実際に役に立つものとなるかどうかは，セラピスト自らがまずはクライエントを援助できる能力とセラピーを引き受けることについての説明を——専門家としての役割を回避しつつ——クライエントにどの程度できるかどうかにかかっている。

　このようなジレンマが嫌というほど如実に現れてくるのが，電話で最初に相談の申し込みをしてくるクライエントの場合である。最近，ある人物から我々のところに次のような電話があった。「フロリダ（我々の臨床の場）まで行けば，あなたの技術で私の摂食障害を治してくださるんでしょう？」私の返事はこうだった。「私にはあなたの摂食障害を治す力などまったくありません。ですから，私に治してもらうためにフロリダまで来る必要などありませんよ」。このクライエントに対してこのような言

い方をした人間はこれが初めてではなかったかと思う。ともかく，この返事は私にとってはその通りのものであった。そこで私は，次のような説明を続けた。すなわち，彼には自分の摂食障害を克服する力があると考えているので，彼がその力を発揮する手助けをすることはできるかもしれないが，催眠によって，痛みや症状，その他どのようなものであれ，それらを消し去ることはできない，と。私にできることといえば，人々が，私の考えからであれ，また時には私の考えにかかわらず自分自身でやれてきている文脈をさらに作り上げていくことだけである。クライエントとの最初の出会い方次第によって，その後のセラピーの展開が左右される。すなわち，お互いに共同しながらうまくセラピーを作り上げていくか，それとも，伝統的な認識論に基づいて進めようともがきつつ，手品の詰まったエリクソニアンの鞄から文脈を無視して技法だけを拝借しようとするようなセラピストと一緒にやっていくか，そのいずれかである。

　クライエントがセラピーを受けにきてからの時間的な経過の中で介入を選択する際に検討すべき側面がもう一つある。それは，問題の提示のされ方とそれをどのように枠づけるかである。従来，我々が受けてきたトレーニングでは，初回から3回目もしくはそれ以上の面接で詳細な問題についての歴史の情報を収集する必要があるとされてきた。しかし，最初の3回でもそういった面接をすれば，セラピストは専門家の役割にはまってしまって，クライエントの視点からは離れてしまうことになり，効果的なセラピーを進めるために必要な新しい認識論に基づく柔軟な対応がとれなくなってしまう。したがって，過去の歴史に関する情報は，クライエントが現在の時点でなぜ彼／彼女らが望んでいる健康な状態を達成できないでいるのかということを理解するのに必要なものを収集すればそれで十分である。その際に役に立つ質問をいくつか以下にあげてみることにする。

- 今現在，配偶者との間に感覚的な触れ合いや優しさの感情をもてなくさせているのは，そこに，どのような気持ちや記憶が，また，それ以外の面でどのようなことがあるのだろうか？
- 彼らは何かを思い出しているのだろうか？
- 何が，彼らが望むものを思い出す邪魔をしているのだろうか？
- そのようなやり方ではなく，もし，別の可能性のあるやり方で対処したらどのようなことが起こるだろうか？

　このような前向きの質問に対するクライエントの答がその場で即座に表明されれば，過去の経緯についてそれ以上聴くことを避けるのが賢明である。そして，クライエントが，セラピストからのさらなる指導や援助を受けないと克服できないと考える

ような習慣や思考に邪魔され，前向きな動きが妨げられるような事態になるまでは，それらの質問をそのまま続けてかまわない。

　クライエントとの面接および契約を交わしていく時間的な経過の中で介入を選択する際に重要となる第三の視点は，いかにラポールを形成するかということである。クライエントの言葉を使い，クライエントの姿勢，声のトーン，呼吸などに合わせるといった事柄については，すでにこれまで数多くのことが書かれてきている。しかしながら，これらの行動を示す際のセラピストの心的な状態こそが結果の成否にもっとも大きな影響を与える。クライエントに合わせ，クライエントの言葉を使うといった行為は，クライエントの経験的な世界，感情，ものの見方の内面を体験しようとする態度から生じてくるものであって，型にはまったテクニックとして使おうとするようなものであってはならない。これは，単なる意味論的な詮索の問題ではなく，介入よりもクライエントを大切にするのか，それとも，クライエントよりも介入を大切するのかという決定的で重要な差異に関わる問題である。人々は，時として，こうした微妙な行動を通して信頼とラポールを深めるものであるが，セラピーにおいてこそ不可避的に生じてくるものである。

　最後に述べておきたいのは，何を治療目標として，どのように治療契約を取り交わすかが介入の選択に重大な影響を与えるということである。説明責任，行動上の問題に対するヘルスケア，医療保険機構（HMO）がますます重要視されるこの時代にあって，多くのセラピストは，何を目標とし，その目標達成のためにセラピーをどう展開していくのかということについて，直ちにそれらを明確にし，言語化して，クライエントからサインをもらわねばならない。しかし，この絶えることのない圧力は不幸な事態でもある。なぜならば，人々の変化を援助するための介入はセラピストが発する一つ一つの言葉の内に展開されるべきものであり，また，クライエントは自らの語りをとおして一連のリソース，笑顔，躊躇，疑念，好奇心などを生じさせるが，セラピストはそれらを活用する中で無数の予測を立てていくものだからである。これらすべてのことが，リソースを作り上げていく流れを維持し，クライエントに克服できるとわかる形で彼らの問題を枠づけ，そしてクライエントがそれらのリソースをすばやく使えるよう援助するのに役立つことになる。だとすれば，このような動的で微妙かつ複雑なプロセスを簡単に保険の申請用紙に押し込められるはずがない。目標志向を強調することは，戦略的な意識に磨きをかけ，より小さな個々の目標を導き出す方向を可能にしながらも，こうした手続きは，セラピーにおける面接を古い認識論へと封じ込めようとしているようである（Hoyt & Friedman, in pressを参照）。

ともに未来へ

　首尾よくすすんだセラピーは，セラピストがクライエントからのフィードバックによって導かれたものに他ならないのであり，それは，クライエントが自ら望む進路から逸脱したとしても新しい情報を得てうまく軌道修正したことによるものである。セラピストによる介入の価値がより認められるとすれば，それは，この介入こそがクライエントがいかに成長し変化するかということを生み出すための新しい情報になっているからである。このような世界観に立つと，専門家が生じさせる失敗などなくなり，そこには，クライエントとセラピストがともに作り上げた成果のみが現れるだけである。クライエントが自ら望む現実を構築できるように援助するセラピーを体験してみようとすれば，我々は，新しい認識論の下で仕事をしていくことになる。

第 5 章
可能性療法
包括的かつ共同的で解決を基礎とした心理療法のモデル

ウィリアム・オハンロン
William (Bill) O'Hanlon

　可能性療法はその大半をミルトン・エリクソンの業績に負っている。私は，1970年代の後期に彼のもとで勉強し，私の最初の著作は彼の業績についてのものである（O'Hanlon, 1987）。彼は，何らかの症状がある人であっても，彼らを大いなる能力を持ったものとして理解するのが常であった。彼は，人は能力のあるものであるとの見方をしていた。人々の心配事の解決を援助する際には，彼らの症状，家族背景，趣味，関心，社会的なネットワークをも利用する方法を見いだしたのである。

　1980年代の初期，私は，カリフォルニアからウィスコンシン州のミルウォーキーに移住してきたスティーヴ・ディ・シェイザーと文通を始めた。彼は，すでにエリクソンの仕事に関する多くの論文を執筆しており（de Shazer, 1982を参照），ミルウォーキーで同僚たちとブリーフ・ファミリー・セラピー・センター（BFTC）を始めていた。ディ・シェイザーと私には，クライエントは病的で抵抗を持っているとする主流のセラピーは全て間違っているという共通した見解があった。すなわち，セラピストが適切な方法によってアプローチし，クライエントを資源と能力をもったものとして対処すれば，彼らはおのずと協力的になるということである。ディ・シェイザーの仕事は徐々に形をなし「ソリューション・フォーカスト・セラピー」（de Shazer, 1985, 1988）として結実することとなった。同時に，私の仕事の方も一つの形をなすようになり，それを「ソリューション・オリエンテッド・セラピー」（O'Hanlon, 1988; O'Hanlon & Weiner-Davis, 1989）と呼ぶことにした。しかし，この二つはしばしば混同され，それに，ミルウォーキー・アプローチとの間にいくつかの主要な相違点もあったので，私は自らのアプローチを「可能性療法」と呼ぶようにした（例えばO'Hanlon, 1993a, 1993; O'Hanlon & Beadle, 1994）。クライエントの強さや解決に重き

を置くBFTCには大いにその価値を認めるものの、いくつかの領域で明らかな相違があることも事実である(訳注1)。そこで、本章ではまず、私のアプローチと解決志向アプローチの違いを明確にした上で、可能性療法の基本原理と実践方法のいくつかの点を述べることにしたい。

可能性療法と解決志向アプローチの相違

　解決志向アプローチはミニマリズム（倹約主義）に非常に価値を置くアプローチなので、私が自分の面接において極めて重要だと考えるいくつかの要素を考慮しないということが明確になった。一つには、解決志向アプローチは、感情を考慮することの重要性については話題にすらしないということである。「ソリューション・トーク」を構築することにもっぱら価値を置いているために、クライエントたちは、往々にして、セラピストが自分たちの問題を軽視したり、注意を払っていないと感じることがある。この点に関しては、事実、解決志向アプローチを学んだ者たちが、クライエントの中には解決志向セラピーによって「強制される」あるいは「せき立てられる」と感じた時に、怒ったり、フラストレーションが溜まることがあると報告している（Lipchik, 1994; Nylund & Corsiglia, 1994）。それとは対照的に、可能性療法においては、クライエントの体験を傾聴し、承認し、そしてその妥当性を認めることが最初の重要なステップであり、その後の面接においても常に土台となっている。私は、こうした点を、ずっと以前にカール・ロジャーズの仕事から学んだが（O'Hanlon, in Hoyt, 1996gを参照）、その詳細については後で述べることにしたい。

　解決志向アプローチに関してもう一つの障害に思えるのは、その定式的な傾向である。どのようなケースでも決まって（「ミラクル・クエスチョン」のような）ある特定の質問をし、面接の流れを一定のものにしようとする。実際に、クライエントの反応に対応するための方針を与えるフローチャートが用意されている（de Shazer, 1985）。これは、新しいアプローチを学ぶ上では素晴らしい方法かもしれないが（Walter & Peller, 1992を参照）、結果的には、セラピーを一つのドグマと正当性のうちに閉じ込めてしまっていることが少なくない。解決志向アプローチの主たる支持者たちは、それは、このアプローチを誤った形で進めた場合の単なる証拠にすぎないと抗弁するかもしれない。しかし、私は、このアプローチの初心者からも熟練生からもそのような報告をよく耳にする。

　さらに、私が解決志向アプローチについて抱くもう一つの懸念は、その目的とする

訳注1）著者は、ディ・シェイザーらのセラピーを「ソリューション・フォーカスト・セラピー（もしくはアプローチ）」「ミルウォーキー・アプローチ」「BFTC」といろいろな呼び方をしているが、翻訳に際しては、日本においてほぼ定着した呼び方となっている「解決志向アプローチ」で統一している。

ところがもっぱら解決と解決に焦点を当てた会話を促進することにあるために，クライエントが持ち込んだ問題の政治的，歴史的およびジェンダーによる影響（生理学的，生化学的な内部の状態と同様に）については治療プロセス上関係ないものとして徹底して無視している点である。したがって，解決志向アプローチのセラピストは，ミニマリストであるがゆえに，厳密に言えば，男性が酔っていたりもしくは女性が目のふちに黒いあざをつくっているようなカップルがセラピーにやってきたとしても，アルコール問題や家庭内虐待の可能性を示す証拠については，カップルの方から話し始めるか，もしくは暴力が問題であると紹介されてこない限りは，それらについて触れることも尋ねることもしないということは容易に想像できるところである。それとは対照的に，可能性療法においては，無関係な要素を持ち出したり質問をしないよう気をつけはするが，場合によっては，それらが問題に対するセラピストの理解とクライエントの痛切な体験の両方にとって重要となり，解決を発展させることにつながることになる。したがって，可能性療法は，セラピストが問題に関する考えを押しつけたり，もしくは議論を強要することは不適切であるとする考えを持ってはいるが，明らかな社会的抑圧の問題（人種差別，性差別，ジェンダーや体重に関する規範，性指向性への偏見）の存在を示唆するような危険性（自殺の危険性，殺人を犯す可能性，子どもへの性的虐待，あるいは深刻な自傷行為など）がある場合についてはその限りではない。こうした状況では，その時クライエントが適切であると思うかどうか，あるいは彼らが話題を持ち出したかどうかに関わらず，これらの方針に沿った質問を続け，彼らの身体的な安全を保証し，問題が発生する社会的な状況を探索するために最善を尽くすことがセラピストには義務づけられている。あるインタビュー（Hoyt, 1994b, p. 18からの引用）の中で，ディ・シェイザーは，クライエントが極端に束縛されたもしくは自らを傷つける恐れのあるような解決策をとろうとした時，あなたは彼らの解決策の選択を拡大させるようにしたことがあるかと尋ねられて，「そういうことは考えない」と答えている。私はこのディ・シェイザーの答を読んだ時，ただただ躊躇するしかなかった[注1]。

可能性療法におけるいくつかの特徴と典型的な方法

　以下にいくつかの提案と指針を示そう。可能性療法は，その精神に適うよう開放的で，敬意を払った共同作業を発展させ，クライエントとセラピストをエンパワーするよう意図されている。それらは，指示的でも権威的でもない。私は寒い米国北部に住んでいた間に，カーリングと呼ばれる冬のゲームを知った。そこでは，選手たちは，動いている石の前の氷をほうきで掃くのである。私はよくこのイメージを可能性療法がしていることに喩える。つまり，比喩的に言うと，私たちはクライエントが行きた

いところに進めるように,クライエントの前の道を掃くのである。

治療過程を共同して形作る

　クライエントは,単にセラピーの解決や目標の専門家というだけでなく,治療過程,方法,やり方に関しても反応したり,好みを表したりすることで,セラピーを確実に成功させるのを助ける能力がある。それ故,私はしばしばクライエントにも治療計画過程に加わってもらっている。つまり,目標や方向性,治療の過程や方法に対する反応について相談するのである。私はまた自分自身,そして,治療過程を極力わかりやすく,透明なものにする。つまり,診断上の手続き,結果やケース記録は,クライエントに利用可能で,理解できるものにしている。私は権威的でないやり方で質問をしたり,考えるよう心がけ,クライエントに意見の相違や私の誤りを修正することを容認する十分な余地を与えるようにしている。

● また,診断的な手続きに関しても協力的でわかりやすい方法をとることができる。しばしば私は『DSM』を取り出し,もっともクライエントの状態に適合すると思われるカテゴリー(もしくはカテゴリー群)を声に出して読む。「これらの五つのうち,少なくとも三つの症状がありますか? もしそうなら,あなたにはこの診断があてはまるでしょう」。私は,全てのクライエントにこれをするわけではないが,実際,中には,診断およびその診断基準を知って感謝する人もいる。私はまた彼らに次のように話す。治療が終わる頃に再び症状を読み上げるが,治療が成功していればもうこの三つの症状は存在していないだろう。したがって,そのときには診断ももうあてはまらなくなっているはずであると。

● 似た例として次のようなことがあった。私にはカルテにケースを記録することがちょっといいかげんな精神科医の友人がいたが,彼は共同してケース記録をとるうまい

注1)編者による注釈:後に同じインタビューの中で(Hoyt, 1994b),スティーヴ・ディ・シェイザーは,さらに詳しく述べた。「私にとって……行間を読むということの危険性は,そこに何もないかも知れないということだ。だから,クライエントが言うことを聞くしかないのだ。つまり,余計なことは考えるなということだ。クライエントが,南側からベッドを出るほうが,北側から出るよりも,快適な一日になると言う。じゃ,南側からベッドを出ろと言えばいいのさ。馬鹿馬鹿しく聞こえるかもしれないが」(p28)。彼はこうも言った。「クライエントが自分たちには問題があると言えば,彼らには問題があるってことなんだから,あなたはそれを真剣に受けとめなければならない。もし彼らが問題は何もないと言ったら,それはそれで真剣に受けとめることだ。そういうこともある。飲み過ぎで誰かにセラピーに連れてこられたクライエントが,飲み過ぎていないし,問題もないと言う。それはそのままにしておきなさい。彼が言ったことをそのまま真剣に受けとめなさい」(pp. 29-30)。またディ・シェイザーははっきりと次のようにも述べている。「理論に邪魔されてはいけない。理論は判断力を失わせる」(p. 37)。続けて彼は次のように話している。「私が望んでいないことははっきりしている。それは,固定化した正説のようなものが発展していくことである。私はそれを恐れている。いつもそれを恐れている。それが私にとって最も気がかりな点だ。あれこれするのに正しい方法があるっていうのがね。そして私の記述を,——周囲の人たちも,おそらく私自身もそうしてきたのだが——自分の記述を処方箋として見ることがね」(p39)

方法を思いついた。セッションの終わりに，クライエントにこれから何をするのかを説明したうえで，彼はその場でセッションのケース記録をディクタフォン（口述録音機）に録音するのであった。クライエントはカルテに記録されることを聞く機会を得るだけでなく，セラピストの間違いや，自分たちが違う考えを持っていた場合にはそれについて修正を加えることもできた。記録や治療計画を記述する場合にも同様の手続きによって，より共同的な治療過程が可能になるだろう。

● 私は通常，クライエントに多くの選択肢を与え，彼らに次のステップあるいは正しい方向に私をコーチさせる。時々，これはセッションの間隔といった単純なものにも適応する。例えば「また来たいですか？　もし，そうならちょうど１週間後でどうですか？　それともそれでは私たちが話したことが有益かどうか見極めるには早すぎるでしょうか？　２週間か１カ月ではどうでしょうか？」また時には，治療の方向性やセラピーの話し合いに関しても複数の選択肢を示す。例えば「私たちが話し合っていることはあなたの役に立っていますか？　この方向で進めていって大丈夫ですか？　息子さんがどこに住むのが一番良いかもっと話したほうが良いですか，それとも幻覚にもっと焦点を当てるべきでしょうか？」

● もし私がある考えを持っていて，それについて自分だけで考えていたことに気づいたら，それを真実あるいは正しい方向としてではなく，一つの考えとして，個人的な認識，印象としてそれを話題の中に織り込んで公にする。私は考えや意見を持っていて，中には専門的な訓練や経験に影響を受けたものもあるが，正しく生きるための方法や，精神的に健康でいられる方法，良い人間関係の持ち方（これを知らないということは保証してもいい）を示す絶対的な真実や掟を持っているわけではないということをクライエントに知らせたい。私は自分自身の意見を秘密にしておくことを望まない。それらは，いずれにせよ，私の質問の中で，または非言語的に漏れる。それで，私は意見の相違に備えて十分な余地を残し，絶対的なものの言い方をしないよう気をつけている。

　例えば，かつて，私は息子が家でしばしば暴力的になるという家族と面接をしていた。多くの解決と方向づけを試みたにも関わらず，暴力は続いていた。それで私は，８人の子どもを育てることで一つのことを学んだという自分の父親から聞いた話をした。子どもは煉瓦の壁を叩かなければ限界を知ることができない，というものである。子どもたちが将来を台なしにしてしまうような行動をとるたびに父は注意しようとしていたらしい。しかし，子どもたちはまるで煉瓦の壁に向かって突き進むバイクに乗っているようなものであった。今のようにいろいろわかっていなかった頃，父は子どもたちを行動の結末から守ろうと，煉瓦の壁の前に立ちはだかることさえしたと言った。しかしながら，子どもたちを見ていて，彼は最終的に子どもは皆この方法で学ぶ

のだと悟った。この家族の場合，息子のために穏やかな愛情を注ぐという意味で，煉瓦の壁の前に立っているのだろうか？ しかし，暴力を振るった結果を彼自身に受けとめさせるという厳しい愛情を持つことのほうが，皆にとって良いのではないだろうか？ 両親は——そして，驚くべきことに，息子さえも——これに同意した。私たちは，限界を設定したり，暴力に対する結末を考えたりすることにした（例えば，警察に通報する，暴行の後はしばらく別のところで生活するなど）。

クライエントはどこに行きたいのか？

私はセラピーを始めるにあたり，知りたいことが二つある。1．その人は何が不満なのだろうか？ 私は，その人が何故セラピーに来ているのかを確かめる必要がある。なぜなら，これは私たちが問題解決のために何に焦点を当てる必要があるかのヒントを与えてくれるからである。2．私はその人がセラピーが終わる時をどうやって知るのかを知りたい。これら二つの情報から私は，その人がどこに行きたいのか，またそこに到達した時にはどのようになるのかについてある程度の感じを掴むことができるのである。

セラピストたちが何を達成するように求められているのかを知り，助けを求めているその人あるいは人々のゴールを明確にすることは，私が言うところの焦点化を発展させることである。このことについて，ホイト（Hoyt, 1996h）は，「もしどこにホールがあるのかわからなければ，コース上で長い1日を過ごすことになるだろう」というゴルフのメタファーを用いて述べている。この焦点は，異なる計画を持つ多様なクライエントを考慮している。もし，セラピストとクライエントの間でこれがばらばらで，どういう結果を成功とみなすかについての見解が一致していなければ，問題が起きるかもしれない。ここに，セラピーにおけるこの重要な問題を明確にするためのいくつかの質問と指針を示そう。

不満を定義すること
- 人に治療を求めさせたり，治療に行かせるほど悩ませているのは何か？
- 不満を言っているのは誰か？
- 何かを不安に思っているのは誰か？
- 彼らは何に不満を言ったり，不安になっているのか？
- 議論のきっかけとなる曖昧，かつ非難するような言葉に対応している行動記述（ビデオトーク）は何か？
- 不満がよく起きるのはいつか？
- 不満がよく起きるのはどこか？

- 不満を取り囲み，関与したりしているのはどんなパターンか？
- その人やカスタマーあるいは状況に関与している他の人はその不満についてどのように説明するか？

カスタマーを確かめること
- セラピーの代償を払おう，もしくは変化をもたらすために何かをしようとしているのは誰か？
- 誰の心配ごとがセラピーを制限したり，影響を及ぼすことになるのか？
- 変化を催促しているのは誰か？
- 費用を負担しているは誰か？
- 一番不満を言っているのは誰か？
- セラピーを終結させることができるのは誰か？
- 法律上，倫理上の抑制もしくは考慮されるべき事柄は何か？（自殺の計画もしくは企図，殺人や暴力の計画もしくは経歴，裁判所や法律上の関わりなど）

目標を明確にすること
- クライエント（たち）あるいはカスタマー（たち）は，セラピーが十分役立ったのでセラピーを終結してもいい時期にきていること，もしくはお互いに納得した結果が達成されたことをどうやって知るのだろうか？
- ゴール（複数）に向かって進歩していることを示す最初のサインは何か？（もしくは，既に示されているサイン）
- このことがもはや問題ではないということを示す最終的な行動もしくは成果（可能なら，再びビデオトークで見聞きすることができ，確認できるもの）は何か（O'Hanlon & Wilk, 1987を参照）。可能なら，レッテルや理論上の概念を行動の記述に置き換える。でなければ，クライエントに問題の主観的な体験を尺度で評価させ，成功を示す目標値を示させる。
- 私たちはセラピーの終結，また，それが成功したことをどうやって知るのか？

介入すること：経験を承認し，ものの見方， 行動そして文脈・背景を変化させること

　私はセラピーにおける介入を，次の四つの領域に概念化している。経験，行動，見方，そして文脈・背景である。表5.1はこれらの領域を要約したものである。
　経験は，人々の生活，感情，想像，知覚，そして自己の感覚の全ての内的な側面を

表5.1 介入の領域

経験	見方	行動	文脈・背景
感情	観点	行動パターン	時間のパターン
自己の感覚	注目のパターン	相互作用パターン	空間のパターン
身体感覚	解釈	言語パターン	文化的背景と属性
知覚体験	説明	非言語パターン	家族／歴史的背景と属性
無意識に行う想像や属性	評価		生化学的／遺伝的な背景と属性
	仮定		性差教育と属性
	信念		
	自己のストーリー		

含んでいる。これらは全て存在の王国に位置づけられる——それらは,もし私たちが言葉や芸術,あるいは身振りなどを通して伝えなければ他人にはわからない,主観的で私的な分野のものとされる。この領域において可能性療法がセラピストに提案しているのは,それらをただ承認し,尊重し,妥当だと見なすことである。経験を話しに来た人が,その経験が誤っている,説得力がないなどと判断されたのではなく,話を聞いてもらったと感じられるようにする。彼ら自身人としての価値があり,妥当性のある有効な体験をしてきているのだと知らせよう。これは,変化ではなく受容の領域である(もちろん受容に関するコミュニケーションが,変化をもたらすことがあるが)。

　私はまず,クライエントが経験していると思われる内容を承認することから始める。クライエントは,あなた,つまりセラピストが問題の内容だけでなく,それが持つ情緒的な比重,もしくは彼らに対してどう反響しているかも理解していることを知る必要がある。これは,その後の治療過程の基礎であり,クライエントによってはこれが治療そのものだという場合もある。しかしながら,多くのクライエントにとって承認されるだけでは足りないのである。彼らは,話を聞いてもらい,妥当だと評価されるだけでなく,問題解決に向けて積極的に変化するための援助も必要としている。承認そのものは,数分で終わることもあるし,数セッションにわたる場合もある。クライエントが,話をよく聞いてもらっている,理解してもらっていると感じない限り,セラピーの次の段階に移ることはできない。あなたに提供できるのが承認するという行為だけならば,それは多くのクライエントにとっては不十分だろう。もし,セラピストとしての私が,治療において共同作業の欠如,もしくは敵意を経験し始めたなら,一旦止めて承認の段階に戻るようにしている。

　表5.1の次の3列は,変化が起こる分野を定義している。焦点は三つの領域に当てられる。問題の見方を変化させること,問題の行動を変化させること,問題を取り巻く文脈・背景を変化させること。これらの三つの領域において,私は問題と解決の両

方のパターンを探る。クライエントが自分自身について，どのように問題のある見方をしているのか？ より有用で支持的な，かつ変化を増幅し，もしくは変化を引き起こすような見方にはどのようなものがあるだろうか？ 問題の周辺，家族メンバーもしくは他の人々との間で起きる問題行動や相互作用パターンはどのようなものか？ より有用な行動や相互作用パターンにはどのようなものがあるだろうか？ そして最後に，変化や結果に貢献する文脈・背景の側面はどのようなものか？ 人々を問題に引き戻したり，問題を維持させたりする文脈・背景の側面はどのようなものか？

　私は，クライエントが問題について考え，留意し，理解するいつもの方法（問題の見方）を変化させるのを援助しようとする。そして，彼らが問題状況の中で，とってきた行動や相互作用的な関わり方（問題行動）を変化させようとする。数年前，ブリーフセラピストのジョン・ウィークランドは私にこのように話した。「人生とは要するに，次から次に起こる忌々しいことの連続なのだ。セラピーでそれを変えることはできない。しかし，セラピーを求めてくる人々はもうそれを経験していない。彼らにとっての人生は，同じ忌々しいことの繰り返しになっているのだ」。それゆえ，可能性療法家としての私たちの課題は，人生が「同じ忌々しいことの繰り返し」という状況から，「忌々しいことが次々に起こる」という生活に戻るように援助することである。人は，常にいくつかの問題を抱えているものだが，同じ忌々しい問題を何とかしようと繰り返し虚しい努力を続けることが，勇気を失わせたり，力を失わせたりするのである。

　「行動」や「見方」を査定して，変化させるという考えに，私は問題の文脈・背景を変化させることを加えた。セラピストとして私は，人々の問題の文化，性差，生化学，その他の文脈・背景上の側面の影響を非常に強く意識するようになった。問題は真空の状態では起こらない。私は文脈・背景の側面には影響力（原因ではなく）があり，しかもその影響力が問題となる場合と役に立つ場合があると信じている。あるクライエントが，強迫もしくは統合失調症的傾向を示唆する生化学的な背景を持っていたとしても，それは彼らに特異な行動を引き起こさせる原因にはならない。例えば，ある人は幻覚を起こしやすいかもしれないが，それが原因で通りを裸で走るとか，人を殴ったりすることはない。また，男は感情を表に出さないという伝統文化のもとで教育を受けたからといって，その男性が感情表現ができない，もしくはこれから先もずっと感情が表現できないだろうということにはならない。

　私は，問題の文脈・背景のパターンを見極める試みに加えて有用な文脈・背景のパターンを探すようにしている。例えば，私は次のようなことを言う。「それで，たしかにあなたのご家族にはアルコール乱用，依存症の歴史があるようですね。お父さん，あなたの3人のおじさんたちは，飲酒が原因で30代で亡くなっている。お母さん，

表5.2 四つの領域における介入の方法

経験	見方	行動	文脈・背景
受容，正当化，承認のメッセージを伝える。経験は本来の問題ではないので，それを変化させたり分析する必要はない。	次の観点を確認し，それに挑戦する： 不可能 非難 無効化 責任・決定力の欠如 関心をむける新たな可能性を示唆する。	問題の一部であり，「同じ忌々しいことの繰り返し」とされる行動と相互作用のパターンを見つける。さらに，問題のパターンを崩す，あるいは，解決のパターンを探して活用するよう提案する。	文脈・背景に存在する有用な側面とそうでない側面を確認し，問題を取り巻く文脈・背景を入れ替えるよう示唆する（例えば，生化学的，時間的，空間的背景，文化的習慣や影響における変化）

あなたのお母さんは数年前まで隠れてお酒を飲んでいました。教えてほしいのですが，あなたのお母さんはどうやって飲酒を止めたんでしょうか，お母さん？ そして，お父さん，あなたの家族の中で，アルコールの誘惑に負けなかったのは誰ですか？」あるいは「私はパキスタンの文化をほとんど知らないので，ちょっと助けてほしいのですが。カップルの間に起きていた暴力が終わるとしたら，パキスタン文化ではだいたいどういうふうに止むのでしょうか？ カップルの中での暴力を支持する文化的側面は何ですか？ また，どういう文化的側面がそのような状況で暴力に挑んだり，抑制したりするのでしょうか？」

問題の見方を変化させること

クライエントがセラピーにやって来るとき，彼らはしばしばお互いについて，あるいは問題についてのストーリー（考え，信念，仮説）を持っている。これらのストーリーは，揺るぎないものであり，対立を引き起こす傾向がある。変化の妨げになるストーリーは有用でないし，クライエントが持ってくるストーリーはしばしば問題の一部あるいは重要な部分となっており，有用とは言いがたいものである。表5.2はこれら四つの領域の概要である。

私は，典型的な問題のストーリーを4種類確認している。これらの信念は，問題と相互作用的に関わっている家族，セラピスト，もしくは紹介元のいずれによっても持たれる可能性のあるものである。

不可能のストーリー

不可能のストーリーにおいては，クライエント，セラピスト，あるいは彼らの生活に関わるその他の人々は，変化が不可能であるというような信念を抱いていることが多い。

- 彼は，注意欠陥多動症候群で自分の行動を抑制できない。
- 彼女は決して変化しないだろう。
- 彼女は私の母親とそっくりだ。

非難するストーリー

非難のストーリーは，自分自身や他人を良くない意図があったり，良くない特性を持っているものとして見なす。

- 彼は気を引こうとしているだけだ。
- それは全て私の責任だ。
- 彼らのせいでおかしくなりそうだ。

無効化のストーリー

無効化という考えは，他人から被害を被っているというクライエントの個人的な経験もしくは認識につながる。

- 彼は，父親の死への怒りを表現する必要がある。
- 彼は繊細すぎる。
- あなたはあまりに感情的である。

決めつけのストーリー

選択不能の決めつけのストーリーは，人が身をもって対処する事柄（自発的な行動）に関して選択の余地がないとか，人生で起きることはどうしようもないことを示唆している。

- もし，あの先生がクラスのまとめ方を知っていたら，ケイトは学校でこういう問題に会わなかっただろうに。
- 私は，沈黙こそ怒りを表現する方法であるという家庭で育てられた。だから，私は怒ると話すのを止めて自分のやりたいようにする。
- もし，彼女が私にガミガミ言わなければ，私は彼女を叩いたりしないのに。

問題のストーリーを扱う

私は，三つの方法で問題のストーリーに挑み，あるいは疑問を投げかける。
- 承認したり，柔軟に接することによって，あるいは可能性を添えることによって，ストーリーを転換させる：現在もしくは過去の問題の見方を妥当性のあるものとしな

がらも，ひと工夫を加えていく分柔軟性を持たせたり，可能性を含ませる。例えば，親が息子について「彼は，私たち家族のことなんかどうでもいいのです。自分がしたいと思うことがしたいだけなのです。そのために私たちがどんなに辛い思いをするかなんておかまいなしにね」と話した。親の感情や見方を承認するという形で反応することもできるだろうが，それが当然という意味合いを減らして，やんわりとそれを示す。「つまり，あなたの息子さんがやってきた多くのことを見ていると，彼があなたやご家族のことよりも，自分自身が大事だと思っているふうに感じられるのですね」。あるいは，別の反応としては，将来的には状況が変化する可能性があるというニュアンスを加味することもできる。「たまには彼が，自分のことよりも家族のことを優先して何かをするのを見たいのですね」

- 反対の徴候を見つける：クライエントもしくは彼らを知っているその他の人から，問題のストーリーに当てはまらないような話を聞き出す。例えば「おや，あなたは彼は抑制が効かないと私におっしゃるけれども，今あなたは，彼がクラスで他の子に馬鹿にされたときは冷静だったと先生から聞いたとおっしゃっていますね」。もしくは「そうですか。あなたは怒りを表現する唯一の方法は暴力であるという家庭で育てられた，と私におっしゃるわけですね。ですが，私は興味をそそられるのです。あなたは怒ったときに，奥さんや息子さんをよく叩くけれども，仕事場で腹が立ったときも上司やお客さんを叩くのですか？」

- 同様の徴候や事実に合致する別のストーリーや枠組みを見出す：事実により好意的な解釈を与える。例えば，「あなたは，彼はしたいときにしたいことをしているだけだと感じていらっしゃいますが，私の感じでは自立するための方法を見つけようとして，彼自身で決めようとしているように思えるのです。あなたから強く非難されると，彼は自立していることを表すために，あなたに反抗して抵抗することしか思い浮かばないのです。たとえそれがまた問題になったとしても」。あるいは「お父さんがあなたを外出禁止にするのは，あなたを嫌っているからだと思っているかもしれないけれども，もしお父さんがあなたのことを心配していなかったら，お父さんにとって面倒なことにならないかぎり，自分のしたいようにさせるんじゃないかと考えたことはありませんか」

可能性療法における介入の型

三つの変化の領域（行動，見方，文脈・背景）の中で介入の型が二通り作られる。

- 問題を取り巻く，あるいは問題に含まれている，反復する連鎖を突き止め，問題のパターンにおける変化を示唆する。

- 問題のパターンよりも，解決のパターンを発見，強調し，その採用を助長する。

　私は，その人を悩ませているのは何かという最初の感じがつかめると，より詳細な情報を引き出し始める。私が探しているのは，パターンである。パターンを見つけるために，問題を構成している，もしくは問題に随伴してとられているその人の行動描写が必要になる。描写は理論や結果とは異なる。このプロセスには，ビデオテープで見たり聞いたりしているかのように問題を描写するビデオトークを用いることを勧めている（O'Hanlon & Wilk, 1987）。ビデオトークでは，問題行動の再生ができる。
　例えばある人に，自傷行為について説明するよう求めるとしよう。「自分を傷つけるのはいつが多いですか？　どうやって自分を傷つけ始めますか？　もし使うとしたら，自分を傷つけるためにどんな道具を使いますか？　身体のどの部分をよく傷つけますか？　決して傷つけない部分はどこですか？」例え不満が何か内的なことであっても，セラピストはそれに伴う行動の描写を引き出すことができる。例えば，次のように尋ねることができる。「あなたがフラッシュバックを起こしているのを誰かが見ていたとしたら，フラッシュバックが起きていない時と何が違って見えるでしょうか？」もしくは「うつ状態になるときは，何をすることが多いですか？」行動に焦点を当てることは，問題を分離する手助けとなる。
　この見地から，治療的に話を向けられる問題は，

- 繰り返し起こるようでなければならない。
- 区別され，注意を向けられなければならない。
- 否定的に評価されていなければならない（悪い，間違っている，病的な，気が狂った，よこしまな，みっともない，受け入れられない，我慢できない）。
- 少なくともいくつかの側面においては仕方のないこととして考えられていなければならない。すなわち解決できないとか，それが起きるのを止めることができないと人が感じるようなものである。

　ミルトン・エリクソンはクライエントの問題や症状そしてそれらの行動の起こし方に興味を引きつけられていた。基本的に，彼は問題の詳細を精密に記したかった。エリクソンは実に熱心に問題に焦点を当てた。そしてそれは，あたかも映画で演じるために誰かを研究しているかのようだった。彼はクライエントに問題の個々の事柄について詳細に描写するよう求めた。彼は，次のようなことについて尋ねた。

- どのように問題は起こったか。
- どこで問題は起こったか。

- 問題が起こったときは，誰と一緒だったか。
- どのくらいの割合で問題が起こっていたのか。(頻度)
- どのくらいの間，問題が起こっていたのか。(持続時間)

　私は，エリクソンの好奇心の持ち方に感化された。そして，クライエントと共に彼らの生活を抑制している，もしくは次々襲ってくると思われる否定的な問題のパターンについて探究する。私は，良く知らない領地で，問題島の地形や海岸線を調査する地理学者のようなものである。問題もしくは症状の詳細を知り，クライエントがそこを脱出する方法を見つける手伝いをしたいのである。問題を分離することによって，クライエントと私は共に問題を形成しているパターンに介入，もしくは問題の周辺の文脈・背景を変化させて，それらがもはや問題や症状を含まないようにすることができる (O'Hanlon, 1982, 1987; O'Hanlon & Wilk, 1987; O'Hanlon & Weiner-Davis, 1989)。

　クライエント自身による問題描写のおかげで，彼らが使う言葉の意味がわかりやすくなるので，自分流の解釈をするのはできる限り控えるようにしている。さらに，繰り返し見られ，パターン化しているような問題の側面はないか，探すようにしている。私はエリクソンや彼に続く戦略的および相互作用的な立場に立つセラピストたちの影響もあり，次のような探索が問題のパターンを発見するのに有用であることがわかった。どのくらいの頻度で問題が起きているのか，それが起きやすいのはいつか (1日のうちのいつか，1週間のうちのいつか，1カ月のうちのいつか，1年のうちのいつか)。問題の持続時間はどれぐらいか (通常どのくらい持続するのか)，それは通常どこで起きるのか。誰が関わっているのか，そして問題が起きているときに，その人や周囲の人々はいつも何をしているのか。クライエントと共に，一旦問題のパターンが理解できれば，それを崩壊したり，解決のパターンに置き換える方法を見つけ出すことができる。

問題のパターンを変化させる

　変化への可能性の感じがつかめるぐらいにパターンに関する詳細が十分得られると，私は問題のパターンを変える提案をするようにしている。すなわち，その人に内在している力がもたらし得る注目すべき変化にはどんなものがあるだろうか，と考えるのである。これは通常，行動の変化を伴うが，それには以下についての変更が含まれることがある。

- 連続性

- 前提
- 結末
- 不変の行動
- 反復的な相互作用
- 身体行動
- 場所もしくは状況

　うつ状態で孤独なリンダは，ひどく自暴自棄になったときには，喫茶店に行くことに同意した。彼女は誰とも話す必要はなく，ただそこに少なくとも2時間座っていればよかった。彼女はほとんどいつでもうつだったので，夜ごと喫茶店に行くようになった。しばらくすると，彼女は顔なじみになり，喫茶店の店員は彼女を会話に引き込み始めた。何人かの友達もできた彼女は，彼らが喫茶店の雰囲気作りにと始めた音楽の出し物の予約を受け付ける手伝いを自分から進んでするようになった。

また問題のタイミング（頻度，発生時刻，持続時間）における変化を示唆することもできる。

　マーサは夜になると，指が出血するまで何時間でも自分の爪をむしるのだった。マーサはこの行動を止めようとはしたが，どうにも抵抗しがたく，やらずにはいられなかった。セラピストは，マーサに毎晩15分間爪をむしるというスケジュールを立てて，実験してみることを提案した。マーサは癖に没頭する時間があると思うと，それ以外の時間には衝動がこなくなったことに気づいた。マーサは夜をもっと生産的に，楽しく過ごすようになった。時には，爪をむしること自体，忘れてしまうこともあった。

もう一つの選択は，しばしば問題に伴って起こる，非言語的な行動（声の調子，ジェスチャー，身体の動き，アイコンタクトなど）における変化を示唆することである。

　ジェニーは公の場で食べ物が出ると，摂食障害（過食症）を起こすという問題を抱えていた。普通はとても社交的な人なのだが，彼女は食べ物が出そうな社交的な集まりへの出席はもう止めようかと思うまでになっていた。彼女はこのような集まりに出ると，食べ物にばかり気をとられ，（食べ物を避けたり，強迫的に食べているのを皆が知っているのではないかという恐怖に駆られたりで）とてつもなく辛い時間を過ごすようになっていた。パーティーでは頭を下げ，誰とも接触したり会話をしないようにこそこそ歩き回った。無茶食いをする時もあればしない時もあったが，いずれにしてもその体験は不愉快だった。私たちは一緒にパターンを変える計画を考え出した。彼女が次に参加するパーティーでは，食べ物に集中する前に，少なくとも3人の人に近づき，彼らの目を見て自己紹介をすることに同意した。彼女は計画を実行すると，会話に夢中になって，食べ物が問題でなくなったことに気づいた。

解決島への誘い：解決のパターンを確認し，喚起し，用いること

　問題のパターンを変化させることに加えて（もしくはその代わりに），可能性療法のセラピストは才能や能力，そして強さを含んだ以前の解決のパターンを引き出したり喚起しようと試みることもある。これは，クライエント自身に解決策や能力があるということを説得するのではなく，むしろ質問したり，情報を集めることで，彼らにそれらが備わっていることを強調するという考え方である。大事なのは，自分にはその能力があるという感覚や問題を解決できるという経験を喚起することである。クライエントが問題のパターンにがんじがらめになっているとき，彼らには利用できる豊かな経験があるということを思い出せないでいることが多い。私はさまざまな領域を探索して，クライエントにそういった能力を見いださせたり，回復させたりするのを援助する。そのためには，クライエントがセラピーに抱えてきた問題に対し，その扱いや解決に成功した過去の技法を確認するのである。以下は，私が解決に関する情報を集め，それらを引き出すために用いるいくつかの技法である。

● 部分的な解決や部分的な成功を含んだ，問題に対する以前の解決について調べる：クライエントに問題を予想したのにそれが起こらなかった時を含み，問題を経験しない時について詳細に尋ねる。例えば，次のように尋ねる。「私たちの理解によれば，いつもなら恐ろしくて尻込みしてしまうのに，その時に限ってはそうはしなかった。この時はいつもと違って，どんなことをしたのですか？　どうしたらそんなことができたのですか？」もしくは「夕べはいつもほど深く自分を切りつけなかったんですね。いつもやっていることをしないように，どうやって自制したのですか？　今回は，それ以上深く切りつける代わりに何をしましたか？」

● 問題が終わるとき，もしくは終結に近づいた頃に何が起きるかを調べる：問題がなくなりつつあったり，終息していることにクライエントが気づく最初のサインは何か？　その人の友達，家族，同僚，などは問題が治まった，あるいは，治まり始めたことにどういうふうに気づくのだろうか？　問題が終結，もしくは，治まったとき，クライエントは何をしているだろうか？　問題から自由になったときの行動は，問題が起きていたり，存在したりしていたときのクライエントの行動とどのように違うだろうか？　その人あるいは，重要な他者が気づいたことで，問題がより早く治まる助けになるようなことが何かあるだろうか？　この情報を引き出す助けとなる質問の例をいくつか挙げよう。「自分を切りつけるのを止めるとき，どうやって今止めるべきだということを知りますか？　徐々に治まってきたり，止めるだろうということを，どんな合図から気づきますか？　それから，切りつけるのを止めたときには何をし始めるでしょうか？」もしくは「性的な衝動が小さくなり始めて，外で他人とセックス

しないではいられない感じがそれほどしないときには，代わりに何に集中しだして，何をしているでしょうか？」
- 治療が始まる前に起こった有用な変化について調べる：私たちセラピストは，クライエントのよさを十分に認めていないことがある。時には，クライエントは，助けを求めてくる前に既に問題を解決し始めている場合もある。クライエントがセラピーを求めてくるほど問題に集中していることだけで，変化をもたらす助けになり得る。何らかの助けが得られると思うだけで，希望とエネルギーが湧き出し，変化を生み出すのかもしれない。セラピーへの期待は，フロッシングの効果に似ている。私たちが歯医者を訪れる前にフロッシングを丁寧にしたり，回数を増やしたりするように，クライエントは問題に対して注意と努力を向け始める。この類の，治療前の肯定的な変化について尋ねることは，人が問題をどのように解決したり，変化を創るのかに関する重要な情報をもたらす（O'Hanlon & Weiner-Davis, 1989; Weiner-Davis, de Shazer, & Gingrich, 1987）
- その人が自分は有能であり，良い問題解決もしくは創造的な技術を持っていると感じられるような状況を探しなさい：これらの状況には趣味や仕事上の特殊技能なども入る。また，問題が起こらない状況（例えば，仕事中，レストランで，等など）も確認するとよい。その人もしくはその人の知人が，似たような問題に直面し，それを彼／彼女が好む方法で解決したときのことを調べるのもよい。そうした「代理の状況」は，模範になり，借用することができるのである。
- 問題がなぜ悪化していないのかを尋ねる：その人がなりうる，もっとも悪い状態と比較して，なぜ問題がそこまで深刻でないのかをクライエントに説明させる。これは，問題を一般化し，物事を全体的に見る助けとなる。また，クライエントがそれ以上悪くなるのをどのように防いでいるのかについての情報も得られる。これを行うもう一つの方法は，問題から派生した出来事が最も悪い状況のときと，それほど深刻でもない時とを比較して，何が違うかを説明するようクライエントに求めることである。

可能性の扉を開きながら承認する方法

変化への可能性を閉ざさずに，クライエントの現在の苦しい問題を承認し，正当化することが重要である。変化と可能性をあまりにも強調しすぎると，セラピストは彼らの苦しみやジレンマを理解していない，留意していないというメッセージを与えてしまう可能性がある。承認の側面をあまりにも強調しすぎると，クライエントは変化できないとか，あるいは苦しみと絶望に浸るのを助長するメッセージを伝えてしまう可能性がある。次の方法は，承認と変化や可能性への誘導を融合できるようできている。ここで示唆しているのはあくまでガイドラインであるということを心得ておくよ

うに。これらが公式のようになり始めると，ぞんざいにあるいは表面的に用いられてしまう可能性がある。これらは，クライエントの苦しみと可能性に敬意を払い，深く共感するように作られている。

ひねりを加えたカール・ロジャーズ：過去と現在における問題報告の中に可能性を導入すること

- クライエントの問題報告を，問題の部分を過去時制に直して言い換えて返す。

    クライエント：私は落ち込んでいます。
    セラピスト：そうですか。あなたはずっと落ち込んでいらしたんですね。

- クライエントが彼らの問題を普遍的なものとして述べるときは，問題は必ずしも普遍的ではないという可能性を差し挟む。クライエントの問題報告に制限を加えて返す。時間（例えば，最近，ついさっき，1カ月ほど前，大半の時間，多くの時間），度合い（例えば，ほんの少し少ない，もう少々多い）あるいは分量（例えば，たくさん，いくらか，ほとんど，多く）に関する場合が多い。全体的な陳述を部分的にする。

    クライエント：私は本当にずっと落ち込んでいました。
    セラピスト：あなたは最近ほとんどずっと落ち込んでいらしたんですね。

- クライエントの真実の陳述をクライエントの認識あるいは主観的な現実の陳述に変える。

    クライエント：彼女が言ったりしたりすることから，彼女が私や私たちの結婚に関心がないことは明らかです。
    セラピスト：彼女がしたいくつかのことが，あなたに彼女が関心がないと感じさせたんですね。

動く歩道：可能性のある未来を導入すること

- 問題の陳述を，望ましい未来もしくはゴールの陳述に変える。求められている肯定的な行動や結果が何なのかを明確にする（例えば，「不眠が治まった」というよりは「よく眠れる」）。

    クライエント：私は本当に内気すぎて人間関係を持てません。私は，女性が恐いし，拒否されることが恐いのです。
    セラピスト：つまり，あなたは関係が持てるようになりたいのですね。

- 過去の有用な注意力，行動，見方の報告を現在形もしくは未来形に置き換えて，

クライエントの現在の認識あるいは未来の予想の中に差し挟む。

> クライエント：私は，友達に電話することで無茶を止めました。
> セラピスト：そうですか，無茶を止めるためにいろいろなことができますが，その中の一つは，友達に電話することなんですね。

- まだ，これまでは，時，そして，だろうのような言葉を使って，ゴールに向けた肯定的な変化や進歩を前提にする。

> クライエント：私はガールフレンドとダメになったし，他の人との関係も持てそうにない。
> セラピスト：そうですか，まだ関係が持てないでいるんですね。人との関係が持てるようになったら，ここで一緒にやってきたことが役に立ったということになりますね。

特殊な技法

　治療的会話で用いられているいくつかの可能性療法の手順を挙げよう。前出のとおり，それらは機械的な方法としてではなく，真に共感して用いられなければならない。

- 要約し，妥当性を認めて，和らげること：この技法はセラピストが，それぞれの話に十分に耳を傾けるだけでなく，中立的な立場でそれぞれの人の妥当性を認めることを保証するものである。さらに，わずかな言葉の変化を通してセラピストは，互いに責めたり，落胆させるようなコミュニケーションを和らげることができる。個々の面接においてこのことは，変化への可能性をオープンにし，責められたり，落胆したりするのを軽減する助けとなる。
- セラピスト自身の体験を語ること：この技法はいくつかの機能を持っている。一つは，クライエントと積極的に関わり，対等な関係になること（クライエントだけでなく，私たちは皆，生きていく上で問題を抱え，奮闘している）。もう一つは，他の人も同じ類の問題，見方，もしくは感情を持っていることがあることに気づかせ，それらを一般化することである。そして，この技法のまた別の目的は，行動もしくはものの見方の新しい可能性を示唆することである。
- 特殊な問題のパターンを特定し，それをたどること：この技法でセラピストはクライエントが何を心配しているのか，また，問題の状況をどのように経験しているのかが理解しやすくなる。問題を特定化するのに加えて，セラピストは問題の相互作用もしくは状況における典型的なパターンを探索する。これにはしばしばビデオトークが使われる。

- 解決のパターンを特定し，それをたどること：この技法は，しばしば特殊な技法と結びついており，クライエントの過去の経験に基づいた問題に関するより援助的な行動や見方を喚起したり，強調するのに用いられる。
- 可能性を示唆すること：この技法は，セラピストの経験から生まれた考えで，未来に役立ちそうなものを提案するものであるが，その人やカップルもしくは家族が，これまでに言ってきたこと（解決のパターンに由来するものが多い）や，セラピスト自身の考えに基づいたものである。それらを人々に押しつけるのではなく，試案のように提案することが重要である。しかしながら，セラピストの「中立性」もしくは「非専門家」としての立場の名のもとに，セラピストの考えを会話から排除するということがないようにするのもまた，同じぐらいに重要である。
- 解決策や問題を分類して探索の手ほどきとすること：この技法では，問題もしくは解決のカテゴリーもしくはそれらのカテゴリーの例となる特定の出来事を喚起したり，組織化するのを促進するために，曖昧で，一般的な言葉（コミュニケーション，欲求不満，愛情）もしくは質問（「これらの状況はすべて，考えてから行動するか，考えずに行動するか，に関わっているように思われます」）を用いるようにする。

可能性療法における内的な作業

　可能性療法のもう一つの方法は内的な作業を伴うものである。それは，人が自らの体験から自分を切り離して考えたり，体験を低く評価するのはトラウマの結果であり，こうした側面が「勝手に動き出し」，それが内的，外的な混乱を引き起こすのだという考えに基づいている。カール・ユングが述べているように，「自分自身について好きでないところは全て退行し，より原始的になっていく」のである。私は，人がセラピーに抱えてくる症状や問題は，彼らが自分のことでこれまで好きでなかったところを示唆しているのであり，退行し，原始的になったところだと考えている（O'Hanlon, in Hoyt, 1996gを参照）。私がどうやってこれに気づくに至ったかを説明しよう。

　　　私は，深刻な強迫性障害の問題を抱えているジムという男性に会った。ジムは私に，次から次へと襲ってくるさまざまな強迫観念について話した。ジムの仕事はコミュニケーション関係で，コミュニケーションについて教えることに関係していた。彼は，人間はどのようにコミュニケーションをはかるのかということを考え出すと頭がそれでいっぱいになり，言葉や意味を組み立てることができなくなった。ジムはまた，他の強迫観念にも苦しんでいた。彼は誰かと話しているとき，目の前に彼らの直腸のイメージがありありと浮かんでくるのであった。当然，このことは彼の会話を混乱させた。また顎や頸の緊張が増し，彼の言うところの「ひどいどもり」になるのを恐れた。それは，固ま

ってしまって全くコミュニケーションが取れなくなる状態を意味していた。これは，コミュニケーションのために生きてきた彼にとって，地獄のようなものだった。ここでは詳細に触れないが，ジムはそのほかにもたくさんの強迫観念にとりつかれていた。強迫観念がひとつ去れば，別のものが直ちにそれに取って代わるのだった。基本的に朝起きてから，寝るまでその兆候は続いた。

　ジムは催眠を信じていなかったが，それまでに試みてきた治療法（数年かけた精神分析，行動療法，夫婦療法）は不成功に終わっていたので，私は彼に催眠を試してみるよう勧めた。私たちは初回セッションでほんの少し催眠（O'Hanlon & Martin, 1992を参照）を試みたが，彼はその間中，動き回り，顔の筋肉は緊張していて，とても心地悪そうにしていた。彼はその結果に感動したわけではなかったが，進んでもう一度試してみようという気持ちになった。

　次の予約では，私はジムと40分間の催眠のセッションをした。トランスの間の約15分間，ジムは強迫観念から自由になり，その後約2時間その状態が続いた。ジムはまだ催眠について納得していたわけではなく，トランスに入ったことも完全に信じてはいなかったが，何かが役に立ったようだった。

　次のセッションで，ジムは私に前回のトランス（もしくは，彼はトランスに入っていたと信じていなかったので「偽のトランス」）で起こったことを話してくれた。ジムは，強迫観念が浮かび，緊張し，言葉の意味を失い，トランスに入るには時間が足りないのではないかという思いにとりつかれていたと言った。それで，私は次の誘導ではとくに注意をして，包含と容認という催眠療法の言語を用いることにした。「では，このトランスの間，あなたは目を開けていても，閉じたままでも結構です」。ジムはいつものように目を閉じ，私は次のように言った。「そして，あなたがそこに座ってトランスに入ることはできないだろうと考えていることを私は既に知っています。なぜなら，私たちは，長い間話をし過ぎましたので，これからトランスに入るには時間が足らないからです。ですから，そのように考えても構いません。あなたはこのトランスのことをくだらないと考えているかもしれません。そのように考えていただいても結構です。何かの症状が出てきて気がそれるかも知れません。おそらくそれは顎や，頸の緊張によるものでしょう。あなたは緊張がひどくてトランスに入れないと考えるかもしれません。それで構いません。緊張していてもトランスに入ることはできますし，リラックスすることもできます。しかし，トランスに入るためにはリラックスしていなければならないということはありません。私がどのように言葉を選んでいるのだろうかと考えたり，不思議に思ったり，また，私の言葉や文章を分析していても構いません。例のひどいどもりが気になるかもしれませんが，それも構いません。自分が感じるように感じ，考えるように考え，体験するように体験すればいいのです。考えていないことを考えようとしたり，体験していないことを体験しようとしたり，感じていないことを感じようとする必要はありません。そうすればトランス状態が続きます」

　その時，彼はぱっと目を開けた。彼は「私がここに来ているのはそのためです」と言い，私は「では，トランスが信じられるようになりましたか？」と聞いた。

　ジムは答えて，「いやいや。私はまだ催眠はくだらないと考えていますよ。私はあなた

がさっき言ったような言葉を聞くためにここに来ているのです。ああいう言葉が役に立つのです」

私は「どういうことですか？」と尋ねた。

ジムは「どういうわけか，あなたが催眠と呼ぶ行為の最初の2，3分の間，そのほんの短い時間，私は何も悪いことができないのです。私が何も悪いことをしないでいられるのは，人生で唯一その時間だけです。ですから，この催眠とやらはもういいですから，あなたが催眠のはじめにしていることをずっと続けてください。それが役に立っているのです」と言った。

彼の言葉は，私が多くの人たち，とりわけ虐待を受けた人たちに対して行ってきたことを具体的に言い当てていた。彼らはしばしば何か（あるいはすべからく）悪いことをしている，どういうわけか間違っているというふうに感じる内的経験をしているのであった。彼らの全ての経験を正当化し，包含することはとても強力な介入である。

それ故，私のアプローチは正当に評価されなかった人の経験を再評価するものである。これは単なる抽象的な概念ではない。私はこうした再評価のためのシンプルかつ強力な方法を展開してきた。

- 最初に，私は人々が体験している症状を検討する：その人には幻覚があるのか？恐怖の感情に悩まされているか？　普通以上に怒りやすいか？　私は，クライエントやその関係者の不満の対象であり，繰り返し起こる問題に焦点を当て始める。
- そこから，私は次のような肯定的もしくは否定的な命令形の陳述を引き出す：「あなたは〜すべきではない，できない，しないだろう」もしくは「あなたは〜しなければならない，〜すべきだ」。これらは，統合失調症の領域において陰性症状，陽性症状と呼ばれてきたものと類似している。陰性症状とは，感情の平板化や欠如と言われているもので，一般的には体験されるが，その人の場合は著しく欠落しているといったものである。陽性症状とは，普通よりも絶え間なく起こり，誇張されたものをいう。例えば，時々頭の中で声がするという人はたくさんいるが，精神病的な体験に悩まされている人の場合，その声はより大きく，押しつけがましく，強制的に聞こえるのであり，これは私の症状に対する見方と合致している。つまり，いつも絶え間なくののしられているような，正当に評価されない経験の側面が反映されているのである。

私はこれらの体験が，命令によって引き起こされたものであると解釈している。つまり，その人が何を体験しなければならないのか，また，何を体験してはならないのか，が命令されているのである。幻視を強いられている場合の命令は，「これらのイメージに注意をはらい，没頭しなければならない」というものであろう。いつでも恐怖を感じている人は，「あなたは恐れなくてはならない」と言われているのであろう。

すぐに怒りを爆発させるクライエントのへ命令は，「あなたは怒らなくてはならない」であろう。

- 一旦，命令の型を見出すと，私はこの命令に対抗するために，容認と価値を認めるメッセージを送る：例えば，声に悩まされてきたクライエントに「声を聞く必要はありません」もしくは「声を無視してもいいのです」と言う。恐れに支配されている人に対しての容認のメッセージは「怖がる必要はありません」というものだろう。何の感情も体験していないという人への容認のメッセージは「感じるままに感じていいのですよ」であろう。

また，同時に両方の側面を一緒に容認することもできる。「幻覚を見ながら，現実に触れていることもできますよ」もしくは「怯えながらも，穏やかでいることができます」と。

非建設的な行動を容認しないことは非常に重要である。クライエントに「叫びたいという衝動にかられながら，叫ばないでいることはできますよ」とは言えるが，「誰かに叫んでもいいですよ」とは決して言わない。「あなたは感覚がなくなっていて，自分を傷つけたいと感じているかもしれません」という容認は，自己破滅的な行動に青信号を与えることとは全く異なる。私はここでは体験についてのみ論じている。私の見解では，先天的に悪い体験というものはない。体験がその人を困らせるのは，彼らもしくは他の人がその体験のことを悪いもの，病気などとみなし，追い出さなければならないと考えるからなのである。

可能性療法の要約

- 変化への可能性を閉ざすことなく，それぞれの人の感情や見方を承認する。
- 問題の例外を探す。

  問題が起きてない時，またはいつもほど深刻でない時には何が起きているのかということにゆるやかに焦点を移していく。クライエントに例外があることを納得させるのではなく，彼らがあなたを納得させるようにもっていく。

- レッテルや曖昧な言葉を，行動もしくは過程の記述に置き換える。レッテルにはビデオのような記述をするとよい（「共依存や統合失調症などはどのように見えますか？」）。

  曖昧な言葉やフレーズは明確にする（「何かがあなたを悩ませているのですね？　具体的には何ですか？」または「あらゆることですか？」）。

  感情や特性に関連するような行動を見つける（「落ち込んでいる時にはどんなことをやっているのかを教えて下さい」「彼がナルシシスティックになっている時，どんな行動をとるのでしょう？」「もしあなたのうつ病の仕方を覚えたら，私が

うつ病になるときにどんなうまいうつ病のかかり方ができるでしょうか？」)。
- 達成可能なゴールや結果に焦点を当てる。
  問題が解決したときに起こっているであろうことで，その人や家族のコントロールのもとにとられている行動や結果のビデオを入手する（「彼がもっと思いやりがあり，愛情豊かになっている時はどんな様子なのでしょうか？」あるいは「彼女が心を開いている時，人はどうやってそれに気がつくでしょうか？」)。
- 変化の証拠と，それをもたらした内的もしくは外的なリソースを見出す。
  昔，あるいは最近あったことがもとで，クライエントにいくらか肯定的な変化が見られた場合，彼らがどのようにその変化を起こし，もしくはそれに影響を与えたのかを詳細に調べる。彼らが以前に行き詰まったり，困難にぶつかっていたとき，誰が，もしくは何が役に立ったのか。
- ものごとの新しい考え方や行動の仕方についての提案をする。問題に伴う違った解釈や行動を示唆する。
- 正当に評価されなかった経験の側面を反映したものだと解釈される問題（通常，いやいやながら，あるいは無意識のうちの体験についての不満）について内的な作業をする。
  正当に評価されなかった側面を容認し，包み込むようにする。
- 共同する雰囲気を創る。
  可能な限り，クライエントの見方，反応，そして専門的知識を取り入れることによってセラピストとクライエントの力関係を均等にする。
  提案は決して押しつけず，自分が自らの理論や偏見に影響されている，会話や介入が特定の方向に動いていると感じたときはそれを認めるように心がける。

第6章
家族療法でのストレンジ・アトラクタとナラティヴによる変容

カルロス・E・スルツキー
Carlos E. Sluzki

　家族療法はさまざまな学問分野にまたがる騒然とした状況の中で誕生した。こうした起源をもったため，人々を苦しみから解放するための全く独自の治療的アプローチを産み，その結果，新奇で難しい用語を用いざるを得なくなった。それらは，情報，フィードバック，メタコミュニケーション，円環的因果律，逸脱－増幅（deviation-amplification）および逸脱－反作用（deviation-counteracting），自己充足的予知能力（self-fulfilling prophecies）といったものであり，現在では，我々にとってなじみのものではあるが，いくぶん古臭くもある用語である。
　こうした学際的起源のせいで，我々は消し去ることのできない烙印を自分たちに押しつけてきたようである。つまり永遠に変遷する開拓者としての存在であり，常に新しい可能性を探求し続け，新しい視点を創造する新しい言葉の挑戦を受け，そうしてまた新たな言語を生成し続ける存在としてである。つい昨日まで異常に思えたことが今日は当たり前のこととなり，今日は異常に感じられたことが，明日は我々の思考を助ける選択の指針となっているかもしれないのである。
　こうした思い巡りから話の口火を切ったのにはわけがある。すなわち昨日までは把握するのが難しく感じられた構成主義というポストモダンな世界の話が，今日の私の選択の方向性を示してくれるものとなっており，その結果，今や昨日まで外国語のように思えたナラティヴという言葉が，現在の私の慣用語になっていることを実感するに至ったからである。しかし，こうしたことにただ慣れ親しみ，すでに耕され芽吹い

注：本章は1997年5月にブエノスアイレスで行なわれたthe Congress of the Asosiacion Sistemica de Buenos Aires, ASIBAでの基調講演である。

た田畑からの収穫の恩恵にあずかるばかりではなく,私自身も今一度この新しい言語,新しい概念の探求をしているのである。

以下では,ナラティヴによる変容 (narrative transformation: Sluzki, 1992a) についての臨床実践にまつわるいくつかの考えを提示したい。この変容は社会構成主義とカオス理論の両方の言語の枠組みから成り立っている。コンサルテーションのためのインタビューからの逐語録を用いて,この概念の話法を例示してみたい。

臨床実践:ナラティヴによる変容に焦点をおく

ポストモダンというレンズを通してみると,我々治療者の活動は,会話を促進することで特定のストーリーにおける質的な変容に好意的な関心を示すことである。すなわちそれらは,患者や家族が我々のコンサルテーションを求めてくるきっかけとなる彼らの問題やジレンマや症状行動を内包し維持しているストーリーであり,家族にこれらの諸問題からの展開,解決,解放の可能性を阻ませているストーリーである (例えばAnderson & Goolishian, 1988; Hoffman, 1989; Hoyt, 1994d, 1996b; McNamee & Gergen, 1992を参考のこと)。

治療面接とは,その全部が治療的プロセスではないにしても,物事が連鎖的かつ同時的に生じる一連の活動である。

すなわち,時に顕著に,だが多くは潜在的に,我々は出会いによって生じる政治学の世界を明らかにし,そこで交渉しようとする。それは治療契約の見通しと枠についてのささやかな合意を得ることを目的としている。ここには,力関係についての交渉,集団および個人の責任,何を問題として定義するか,だれが問題の根源であり,だれに発言力があるのか,どういった価値観が支配し尊重されているのか,治療者と関与者が受け入れられるとみなされている主題と倫理的なパラメーターは何なのか,そしてだれが治療のプロセスをモニターするのか,といったことが含まれる。この合意は,我々がこの会話システムの正当なメンバーになるために必要な前提条件なのである。

面接を通して,このコンサルテーション・システムにおけるドミナント・ストーリーが明らかになってくる。活発な探索によって,我々は,それぞれの関与者の視点に立ってこれらのストーリーを記述し,実演の方向へと向かっていくのである[注1]。

注1) コンサルテーション・システムの境界は実のところ不定なものである。便宜上,コンサルテーションには次のようなものがあると定義できよう。個人中心的なもの(ただし,個人はその人の現実をだれと分かち合っているのだろうか?),カップル・セッション(ただし,この二人は他にどんな社会的,あるいは目的を共有するシステムと関わっているのだろうか?),家族面接(ただし,子どもの問題行動のためにコンサルテーションを提案し,家族に対する診断名を提唱,あるいは両親に責任を付与した教師はどうなのだろうか?),あるいは,その他のソーシャル・ネットワーク・コンサルテーション(例えば,この章で後述されるケースのような「家族+セラピスト」,あるいは,その他の有意義なつながりに対するコンサルテーション)。

我々はこのようにしてコンサルテーションのための動機づけを探り，各々の参加者についての仮説をたて（Cecchin, 1987），中でも患者（問題の所在）やクライエント（変化をもとめているもの）（Watzlawick, Weakland, & Fish, 1974）の役割を明確にし，彼らの葛藤となっている問題のオルタナティヴ（alternative：代わりとなる）な描写を形成する。

- この探求の過程において，展開しているストーリーや，ストーリー同志の関係における新しい要素，視点，論理そして優先事項を引き出せるような情報を集める。
- 情報は円環的質問法，リフレイミング，肯定的意味づけ，ナイーブ・コメント（naive comments）といった情報収集の際によく用いられる方法によって集められるが，同時にその家族の現実を構築している複雑に絡み合ったナラティヴの中にあるドミナント・ストーリーの構造や論理をぐらつかせるだけの重大な効果を引き起こす。しかしながらこのプロセスは，面接の参加者を傷つけるものではなく，それどころか，新しいストーリーも彼らが創造したのだとの誇りを持たせるものである。
- このプロセスを通して，さらにセッションで参加者が提出した手掛かりに反応しつつ，我々は問題に根差し，問題を継続させていたストーリーを「よりよいストーリー」に変えるべく促してゆく。それは，すでに語られてきた問題ではなく，それらの解決策や構成されたオルタナティヴを内包し，複雑に織られたナラティヴの内にあって，そもそものストーリーを脱中心化させるものなのである。
- 最後に，我々はセッション全体を通して，家族から出されたその他のストーリーや逸話に基づき，それらに共鳴したメタファーや他の例を取り上げることで新しいストーリーを根づかせたり，宿題，儀式，処方といった家族の合意を促す他のモデルによって新しいストーリーを不動のものとする。

　問題の特性について家族が提示するナラティヴは，比較的安定してまとまりのあるシステムである。「ここが問題なのであり，これらがその原因や解釈，はたまた道義的および行動上の結果であり，対人関係で予想される影響である」などとされる。まず前述した言動によって我々自身がもともとのストーリーを維持しているネットワークの正当なメンバーとして組み込まれ，このネットワークを台なしにすることなく，持ちこまれたストーリーを尊重しつつ探求し，そのナラティヴのまとまりを次第次第に緩めていくのである。それは，容易に合意へと向かう動きに挑戦することである。要するに，もともとのナラティヴを揺るがしながら，オルタナティヴ・ストーリーを際立たせ，支持し，あるいはその「種を蒔く」（Zeig, 1990）のである。ひとたび参加者に認められたなら，これらのオルタナティヴ・ストーリーは，参加者にとってのドミナント・ストーリーとして認識され，再構成され，取り込まれることで確固としたものになる。

もう少し，このプロセスのステップについて解説してみたい。我々の援助で，問題を維持しているストーリーは，揺さぶられ，解体され，その均衡維持域値（あるいはPrigoyine & Stengers, 1984; Elkaim, 1980; Elkaim, Goldbeter & Goldbeter, 1980の用語を使うなら「分岐点（point of bifurcation）」）に向かってどんどんと押しやられていくわけである。つまり複雑なシステムがその質的な再組織化を余儀なくされるような限界を越えるのである。そして，どんなシステムでもその分岐点に到達すると起こることがここでも起こる。つまり人々の抱くいままでのストーリーが揺らぐと，人々は事態を明晰なものにしようと必死になり，再確認し，安定化を図る方法を模索し，今一度まとまりのあるものとして自分たちを組織化しようとする。そして，個別には，この新たな付置の特性は予測し得ないものの，我々の期待するところでは，この新しく構成されたストーリーには問題とみなされるいかなる内容も含まれないであろうし，解決のための新たな内容が盛り込まれ，別のストーリーがドミナントになり，いままでのストーリーは陰ってしまう。要するに，我々との面接の終わりには，かれらはオルタナティヴな現実を手にしており，それはより有益な資産になるようなストーリーに基づいたものであり，彼らが面接に持ち込んできた前のものより「ずっと良い」ものになっているだろう。

変化の方向：ストレンジ・アトラクタ

我々は「システミックな楽観主義」（Stierlin, 1988）をガイドにすれば，ストーリーの変容の方向性が予測できるのだろうか。まずはこの疑問に対する一つの答はノーである。我々にはそのようなことはできない。すでに述べてきたように複雑で自身を組織化しているシステムの発展は予測不能なものである。これについてはかの有名な「蝶々効果（Butterfly Effect）」を引き合いに出すこともできよう。これはエドワード・ローレンツにより提唱された，相互に絡んだフィードバックループをもつ三つのシステムについての理論モデルであり，以下のような表現巧みなメタファーで有名になった。ある国で一匹の蝶が羽をパタパタすると，地球の反対側にある国では竜巻が起こるかもしれないというものである。それほどに地球の大気システムは驚くほど複雑に絡み合っており，それゆえに長期気象予報などは不可能なのだという。事実，このモデルがカオス理論をして科学的な領域への仲間入りをさせることになった（Gleick, 1987; Capra, 1996）。

しかしながらカオス理論は，問題の記述だけではなく，解決のアウトラインも提示している。つまり，個々の特定のケースで発展しつつあるダイナミックなシステムの結末を予測するのは不可能であるが，これらのシステムの発展の質的な特徴を予想するのは可能である。つまり，いわゆるカオス的行動には決定論的なパターンを必然的

に伴うステップが含まれている。これらのステップのカギとなるのは，複雑系（complex system）の理論における数学的世界においてアトラクタ（attractor）と呼ばれているもののなかにある。

- 安定した平衡状態にあるシステムは平衡点アトラクタ（punctual attractor）を中心に組織化されている。簡単な例としては振り子運動があげられる。そこでの平衡点アトラクタは最終的にその運動が終わるところの重力の中心である。
- 予測可能な振幅をもった平衡状態に近いシステムは周期アトラクタ（periodial attractor）を含む。簡単な例として月の重力の影響で生じる潮の満ち引きがある。
- 平衡から遠ざかるシステムにはストレンジ・アトラクタ（strange attractors）が含まれる。単純な例としてはビー玉がタライをころがる時の軌跡がある。

　ある複雑系が不安定になるぎりぎりの分岐点にまで達すると，それぞれに固有の包括的で予測しうるステップに従い，効率よくさまざまな状態と可能な変化との間に落ち着こうとする。要するに，ある特定の条件が与えられると，システムはある予測可能な状態に質的に変容するのである。
　これらのプロセスを治療のコンサルテーションといった我々の領域に翻訳するならば，我々の不均衡化を促す関与（Sluzki, 1992a）という助けを借りて，この問題を含みそれを維持している比較的安定していたナラティヴは，次第次第にバランスを失っていく。さて，この（我々を含む）会話システムを不均衡に向かつて動かそうとしていく際に，変化してゆく方向性に我々が影響を与えることは可能なのだろうか。答は，先に暗示したように，量的にはノーであるが，質的にはイエスである。それは面接の中で，我々が治療的対話をマネージメントしていくという方法で可能になるのである。つまり我々は，一連の可能性を秘めたストレンジ・アトラクタ，すなわち可能性のある選択肢のいくつかを（すくなくともこれらの選択肢にそってその種を蒔いてゆくことを）クライエントの中に，あるいはクライエントと共に成し遂げてゆくのである。こうすることで現在のストーリーが，「より良い」明確に質的に異なったストーリーとして，新たに組織化された原則に沿って再構成されてゆくだろう。
　これらの「より良いストーリー」（Sluzki, 1992b）には以下のような一連のものが含まれている。

- 我々のところに相談に来る人々を惹きつけること（彼らが共鳴し，魅力を感じるものであること）。

- 個々の人とそのコンテクストとのつながりがより豊かなものであること。
- お決まりで旧態然とした診断的ラベルを必要としないこと。
- 発展と変容，進展と希望といった仮説が組み込まれていること。
- 参加者を積極的で，有能で，責任を持ち，熟慮する人々であると捉えていること。
- 参加者が，適正な意欲があり，自尊心と他者に対する尊敬の念を持ち，苦痛を回避し，発展や変化への向上心を兼ね備え，全体責任という感覚をもっているなど，倫理的道義的原則にしたがっている人々であると前もって信じていること。

コンサルテーション・インタビュー：
「我々は生まれながらにして，肩羽を背負っている」

　これら一連の概念を例証するために，私はあるインタビューの逐語録を使用し，その断片の合間合間にわかりやすくコメントを入れながら紹介していこうと思う。紹介するインタビューは，私が去年あるスペイン語圏の国で行ったもので，ある小さな農村の農業を営む一家とその家族療法を担当していた二人の家族療法家を対象とした面接である。

　この家族は，66歳の夫，56歳の妻と，4人の子どもたちで構成されていた。30歳と20歳の娘が二人，それに28歳と18歳の息子たちである。さて，ここでクライエントとされているのが，28歳の長男，ヴァージリオで，彼の行動がここ数年明らかに異常で破壊的であるとして，地域のメンタルヘルスおよび薬物依存を扱うセンターのサービスをずっと受けていた。さらに，彼は，インシュリンに頼らなければならない糖尿病の初期徴候があり，また彼の身長は約150センチで，知的能力の面ではボーダーラインにあり，また長期にわたるアルコール乱用の経歴もあり，加えて社会生活面では実家以外での生活経験は全くなく，かといって特殊技能を身につけたわけでも，何かに興味を示すという形跡もないようであった。それとは全く対称的に，彼の3人の兄妹たちは自律的かつ自主的であった。一番上の姉にあたる長女は，高校の先生をしており，近郊の都市に住んでいる。次女は大学生で，哲学を専攻しており，一人暮らしをしている。彼の弟，つまり次男は，高校を卒業するところで，大学進学のためその町を離れる予定である。

　過去1年半の間，ヴァージリオは，日中，病院のデイケア・プログラムに参加し，そこで個人療法を隔週で受け，また時折家族療法も受けていた。その心理療法担当の治療チームの執拗なほど熱心な，いや誘惑に満ちた，と表現した方がよいような取り組みにもかかわらず，彼は，自立に向って少しでも前進しようとするどころか，かえって受け身，かつ無責任な行動を取り続けた。

現在の担当セラピストたちは，今回のこのコンサルテーションの前に2回の家族面接を行っている。彼らがこの家族について語ったところによると，とくに彼の父親はなかなか理解してもらうのが難しく，この治療チームに対しても鈍感な対応のようであった。彼らがこのコンサルテーションを希望したのは，この家族に対して行っている家族面接が行き詰まっている状態の中，なんとかこれからの方向性に広がりを持たせたかったからである。さらに具体的に言えば，ヴァージリオが現在の受動的な行動や必要以上に（両親と）密着した状態から脱却し，彼自身で自主的なプランを立てて家を出るのを期待していたのである。

　次のやりとりは，コンサルテーション・インタビューから抜粋したものである。（……）のような括弧内の省略記号は，逐語録によると話の中断や途切れを表している。単なる……は話し手による一時的な間を表している。

コンサルタント：今日は。ご機嫌いかがですか。まず初めに，今日はお集りいただいてどうもありがとうございます。既にご承知のこととは思いますが，今日私は，ここの治療チームからの要望で，コンサルタントとして参りました。私はこれまでいろいろな問題を抱えた家族と共にその問題を解決すべく取り組んでまいりました。今回は，治療チームが私に参加するようにとの要望ですが，このコンサルテーションは今回限りのものです。治療チームからは，今までみなさんと――あっ，あなたが患者さんですね――えーっと，ご家族のみなさんともどんなことをしてきたのかを聞いていたところです。それによりますと，ここ最近あなた方の生活においていろいろプラスとなるような変化があったように思われますが，皆さんからご覧になっていかがでしょうか。

（……）

父：私もそう思いますよ。彼は良くなっているようです。なぜなら，このところ，彼は以前より楽しんでいるようですから。一番大切なことは，忙しいことと楽しむことですから。私が考えますに，彼にはもっとリラックスしたり落ち着いたりすることが必要だと思います。私たちは既に彼には話しているんですけれども，この若者が働いて，そして数セントでもいいから稼ぐようになれたら，そうですねえ，彼自身も幸せになれるのではないかと。しかし，少なくともここ〔この病院のデイケア・プログラム〕に来て，そしていつか働けるみたいに，こうして忙しくしていますし……良くなってるんじゃないですかね。

コンサルタント：わかりました，いいですよ。では，お母さまのお考えはどうでしょう。

母：私は，以前に比べれば彼はとても進歩したと思いますよ。たしかに彼は進歩しましたけど，状況はそれほど大きく変わったわけではありません。なぜかと言えば，私はこう思うんですけれど，彼自身が期待していることが……彼が欲しいと思っているものは手にしてないんじゃないかと。ええ，確かに彼は良くなっています，でも彼が求めているものは得てないのではないかと思うのです。彼は良くなっています。

家での彼はとても自暴自棄だったんですもの。ずっと家にいると絶望してしまうんです。だから，彼は何かしようと，他の人と一緒のときはどうだかわかりませんが，私たちと一緒だと彼は少し……彼はプレッシャーを感じているのではないかと思うんです……どうしてだか私にもわかりませんけど。

(……)

コンサルタント：しかし，基本的には，あなたの生活において，あなたも，そう（肯定的な変化があった）と感じていますか。

ヴァージリオ：ええ，僕は進歩したよ，でも，えーっと，僕は未だ絶望したまま。未だ飛び立ってないよ。

コンサルタント：君は飛び立っていない……？

ヴァージリオ：僕は未だ（将来進むべき）道を選べていないね。最初から同じところに立ち尽くしたまま，何も決めてないんだ。僕は未だ道が選べてない。それから，僕が絶望的になるというのは，自分の道を決して見つけられないのではないかと思うからなんだ。

コンサルタント：そうすると，君が絶望的になるというのはそういう意味なのかい？

ヴァージリオ：一歩下がっては，一歩進む，そしてまた六歩下がってしまう，だから僕は結局いつも同じ所にいることになってしまうのさ。というのは，僕が僕自身を止めてしまうんだね。自分のために何かしてみようとがんばってはみるんだけど，そのたびに僕自身を止めてしまうんだ。

コンサルタント：では，何が君を止めてしまうんだろう？

ヴァージリオ：えーっと，だいたい家族だな。

コンサルタント：家族が君を止めるのかい？　いったいどのようなやり方で家族が……？

ヴァージリオ：なんだかんだ言うんだよ。彼らはできるだけ僕を押さえつけようとするんだ，だいたい両親のことなんだけど，できるだけ押さえつけようとするんだよね。まるでそれを楽しんでるみたいなんだ。僕が不安定で，あまり自信がないものだから，だから，きっとこう言うんだよ，「ここから出て行くな」ってね。

こうしてこの「オフィシャル・ストーリー」つまり，家から離れられないというヴァージリオと，それができないのは実は彼の両親に責任がある（個人セラピーでは決して珍しい副産物ではないが）ということを暗示した形で披露されたわけである。私は，これらの仮説に挑戦することによって，これまでのストーリーに揺さぶりをかけ始めてみた。

コンサルタント：君を引き止めておくことでご両親は（ご家族は）何か得することがあるのかな？

ヴァージリオ：例えばこんなことかな，僕は若い頃からたくさん問題があったから，彼らは僕を一生懸命守りたいんだよ，それに僕もそれを許してきたしね。

コンサルタント：しかし，セラピストたちはこう言っているね，いくつのことが良い方

向に変わってきていると,そうではないのかい?
ヴァージリオ:ええ,両親との関係は良くなってきている。
コンサルタント:あなた方の関係を改善するために,皆さんはどのようなことをおやりになったのですか?

　この質問は,非難が基となって理論を展開しているこのストーリーにさらに挑戦するものである――それ自体ストレンジ・アトラクタ(strange attractor)の一つとしてこのストーリーの中心となっているのだが。これには,まるで被告人(罪人)だと申し立てられたような一人が直ぐさま飛びついてきたのである。

父:えーっと,(私が)話します。以前は,例えばですが,私はこれ〔ヴァージリオ〕に何も言いませんでした,なぜならこの男は逃げてしまって私は何も言うことができなかったのです。それに,ヴァージリオが私たちが彼を引き止めているなどと言っていましたが,私はそんなふうには……
コンサルタント:あれは彼の意見です。私の質問は,あなた方がどのようにしてあなたたちの関係を改善されたのか,なのですが?
父:(そのことなら)私は既にあなたに話しましたよ。私の住んでいる町から来た一人の男が――私はある小さな町に住んでいて,そういうのを見てきたのですが――ある都市へ行ったはいいが,隠れてしまいたがった,まるでね。それにひきかえ,首都からやって来た人は,オープンで,しかも開放的で,何か言っても誰もそれを止める人はいない。そんなものじゃないですかね?
コンサルタント:なるほど,はい,はい。
父:で,この人〔ヴァージリオ〕はね,X市〔首都〕へ行き出してからというもの,抑圧されることが少なくなって,落ち着いてきたのさ。
コンサルタント:つまり,そうしたことが息子さんのあげられた成果だとおっしゃるのですね。
父:彼は良くなっていると私は思いますよ,たくさんのことを習得しましたし,たしかに良くなっていると思いますよ,かなりね。時々彼はここまで歩いて来るし,他の時は……
コンサルタント:ちょっと,すみません。息子さんがオープンになったり,首都へ出た経験から成長したりで,もちろん息子さんは評価に値しますが,あなたのお手柄でもありますよ。あなたはこうおっしゃっていましたね,彼が抑圧されることが少なくなって,おどおどしなくなったと……
父:私は喜んでいますよ。この人たち〔彼の他の子どもたちと彼の妻〕は,彼と話をすることができますが,私は彼と話をするときは注意しなければなりません。何を言っても,彼は間違って受け取るのです。最近は,その受け取り方がましになっているようですけれど。彼は,自分の人生に絶望しているのです。それで,私は彼にこう話すのです,「いいかい。お前は自分の人生に絶望することなんかないんだよ,お前は何も問題ないんだから。糖尿病だったら,うーんそうだな,おまえは糖尿病だというだ

けのことさ」。こんなふうに，私は彼に何度も話してやりましたよ。「おまえよりも大変な人はいくらでもいるじゃないか，足が切断されたり，例えばね，それはものすごく大変なことだし，悲しいことだよ」。彼は既に一人で首都へ行って，そして戻ってくるし，サイクリングにも行くし，すばらしいことだと私は思いますよ。だから私はこう思うんです。もし，彼が働いてくれたらってね。そうなったらそれはいいですよ，最高です。でも，残念ながら，現在の就職状況は，それはそれはとても難しくて，誰一人として仕事がみつからないようです。そして，彼はどんな仕事にも就けないと思っているから絶望的になっているのですよ。とても悲しいことですが，私たちが彼をある事務所へ連れていく必要もないですからね。彼は他の種類の仕事をすることができますよ。
(……)

　さて，ここで非難のない，患者を中心に置いたバリエーションが提言されたのである——これまでのストーリーの替わりとなる「オフィシャル・ストーリー」，それは父親からもたらされたものであり，二つのアトラクター：外的な事情としての就職事情，そしてヴァージリオの能力の限界を中心に構成されたものである。次のやりとりで，私は話を膨らませ，将来的な志向性をもたせることに重きを置き，一方，先ほどの挑戦的なやり方は本質的には取らなかった——今のところは。

　　コンサルタント：そう言えば，君はスーパーマーケットで働きたいと言っていたね。君のお姉さんが合理的な考えをおっしゃっていたね。もし，君が〔働くことを〕望んでいるんだったら，〔その職場へ〕行ってみればいいってね。私にもそれとは別の考えがあってね。もし，働いている友達がいたら，私はその友達に私を一緒に連れていってほしいと頼むね。どう思う？
　　ヴァージリオ：僕は動かないよ。例えば，実際そのスーパーマーケットへ行って，そして僕は働きたいんです，と彼らに伝えるんでしょ。それはできないよ。それが僕に欠けているところだもの。僕は，いろいろな場所で働くことができるって言うけど，実際に動くなんて不可能だよ。
　　コンサルタント：そうしたら，この件に関して君の家族はどういうふうにして君が動けるように手助けできるのかな？　なぜならね，もし，君が仕事を探すという経験を全くしないでいると，事態はますます難しくなっていくよ。つまり，人生において仕事を探すという経験を発展させることがないとなると……
　　ヴァージリオ：わからないよ。はっきりそうしろって僕に言うとか。でも，彼らはそんなこと僕に言わないよ。
　　コンサルタント：「僕に言う」ってどういうこと？　そうしなきゃならないとしたら，それをするのは誰？　何か言われたら君が憤慨せずにそのとおりにするような，一番発言力があるのは誰かな？
　　ヴァージリオ：お父さんだな。
　　コンサルタント：ああ，そうなんだ。そうすると君の事を手助けしなければならないの

は，君のお父さんだということになるね。なるほど。
（……）
父：いいや，私は彼に，少しだけ特別な仕事に就けるようがんばりなさいと話しましたよ。工事現場の仕事はきついから。彼に工事現場では働いてほしくない，それはきつすぎる。でも，もし彼がそのスーパーマーケットとやらへ行くことができるんなら，完璧じゃないか。それなら楽そうだし，それか何か他に似たような仕事でもあればいいんだが。
コンサルタント：スーパーマーケットでも仕事は必ずしも楽とは言えませんよ。しかし君が楽な仕事に就かなければならい理由なんて何もないよね。君は身体が弱いわけではないよね？
ヴァージリオ：ええ，ええ。
コンサルタント：それじゃあどのような仕事でも大丈夫だね。よし，それでは，仮に君があるスーパーマーケットで働いているとしよう，そうしたら君のご家族は君の事を心配するだろうか，それとも，働くようになった一人の息子を持つことに慣れていくんだろうか？

父親が挙げた問題点は，ヴァージリオの広くなった選択肢を抑制するものであった。ここで注目しておきたいのは，私の懸念がヴァージリオではなく，父親に向けられている点である。そして，話の焦点はヴァージリオの能力の限界よりも「心配事」に絞られ始めている。つまり潜在的でありながらもまったく異なるストーリーが展開されることになる。

ヴァージリオ：〔口ごもりながら〕それでもまだ，と言うより，僕は自分自身のことよりも彼らのことを心配しているんです。
コンサルタント：何，何だって？
ヴァージリオ：それが僕がもっと心配していることなんです。
父：私たちのことかね？　それはどうしてなんだい？
コンサルタント：君はそっちの方が心配になってしまうんだね？
ヴァージリオ：はい，同じぐらいに，そうです。
父：私たちのことの方がもっと心配になるってどういうことなんだ！
ヴァージリオ：お父さんはそう思うだろうけど，でも僕も働いても幸せになれるとは思わないんだ。このことはお母さんにはもう何度も話したよ。

母親がここで息子によって代弁者として（話の表舞台に）招かれることになる。そして，彼女は，やり取りの過程において極めて重要な情報を喜んで提供することになるのである。

母：一体何が起こっているかっていうと，それはヴァージリオが一つの問題にぶつかっているということです。簡単に言うと，彼は家に留まることによって――私たちは農業を営んでいるのですが――彼はどんどん押さえつけられていくのです。私たち

はいつも言ってるわ，弟と同じように自由にしてていいのよって。私たちは生まれながらにして肩羽を背負っていることがあるのよ(注2)。どう言ったらよいか私にはわからないけど。「この子はその家のために」ってね。ヴァージリオはそれも拾ってしまったように思えるわ。あの子〔他の息子〕はこう言ったわ，「僕かい？　僕は勉強をするつもりだよ，農業なんて僕には合わないよ」ってね。ほかの子どもたちもみんな同じようにしたわ。でもこの子〔ヴァージリオ〕だけはちょっと苦境に陥ってしまったのね。でも，彼は農業を完全に嫌っているというわけでもないのよ。ヴァージリオはむしろ農業が好きなの，本当に，それに彼は家にいることに喜びをみつけたのね。でも彼はそれに完全にはまることができないの。なぜなら農業は実はとてもきつい仕事だし，一人でそれをやっていく能力がないと思っているからなの。彼はトラクターを扱えないし，もしそれができたら，そうね，なんとかなるわ。でも，彼が唯一理解して世話ができたのは牛だけだったわね。
（……）

　私は，この新しい情報に焦点をあてた。そしてすべての関係者がこの新しいアトラクタを取り巻くようにまた一つの話を膨らませていくことにした。

　　コンサルタント：〔ヴァージリオに対して〕君はお母さんと同じような見解かい？　うーん，これは，この件について全く違った見方ですね！〔お母さんに対して〕なんてすばらしい観察なんでしょう！　それで――もちろん，これでわかりましたよ――あなたは家にいる，しかしそれは，家族の人にあなたの面倒をみてもらえるからではない，家にいるということは，その農家の一員となり仕事の一部を担うことになるのですね。
　　母：はい，彼はもっと仲間になっていると感じるでしょう，ところが他の人たちは，既に初めから，彼らは既に，えーっと……
　　コンサルタント：それから，農家の一員であることは君にとってどういう不便があるのかな？　いやはや，私はとんでもない方向へ話を進めたな！　なぜ君はスーパーマーケットで働きたいの，実際には，自分の家で農家の一員になれるというのに？
　　母：私が答えましょうか？　いいえ，そうね，それは彼が自分で言うべきことね。
　　ヴァージリオ：なぜって，僕はまだ農家の一員にはなれてないんだよ。
　　コンサルタント：どうやったらその一員になれるの？　一員としてもっと受け入れてもらう，自分でも一員になったと感じるためにはどうしたらいいのかな？
　　ヴァージリオ：もっといろいろなことをする。
　　コンサルタント：本当ならできるのにやってなかったことって，例えばどんなこと？
　　ヴァージリオ：例えば，動物のことだったら何でもできるよ。
　　コンサルタント：動物か，ああ，そうか。じゃ，できるのにそうしなかったのはなぜ？　何がそうさせたのかな？

注2）スペイン語で，Nacemos con un escapulario puesto. 人は生まれながらにして運命やたどる人生が決まっているという意味。

ヴァージリオ：えーっと，少なくとも，今はしないってこと。おおざっぱに言えば，お父さんかな。お父さんがそこにいる限り，僕がそこまで入り込むのはかなり複雑なことだと思うんだ。
コンサルタント：ああ，そうか。君にとって何がそんなに複雑なんだろう？　どういうふうに複雑に思えるのかな？
ヴァージリオ：父がことを複雑にしているんだよ。父は僕にはやらせてくれないんだよ。父がそこにいる限り，僕はするつもりはないよ。
コンサルタント：それで，君はお父さんが台風の中落雷に打たれるまで待つつもりなのかい？
父：〔笑いながら〕こりゃいい！
母：〔笑いながら〕まあ，なんてこと！〔皆一斉に笑う〕
コンサルタント：これはあまり良いやり方とは言えないね，落雷に打たれる方法はね。なぜなら君は30年以上待たなくてはならないだろうよ。
母：二人にはできっこないわ，何一つ一緒にしたことなんてないのだから，なぜだか私にはわからないけど……
コンサルタント：〔父親へ対して〕それであなたが，動物の世話をおやりになるんですか？
父：と言うか，みんなしますよ。彼女〔母親〕だってやりますよ。
ヴァージリオ：僕は？〔暗に，「僕は，やったことないよ！」〕
父：私がいる時は，まあ，私は彼と一緒に行きます，私たちは二人でやるのです。二人で牛に餌をやって，で乳牛がいるので私が乳搾りをして，というのは……
母：誰も彼のようにはうまく乳搾りはできないと考えてるんです。
父：誰かが蹴られるかもしれない，牛は怒ることがあるのです。
コンサルタント：誰かを蹴る？　誰が誰を蹴るんですか？　牛がヴァージリオを？　それともヴァージリオが牛を？〔一般的な笑いを添えて〕
父：どちらかですな，いやどちらもありうる。
母：実は……
父：ヴァージリオはまだ私には話していないよ，「今日は僕に乳搾りをやらせてくれないか，今日は僕が乳搾りをするよ」ってね。家では今では乳搾りは器械でやるようになったんだが，以前は手で搾っていたんだよ。そうだなあ，時々私の母が乳搾りをしていた，そして私は彼女にこう言ったものさ，「今日は僕が乳搾りをするよ」ってね。私は母ほど乳搾りはうまくできなかった，なぜなら私はまだ慣れてなかったからね。しかしこいつ〔ヴァージリオ〕は私に決して言ってきやしない，「今日は僕が乳搾りをやるよ」ってね。
ヴァージリオ：そんなこと言うつもりもないね。
コンサルタント：どうしてだい？　搾りは興味ないのかい？
父：私にしてみれば，「乳搾りをしてこい」なんてちょっと言いにくいですな。
コンサルタント：〔ヴァージリオに対して〕なぜお父さんにそう言ってみないんだい？　そうお父さんに言わないのには何か理由があるはずだよ。
ヴァージリオ：それは，お父さんが後から必ず浴びせる批判のせいだね。

コンサルタント：例えば，どのような？
ヴァージリオ：〔父に対して〕よくわかってるくせに！
コンサルタント：でも，私は知らないんだよ，だから私は（君に）聞いているんだよ。どのような批判をお父さんがすると思っているのかな？
ヴァージリオ：やり方が間違ってた！　って，そう言うのさ。
コンサルタント：ああ，そうなの。
父：しかし，私はこう思っているよ，最初から正確にできなくても全然かまわないって。
ヴァージリオ：僕がほしいのは，その一番初めの機会なんだよ。
父：私は，おまえにこう言ってほしいんだよ，「僕にそれをやらせてくれ」ってね！　そうしたらきっと私はこう言うだろうよ，「よし，よく見ていなさい。これはこうするんだよ」ってね。そして今度はおまえが私にこう言うんだ「よし，わかったよ」そして「お父さんがまずそれをやってみて」ってね。
コンサルタント：それで君はお父さんからの批判に対してとても過敏になっているんだね。

　再び名称をつけ直すというこの作業は，先述されたつながりを揺るがすものとなる。事実，これまでのストーリーの思いきった再編成を提案している。それは，ヴァージリオの責任能力の所在を明らかにすることで（この問題はもう父親の批判のせいとするものではなく，ヴァージリオ自身の過敏さにあるとする）その新たな名称は決して否定的な特性を伴わない（それはただ単に過敏がゆえに問題となってしまった）。このやり取りの描写はおそらく父親にとっても新しいストーリーを受け入れやすくする，つまり楽に受け入れる手助けとなったのではないだろうか。「私が間違ったことをしているわけではなく，彼が私の批判にとても敏感なのだということだ」というふうに。

ヴァージリオ：ええ，それが僕を引き止めているのです。だから，もし，僕が何かをやり始めて，彼が僕に「それは違うよ！」って言ったり，僕のやり方は違うって父が思ってるだろうなって感じたら，そうしたら僕はもうそれはやらない。
コンサルタント：そうだとすると，君にとって学ぶってことがますます難しいことになるんじゃないかな。
ヴァージリオ：学んで，やるってこと。
コンサルタント：もちろん，それはもっと難しくなるね，なぜなら何かをするために君は学ばなければならない。そして，間違いを重ねながらものごとを習得していく，違うかい？　人は誰でも他人からの批判を受けて，そこから学ぶものなんだよ。でも，もし君がお父さんの批判に対してとても敏感だとしたら，難しい状況だよね。
ヴァージリオ：ええ。例えば，同じ批判だとしても，父以外の人からだったら……
コンサルタント：……君は我慢できると。
ヴァージリオ：……おそらくそれは我慢できると思うし，誤った受け取り方はしないと

思う。
（……）

　この次のやりとりでは，ヴァージリオの過敏さに深く結びついて構成された新しいストーリーが，彼の父親の話とどう共鳴し合うかを探りながら，さらに膨らませ，定着させようと試みた。

コンサルタント：〔父親に対して〕私の質問はこうです。今までの経験で，若かった頃とか，思春期に，あなたもとても傷つきやすかったり，敏感だったりしましたか，あるいは他のお子さんのように，あまり過敏ではない方でしたか？　どうでしょうか？
父：私の他の子どもたちのようにだって？
コンサルタント：そうです。あなたが20や22の時はどうでしたか？
父：えーっと，なんと言ったらいいか私にはわからないですな。
コンサルタント：この質問は，もしあなたがこういう人だったら……
父：過敏な？　私は過敏ではなかったと思いますよ。
コンサルタント：違ったのですね。〔母親にたいして〕あなたが彼に出会ったのは彼が何歳の頃ですか？
母：彼がいくつだったかってこと？　彼が30歳の時だったんじゃないかしら，それぐらいだったと思うわ。
コンサルタント：そしてあなたは彼に出会った時，何歳でしたか？
母：私ですか？（彼より）10歳若かったわ。
コンサルタント：そうですか。彼は30で，あなたが20歳。世界中にこれだけの人がいるというのに，一体全体どうしてあなた方が出会って，結ばれることになったのでしょうね[注3]。
母：〔互いに視線を交わし，微笑をたたえながら，いくらか恥ずかしそうに〕とても難しかったですわ。
父：〔同じく恥ずかしそうに微笑みながら〕えーっと，そんなの簡単ですよ。
（……）
コンサルタント：そして今あなたたちがお住まいになっている農家，それはもともとあなたの家族が所有していたものですか？　それともあなた自身が所有者ですか？
父：あの農家のこと？　私が買ったんだよ，そう私が買ったのさ。
母：なんと言うか，それは彼の両親から譲り受けたものですわ。
コンサルタント：そうするとこの農家は家族の歴史の一部でもあるわけですね。つまり，この代からも農家を継いで働いてくれる人がいる，ということはとても重要な意味を持つわけですね。そうでしょう？

注3）パラダイムとされるこの問いかけ（「世界中に何百万もの人がいるというのに，一体全体どうしてあなた方二人が出会って，結ばれることになったのでしょうね」）は，1957年以来ベイトソンはじめ，パロ・アルトのメンタル・リサーチ・インスティテュートの研究者や臨床家によって体系的に使われている（Watzlawick, 1966 参照）。これを引用するたびに，それによって喚起される強烈な力を再発見するのである。

父：うーん、さて、このことについてあなたが知っているかどうかわからないが、たくさんの人たちが農業をやめてしまっているんだよ。昔は誰かが家に留まりゃ、それでひとつの良い職業になったけど、今は変わってしまったよ。今では、人々は退屈しきっているよ。
母：最近ここらでは、若い人は何か仕事を見つけたら、田舎になんか残らないんですよ。
父：その通り。もし仕事が見つかったら、この町には誰も残らないな。
（……）
父：〔ヴァージリオに対して〕私はもうお前に何度も言ってるよな。私はお前に仕事を見つけてほしいんだよ。仕事の真価、ありがた味を知ってもらうためにな。と言うのも、帰って来ようと思えばいつだって家に帰って来られるのだから。たくさんの人たちがそうしているようにな。財布をお金でいっぱいにできると思ってアメリカ大陸へ行った人たちみたいに。たった２週間ですっからかんになって帰って来たさ。最近はみんなあんまり行かなくなったのもわかるよ。あなたは〔コンサルタントに対して〕向こうから来たんでしょうから知ってるよね。多勢行ったさ。私の家族からも、彼女の家族からも。そして、すぐ帰って来た者もいる。騙されたとか、あっちには仕事なんかありやしないって言ってね。だから、息子も同じことをすればいいのさ。都会でもどこへでも仕事を探しに行って、それからしばらくしてこう言うんだよ、「あんな仕事、僕は嫌いだな」ってね。
（……）

　私はそれから母親との繋がりも増すよう努力するとともに、農家に残れるものなら残りたいという息子の願いと、守れるものなら息子を守ってやりたいという父親の願いの双方を取り入れながら、これまでの解釈の代替案となるようなものをより明確に表明していくよう努力していった。

コンサルタント：〔母親に対して〕あなたの仕事についてですが、楽しんでやっていますか、それとも？
母：そうですねえ、嫌いではありません。
コンサルタント：あなたはどうです、お父さん？　あなたの仕事はお好きですか？
父：農業のことですか？　ええ、私は好きですよ。
コンサルタント：……将来性のあまりみえない職業であるにもかかわらず？
母：将来性はあまり感じられませんわ。もちろん、厳しいですし――
コンサルタント：私が知りたいのは、なぜあなたが農業を選ぶという選択肢から息子さんをそんなに守ろうとされているのか、です。まるで、そこに利益よりも不利益の方が多いかのように。
父：私は自分で選んだこの仕事が好きですよ。ですが、私は本来なら働きに行けた時に工場に行かなかったことをとても悔やんでいるのです。折角来てほしいと声までかけてもらっていたのにもかかわらず。しかしその頃には、一人は家を継ぐため残らなければならなくなっていた。私は彼〔ヴァージリオ〕には好きなことをしろと言っ

のです。

コンサルタント：今おっしゃったことがよくわかりませんでした。

母：つまり，人が何かするとき……私たち親は，往々にして子どもたちに影響を与えるものです。子どもたちが生まれた時から，そして彼らの生まれる以前からも。そして，一般的に，自分にできなかったことを全て彼らにやってほしいって思うものなんです。

コンサルタント：〔お母さんに対して〕彼〔親〕の兄弟たちは（町から）出て……

母：彼らは自由の身でしたわ，彼らは縛られてるなんて感じてはいなかったはずです。

コンサルタント：そして残ったのはご主人で，いろいろおっしゃる……

母：はい，そしてこの人は文句を言い続けています。「奴らは私をここに残して出て行った」って。だったら，あなたも出て行けばよかったのよ！ 彼は行けばよかったと思うだけなんです。おわかりになります？ それが今になって……

コンサルタント：〔セラピストたちに対して〕私が考えていたのと全て正反対だったということがわかりましたよ！ 実は，彼〔父親〕は自分の二の舞を踏ませないように息子を守ろうとしているんだね。だからこそ息子にこう言うんだよ——

父：私は息子が好きなところに行けるよう，自由にしてやってますよ。

コンサルタント：その通り，あなたは彼を守っているのです。

父：ここに残ることも，ここから出て行くことも強制しないつもりだ。

コンサルタント：そうですね。それどころか……

父：彼は自由であるべきです。

コンサルタント：あなたはとても立派だと思いますよ。

父：いいかい。親父は私に何度となく言っていたものだよ，私が20歳の時にね——お前は長男だってね……私は10歳の時からこの世界で今の仕事をしてきた。そして私はこのことを何度となく言われてきたよ……私も父親にこう言ったもんだね。「僕はここで何をしているんだ？ 長男だからって言いなりになるのはいやなんだよ」ってね，そしてこうも言ったよ，「僕はここから出て行ってどこか別の場所で働くんだ」ってね。すると親父はこう言ったよ，「もし，お前が出て行ってしまったら，私は農場を手放す」ってね。親父がこの仕事を辞めるとなると，その後どうなるのだろうって私は自問自答したよ。「もし，僕がここを出て行けば……そのせいで，もし他の誰かが利益をこうむることになったら，それはあまりにも悔しいし，残念だ」ってね。もし，私が外へ働きに出たとしても，家には他の人たちがいた。両親も兄弟たちも働くことができた。そして私は20歳だったし，もう十分決断のできる歳だった——そんなことをしてたら，私はきっと押しつぶされていただろうよ。親父はきっと私にあのこと〔農場を売ること〕を何度も何度も言っただろうさ。それは私にとっては，たまらなくいやなことで，罪悪感にさいなまれることになったよね。だって私のせいで仕事を辞めることになったとか，私のせいで農場を手放すことになり，経営もほかのひとに譲ることになったとか言われりゃね。どんなことになるかわかったものじゃなかったよ。それで私は我慢したんだ，そして気づいたんだよ。息子にこういうことはしちゃいけないってね。そうじゃなくて，もし彼が働きに出たら，

私はこの仕事をやめるなんて決して言うまいと決めたんだよ。そしてできるものなら死ぬまで農業を続けるつもりだってね。

この感動的かつ意外な新事実は，新しい話の展開へと結びつくことになる。コンサルタントはセラピストたちにこのことをしっかり心につなぎとめるよう強調した。つまり，家族の問題に関する自分たちのストーリーを変えるために。

コンサルタント：〔セラピストたちに対して〕ここで興味深いのは，父親が自分自身の運命を繰り返させないように，息子を守っているのだという点です。とても感動的ですね。〔父親に対して〕息子さんはあなたにこう言っているようですよ。「多分，僕は農場に残りたいんだと思う」。そしてあなたは彼にこう言っていますね，「息子よ，私と同じ過ちを繰り返さないでおくれ！」とね。あなたは昔自分自身が下した決断をとても後悔していて，こう考えるわけです。「私は，どこか外へ働きに行くべきだった」と。そしてあなたにとっては誤りだったかもしれないことを，息子さんが繰り返すことから守ってあげたいのですね。

父：誤りではなかった。人はどこかにいなければならないんだよ。

コンサルタント：本当ですね。それがあなたの人生哲学ですよね。

父：私は出て行った方が良かったのかどうか，わかりません。

コンサルタント：当然ですとも。だからこそ……

父：だから私は息子にどこかへ行って働いてみたらどうだと言っているんです。もし，それが気に入らなければ，私はこう言ってやるつもりですよ，「おい，もしそれが気に入らなけりゃ……」ってね。息子は自由なんですよ。彼が決めればいいんです。もし彼が望むなら，私だって彼と一緒にどこへだって行ってやりますよ。

父親自身の人生経験の中での当然の結果に対する固執が，この新しいバージョンに対抗するものとなった。私は彼に挑戦を試みた。彼とはもう気持ちの上で共感しえているごとに期待して。

コンサルタント：あなたは彼に自由にどこへ行ってもよいと言っていますね。

母：このまま残ってもよいともね。

コンサルタント：そこのところが私にははっきりしないのです。〔父親に対して〕あなたは息子さんにどこへ行くのも自由だとおっしゃってますよね。では，残るのも自由なのですか？

父：もちろんだとも。

コンサルタント：しかし，あなたは，責任感のある父親として，あなたの犯した過ちを彼に繰り返させたくないと考えたわけですよね。それで，「僕は残りたい」と息子さんが言うたびに，「しばらくの間どこかへ行ってみたらどうか？」と言うのですね。ここがあなたの立派なところだと私は思いますよ。

父：立派？

コンサルタント：もちろんですとも。息子さんに繰り返してほしくないためですよね。もし，外へ働きに出ていたら，どんな人生になってたんだろう？　多分，全てが違っていたのではないだろうか，というあなたにとっては一生の疑問を残すことになったその同じ道をね。

父：そうだ。

コンサルタント：それはあなたの人生のドラマのようなものですね，そうじゃないでしょうか？

父：そうだな。

コンサルタント：あなたにとっての人生のドラマだっただけに，息子さんがそのドラマを繰り返さないよう守ってあげたいのですよね。彼が絶対に苦しまないようにしてあげたい。だから，あなたは彼に言い続けるのですよね「出て行け，出て行け，出て行け」ってね。つまり，こうして息子さんを守っているのですよね。

父：〔同意しながら〕でなければ，息子には何も言わない。

コンサルタント：そうですね。そうやってあなたは息子さんを守っているのですね。〔息子に対して〕君が家に残る決心がつかないと言っていたわけがこれでやっとわかったよ。つまり，お父さんからのメッセージが「いいかい，このままここに残るってことは，自分の可能性を探ろうとしないってことなんだぞ」ってことだからね。つまり，もし君が働きに出ることにしたら，それはお父さんを喜ばすためであって，自分が外で仕事をしたいからということにはならないんだね。はめられたって感じだね。（……）「ここを出ようと思うのは，お父さんが自分の人生の過ちを繰り返さないで世の中を見て勉強してほしいと思っているから。もしここに留まりたいと思って，実際このまま残ったとしたら，お父さんのドラマを繰り返すことになる。だけど，お父さんを失望させたくはない」。お二人の間には非常に激しく，強く，そして愛情に満ちた関係があると思いますね。

（……）

父：話には先があるんだよ。これまで話してきた問題は，兄弟たちが首都で働いているというのに，長男である自分は家にいて全然稼ぎがなかったってことだった。

母：そうね，問題は……あなたの息子も同じ問題を抱えているわ。彼にもまったく収入がない。

コンサルタント：この点も似てますね。

　家族への，また，家族からの理解と感謝をこめて，今後のセッションでもこのやりとりを継続することの有効性についてのコメントが出されてこのインタビューは終結した(注4)。

注4）断片的な会話を選択したために，ヴァージリオの3人の兄弟たちはインタビューの間無言であったかのようにみえるが，実際にはそうではなく，場面によっては積極的に関わっていたのである。しかし，全体的には3人の立場はさほど重要でなく，さしたる興味を引く意見も持たず，できることなら討論には関わりたくないというのが（はっきりと，ボディーランゲージを通しても）伝わってきたのである。

討論

いかなる面接でもそうだが，本文もさまざまな観点から分析しうる^(注5)。これらの中から，二つの観点，すなわち，私の努力の軌跡とこの中で奨励された特定のプロセスについてコメントしたい。

コンサルタントである私のところには，クライエントとしてのセラピストたちがコンサルテーションを受けようと家族を連れてやってくる。家族に関する事例紹介には当然セラピストたちの偏見と苦労が含まれていること（どうしようもないことなのだが！），そして，彼らは，一般的に言って，家族に対する新しい見方，よりオルタナティヴなナラティヴのレパートリーの拡大，そしてその結果これまでとは違った推論を導き出す手立てを私に求めているのだと解釈している。このコンサルテーションに関わっているセラピストたちは，長らくこの患者個人に焦点を当てるというおきまりの方法をとってきた。そして，そこでの治療のゴールはいわゆる自立であった。これは息子が外へ仕事に出るべきという父親の提案を代表するものであり，家に留まるというそれに対する代案を否定的に見ざるを得ないものであった。こうした叙述から，彼らがしようとしてきたことが実に論理的であることがわかる。つまり，患者が町に出て仕事を探すようにもっていくことで患者の自立を図ろうとしたのであった。そして，その努力が報われないと，そうした状況で誰しもがそうするように，また同じことを繰り返したのであった。こうした一点張りの努力から浮かび上がってきたのは，彼らのゴールに抵抗しようとする何かが家族の中に存在するのではないか，という仮説でであった。そして，家族との面接を通してセラピスト・チームは問題に関するこうした叙述が間違いないものであると確信していった。つまりこの家族は「協力的ではない」――いわゆる「硬直した」家族であるとの見解だった。

すでに述べたように，コンサルタントとしての私の仕事は，他のさまざまな特性の

注5）例えば構造的観点から分析すると，3通りのサブシステムがみえてくる。つまり，世代を超えた連携（母－ヴァージリオ），自律している3人の兄弟，そして時として母親に守られながらも一人孤立した存在の父親というサブシステムである。この観点からすると，面接の開始早々に明らかになった母親の中心的な役割は，父親－ヴァージリオの関係が安定し，主人公としての父親の立場が高まるに従って，徐々に軽減していったと言える。また，3世代（trigenerational）の視点からも分析することが可能であろう。つまり，面接の中でおこったプロセスは一連の「にっちもさっちもいかない宿命」の発見と告発のプロセスでもある。それは父親と息子が自分たちのアンビバレンスな感情のせいで長年引きずってきたものであり，こうして両者が空しい戦いを続けながら世代から世代へと伝承されてきたのである。それはまた，パラダイム的ダブルバインドな状況（paradigmatic double bind situation）と説明することができるだろう。そして，ヴァージリオのどうにもならない状況は次のようなコンテクストに込められた二重のメッセージの結果だと言えるだろう。「好きにやれ」でも「俺の失敗は繰り返すな」や，「お前は自由だ」だが「俺に従え」，「お前は我が家の長男として選ばれた者なんだ。それがお前の運命なのだ」――ここで見られるいやな記憶を消去する治療的な悪魔払いの儀式（therapeutic exorcism）はメタコミュニケーションを禁じているルールに挑戦している，などなど。

中から，これまでとは異なった治療的な仮説を引き出すのに充分なオルタナティヴな描写を，合意のもとにつくりだす手伝いをすることである。セラピストたちが引き出した描写とは，自立しようとしてあがく息子と，息子を家に留め，自立しようとする息子の努力を妨害しようとする両親との間に繰り広げられた分極化した闘争である，というものであった。この描写は，おそらくは最初の家族面接以前からセラピストたちが前提として考えていたものに由来するのだろう。この最初の描写と一致するかのように，私自身がもった両親の第一印象は，とくに父親については，二面性のある，精彩を欠く，はっきりしない人物といったものであった。事実，彼らとの最初の出会いで感じたものは，これらの描写を確証するようなものであった。つまり，父親は閉鎖的で感情表現を押さえ，素朴で，鈍感。反対に母親は生気あふれる目で，人と関わろうとし，表現も自由で，親と息子双方の代弁者に好んでなろうとする感じであった。したがって，この面接の前半部分では，自分が持っている父親のイメージを多様に展開したい，より豊かなもの，魅力的なものにしてみたいという私自身の興味に任せるところが多かった。そうすることで，息子は家を離れ外で働きたいと望んでいるができないでいる（この見方は息子を病的なものだとする）あるいは，両親によって阻まれている（この見方は両親を病的なものだとする）というストーリー，これは両親と私を隔離してきたストーリーであるが，そのストーリーから離れてみようと思った。実は，私がこのストーリーと距離を置くということは，私たち全員がストーリーから離れることを意味していた。言い方を変えれば，私の仮説とは，私のこうした変化が対話を通してのみ生まれるもの，つまり，この問題の特性にまつわるストーリーが開示され，活性化されることではじめて全体的な変化が見えてくるだろうというものであった。

　この事例で明確にしたかったのは，ひとたびそのストーリーの安定性が失われ，その「分岐点」を越すと，ストーリーは親しみと目新しさに満ちた新しいアトラクタを中心に，速やかに再組織化されたということである。親しみを感じるのは，そのストーリーが参加者が提供した話から生まれたものだからであり，目新しく思えるのは，それまでセラピストたちから示され，また，面接の前半で家族によって語られ再現されていた「オフィシャル・ストーリー」とは異質なものだからである。この新しいストーリーの特性は，今後の面接でも引き継がれることが充分に推測できるものであった。つまり，そこには家族の歴史の劇的にして脈絡を捉えた要素が含まれており，それゆえにこの家族自身によって認識され得るものであった。また，そこにはこの家族の倫理的価値観と一致したものが含まれており，ストーリーの主人公たちは善意をもった有能で責任感のある者と定義された。またこのストーリーでは，参加者が自尊心を持つと同時にお互いを尊敬し合うことが前提として示されており，相手の発展を望

み，苦しみを避けたいという願いが存在していた。さらにこのストーリーは，これまでのストーリーにはなかった問題解決の可能性への扉を開くものであった(注6)。

　日々臨床経験を積んで何年にもなるが，続ければ続けるほど，畏敬の念を覚えずにはいられないのである。つまり，我々は相談にくる人たちとある決まった話し方をするが（その「決まった話し方」こそがこの本，そして実に多くの本のテーマとなっているのである！），その結果，望ましい質的な変化がそれまで支配的だったドミナント・ストーリー，そして自分を含めた参加者の態度に表れてくるのである。コンサルテーションの中で我々が積極的に参加するというこの複雑なシステムは，特異な形で展開していく可能性はあるが，我々の関与はしばしばストーリーにエレガントな展開をもたらし，参加者たちを束縛から解き，力づけるという効果を導き出すのである。

注6）編者注：ストレンジ・アトラクタと（本書では割愛されている章で）トーマス・ルンドとジョセフ・エロンが紹介している「望むところの見方 preferred views」，さらにはハイム・オマーが第13章で述べている「共感的ナラティヴ（empathic narratives）」との関連性に注目せよ。これらの概念はいずれも「事実」と参加者の願いの双方に即したものであるがゆえに，より幸福で，より楽観的，そしてエンパワーされた見方としてアピールするのである（Watzlawick, Weakland, & Fisch, 1974, p 95参照）。

　訳者注）本稿の下訳を金城理枝さんがおこなってくれた。記して感謝したい。

第Ⅱ部
臨床応用

第7章
子どもたちのストーリー，子どもたちの解決
子どもやその家族に対する社会構成主義療法

ジェフ・チャン
Jeff Chang

　私は，何か特定の治療モデルを信奉しているというより，社会構成主義，非構造主義，共同性，そしてプラグマティズムといったものを実践の指針としている。そして，こうした指針を実践に活かす際に，解決志向アプローチとナラティヴセラピーの二つが，その方法論として多くのものを私に提供してくれている。この二つのアプローチの違いが強調されることもあるが（de Shazer, 1993b; Madigan, 1996; White, 1993a），それらの類似点やクロスオーバー，ブレンドの可能性の方に，どうしても私の目はいってしまう（Chang & Phillips, 1993; Durrant & Kowalski, 1990; Eron & Lund, 1996; Friedman, 1994; Selekman, 1993, 1997）。そこから見えてくるものは，私が何に焦点を当てるかということに関する共通性に基づいた実践的統合の姿である。ここでは，私が治療上の恩師たちから学んだこと，そして私の小さなクライエントたち（6歳から11歳）やその両親たちから学んだことのいくつかを記してみたいと思う。まず私の実践指針となっている重要な概念について論じ，次に発達理論から私が学んだことを記述し，最後に私がこれらの概念を子どもやその家族との実践にどう適用しているかの概略を示したい。

社会構成主義と非構造主義

　私は，社会構成主義の考え方は多くの違ったレベルで起こっていると理解しており，したがって私には，タマネギの皮を剥いでいく感覚でこれを捉えるのがわかりやすい（注1）。まず，私は西洋文化に親しんでいる多くの人々に時代を越えて当然であると受

注1）レベルという用語を私が使うとき，私は構造主義者のメタファーを使っていることになる。

け取られている「大いなる観念」あるいは「言説」の存在に気づく。そこには，資本主義およびコーポラティズム（corporatism）^(訳注1)を第一とし，モダン思考や科学的思考を優先する考え方が中心となっている。そして，それらに基づいた男女の関係のあり様，異人種間の交流あるいは支配のあり様，子どもの本質，などが含まれる。そこで，子どもや家族についても，その領域に固有の形で影響を与えているそれ相応の観念を見出すことができる――これも大いなる観念に基づいている。例えば，子どもは学校で「自分の能力一杯まで」成果をあげるべきであるというものであり，これは，高い教育を受けた者ほど資本主義における出世階段をたやすく登ることができるとする大いなる観念を基礎にしている。同様に，この子どもが「ADHD」あるいは「学習障害」に分類されうるという発想も，科学的思考の優先という大いなる観念に基づいている。これらを私は信念あるいは世界観（Wright, Watson, & Bell, 1996参照）と呼んでいる。以前，ホワイト（White, 1986）はこれらを「重複抑制（restraints of redundancy）」と呼んだ。

　社会構成は，もっとミクロ・レベルにおいても起こる。家族内および家族―セラピスト間の相互作用は，出来事の意味を作り出したり，浸食したりするであろう。例外やユニークな結果について尋ねたり，問題を外在化したり，「エリザベスが恐怖心に打ち勝って学校に行くとき，彼女はいったい何をしているのか，よく観察して下さいね」と家族にお願いしたりすることによって，前にあった固定観念が崩れていくことがある。「リアリティ」とは，それを記述するために用いられる言葉を通して構成されたものであると見ることができ（de Shazer, 1994; Freedman & Combs, 1996），またその言葉が埋め込まれている相互作用パターンを通しても構成される（Watzlawick, 1984）。私はこのミクロ・レベルの社会構成のことをパターンと呼んでいる。前に，ホワイト（White, 1986）が「フィードバック抑制（restraints of feedback）」と呼んだものである。

　臨床実践において，私は通常，ミクロからマクロへと移っていくが，それは家族に関係することを直接語り合っているときに，彼らは敬意を払われている，承認されているという体験をするからである。パターンと信念の両方を扱うことが，セラピーに持ち込まれた問題に直接の影響を与えるし，また家族の体験にも直接の影響を与えるのである。また，ディスコースを意識することで，自分がやっていることが理解しやすくなり，パターンや世界観を支えている社会構成についても常時敏感でいられるよ

訳注1）身分制的な職能団体（労働者と経営者の諸団体）が政治の意思決定過程に制度的に参加することによって，相互的な義務と権利に基づく社会的調和を作りだし，協調によって持続的に経済成長を達成しようとする体制・構造・動向の総称。（橋本努『岩波新哲学講義7　自由・権力・ユートピア』岩波書店，1998，所収）

うになる。

　構造主義では，問題行動とは「より深い」病理の兆候であるとされる（de Shazer, 1991）。心理社会的な問題を記述する際に，「表層（surface）」「深層（depth）」というメタファーを用いることは，我々の文化では当たり前のことのようになってきたが（de Shazer, 1994），こうした区別は臨床的な問題に病因論を入れ込み，事態を混乱させる。一部皮肉めいた言い回しで，ホワイト（White, 1984）は病因の探索を次のように行ったらどうかと提案している。「注意深く，骨身惜しまず病歴を聴取した後，（セラピストは）きっぱりと，一点の翳りもなく伝える。この問題は，同定された七つの出来事のうち少なくともその一つが原因となって起こっています，と。そのあとセラピストは，確信をもってこう続けることもできる。さらに10年から15年かけて病歴調査を続ければ，その可能性を三つか四つに限定することができるでしょう，と」（White, 1984, p. 153）。言い換えれば，「問題が問題なのである（the problem is the problem）」（White, 1986）。

共　　同

　我々がクライエントたちと交わす会話というものを，彼らの彼ら自身に対する見方，そして彼らの治療過程に対する見方を構成するものと捉えれば，我々は自然と共同的スタンスをとれるようになるだろう。共同とは，「ヒエラルキー（階級）を最小にするもの」（本書第8章参照），「一歩下がったところから導くこと」（Berg & Anderson, 1994），あるいは「無知（not knowing）」（Anderson & Goolishian, 1992）であると言われてきた。子どもに対しては，大人が指導したり，構造を与えたり，保護したり，そしてもちろんヒエラルキーが必要となるわけであるが，共同を子どもに対して運用するためには，どのようにすればよいのであろうか？

　あえて言うなら，極力話を聴くようにし，子どもたちの時間を自分の時間と同じように価値あるものとして扱うことである。つまり話し合っているときに，子どもたちの言うことをよく聴き，彼らのユニークな知識を尊重することである。それは常識とは違う解決に向かっていくこともあるのである。ところが残念ながら，これはなかなか思うようにうまくできないものである。例えばセダーボーグ（Cederborg, 1997）は，多くの家族療法家は，子どもたちが家族療法に参加することは重要であるという信念を持っているにもかかわらず，ほとんど子どもたちとは話すことなく，もっと悪い場合には，彼らと話をしなくとも子どもたちのニーズなどわかっていると思い込んでいる，と報告している。このように，子どもたちのことは見ていればよいのであって，聴く（あるいは話し掛ける）必要はないという考えは今でも生き続けており，それはセラピストの間でもそうなのである。話し合いの中に子どもたちを入れるという

ことは，彼らを大人の会話というプロクルステスの寝台（訳注2）にはめ込もうとするのではなく，子どもたちが好む表現モードを使うということである。これを行うためのいくつかのアイデアについては，後に述べる。治療を始める際に私は，どうして私たちはここで会っているのか，ここで何が起こると思っているのかを，直接子どもに尋ねる。6歳のマイケルが母親のケリーに伴われて，私のオフィスにやってきた。母親は彼の爆発的な怒りのことを非常に心配していた（注2）。多くの親と同じように，ケリーはマイケルに，私のことを「お医者さんのような人」と伝えていたが，医者というのは，子どもに安らぎとか共同とかというイメージを起こさせるものではない。

ジェフ：マイケル，今日ここに来ることについて，ママは何て言ったの？
マイケル：覚えてない。
ケリー：話したでしょ。思い出して，お医者さんのような人でしょ？
マイケル：ああそうだ。ママは，お医者さんに行くみたいだって，でも気持ちをみてもらうためだって言ったよ。
ジェフ：本当？ お医者さんのところに行くの好き？〔マイケルは首を振る〕うーん，君がお医者さんに行くとき，例えば君は手術を受けたことがあるのかなぁ，手術を受けているとき，君は何かしてるかな。
マイケル：〔私のことを少し馬鹿にしたように〕ううん，寝てるでしょ。ママは胆のうを取ったんだけど，そのときママは寝てたよ。〔ケリーは悔しそうである〕
ジェフ：そうだよね，寝てれば何もできないよね。君はただそこに行って，お医者さんがお腹を開いてくれて，腸を取り出してくれて……それで縫い合わせて，君は何にもしないよね，ただ横になって寝てるだけ，そうだよね？〔マイケルはうなずく〕うん，そうだね，私としてはコーチみたいって言ってもらえると嬉しいな。何かスポーツやったことある？
マイケル：ティーボール（tee-ball）とサッカー。僕のティーボールのコーチはサイクスさんっていって，ケイトリンのパパなんだよ。ママは……〔サッカーのコーチが誰だったかという話をする〕
ジェフ：それでコーチって何する人？
マイケル：試合の仕方とか，どうやってやるかを教えてくれたり……
ジェフ：そうだよね。もしさぁ，ひどく試合に負けちゃって，37対1とか，君が本当に落ち込んじゃって，やめたくなっちゃったとしたら，コーチはどうすると思う？
マイケル：たいしたことないさ，元気出して，君ならできるよって言ってくれると思う。
ジェフ：そうだね。だけどもし，コーチはすごい良い人なんだけど，選手が頑張ろうとしなかったら，試合には勝てるかい？

訳注2）ギリシャ神話に登場する強盗プロクルステスは，ベッドの長さに合わせて旅人の体を引き伸ばしたり，足を切断したという。そこから「無理に基準に合わせる」という意味で使われる。
注2）クライエントの名前は，プライバシー保護の観点から全て変えてある。またケース掲載に関する許可は，大人・子どもを問わず，全てのクライエントから得られている。

マイケル：ううん。
ジェフ：じゃあ，選手は皆すごく頑張っているんだけど，コーチが試合の仕方をちゃんと教えてくれないとしたら，それは良いことかな？　良いチームになると思う？〔マイケルは首を振る〕だって，君の所からは見えないことでも，コーチには見えるってこともあったりするものね。
マイケル：コーチが見えないことを，僕が見つけることも時々あるよ！
ジェフ：そうだね。だからもし君と私が一緒にやっていけばね——私がコーチで，君が選手でやっていけばね，きっと君のカンシャク君（Temper）を我々は何とかできるんじゃないかなって思うんだけど，やってみる？
マイケル：やる！〔二人で握手をし，ケリーにも一緒に握手してもらう〕

　コーチという枠組みを使うことで，共同的であり，それでいて適切な大人のスタンスを取ることが可能となり，解決の構築には君の参加が必要だという考えを，子どもに提示することができる。

プラグマティズム

　アマンソン（Amundson, 1996）は，特定の治療モデルに捕らわれるより，「プラグマティックに考える癖」を養った方が良い，と論じている（p. 476）。我々が使う治療モデルは「その食い扶持をモデル自身が稼がなければならず……理論は，臨床の場面場面で，その有用性に関して成果を出すことによって，その姿を現出することを求められている」（p. 477）。これはつまり，我々の実践は究極の試験——クライエントの体験に合っているかどうか——に曝されているということである。言い換えれば，「もしうまくいっているのであれば，それを続けろ，うまくいっていないのであれば，何か違うことをせよ」（de Shazer, 1988）である。

子どもの発達

　ポストモダンの人たちの中には，ディスコースを決して標準化しない人たちもいるが（例えば，Madigan, 1996; Madigan & Epston, 1995; Sanders, 1997），私はエリク・エリクソン（Erikson, 1950）の心理発達段階やジャン・ピアジェ（Piaget, 1973, 1977）の認知発達段階も，クライエントが持っている知識や体験の方をより重視する姿勢さえあれば，役に立つものと考えている（Chang, in press-a）。また，あまり性急に自分たちをポストモダンだと考え，標準化やモダンの考え方を拒否してしまうと，子どもの発達に関して社会構成の立場の人たちが書いた豊かな文献を見落としがちになる（例えば，Bruner, 1987; Bryant, 1979; Butterworth, 1987; Feldman, 1987; Lloyd, 1987; Smedslund, 1979）。以下の段落で論じられているのは，子どもを理解し，彼らの構成に対し共同するのに役立つ考え方である。

体験していること　対　表現していること

　記憶の研究者や認知および言語発達の専門家は総じて，児童は生活上の出来事に対し，言語に表現できる以上の豊かな体験をしている，と主張している（Fivush, Kuebli, & Clubb, 1992; Price & Goodman, 1990; Nelson, 1986）。大人と会話している時の文脈の中で，子どもたちは相手に対してかなり神経質になっており，聴いている側のニーズを先取りして話をし始める。彼らはメタ認知を行っており，すなわち，自分の言っていることが会話の目的や文脈の基準に沿っているかを評価しているのである。

表象と認知

　一般的に6歳から11歳の子どもたちは，脱中心化する（de-center），すなわち，出来事を他者の見方のほうから解釈する能力を発達させている。彼らは一連の具体的行為，通常彼らがすでに体験したことのある出来事，に対する心的表象を創り上げることができる。しかしこの年齢の子どもたちにとって，抽象的な心的表象を創り出すことは相当困難であり，したがって具体的対象や視覚的表象を用いることが，表象の創出を援助する際に有効である。また彼らは，帰納的推理──特定の観察事項を用いてより一般的な理論に到達すること──に関しては，かなり熟練している。しかしながら，12, 13歳になるまでは，このプロセスを逆転させること──すなわち，理論や原理から始めて，その原理に基づいてこれから観察されるはずのものについての仮説を立てること──は，大変に難しい（Bryant, 1979）。

貯蔵と取り出し

　一般的に，10, 11歳前の年齢では，子どもたちは連続するナラティヴ（物語）としての記憶を蓄えていないとされる。記憶に貯蔵されているものは，とても正確で具体的かつ個別的な傾向があり，それを繰り返し話してもらうことで，治療的に役に立つ体験へとそれらを構成することが可能である（Bull, 1995; Fivush & Shukat, 1995; Poole & White, 1995; Saywitz, 1995）。

心理社会的課題

　エリク・エリクソン（Erikson, 1950）は，学齢期の子どもたちは世界を支配したいという欲求──彼はこれを「生産性対劣等感」の闘争と名づけた──を持っているとしている。正常発達の段階理論は，ポストモダンやナラティヴの見方からは批判されてきたが（例えば，Sanders, 1997），私は経験的にエリク・エリクソンの主張は正し

いと思っている。だいたい6歳から11歳の間の子どもたちは，世界に影響を与えることが好きであり，彼らの及ぼしている影響や支配に注目することが好きである。親やセラピストとしての私の経験に加えて，カブスカウトのリーダーとしての経験からも，子どもたちが世界に影響を与えようと励むことを楽しんでいる例を，私はたくさん知っている。

治療において鍵となる五つの課題

社会構成主義療法の私のマップ（Chang, in press-b）は，次の五つの鍵となる課題からなっている。協力関係を発展させ維持すること，クライエントの能力や世界観を理解すること，問題を解決可能なものとして取り決める，あるいは構成すること，意味ある変化の体験（セッション中およびセッション間の）を見つける，引き出す，あるいは創り出すこと，こうした変化の体験を拡大し，固定し，維持すること。これらは必ずしもこの順で行われなければならないというものではなく，気がついたら同じことを繰り返していたということもあるだろう。

協力関係を発展させ維持する

大学院の研究室にいると想像してほしい。あなたは2時間後に委員会に出席するようにとの電話を受ける。その理由を問うが，答は曖昧である。義務的にあなたは出かける。他の人たちは，皆あなたより上の人たちであるが，すでにそこに集まっている。あなたが部屋に入ると，こう言われる。あなたの調査方法論に関する口頭試問の日時が繰り上げられました。実は，試験は……今です。あなたはどう反応するだろうか？ 不安になるだろうか？ 怒るだろうか？ あなたは簡単に協力できるだろうか？ 子どもがセラピーに入ってくるときの体験は，このようなものかもしれず，私なら「こんなやり方に協力できる人なんているんですか？」と尋ねたくなるだろう。

子どもたちのカスタマー・シップをいざなう：別のシナリオをまた少し思い描いてほしい。12歳までの頃，あなたがいつも会うのを楽しみしていたのは誰だっただろう？ おそらくそれは，年長兄弟のボーイフレンドやガールフレンド，おばさんやおじさん，祖父母，家族の友人，コーチ，カブスカウトやボーイスカウトのリーダー，あるいは学校の先生であっただろう。その人の大事な点とは何だったか？ もしあなたが私と似ているなら，その答はかなり単純なものだっただろう。あなたの話をよく聴いてくれる人，あなたの両親よりも楽しくて面白い人，あなたと一緒にいることを心から願っているような感じの人。私の息子のポールがある人たち（おじいちゃん，マットおじさん，私の友人のスコットだけでも3人になる）と一緒にいるときは，私

はいない方が良いぐらいである。セラピーにおいては，今までと違う行動の実験をしたいという子どもの欲望を支えてあげられるような関係性が重要であり，それを作る責任は，我々の側にあるのである。関係性についてのソリューション・フォーカストの考え方（Berg, 1994a; de Shazer, 1988; Miller, Duncan, & Hubble, 1997）では，クライエントが我々のサービスに対してどういう関係性を結んでくるかに合わせて，クライエントに推奨するアドバイスは決まってくるとされる。親しさの欠如や不安，そしておそらく「私は悪い子だ」という感覚が存在している流れの中では，概して子どもたちはカスタマー・スタイルの関係性を持っては我々の所にやって来ない。我々が彼らとの関係作りを真の招待となしえるかどうかは，我々の責任である。「治療的会話を主催する」（Furman & Ahola, 1992）ためには，我々は良いホストでなければならないのである。

これを行う最も簡単な方法は，初めからこの関係で始めることである。最初から私は，自分を「治療的おじさん」の位置において作業を始める。もし子どもが両親と一緒に待合室にいるならば，家族を部屋に招き入れる前に，まず私は待合室で子どもと一時を過ごす。そこで，何に興味を持っているのかなとか，学校のこと（そして学校を休んで私の所に来たこと）とか，兄弟のこととかについて談笑するのである。私は元来ちょっと騒々しいたちだから，ふざけるのは得意である。そしてこれらのことは，全て部屋に入る前に行われるのである。

子どもたちとのゴーリング：ソリューション・フォーカスト・セラピーの過程とは，簡単に言うと，仮定的解決像を形成することによってクライエントの望んでいることを見つけ出し，その仮定的なものと現実生活上の例外との間に橋渡しをし，それらを用いて次の小さなステップについての話し合いを行うことである。この過程は「ゴーリング（goaling：継続的ゴール形成）」（Walter & Peller, 1996）と呼ばれているものであるが，というのも，ゴール設定は初回面接時に行われるだけのものではなく，全治療過程を通して流動的になされるものだからである。6歳から11歳の子どもたちの場合，大きな仮定像を用いて近接ゴールを生成するのは困難であるが，特定の場面から大きな映像へと移っていくことは可能である。したがって，子どもたちが仮定的な解決を，視覚的な要素の手助けを借りても，なかなか思い描けないときは，私はまず小さな，近接しているゴールについて子どもたちと話し合うようにしている。もしそこで出てきたゴールが十分にシンプルで明確なものであれば，より大きな仮定的解決の方向に話を持っていく必要はない。

6歳のマイケルの事例に戻ると，彼には3歳の妹，マリーがいることがわかった。多くの年長児同様，マリーは彼にとって，時にちょっといらいらさせられるところの

存在ではなかった。我々はすでに「カンシャク君」について，いくつかの外在化的やり取りを行っていた。以下のやり取りは，子どもの生活体験をベースにして，シンプルなゴールを形成していく様子を示している。

ジェフ：で，賭けてもいいけど，君の妹って時々君をいらつかせるでしょ。
マイケル：そうなんだよ！　僕が友達と遊んでるとさぁ，一緒にくっついてくるんだよね。それがちょっと嫌なんだけど……僕の部屋に入ってきて，僕がテレビ観てると，テレビの前に立って邪魔するし……先週なんか，僕がテレビ観てるのに，突っついてくるんだよ。
ジェフ：ワオ，そりゃひどいね。どうやってやめさせるの？
マイケル：うーん，叩く時もあるよ。
ケリー：私はそれが心配で，それもあってここに伺ったんです。
ジェフ：叩かない時は？　他にどんなことをするの？
マイケル：わかんない。
ケリー：あのう，この前はとってもいい子で，ただその場から離れたんです。
ジェフ：本当。どうやってそれをやったの？
マイケル：自分に言い聞かせたんだよ。「ここから離れた方がいい。そうじゃないとまた妹を叩いて困ったことになるぞ」って。
ジェフ：他にはどんなことする？
マイケル：上手に頼むこともあるよ。
ジェフ：本当，何て言うの？
マイケル：「マリー，お願いだから一人にしておいて」って。
ジェフ：もし言うこときかなかったら？
マイケル：〔母親の方をチラッと見やって〕うーん，あっち行けって言うこともある。
ケリー：うん，そうね，「あっち行け」だったら良いんだけど，もっとひどいこと言うこともあるんです。おわかりになりますでしょ。
ジェフ：うーん。わかりますよ。マイケル，さっきカンシャク君のことを話し合ったよね。で，カンシャク君がいかにいろんなことを台なしにしてるかって。
マイケル：カンシャクなんて大嫌いだ！
ジェフ：そう，カンシャク君は本当にひどいよね，そうだろ？……〔カンシャク君がマイケルをそそのかしてやらせていることを，いくつか拾い出す〕……こういうことってどれもほんとにいやだよね，そうでしょ？
マイケル：そう。
ジェフ：カンシャク君が君の人生を台なしにするのを止めさせるにはどうしたらいいか，良い考えがあるんだけどね。
マイケル：どうするの？
ジェフ：そうだね，君は妹に一人にしておいてくれって言うよね？
マイケル：うん。
ジェフ：だからね，もしかしたら，カンシャク君にも一人にしておいてくれって言える

んじゃないかなって思うんだ。静かに，頭の中でね。
マイケル：うん，でもそれがうまくいかなかったら？
ジェフ：そうだねぇ，マリーの場合は，次にどうするの？
マイケル：あっち行けって言う！
ジェフ：そうか。まあ，それよりひどいことをカンシャク君に言うんじゃないよ，口汚なく罵ったりね，いいかい？　頭の中で，静かにだよ，わかった？　オーケー，じゃあ練習してみよう。……〔カンシャク君撃退場面を想定し，マイケルはカンシャク君に出て行けとか，あっち行けと言う練習をする〕

　同僚や学生，あるいはワークショップの参加者に聴取したところからすると，子どもの治療に訪れる親たちの中で，カスタマー・タイプの関係性を結んでくる，すなわち新しい解決法を求めてやってくる親は，せいぜい30％程度のようである。残りの人たちは，何か問題があり，しかもそれが子どもの中にあると見ている。なぜか？　大人たちは当然，自分たちは正しいと考えるものだからである。さらに，伝統的なセラピーや学校ベースの介入を受けた経験のある人の場合，子どもの問題のことで自分たちが責められていると感じていることがある。私は親たちに援助を求めるとき，この点を常に心に留めている。現実はさまざまな見方ができるのだという信念に基づき，敬意を表し，「無知」の姿勢で話を聴けば，親たちをセラピーのパートナーとして招き入れることもできるだろう。通常私は初回面接で親たちに，お子さんだけではなく一緒に暮らしておられるご両親ともお会いして，私が状況を知るための必要な情報をお聴きするようにしております，と告げ，その問題は親の責任であるといったニュアンスを与えないように配慮している。
　初回面接では，その紹介経路に関しても注意して聴いている。家庭医や小児科医，学校，児童保護ワーカー，あるいは祖父母といった人たちの中に，何かを喜んでしてくれる人がいるかもしれない。ここへ来たのは誰の考えからだったのか，何かを得たり失ったりするのは誰なのか，子どもの行動によって心を痛めたり悩まされたりしているのは誰なのか，そして解決に向けて喜んで行動を起こしてくれるのは誰なのか，そういったことを知りたくて，私は話を注意深く聴いているのである。

クライエントの信念，世界観，そして力を理解する

　多くの場合，子どもは問題を自分の一部として体験しており，ほとんど本能的に悪い子というアイデンティティを獲得しているものである。一方親たちも，しばしばその問題の説明や原因に関して，ある種の信念を築き上げている。時には，彼らはよく勉強をしており，洗練された臨床仮説を持つにまで至っていることがある。しかも，それは私が持っているものより洗練されていることが多いから，いまさら，私が構造

主義的な説明をしてみたところで役に立たない。私は，彼らのストーリーにはさまざまな違った解釈の仕方が可能だという認識をもって，精一杯それらを注意深く，批判することなく，敬意を持って聴くようにしている。私はただ単に，フリードマンとコームズ（Freedman & Combs, 1996）のいう「脱構築的（deconstructive）」な聴き方をしていることもあるし，あるいは問題に関する信念（Wright, Watson, & Bell, 1966）を引き出すために，次のような質問をするかもしれない。

- この行動の原因に関して，あなたはどのような理論を持っていますか？
- あなたは，ケンがかんしゃくをコントロールできると思っていますか？
- あなたは，トロイの「興奮（hyperness）」に薬が有効であると信じていますか？
- だれが最初にケンをADHDだと診断したのですか？　どのようにしてその人は，その結論に至ったのですか？

ミラー，ダンカン，ハブル（Miller, Duncan, & Hubble, 1997）は，治療同盟を機能させる重要な特徴の一つは，クライエント－セラピスト間での，課題・ゴール・方法についての一致である，と述べている。課題は，クライエントの世界観から見てよくわかるものでなければならない。親たちの世界観には，おそらく未だ見ぬ解決についての考えも含まれているであろうから，それに対する理解も同様に重要となる。

子どもの力：子どもは何が得意で，いかにしてそのようになったのかを知ることも重要である。セラピストは，その子の特別の才能，関心，そしてスキルから，その子がすでに体験しているであろうその子の力に関する手がかりを得ることができる。例えば，9歳のケンは，太極拳クラブに入会し，3年間喜んで通っていた。この話を聞いたとき，私は危険人物を見るかのように彼のことを見，こっちに来て私の椅子の前に立ってみてくれないかとお願いした。

ジェフ：ねぇケン，もし私が君のことを襲って，こうやったら〔彼の腹部に向けて，半速のパンチを繰り出す〕，どういうふうに――ワォ！〔ケンがパンチを止める〕
ケン：〔誇らしげに〕こうやるのさ！
ジェフ：ウゥ，どうやってそんなに速くできるようになったの？
ケン：〔笑いながら〕何度も何度も繰り返しただけだよ。
ジェフ：でも，まだまだ速いとは言えないな。こうやったらどうだ。〔彼の顔に向けてパンチを繰り出す真似をするが，彼は器用にかわす〕ヘイ！〔ケンは笑う〕オーケー，じゃあこれはどうだ。〔椅子に座りながら，彼に向けて脚を蹴り出す。彼は簡単にキックをブロックする〕ヘイ！どうやってそんなに上手になったのか，教えてよ。
ケン：うーん，何度も何度も練習しただけ。

ジェフ：どういう意味，練習？
ケン：同じことを何度も繰り返しやるんだよ。
ジェフ：それって退屈じゃない？　同じことを何度も繰り返しやるんでしょ？
ケン：ううん，面白いよ。
ジェフ：なんでそれが面白いの？　同じことを何度も何度も繰り返してやるんだよ。
ケン：やればやるほど，上手になっていくんだ。
ジェフ：ああ，上手になっていくから，気分が良いんだ。それでまた練習するから，またどんどん上手になっていく。そうかぁ。
ケン：〔ちょっといらいらしたふうに〕もうわかっただろ！
ジェフ：ああ，でもこれはどうなんだろう。時には練習ってきつくない？
ケン：ああ。
ジェフ：それでやめたくなったりしないの？
ケン：うーん，時にはあるけど，でもやめない。
ジェフ：どうして？
ケン：どんどんうまくなってきたこととか，今習ってることなんかについて考えるんだ。
ジェフ：はじめの頃はどうだった，まだやり始めて間もないときって，覚えるのは遅かった？
ケン：最初は，もっと大変だったよ。
ジェフ：……でも，君はずっと続けたんだね。最後まで君はやり抜いた？
ケン：〔誇らしげに〕僕は続けたよ！
ジェフ：「不屈（persistent）」って，どういう意味か知ってる？
ケン：ううん。
ジェフ：不屈っていうのは，何かにこだわって，たとえそれが大変だったとしても，頑張って頑張って，諦めないでやり通すことだよ。君は，自分が不屈の人だと思うかい？
ケン：〔誇らしげに〕うん！

　この一場面は，いろいろな観点から眺められるだろう。エリクソン派の枠組みから見れば，変化の本質に関する隠喩的会話を交す中で，ケンと私は象徴的に彼がこの場をコントロールするのを実践してみた，ということになろう。内容レベルで言えば，練習と反復が学習と変化に繋がるということについて，彼は若い人生の中で少なくとも一度はそれを体験したことがわかったのである。社会構成主義の見方からすると，この会話は，ささやかではあるが，ケンの自己概念に対し構成的であったと言えるかもしれない――この見方が持ち出される前までは，彼は自分自身のことを不屈だとか，何かにおいて能力があるとは考えていなかった。しかし今からはおそらく，不屈が彼の中に現れ出てきたアイデンティティや自己概念の一部となっていくであろう。そして実際，ケンはカンシャクを打ち負かそうとするとき，不屈を自分の特質として見ることができたのである。

問題を解決可能なものとして取り決める,あるいは構成する

　一般的にソリューション・フォーカスト・アプローチにおいては,仮定的解決を築きあげていくわけであるが (Berg, 1994a; De Jong & Berg, 1997),おそらくその際,「ミラクル・クエスチョン」なり他のさまざまな可能性というものを差し挿んでいくことになるだろう (Walter & Peller, 1992)(注3)。そして多くの場合,ミラクル・クエスチョンに対するクライエントの反応を使って,現実生活上の例外へと橋渡ししていく。「この中ですでに起こっていることは何かありますか?」このプロセスは,理論や一般原則から始めて,その理論に沿った何かが起こることを予測するプロセスと非常によく似ている。ただ,子どもに対して,これを視覚表現ではなく言語のみを用いて行うと,長々と「わからない」という話の繰り返しになってしまうだろう。こういう場合,仮定的解決を表すのにより体験に近い表現,例えば描画とかその場面を演じるとか,を用いることが有効である。ベン(8歳)は,自身の爆発的な攻撃性に悩まされており,これは主に弟によって引き起こされていた。弟はふざけた顔をしたり,悪態をついたりして,彼のことをからかっていたのである。そこで私は,その弟の役割を演じた。ベンが選んだ奇跡のイメージは,「だんまり(mute)」を演じることであり(私は「パントマイマー(mime)」のことだと思っていたのだが),だからカッとさせられても弟に言い返したり,脅かしたりしないというものだった。「だんまり」を演じることによって,彼は自分の感情や怒りを抑え,面白おかしくいられる状態を体験することができたのである。ベンはまた,弟にそれを止めさせる適切な言い方や,それまでしばしばあった怒りの感情の噴出をコントロールする方法を練習していった。ベンは,彼のより良い行動に対する両親の反応をイメージし,それを演じることもできた。

　子どもに奇跡についての絵を描いてもらうことで,彼らの仮定的解決形成を援助することもできる。仮定的解決の描画は,解決というものがどんな姿をしているのかについての子どもの描写を,より豊かなものにしてくれるであろう。9歳のザカリーと行った奇跡描画の中で相互作用が描かれている部分は,とくに両親に大きな影響を与えた。彼の姿としては,「宿題をやっていて,よく話を聴いていて,口汚ない言葉を使っていない」であった。彼はそこに,夜,彼と一緒にいる母親を描き,それは「僕のかんしゃくがひどくなる前の」母親の姿であった。彼は画用紙の別の角に,彼の宿

注3)　ミラクル・クエスチョン:「今晩,あなたが眠っている間に,奇跡が起こったと想像してみて下さい。しかしあなたは眠っているわけですから,そのことに気づいていません。さて明日,どんなことから奇跡が起こったのだということを,あなたは知るのでしょう?　何が違っているのでしょう?　まず最初に気づくことは何でしょう?」(de Shazer, 1985, 1988)。

題を辛抱強く教えてあげている父親の姿も描いた。絵を描いてみて，ザカリーは奇跡画の部分部分が，もうすでにいろいろと起こっていることを確認した。それまでザカリーの両親（ジムとリタ）は落胆し，自責の念に駆られていたが，ザカリーは彼らの行動の援助的な側面を確認し，それはもうすでに起こっていると告げたのである。両親にとって，既に有効的に行われていることをし続けることは，何も難しいことでなかった。私が彼らに，ここは間違っているから修正しなさいと言うのではなく，彼らの息子が，彼らが何をうまくやっているのかを教えてくれたのである。

　私は表現媒体としてアートや遊戯を用いるが，自分のやっていることを「プレイセラピー」だとか「アートセラピー」だとは思っていない。これらの訓練を受けた人たちのことを，私は非常に尊敬している。しかし私のゴールは，無意識過程への介入を目的とした題材の抽出でもなければ，転移関係を作り出し，情緒体験の修正を行おうとするものでもない。私はただ単に，小さなクライエントたちに対して，別の表現の道をつけてあげているだけなのである。

ビデオトーク：問題の描写を明確にする：解決や例外，そして力に焦点を当てることが好まれる一方で，時には問題の記述を求めることが必要である場合もある。クライエントの（とくに両親の）体験や会話が問題のことで支配されていて，それを中断させることが失礼で思い上がった態度のように感じられる場合（Nylund & Corsiglia, 1994），私は彼らに，注意深く，明確にその問題のパターンを描写してくれるように促す。オハンロンとワイナー-デービス（O'Hanlon & Weiner-Davis, 1989；本書第5章も参照のこと）は，これをビデオトークと呼んでいる。社会構成主義療法では，質問というのは単に情報を得る働きだけでなく，質問を受けた人に対して，情報を与えたり，さまざまなものの見方があるということを暗に示したりする機能があるとされる。そして，明確な行動上の記述を求めることによって，私は問題をパターン，信念や世界観，そしてディスコースといった観点から概念化するのに役立つ情報を得ようと心がける。問題に焦点が向いている限り，その問題を固定化した実体とかその人の本質的な特性と見るよりも，能動をほのめかすような方向に話を持っていった方がより役に立つと考えられる。

　問題のレッテルは，しばしば小さな子たちの自己概念を乗っ取ってしまっている。10歳のマシューは初回面接で，「僕はADHDなんだ」と言った。私は，このように全体化しているレッテルを単なる一つの描写に変えたいと思った。この場合，「ADHD」というレッテルが，彼を封じ込めてしまっており，他に取って代わるものがない状態を作り出していた。行動についての描写をしてもらうことで，私は変化への可能性を開いてくれるようなもっと役に立つ見方を具体化しようと試みたのである。具体的な

行動や相互作用パターンを明らかにするために，私は次のような質問を行った。

- ADHDが君を悩ませているとき，君はどんなことをするの？
- 他に，君がしたくないのにしてしまう（あるいは彼がしてしまう）ことって，どんなことがあるのかな？
- それは見た感じどんなもの？
- 彼がそれをやると，君はそれに対してどう反応するの？
- 彼に何と言うの？
- それからどうなるの？

行動や相互作用の連鎖は，機械的なものとして体験されているかもしれない。マシューの場合，ADHDは圧倒的なもので，いきなりそれがやってくるからどうしようもないと体験されていた。「何が僕に入ってくるんだかわからないんだよ」。問題の身体的および認知的側面を尋ねることで，パターン妨害の手がかりを得られるかもしれない（O'Hanlon & Weiner-Davis, 1989；本書第5章）。また，今まで見逃されていた問題パターンのさまざまな側面がはっきりしてくることで，それはある働きをするものという意味を暗示することになる。私がマシューに「ADHDは君の身体のどの部分に入り込んでくるの？」と尋ねると，彼は「中でピクピクしてる感じで……」「手がうずうずしてくるの」「学校で椅子に座ってると脚が震えるんだ」と答えた。私はまたマシューに，ADHDは君の頭の中で何て言ってくるの，と尋ねた。それは「僕は平気だぞ」「クラスでやってることなんか僕はしたくないと思ってる」「退屈だぁ!!!!」などと言ってくると彼は答えた。そして「あとで（抑えが利かずに何かやらかしたあとで），僕は馬鹿，馬鹿，馬鹿って思うんだ」とつけ加えた。問題パターンを分解していくことによって問題の力が弱められ，セラピストは家族が感じている体験を承認できるようになる[注4]。

話をノーマライズする：話をノーマライズ（それは正常であると）することは，さらに問題の力を弱めることに役立つであろう。正常・異常というディスコースを，それはある独特な（あるいは希な）能力や体験を有している人々を病理として扱うことだとして，はっきりと批判する人たちがいる（Madigan & Epston, 1995; Sanders, 1997）が，私は別の論文の中で，ブルース・コバーンの歌のタイトルを無断借用しつつ，「正常が厄介なのは (the trouble with normal)，その使われ方である」と述べた (Chang, in press-a)[注5]。親は子どもの発達・行動とは「こうあるべきだ」という考

注4) ADHDに対するナラティヴ・アプローチの詳細は，ナイランドとコルシグリア（Nylund & Corsiglia, 1996）およびロー（Law, 1997）を参照のこと。

えがあまりに強くなりすぎたときに，子どもを病理的に扱ってしまう場合がある。例えば，この子たちには「自責感がない」あるいは「良心がない」のではないかと心配する親ほど，無作法な振舞いをする少年たちに対して不安を覚えるようである。そこで親たちは，少年たちのしたことの過ちに気づかせ，その後悔（あるいは罪責感）を高めようとするわけであるが，そうすればするほど，少年たちはますます貝のように口を閉ざし，離れていき，それでまた叱られるといった相互作用パターンが形成されてしまうことになる。こうした相互作用パターンを崩すのに，性の社会化についての話（Gilligan, 1982）やモラル発達の話（Kohlberg, 1981）は有効であろう。また親たちの体験をノーマライズするような隠喩的な話も役に立つだろう。「あなたの無意識を使いなさい」みたいな神秘的な方向に話を持っていかなくとも，同じような状況に直面した他の親たちがどうそれを扱ったかについて話してあげるだけで，おそらく十分であろう——そしてもちろん，彼らの反応を注意深く観察し，よく聴くことである（O'Hanlon & Weiner-Davis, 1989）。こうすることで，親の中に後悔の念を生じさせるのではなく，またなぜその子がいわゆる異常な行動を取るようになったのかをわからせるのでもなく，ある特定の行動を変えるという，より解決可能なものとして問題を定義することができるようになる。このように，何が「正常」で何が「異常」かという観念は実際的な影響から判断されるべきものであり（Amundson, 1996），どうすることが適切かというようなあらかじめ決められた見方によるべきものではない。正常と異常という言葉に対する批判は，役に立つ注意を我々に提供してくれるものであるが，禁止令として発動されるべきではない。

問題の外在化：私とマイケル，ケン，マシューとのやり取り（本章の最初の方で引用した）は，いずれも外在化的な会話の要素を含んでいた。外在化的な会話の中では，人は問題から分離されたものとして語られ，それゆえ問題と関係を持っているものとされる（Roth & Epston, 1996）。これは一つの技法ではなく，一つの態度，つまり人々が問題なのでなく，また問題が人々の根本に宿っているのでもないという信念に基づいたものである（Zimmerman & Dickerson, 1996）。問題の外在化は，誰が「悪い」のかに関する葛藤を減じ，家族の中での失敗感覚を小さくし，問題に対抗する家族メンバーの団結を強め，その問題状況を家族メンバーがまた違った角度から見られるように促す（White, 1988a, 1988b）。こうすることで，家族はお互いに受け容れられるように問題を定義することができるようになる。

脱構築的質問：脱構築的質問は，脱構築的傾聴の自然の産物である。この過程は，

注5）ブルースは，カナダ人の音楽家であり，かつ差別反対運動家。彼の歌のタイトルである『正常って厄介 The Trouble with Normal』（Cockburn, 1983）をお借りした。

「人々が違った視点から自分たちのストーリーを見るよう，また，そのストーリーがどのように構成されているか（あるいは彼らがどのようにそれを構成しているか）に気づき，その限界に注目し，他のストーリー作りも可能であることを発見するように誘う」(Freedman & Combs, 1996, p57, 傍点は筆者)。好奇心や「無知」の態度がこちらの脱構築的姿勢を相手に伝える(注6)のであり，脱構築と信念の「リフレイミング」あるいはそれを「不合理なもの（irrational）」とラベリングすることを混同してはならない(注7)。外在化的会話の文脈で使われるものとして，以下のような種類の質問が両親に投げかけられると良いであろう。

- あなたはどのようにしてジェイソンがおねしょをコントロールできないというふうに考えるようになったのでしょうか？
- アリサが恐がっているときのあなたの対応の仕方に，あなたの子ども時代の恐怖体験がどう影響していると思いますか？
- どういういきさつで，少年たちは恐怖に屈するべきではないという考えに至ったのでしょうか？
- カンシャク君には味方や仲間がいるのですか？　何がカンシャク君を後押ししているようですか？
- あなたが親としてブライアンの力になってあげられていないと思うとき，このことは彼への対応にどのような影響を与えるでしょう？
- 興奮君は，あなた方ご両親の間に割って入ろうとして，何をしますか？

意味ある差異体験を見つける，引き出す，あるいは創り出す：セッション中に

社会構成主義療法においては，問題や病理ではなく，解決・力・能力といった面により焦点を当てて現実を構成したいと考える。したがって，このようなセラピーにおける第四の重要な課題は，子どもや家族の体験の中に，「差異を生む差異」(Nunnally, de Shazer, Lipchik, & Berg, 1986; de Shazer, 1991) を植えつけることである。これは面接過程を通してセッション中に行われる (Lipchik & de Shazer, 1986) とともに，子どもや家族に課題を出すことで，セッション間にも行われる。

注6）ディ・シェイザー（de Shazer, 1991, p. 50）によると，脱構築（deconstruction）は構築（construction）の反意語ではなく，構築の反意語は破壊（destruction）である。
注7）「問題を解決可能なものとして取り決める，あるいは構成する」のセクションにおいて，脱構築の過程について論じることについては不安があった。というのも，これは私が意図している介入スタンスのこと以上の内容を含んでいるかもしれない。にもかかわらず，この話をここでしているのは，問題を下支えしている絡み合った糸を解きほぐすことによって，しばしば問題の定義や問題の所在に対する理解が微妙に変化していくからである。当初は責任追求に基づいた説明の仕方をしたり，動かし難いレッテルを貼っていたり，子どもの「内なる」問題であるという信念を持っていたりする人も，話しているうちに，いろいろな考え方や新しい可能性に対して開かれた見方へと移っていく傾向がある。

例外やユニークな結果を引き出す：私が最も知りたいのは，問題がない時はいつなのか，あるいは家族は生活の中で問題を減らすために何をやっているのかということである。このための質問の仕方については多くの出典があり，ナラティヴの枠組みから言えば，「ユニークな結果」あるいは「きらめきの瞬間（sparkling moment）」（Freedman & Combs, 1996; White, 1988b）を引き出すことと見なされ，ソリューション・フォーカスト・アプローチの枠組みから言えば，「例外」（De Jong & Berg, 1997; de Shazer, 1985, 1988; Walter & Peller, 1992）を引き出すことと見なされる[注8]。子どもの体験や記憶は，言葉にできる以上の豊かな内容を持っており，したがって非言語的な表現モードを通しての方が，こちらは差異についての情報を受け取りやすい。

　現実生活上の例外や解決についての描画は，支配の体験を具現化し，子どもや両親が言葉で記述したものをより豊かなものにしてくれる。カイラ（8歳）は，自分が恐怖なく学校に行けている絵を描いた。絵を描くことで彼女は，特別なお友達が学校にいることを思い出すことができ，その朝，母親と一緒に，学校で「むかつき」を覚えた時にどうすればよいのかを振り返り，「お腹の中の蝶々」による「むかつき」に気づいた時は，大きく一つ深呼吸をしていたことを思い出せたのである。カイラはその絵を学校に持って行き，寝室にも置いておいて，何をすべきかがすぐに思い出せるようにした。この年齢の子どもたちにとって，視覚的表象は，有用な連想の想起を促し，問題を征服した体験を豊かにさせ，深めてくれる。

ハイライト特集（Highlight Package）：決まりごとというのは子どもたちにとって重要で，したがって私は面接を次にどうなるかがなるべくわかりやすいように構成していく。とくに少年たちなら，私が持っている小学生ケースの多くがそうなのだが，テレビのスポーツ・ニュース番組にはハイライトというものがあるのを知っている。私が臨床を行っているカナダでは，多くの少年たちはとくにホッケーに詳しく，お気に入りの選手が得点を挙げたとかスーパー・セーブしたとかをとてもよく知っている。そこで，私の面接では，ハイライト特集というのが定番となってきた。2回目以降の面接は，しばしば子どもたちが行った「すごいプレイ」「ゴール」「素晴らしいセーブ」の再現から始まる。家族は，次回の面接で「今週のプレイ」から選び抜かれたハイライト特集を私に報告するように求められる。このようにして，セッション間の観察課題と結びつけるわけである。ある父親は，彼は熱狂的なホッケー・ファンであるが，息子がハイライト・プレイの報告を一つずつ，先ごろ亡くなったカナダの偉大なホッケー実況アナウンサーであるダニー・ギャリバン風の名調子でやれるように助けてあ

注8）「例外」と「ユニークな結果」はどのように違うのかという興味深い問題は，ここでの議論の範囲を越えている（次の文献を参照のこと。Chang & Phillips, 1993; de Shazer, 1993b; White & de Shazer, 1996）。クライエントはどちらも好む。

げていた。ハイライト特集とは，前回の面接から今回までに起こった解決行動についてまず話し合いましょうという一種の儀式である。家族メンバーはしばしば，お互いに相手の報告を訂正する（子どもたちは私のおふざけを助けとして，親の言ったことを訂正するのをこよなく愛する）ものであるが，これによってますますやることはハイライト特集だということになっていく。

相互物語作り：短いお話作り（Durrant, 1990参照）――子どものクライエントを主人公にした起承転結のあるお話――は，子どもたちを夢中にさせ，言語構造として打ち解けたものを提供してくれる。私が通常，筆記者と編集者の役割を果たすのであるが，親たちもしばしば一緒に作ることに興味を示す（あるいは子どもたちからそうするように請われる）。多くの場合，面接の終わり10分から15分ぐらいを使って，そのお話を紙やワープロに書き起こしておく。お話は問題の記述から始まる。何回かのセッションを通じてお話は展開していき，それはハイライトや解決パターンに焦点を当てつつ編集されていく。お話の結末は，治療ゴールが達成された問題のない未来を指し示すようなものである。このようなナラティヴの構造の方が子どもには馴染みやすい。というのも，子どもの認知能力からして，仮説的解決から戻ってくるよりも，象徴的に表象されたものから時間順に先のものを描き出していくことの方がやりやすいからである。ここで再度述べておくが，そのお話はセラピストによって解釈されるものではない。ここでは，お話は単に，いわゆる治療会話スタイルでは話すことが難しい子どもたちに対して，別の表現方法を提供しているだけの意味であって，それは物語を無意識過程への介入の材料として使う他のモデル（例えば，Gardner, 1971）とは対照的である。

スケーリング：ソリューション・フォーカスト・アプローチのスケーリング・クエスチョン（De Jong & Berg, 1997）は，クライエントが体験している進歩の状況を追うため，および漸進的ゴールについて話し合うために用いられる。子どもの場合，問題となっている体験についての話や，「一段上がったときは，どんなふうになっているんだろう」ということを話し合うのに，視覚的表象を用いると話が進みやすい。オーストラリアのジャネット・ロスとクリスティーナ・ヘインズは，スケーリング用具箱なるものを作っており，そこには何セットかの「『あやふやなものをわかりやすくしてくれる』グッズ（多くは1セット10個入り）」が入っている。ロスのお気に入りは，「顔（ロイヤル・ブルーで直径約25センチ）」である。それは「大きなふわふわした赤い綿毛の鼻と二つの大きなビーズの目，10個のガラス製涙の滴入り赤いサテンの引き紐のついた小袋つき」である。子どもたちは涙の滴を顔に置きながら，悲しさを測る＝スケーリングする（Roth, personal communication, 1997）。

上演とリハーサル：解決行動について単に話し合うのではなく，それを楽しく演じてみるのもよいであろう。クライエントたちがそのことに興味を持ち，喜んでやってくれるならば，それは差異について豊かな体験をもたらしてくれるだろう。つい最近も，10歳のジェシーとその母親ローレインが，セッションの中でたくさんの解決パターンを演じて見せてくれた。例えばそれは，口論の後にローレインはいかにしてジェシーを落ち着かせてあげたのかとか，ジェシーはいかにして朝何も言われなくとも学校に行く準備をし，お弁当を作ったのかとか，いかにしてジェシーは，学校が終わった後，お友達と寄り道をしないで真っ直ぐ家に帰ることにしたのか，などであった。

意味ある差異体験を見つける，引き出す，あるいは創り出す：セッション間に

面接終了間際の介入は，クライエントたちの解決パターンに対する気づきや解決の実行を増大させるため，すなわち「問題の見え方や行い方を変える」（O'Hanlon & Weiner-Davis, 1989）ために行われる。「ビジター」「コンプレイナント」「カスタマー」(注9)などの関係性のスタイル，例外の有無，その例外は偶発的なものなのか，意図的なものなのか，といったアセスメントのすべてがソリューション・フォーカストのセラピストたちによって当たり前のように用いられているが，私が子どもと接する時には，その中の関係性のパターンだけを用いることがほとんどである。なぜなら，子どもと一緒の時は，報告された例外が現実のものなのか，あるいはそれは偶発的か意図的かということに注意を向けるよりも，力と支配の体験──いわば，「生産性対劣等感」（Erikson, 1950）──を広げていくことの方が役に立つと感じるからである。子どもにとって自分の体験を全て表現することは困難である。だからこそ私はその体験をより豊かなものにし，深めていくことに集中するのである。また，ソリューション・フォーカストのセラピストたちによれば（Berg, 1994a; Berg & Miller, 1992; De Jong & Berg, 1997），関係性のパターンは極めて流動的なものであり，ゴールをどのようにするかが大きく関わってくる。それゆえ，私は子どもには単純で明確な課題を与えるようにしている。とりわけ練習と経験という枠組みが役に立つ。例えば，私はマイケルに対してシンプルな課題を与えた。それは，「頭の中でカンシャク君にどこかに行くように言いなさい。もしカンシャク君がグズグズ言い始めたら，あっちに行っちまえ！　って言いな」(注10)ということであった。

一方，親に対しては，彼らの例外の体験により意識を向けるようにし，その例外は偶発的なのか意図的なのかなどと考えている。先に述べたように，私の観察からすると──そして同僚や学生，ワークショップの参加者に確かめたところ──，子どもの

注9）これらは関係性のパターンであって，人の分類ではないという点をわきまえておくことは重要である。

ことでセラピーを受けに来る親たちの中で，初回面接においてカスタマー・スタイルの関係性を結んでくるのは約30％である。多くの場合彼らは，子どもに何か魔法のようなものをかけてほしいと思って，セラピストの所へやってくる。子どもの問題行動のことは感じ取っているが，それが解決に向かうには彼らの動きも重要な要素となるのだとは感じていない。そこで，初回面接において通常私が親たちにお願いすることは，子どもの小さな行動上の変化を注意して観察してもらうことである。そして次のセッションにおいて，その変化に対する「良い責任（positive blame）」を彼らに負わす（De Jong & Berg, 1997）。私はかなり標準的なソリューション・フォーカストのやり方で面接終了間際の介入を行う。すなわち，コンプリメントし，橋渡しの言葉かけをし，宿題を出すわけである（De Jong & Berg, 1997）。例えば，マイケルとケリーには次のようなメッセージを贈った[注11]。

　　いくつか申し上げたいことがあるのですが，というのも，今日お話を伺っていて，とても印象的なことがあったものですから。まず申し上げたいことは，お母様がとても知覚の鋭い方だということです。今日はマイケルの行動について，たくさんの情報を下さいましたが，そのおかげで今何が起こっているのか考えるのにとても役に立ちました。彼がやっていることを観察されるのが，お母様は本当にお上手です。それにまた，お母様の気遣いのされ方はとても適切で，決して過剰なものではありません。被雇用者援助プログラム（Employee Assistance Program：EAP）からここに紹介されて来られたわけですが，お母様がEAPに相談に行かれたタイミングも素晴らしかったと思います。だからこそ，我々はこの問題をまだ蕾のうちに摘み取ることができるわけです。マイケル，君はカンシャク君をどうやって抑えるかについて，もういろいろと良いアイデアを持ってるようだね。それにカンシャク君を追い払う新しい手についても，いくつか実際にやってみたよね。今日練習した手を，これからどんどん使っていってほしいな。お母様は観察することがお上手ですから，マイケルの行動上に起こる変化に，これからもよく注意しておいていただいて，彼が何をどういうふうにやったのかを私に教えていただきたいと思います。またお母様の彼に対する対応に関しても，何か変化があるかどうか，注

注10）「カンシャク君にあっち行けと言う」というアイデアは，クライエントから出てきたものであった。これは認知・行動を再構成するアプローチ，とくにいわゆる論理療法の立場とは異なる。そこでは，クライエントの考えは変化されるべきであると見なされており，したがってセラピストは，専門家の立場から，クライエントの思考の中の歪みを同定し，必要な「正しい」見方を処方するのである（Meichenbaum, cited in Hoyt, 1996; Hoyt & Berg, 1998参照）。それと対照的に，私のやり方はよりクライエント主導型であり，セラピストの労力は，クライエントの持っている力や解決を同定すること，およびクライエント自身がそれらを同定することを援助することに向けられる。

注11）面接終了間際の介入メッセージは，セラピストが注意深く受け止めているクライエントの世界観，モチベーション，意向，能力を基盤にしてなされる。ここで紹介しているメッセージが持っている文脈の多くの部分は，これが抜粋された文面であるため，十分に伝えられていない。初期の「ブリーフセラピー」の大家たち（例えば，Haley, 1976; Madanes, 1984）によって，セラピーにおける変化は，ほとんどあるいは唯一，目を見張るほど素晴らしい面接終了間際の介入メッセージによって生み出されるといった印象が作られたが，私はそうした印象を与えたくない。

意していて下さい。

語り直しと読み直し：子どもの発達および記憶の専門家によれば，子どもが生活上の出来事について語ると，それは記憶を刺激することになるという。力のストーリーを語り直すことが，その力の体験のたくましさを増大させる，と断言してもよいだろう。7歳のブラッドレーと私は，彼を主人公にして「モジモジ君」（注意の問題に対して彼が与えた名前）退治の話を書きあげた。この話を両親のうちの一人と一緒に読み上げる（ときには彼が読み，ときには親が読む）というのが習慣となり，約6週間（週に2回から4回）続けられた。そしてセラピーが進むにつれて，新しい話の展開がつけ加えられていったのである。

太極拳マニアのケンは，ほとんど毎晩のように，家で母親と一緒に「大自慢大会」を開いた。母親は例外やユニークな結果などをどのように聞き出すかについてのちょっとした指示を受けており，ケンは学校でカンシャク君をやっつけるためにやったことを，逐一覚えておくように言われていたのである。

新しい体験を拡大し，固定し，維持する

その後のセッションでは変化の拡大に重点が置かれる。ソリューション・フォーカストやナラティヴにおける，この点に関する質問法については，他のところで述べられている（例えば，De Jong & Berg, 1997; Freedman & Combs, 1996; Walter & Peller, 1992; White, 1988b）。これらのガイドラインに関して，私としては，大人に対しては「どのように（how）」という質問を強調した方が良い（出来事についてよく思い出してくれたり，話してくれる人が，この点に関する有用な情報を与えてくれるだろう）と感じる一方，子どもに対しては，「どのように」という質問はあまり使わずに，その代わり，問題がない状況のことや問題をやっつけたときにとった行動のことを語り直してもらうことに焦点を当てた方が良いと感じている。そうすることでそれらが子どもの体験の中に埋め込まれていく。力に関する子どもの体験は，語り直している中で強められていくのである。

変化のために観客を作る：治療的な手紙，証明書，祝い，そして儀式については，私がここで論述できる以上のことが，すでに多くの実践家たちによって書かれてきた。能力や力にハイライトを当てたり，その点を要約する手紙（Nylund & Thomas, 1994; White & Epston, 1990）は，解決についての記述内容を高め，豊富にしてくれる。クライエントからは，そういった手紙がセッション回数にして3.2回から4.5回分のセラピーに値するという報告も出ている（Freedman & Combs, 1996）。証明書

(Freedman & Combs, 1996; Metcalf, 1995) もまた、この点に関して有用である。ナイランド (Nylund, 1997) は、「ニュース発表」用紙というものを使っており、それを子どもと関係のある人々に向けて、ファックスや郵便で送ったりしている。最近私は、ネットを相談に使うという実験をやっており、世界各国の同僚たちや彼らのクライエントたちが私のクライエントとeメールでソリューションに関する情報交換をしている。子どもたちはスウェーデンやニュージーランド、あるいはカリフォルニアからの同世代の友達から返事が来るととくに喜び、互いに厄介な問題をどう処理するかについてのアドバイスを交換している。学校の先生や地域スタッフ、あるいはソーシャルワーカーなどに集まってもらって会を開いたり、手紙や証明書を回覧したり、変化を祝う会を持ったりするなどして、体験を公表すること——もちろんクライエントの同意を得てのことであるが——は、子どもに良い意味での征服感を与え、成功を他の人たちと分かち合う経験を提供し、他の人たちが問題パターンではなく解決行動の方に目を向けるように促す効果がある。

問題の核心

本章ではまず、社会構成主義、非構造主義、プラグマティズム、共同といった指針となる考えについて紹介し、発達心理学から得た有用な知識を紹介し、私がこれらの考えを臨床にどう使っているかといういことについて述べてきた。しかしここまで私は、子どもたちと一緒にやっていくことの核心、まさしく心については、何も触れてこなかった。心理療法の自己関係モデル (Self-Relations Model) を論じているステファン・ギリガン (Gilligan, 1996, 1997) は、人間には「破壊されることのない、どうしようもなく優しい部位」があり、それが「人の中核部分に存在する」としている。どうしようもなく優しい部位と関連する一例として、彼は「誰もが幼い生命の存在によって『灯をともされる』という体験を持っている」と記している (1997, p.4)。このことに私が気づいたのは、セッションの中で子どものことを単に厄介な問題として見るのではなく、子どもの話を真剣に聞き始めたときであった[注12]。読者諸氏にあっては、是非とも、自分のどうしようもなく優しい部位の感覚に身を委ね、子どもであろうが大人であろうが、クライエントが持つその部位との結びつきが持てるようにしてほしいものである。

注12) クライエントのことを真剣に受け取ることの重要性に関する議論については、ディ・シェイザーとウィークランド (de Shazer & Weakland, in Hoyt, 1994) を参照のこと。

第8章
セラピーにおける階層的関係の最少化
リフレクティング・チーム・アプローチ

S・ミシェル・コーヘン，ジーン・コームズ，ビル・ディローレンティ，
パット・ディローレンティ，ジル・フリードマン，
デイヴィッド・ラリマー，ダイナ・シュールマン
S. Michele Cohen, Gene Combs, Bill DeLaurenti, Pat DeLaurenti,
Jill Freedman, David Larimer, Dina Shulman

　ここで報告するのは，未だ進行中の研究，つまり，ある特定のセラピーに関して共同作業を行った際，階層的関係を最少化することに役立った実践と，これらの実践が個人として，また，専門家としての我々に及ぼした影響についてのチームの記述である。ではこれより，まず我々の自己紹介をし，我々のアプローチについて述べ，我々の経験についての個人的なリフレクションを分かち合い，有用かつ重要だとわかった質問のいくつかを提示するつもりである。我々の意図は，読者自身のセラピーにおいて階層的関係がどのように築かれるのか，その衝撃的事実について読者にリフレクションを促すこと，それに，階層的関係を最も少なくするような，社会的に構成された治療関係に向けて我々が見出しいくつかの方法と理由づけについて提案することである。我々7人が共に研究を始めた時，我々の研究がこんなにも時間がかかり，やりがいのある，また，得るところの多いものになるとは知る由もなかった。

チーム

　我々のチームは，リフレクティング・チーム形式を用いたナラティヴセラピー (Freedman & Combs, 1996; Monk, Winslade, Crocket, & Eptston, 1997; White, 1991, 1995a; White & Epston, 1990; Zimmerman & Dickerson, 1996) でのライブ・スーパービジョン・プログラムの過程で結成された。チーム・メンバーは，自らの夫婦関係における問題で相談に来たカップルであるビル・ディローレンティ，パット・ディロー

レンティ，自らのセラピーについてのスーパービジョン契約をしたミシェル・コーヘン，ダイナ・シュールマン，デイヴィッド・ラリマー，それに，そのスーパービジョンを行ったジル・フリードマン，ジーン・コームズである。経過の中でミシェルとダイナは各々別々の時点でセラピストとなり，その他の時はリフレクティング・チームの一員となった。デイヴィッドは一貫してリフレクティング・チームの一員であった。ジーンとジルはそれぞれ別々の時期に，ある時はリフレクティング・チームの一員，ある時はスーパーバイザーであった。

　チームが最初に会った時，ジルとジーンはナラティヴセラピーのスーパービジョン・プログラムの中で階層的関係を最少化するような構造および実践を打ちたてようと数年前から研究を続けていた。ミシェル，ダイナ，デイヴィッドは，完全に共同的，かつ，平等主義的な治療法を採り入れていたスーパーバイジーのグループであった。パットとビルはパットの個人療法を行っていたデイヴィッドを通じて我々のプログラムのことを知った。二人とも当初参加にはいくぶん引き気味であったが，3セッションのみ来ることに同意した^(注1)。同意された3セッションが終わった後，パットとビルはセラピーを続けることにした。二人の考えや意見が評価されるような，また，セラピストの考えに耳を傾ける機会がもてるようなセラピーでは，二人が不安を感じていたように非難されたり，辱められるようなセラピーを経験することはないことがわかった。チーム全体は隔週ごとに全11セッション会うことになった^(注2)。

　このプロジェクトにおいて，セラピーの外でもチームとして会い続けることができたので，それまで我々が経験したものより，少しだけ発展したチーム・プロセスを体験することができ，幸運だった。正式なスーパービジョン・プログラムが終わったとき，我々全員はこの体験をもてたことを大変嬉しく思い，一緒に階層的関係を最少化することについてのワークショップを行うことにした。我々の提案は，バンクーバーにおける1997年の『ナラティヴな発想と実践の会議』で受け入れられた。発表に向けての計画づくりの段階でも，我々は共同的グループとして共に研究作業を行う経験をさらに積むことになり，3月の発表もとても評判がよかったので，この論文を作成するために共同作業を続けることにした。

　グループ全体は，この論文の形態と内容について話し合うために4カ月間に3度会った。我々は，共に行った作業について重要で注目すべきと理解したことについて，パット，ビル，ミシェル，ダイナ，デイヴィッドがそれぞれ数頁ずつ論文を書くこと

注1）パットの相談を受けていた精神科医は，パットとビルが夫婦療法を受けない限り，もはやパットの診察をしないと言っていた。ビルは治療に来たくはなかったが，3セッションのみ試みてみることに同意した。パットは主治医から最後通牒という形で夫婦療法を命じられたことを好ましく思っていなかった。

注2）1年に及ぶスーパービジョン・プログラムが終わってからも，夫婦はダイナとの会合を続け，パットはデイヴィッドとの進行中の個人療法を継続した。

に同意した。ジルとジーンはそれらの論文に自分たちの見解も加えてまとめ，さらに論文全体は，コメントをもらい，修正をするために全メンバーに配布されることになった。

ジルとジーンによる序文

この章全体で見られるように，我々は多くのやり方で階層的関係を最少化してきたが，その全部を排除したわけではない。最初にこのような状況を設定した人間として，我々二人は多少とも多くの主張を行い，結果に対して多少とも多くの責任を負うこととなった。もしこの論文の読者の皆さんに，我々の作業をより共同的で，平等主義的なものにするためにはどのようにすればよいかお考えがあるならば，ぜひお聞かせ願いたい。なぜ我々が階層的関係を最少化することに興味をもっているのかについて話をする前に，我々が共に作業を行った時にチームとして従った構造と，その構造の範囲で我々が採用した実践について述べてみたい。

構造

我々は各々の集まりに2時間を割り当て，その時間を次のような部分に分割した。（表8.1参照）

プレセッション・ミーティング：これはセラピストとスーパーバイザーとで持たれ，その会話をワンウェイ・ミラーの背後から夫婦とチーム・メンバーが耳を傾けた。セラピストは例によって，このスーパーバイザーとの時間を用いてセラピストとしての苦闘と成長のストーリーを展開していった。彼女はこの会話の一部で，その夜のセッションでチームにどんなことについて着目し，考えてほしいのかを明らかにした。プレセッション・ミーティングはおよそ20分続いた。

セラピー・セッション：これは約1時間続き，その間にセラピストは夫婦の面接をした。スーパーバイザーを含めたチームはワンウェイ・ミラーの背後にいた。

セラピー・セッションに入って約40分後，リフレクティング・チーム（Freedman & Combs, 1996; White, 1995b）のための中断があった。トム・アンデルセンによって最初に形作られたリフレクティング・チームの様式（Andersen, 1987, 1991a）では，セラピー・セッションを観察していたチームがセラピストや家族（または，クライエント）と部屋を交換し，セラピストと家族が観察する中で話し合いを行う。その後，再度部屋を交換し，家族はチームのリフレクションについてコメントを行う。我々の面接構造ではこの中断の時点で，デローレンティ夫妻とセラピストはミラーの背後のスーパーバイザーと合流し，他方，残りのチームはミラー表側に出て，彼らが気づいたことやセラピーの中で好奇心をそそられたことについてリフレクションを行った。

表8.1　我々のチーム・プロセスの構造

1. **プレセッション・ミーティング**（20分）
   セラピストとスーパーバイザーはミラーの表側で話し，家族とリフレクティング・チームはミラーの背後で聞く。
2. **セラピー・セッション前半**（約40分）
   チームとスーパーバイザーはミラーの背後で聞き，家族とセラピストは表側で話をする。
3. **リフレクティング・チーム**（約10分）
   チームがミラーの表側で話をするのを，セラピスト，家族，それにスーパーバイザーは，ミラーの背後で聞く。
4. **セラピー・セッション後半**（約10分）
   セラピストと家族がミラーの表側でチームのリフレクションについて思うところを述べ合う一方，チームとスーパーバイザーはミラーの背後でそれを聞く。
5. **ポスト・セラピー・ミーティング**（約20分）
   リフレクティング・チームはセラピストの治療作業についてリフレクションを行い，セラピストとスーパーバイザーはそのリフレクションについて思うところを話し合う。
   もしくは，
   スーパーバイザーはセラピストの面接をし，彼／彼女がセラピストとしてどのように成長してきたかというストーリーを聞き出す。
6. **ポスト・セラピー――脱構成**（約20分）
   全員が，セッションにおける意図と動機について脱構成をするためにセラピストとリフレクティング・チームに質問をする。（全員はミラーの表側にいる。）

注：この表の時間はすべておおよそのものである。実際には，時間は参加者の気持ちに従い変化した。

リフレクションでは通常，夫婦が築き上げつつあるオルタナティヴ・ストーリーに関心が集まった。

　リフレクティング・チームが約10分間話し合った後，セラピストと夫妻はミラーの表側の元の部屋に戻り，10分間位リフレクティング・チームのコメントで彼らが注目をしたことについて意見を交わした。

　その後，約20分間のポスト・セラピー・ミーティングがあったが，その都度セラピストの自由裁量で異なる様式を採用した。時に，リフレクティング・チームがセラピストのセラピーについてリフレクションをしたり，セラピストがリフレクティング・チームについてリフレクションを行ったりした。また，場合によっては，スーパーバイザーがセラピストと面接し，セラピストとしての彼女のストーリーを展開させることもあった。夫妻と他のチーム・メンバーはミラーの背後からそれを観察した。

　それぞれの2時間セッションは，およそ20分程度のポスト・セラピー―脱構成（Madigan, 1993; White, 1995b）で終了した。その時は，かかわった全員が同じ部屋に同席した。誰もがセラピストやリフレクティング・チームに，セッションの中でなぜ彼らがそうしたのか，また，そうしなかったのかについて，その考えや意図を質問することができた。

　我々はこの治療構造におけるいくつもの点が，階層的関係を最少化するのに役立つ

と考えている。セッション前の会話はセラピストを脱－神秘化させ，脱－神格化させる。援助を求めて訪れた人たちがセラピストとスーパーバイザーの話に耳を傾けることによって，彼らと同様，世界の中でより好ましい存在となるため努力し，成長－発展しつつある臨床家としてのセラピストを体験することができる。リフレクティング・チームは，チーム・メンバーが援助を求めて訪れた人々の前で考え，計画し，議論することを保証し，そこでまた，セラピストの考えを脱－神秘化する。ポストセラピー－脱構成は，全員に各セッションを評価し，他のチーム・メンバーの動機や意図について彼らに質問を行い，行われたことと行われなかったことの影響について検討する余地を与える。

実践

　多分，階層的関係を最少化するためにセラピストが行うことのできる最も重要な貢献は，我々が作業を一緒に行う人たちとセラピストの役割の両方について特定の前提をもつことに関係する，漠然としたものである。我々が一緒に作業を行う人たちは，治療的努力の中で何が有用で何が重要かを理解していると我々は考える。我々の役割には質問を行う際に専門的な知識や技術が必要であると考える。だが，それは，他人の問題や彼らがいかに考え，振舞い，感じるかということに関する専門家であるということを意味するものではない。我々の人との接し方は，それらの前提に由来するもので，それらの前提を伝えている。我々の態度，語調，姿勢などがうまく作用し，関係者が我々との共同的な治療関係に参加しやすくなるよう望んでいる。
　さらに，階層的関係を最少化するために意図的に行うことも数多くある。
●本人が不在のところでその人の話をしないこと。これはいま述べてきた構造に組み込まれた実践のひとつであるが，共同的なパートナーシップを可能にするような敬意を維持する上で非常に有用である。時間が経てばこの実践はセラピストの行為ばかりでなく，セラピストのものの見方を形成することに気づく。
●リフレクティング・チーム。人々（家族）が観察する中でその人たちの人生の上での新しい進歩に対してチーム員であるセラピストがコメントを行うのだが，このようなリフレクティング・チームの存在によって多くのセラピー・チームは作業方法を変えるようになった。これは，このプロジェクトにおける我々のチームの働きの重要な部分であった。
●質問をすること。意見を述べるのではなく，質問するということはセラピー全体のスタイルを決め，また，我々のもとに相談に来る人たちの発言に敬意が払われるような状況を生み出すことに役立つ。カール・トム（Tomm, 1988）が指摘するように，質問を行うことは質問に対する「適切な」答の領域を定めるのだが，答を形作る上で，

答える者は自らの考え，知識，価値観に頼ることになる。質問が階層的関係の最少化を助けるために実際に機能する場合には，純粋な「好奇心」(Cecchin, 1987) や「無知」(Anderson, 1990; Anderson & Goolishian, 1992) の姿勢から質問を行うことは極めて重要である。

● 当然のこと，という見方をしないように努力すること。これもまた，階層的関係を最少化するのに役立つ。無意識のうちに当然のものと見なしてきた世界観を基にセラピーを形作ることがないよう，我々は当然のものと見なしているものに気づき，それに疑問を抱くようにする。こうすることは自分の価値観や信じていることを人に押しつけてしまう傾向を最少化すると我々は考える。簡単に聞こえるこの実践を完全に成し遂げることは人の能力では不可能であるとわかってはいるが，それは努力に値すると考える。

我々が当然と考えている事柄に対して，他の人が疑問を抱くよう促すための方法の一つに，マイケル・ホワイト (White, 1991) の透明性 (transparency) が挙げられる。この透明性を実践する時，専門的な知識として我々の考えや意図を提示するのでなく，それらを形作る経験に他の人たちにも参加してもらうのである。チームでセラピーをすることの利点は，チーム・メンバーが互いに位置づけ質問 (situating questions) をすることができることである。これらの質問はチーム・メンバーのセラピーへの寄与の基となる彼らの経験，意図，動機を明らかに述べることを促し，互いをより透明にする。互いに質問し合うことで，単独でのセラピーといったより一般的な状況にも引き継がれるような，自己リフレクションの習慣ができあがっていくことがわかった。その習慣により，チームと一緒でない時でも，自分の考えがどこから来たのか，意図は何か，価値観や偏見は何かをより明らかにすることができるのである。

● 相談に来る人たちをプレセッションおよびポストセッション・ミーティングに参加させること。こうすることによってセラピーの計画，脱構成，評価に彼らもチームの一員として加わることになる。彼らは，セラピーと類似するプロセスでセラピストが自らのストーリーで奮戦するのを目の当たりにする。そうすることで，セラピストを専門家としてでなく，人間として見るようになる。我々はクライエントにセラピーを評価するよう依頼することがとりわけ有用なことだとわかった。それらの評価からとても貴重な手引きや方向性を得るばかりでなく，違った目を通して我々のセラピーを顧み，かって経験したことのない「きらきらとした瞬間」を経験することができるのである。

パットのリフレクション

初回のセッションのため部屋に入ったとき，これから何が起こるのかよくわからな

かったので，私はとても不安を感じていた。セッションが進むにつれ，次第に安心感が涌き，次のセッションを楽しみにするようになっていた。それは，これまで数年間における医師やセラピストとの大方のセッションとは異なるものだった。以前のセッションの大部分では，私はちっぽけな人間で，医師やセラピストを巨人のように感じていた。彼らは私よりも優秀で頭がいいと感じていた。つまり，彼らをずっと理想化していたのである。

　この新しい設定の中で私にとって新鮮だったのは，毎回のセッションで自分たちが単なるクライエントやセラピストではなく，同じ目的のため一緒にセラピーを続けるチームだということを知ったということである。ほかのチーム・メンバーは私より優れているわけではなく，私と同じ人間なのである——ビルと私は相談を受ける立場で，その他のチームの人たちはセラピストであり，通常ならどちらかがもう一方より立場が上だと見られるところなのだけれど。セッションが進むにつれ，みんなの間の格差が次第に縮まっていくのを感じた。それは，私たちが一緒に作業する一つのチーム，一つの家族となった時だった。だからこそ，セラピーの目標がより早く達成できたのだと私は感じている。

　プレセッション，ポストセッション，それに，リフレクティング・チームの討論に同席することで，セラピーはより快適なものになった。プレセッションでは，セッションで何をするのか，つまり，クライエントとセラピスト双方にとって，セッションの質を改善するために何をどう変えればよいのかが予期できるようになった。リフレクティング・チームと入れ替わる時はなお良かった。みんながいかに違ったふうにものごとを見ているかがわかった。ビルと私はセッションに関するフィードバックとインプットをすぐにもらえた。私たちは，希望すれば，ポストセッションにも加わることができた。全員で輪になって座り，セッションがどのように進んだのかについて話し合った。クライエントの立場で，ビルと私はセッションがどのように進んだかについて意見を述べ，セラピストが上手にやったことや，改善できる点など，どんなことについてもコメントすることができた。

　このプロセスを改善するために私に提案できることはあったのか。残念ながら何もなかったと言わざるを得ない。なぜなら，私はかつてこのような状況にいたことがなかったから。このプロセスに参加できて私はよかったと思う。みんなこれから得るところがあった。私たち全員にとって勉強になった。ジーンとジルは，スーパーバイザーとセラピストとの間の距離をさらに縮めるにはどうすれば良いかを学んでいた。セラピストもまた，自分たちとクライエントとの距離をいかに縮めるかを学んだ。すべて結末の質を改善するためだった。

　このプロセスのプレゼンテーションに加わりたいかどうかをたずねられた時，私は

とても嬉しかったが，どのように参加すればよいのかよくわからなかった。計画作りのミーティングに参加し，インプットとフィードバックを行った。私がバンクーバー会議に安心して参加できる唯一の方法は手紙形式でこれを書くことだけだった。というわけで，このような形で私はこの論文に貢献することになった。両者に懸かる橋を短くする，つまり，「階層的な関係を最少化する」ことがいかに重要であるかを皆様にわかっていただく手伝いができて，私は嬉しく思っている。

ビルのリフレクション

　私はいささか変わった形でチームに参加することになった。パットの精神科医（階層上位の人物）は，もしパットが引き続き診察を望むならば，私と一緒にカウンセリングを受けなければならないとパットに告げた。私は断るつもりであったが，彼女のカウンセラー（私が信頼するデイヴィッド）がこのグループを紹介してくれた。
　当初はこれから先のことにちょっと自信がなかった。物事が順調に進むに連れ，私は次第に心地よさを感じていった。他の人から見られているのがわかっていても，一対一で誰かと会っているよりもリラックスできた。当初，なぜそうなのかよくわからなかったが，時間が経つにつれ，それは我々がチーム（または，友達）になりつつあるからだとわかった。我々全員はまさに同じプラットホームの上にいた。
　プレセッション，ポストセッション，リフレクティング・チームがあるために，以前よりも多くのインプットとフィードバックがあった。チームの参加者が大勢いることで，物事がスムーズに進んだ。始終，互いにチェックし合うので，物事はより明らかになった。プレセッションを見ていて，学生やスーパーバイザーがそれ以前のミーティングのことをどう思ったか，また，次回には何を試みようと思っているかがわかったりした。リフレクティング・チームが話し合うたびに，さらに多くの質問やコメントが生まれた。リフレクティング・チームのおかげで，対話が我々クライエントにとってより対等なものになっているように思えた。
　自分が新しく，役立つことを学んでいる一方で，学生やスーパーバイザーが新しいことを学ぶのを手助けしているのだと知ることは，気分のいいものだった。このプロセスについてスーパーバイザーがより多くの知識をもっていたとしても，自分も対等の立場で発言しているように思えた。これは，これまで経験したような一対一の関係とは異なっていた。また，チームがパットと私の様子をどのように見ているか，これから先どうなると思っているのかを聞くのは良いものだった。我々がすべきことを告げられるのではなく，物事を何とかして改善するために自分たちにできることは何かを提言してもらえることはすごいことだった。
　毎回ミーティングが終わって家に帰る途中も，我々は学んだことや我々の状況をさ

らに改善するためには何ができるかについて話し続けたものだった。それは，だんだん心が安まり，自分自身に対して肯定的になれてきていたからだと思う。

ダイナのリフレクション

セラピーと呼ばれるもののプロセスは，やり甲斐がある反面がっかりさせられることも多く，力づけられる反面押しつぶされそうになることもあり，エネルギーを与えられる反面孤立させられるものでもある。この体験の違いを決定づけるのは何なのか。「それ」，つまり，人の治療体験に影響を与えるものは一体何なのかを解読しようと私は取り組んできた。臨床家としての私に影響を与えるばかりでなく，私のクライエントに影響を与えるものである。「それ」は誰にとっても同じなのか。私の葛藤は続く。しかし，このスーパービジョン・プログラム，そしてパット，ビル，ミッシェル，デイヴィッド，ジーン，それにジルと仕事をしているうちに，私にとっての「それ」が何なのかについての考えが生まれてきた。

チームと一緒にパットとビルのセラピーをはじめて1カ月ほどたった頃，プレセッションでジルと私はセラピーにおける徹底性について話し合った。ジルは，今度のセッションで，私が徹底的に話をつめることを邪魔する可能性のあるものは何だろうと考えた。時として，私は興奮すると話が飛躍したり，展開が早くなり過ぎるために，一緒に作業する人たちを混乱させたり，イライラさせていることに我々は気づいた。また，私の興奮がマイナスの影響を及ぼさないよう，クライエントに確認したり，私が聞いたことの意味をはっきりさせたりしてきた，過去のやり方についても我々は話し合った。ミッシェル，デイヴィッド，ジーン，パット，それにビルは，ワンウェイ・ミラーを通してこの話し合いを見ていた。

予測どおり，興奮はセッション中に最大限に高まった。パットとビルは二人のコミュニケーションがうまく行っていた時代のことについて話し合った。私は二人が大きな進歩を遂げたのがわかり，二人が話したことの重大さを彼らに理解してほしいと思った。ある時点で私は，自分が椅子の端に座り，前かがみになってこの新しいストーリーを組み立てるため矢継ぎ早に質問をしているのに気づいた。私は十分に二人の答を聞かないうちに次の質問をしていることがわかった。私はなんとか質問をやめ，「私は先走っていますか。興奮してしまって……」と言った。セッション中の別の時点でも，私の心がまた前へ突っ走っているのに気づいた。相手が納得のいく質問が何も浮かばず，「私は興奮してきていますか。質問を言い直しましょうか」と言った。

これらの例の後で，パットとビルは（いくぶんほっとしたように）笑みを浮かべていた。ミラーを通してチームの好意的な笑い声が聞こえてきた。このような反応に励まされ，私は落ち着きを取り戻し，気持ちの高ぶりに邪魔されることなくセラピーを

再開できた。

　ジルとのポスト・セラピー・ミーティングで，我々はこの体験についてのリフレクションをした。まず思ったのは,「何という快感！」だった。プレセッションでの興奮についての会話をパットとビルが聞いていたこと，そしてセラピー・セッションにおける私の目標についても彼らが承知していたということは，大変有用なことだった。「なんてこと。私，舞い上がってきている」と声に出して言うことに理解が得られていたので，起こっていることに対して隠すことも弁解もする必要もなく，さらに，私の頭の中だけですべてを考える代わりに何をすべきかについての討論にパットとビルを巻き込むことが可能となった。私は多少恥ずかしさを感じたが，無能であると感じてはいなかった。

　オープンに，正直に話せるという解放感は，私が考えに集中するのにも役立っているようだった。自分自身との個人的な（多分，必要以上に批判的な）会話へ引きこもることでクライエントとの接触を失うことなく，気持ちを立て直して適切な質問をすることができた。私は参加者全員とのチームワークを実感し，感謝した。

　最初は，セラピストとしての私の葛藤や不安についての討論をクライエントに見せるという考えは，セラピストをひるませるものだった。私の不安や葛藤を知れば，クライエントは私が彼らのどんな役に立てると考えるだろうかと思った。私は不安だった。セラピストが何を知り，いかに振舞うべきかについての確固たる社会概念と闘わなければならなかった。

　オフィスで何時間も一人で仕事をし，孤独感に襲われていた時のことを思い出すのは役立った。チームとしてクライエントとセラピーの作業を行うという考えは，孤立に対する自然な解毒剤のように思えた。不安に直面し，いくらか危険を冒しながらも，私は自分が自由で，心地よく，教育的な環境でセラピーを行っているのに気づいた。私の所に相談に来た人たちとチームとしてセラピーをすることについて頭で考えるだけでなく，実際にそれを行ったのだ。我々全員が互いに助け合った。

　セラピストとして仕事を始めた頃，私はあらゆる問題に対する答をすべて知っている専門家としてのセラピストの役割を演じなければならないと思っていた。私は常にこの役割に居心地の悪さを感じていたが，クライエントが私にそれを望んでいるのだろうと考えた。ナラティヴセラピーを学び始めた時から，専門家の役割を回避するようにしてきたが，セラピストとしての私の葛藤をパットやビルに観察されるという経験を経て初めて，私は実際にその衣装を脱ぎ捨てていることを知った。

　トレーニング・プログラムの期間に，私は自分の考えや葛藤を同僚やクライエントと共有するという非常に透明性のある仕事環境にサポートされていた。この透明性が増すにつれ，「ふさわしいセラピスト」のように振舞うことに煩わされず，リラック

スしてセラピーを行えるようになった。パットとビルは，自分たちのセラピストも人間で問題を抱えているということを知って，以前よりも安心感を感じたと我々に話した。彼らは，専門家としての我々とではなく，彼らを援助すると同時に彼らから学んでもいる実際の人間としての我々とつきあうようになって，より心地よさを感じたと述べた。

多くの場合，リフレクティング・チームとセラピーを行い，セッションの前後にスーパーバイズを受けるといったような贅沢はセラピストには与えられていない。トレーニング・プログラムが終わってからは，一人でセラピーを行う時にもこれらの考えを取り入れようとしてきた。カウンセリングで引き続きパットとビルと会っているが，二人と一緒に常時チェックをすることによって，我々は，共同的チームになっていると感じている。私が高ぶりのためセラピーを急いでいるような時は，二人がそれを教えてくれる。二人が望む方向に進み続けていることを確かめるため，彼らと相談する。何かがうまく作用したり，しなかった時，それを私に教えてくれることに，彼らは心地よさを感じるようになっているようだ。私は一人でセラピーをしていると考えていた頃よりも，パットとビルと会うのが楽しみになっている。私はセッションが以前より生産的になったと感じている。パットやビルと会う時，セラピーの経験をできる限り有用で心地よいものにするための方法を，がんばって一緒に探すだろうということを私は知っている。

デイヴィッドのリフレクション

パット，ビル，ダイナ，ミシェル，ジル，それにジーンとの共同作業が私や私のクライエントとのセラピーにいかに影響を与え続けているかを明らかにするためには，背景にある情報を提供することが重要である。過去数年間，私はパット個人と，そして時にはビルも同席して，パットのセラピーを行ってきた。また，彼らの二人の子どもも一緒に会う機会もあった。パットとセラピーを行っていたこの時期，私は常に彼女に対して敬意をもって接してきたと信じ，共にセラピーを行っていると常に考えていた。

パットとビルと私がチームでのセラピーを始めるおよそ8カ月前，我々の共同セラピーが堂々巡りばかりしているとパットからずっと聞かされていた。その当時私は，パットが私の話を聞いていない，あるいは，前進するために彼女がしなければいけないと私が考えていることを彼女がしていないのだと確信していた。その結果，8カ月間，堂々巡りだけで進歩がないとパットが言うのをずっと聞くことになった。

面白いことに，バンクーバーでの発表を終えたおよそ6カ月後，パットはまた同じことの繰り返しだと言った。この時はセッションが終わるまでに，単なる繰り返しで

はなく，我々を異なる方向に動かしてくれるような変化を起こすことができた。それ以来，パットと私は，初めの時期とは何が違ってきたのかについて何度か話をしてきた。

　チームで作業した結果，人が共同的に作業すること，そして，純粋な好奇心のもつパワーについての私の理解は，遥かに明確なものになってきていると思われる。これは，パットの話に対する私の耳の傾け方に多大な影響を与えている。私はもう，パットがしなかったことやしなければいけないことに関する私の考え方を，パットが受け入れるよう説得しようとは思わなくなった。代わりに，私は好奇心をもって耳を傾けることが重要であるという考えに感化されていった。我々が堂々巡りをしている原因やそこから抜け出すためにどうすれば良いかについてのパットの話を聞いていると，我々のパートナーシップが深まっているように思えた。我々はセラピーをより有用なものとし，彼女と私の双方が好むような方向性を見出すようになっていった。

　私は，チームとの作業の中で，（共同性，好奇心，専門的な知識を避けることといったような）ナラティヴセラピーの考えを採用し，パットや他の人々との関係の中でそれらが生かされるのを感じた。

　共同的作業に対する信頼感はどんどん増し，パットと私は，うまくいっていること，我々がしたいと思っていること，そしてそうするための方法について定期的に話すようになった。この作業は常に形を変え，やりがいがある。それは話の聞き方や何に耳を傾けるかを決定し，好奇心のパワーについて，また，他者との関係における階層性を最小化することについての私の理解に複雑性と微妙さを加味するものである。

ミッシェルのリフレクション

　ナラティヴ・セラピストとして，私は人生における問題が及ぼす影響を最小化するため，人々と共同的に作業を行うことに関心がある。ナラティヴ・アプローチが私を魅了した理由の一つは，私の印象，考えや計画を共有し，失敗や間違った考え方を正すために人々のガイダンスを求めるなど，チームの一員として作業する際の支えとなるからである。私は，専門的な距離をおいてクライエントの状況を評価し，正しい振舞い方，考え方や感じ方を教えるような専門家としてよりは，むしろ，彼らと同じ立場にある一人の人間として，彼らとつきあいたいと思う。

　私が注目したセッションで，パットは二人の関係を困難にしている問題のことでビルを問い詰めていた。ビルがいつも並んでではなく，パットの前を歩くことにとても不満を感じているとパットは述べた。彼女はそれを主人と召使いの歩き方と対比させた。この問題の結果の一つとして，彼女は「（関係が）なんだか公平でない，まるで小さな子どもみたい」と感じ，それに，ビルが「まったく気にかけてない」ように思

えるのだった。このパターンは長い間続いているとパットは考えていた。彼女は階層的な関係において下位にいるように感じていて，その結果，ビルが自分のことを好きではないという感情を引き起こすのだと言っているように思えた。ビルは，自分は「歩くのが早いだけ」と言って彼女の主張に反論したが，パットがビルとの生活により望ましい方向性を少し見出し始めているように私は感じた。私は，この新しい方向性やパットがそれがもたらすと考える可能性についてもっと聞きたくなった。

　パットがビルについて述べた状況は，治療関係において我々チームがセラピーをすすめていくうえで避けようとしている類いの状況であった。我々はクライエントに，彼らが我々と対等であり，我々は彼らのこと，そして彼らのおかれている状況を心配していると感じてもらいたいのである。自分は専門家である，あるいは，クライエントより「一歩上位」にいると感じさせたり，振舞わせたりするような社会的な影響力に私が気づき，それを脱構成しようと試み始めていた時期にこのセッションがあった。パットとビルの関係において，何がその階層性を支えているのか，その影響は何かを明らかにするような質問を行ったお陰で，私はセラピストとしての私の人生における階層性を支えるものとその影響について取り組む機会をもつことができた。

　（このセラピー・セッションでは二つあった中の）最初のリフレクティング・チームでジルは，結婚において対等なパートナーというよりも，召使いや小さい子どものような関係にあると感じているパットの気持ちを他の女性たちも共感していることをパットは知っているのだろうかと思った。この質問は，社会的に階層を支えるものについて考え，セッションの残りでこの思考傾向を利用する機会を私にもたらした。このセッション以来，社会的な影響力は私のセラピーのより重要な部分となってきた。私の目や耳，さらに，私と仕事する人たちの目や耳から入ってくる社会的既成概念の支配力を壊すのに役立つ質問をどんどんできるようになった。

　最初のリフレクティング・チームの後，パットは，他の女性たちも彼女の体験を共感しているという考えに気づいてないと話してくれた。パットは一人ではないと聞いて興味を示した。私は，この情報は彼女にどんな可能性をもたらすのかなという思いを口にした。彼女は他の女性たちがそれにどう対処しているのだろうかと考えた。私がさらに質問を続けると，彼女には夢がある，いつの日かビルと買物に行って，彼女が先を歩くという「単なる夢」があると話した。彼女には自分がしたいこと，見たいこと，買いたいものがわかっている。これまでと違い，ビルが彼女の後について来る。

　パットからこのような考えを聞いて私はとても励まされた。それで，興味深い，新しい考えが頭に浮かんだ。階層的関係が別の状況で現れたならば，この夢はそれに挑戦する上でどんな助けとなるだろうか。この体験で，彼女は我々のセラピーにおいても，もっと対等だと感じるようになるだろうか。私があまりにも勝手に「先を行った」

としたら，彼女はそのことを私に知らせてくれるだろうか。

　二度目のリフレクティング・チームで，パットが不平等と感じている気持ちを表現できるようにしたことで，ビルがいじめられていると感じているのではないか，との心配をダイナが口にした。パットに力を与えることで，ビルの力を奪ってないだろうか。これらの質問をすることで，我々はビルにこの方法で彼が満足しているかどうかを尋ねた。チームのリフレクションについてのリフレクションの中で，ビルはつるし上げられているとは感じていないと述べた。彼は4人の姉妹の中で育っており，男尊女卑的な女性の取り扱いに関して我々が考えていることは何でも聞きたいと述べ，我々をほっとさせた。彼は，「彼女は何を言ってもいいんだ。彼女が話しているのを聞くだけで嬉しい」と言い，パットが話していること自体をとにかく喜んでいた。

　このセッション以降のセラピーにおいて，パット，ビル，チーム，それに私は，階層と不平等を支持するより広範な社会的状況について自由に討論することができるようになった。個人的な，また，職業上の関係における階層の問題を明らかにできるような空間をつくり出すのに十分なほど，我々の環境を自由なものにすることができてきた。我々は，より一般的な状況での会話が誰も踏み込めないような進入禁止領域をつくり出しているのだということ，つまり，ラベルづけ，ものごとを正しく行わないことに対する恐怖，それに，社会的な沈黙が我々をこの問題との共謀関係に導くのだという，より複雑な理解を深めるに至った。

　ナラティヴセラピーが（答やいわゆる真実でなく）質問に重点を置いていることが，我々が成功した重要な要因の一つとなっている。答を提供することよりも質問することに焦点を当てることで，我々は相談に来た人々の体験に基盤をもつ面接を行うことができる。我々の考えは彼らの考えに沿っているだろうか。彼らは我々のセラピーの方向性に満足しているだろうか。我々の解釈は正しいだろうか。我々は自分自身の課題に注意を向け過ぎてはいないだろうか。絶えず以上のように自問することにより，セラピストとクライエントが相互に刺激しあい，また，変化の証人となり得る環境を，つまり，（セラピストも含め）みんなが新しい考え，感覚，振舞いを安心して試すことのできる環境が生み出される。我々全員が同じチームのメンバーとなり，変化の過程においては互いに支えあい，互いの変化からそれぞれに利益を得るのである。

全員のリフレクション

　読者のみなさんがこの時点で疑問に思われているだろう二つの点についての我々の見解を提供してこの論文を終わりたいと思う。つまり，なぜセラピーにおける階層的関係の最少化を試みなければならないのか，そして，通常チームでのセラピーをしてない場合，日常のセラピーで階層的関係をどのように最少化できるのか，という疑問

である。

なぜ階層的関係を最少化するのか

- セラピストのところに相談に来る人が，自分のことをより大きく感じられるように。
  過去のほとんどのセラピーで，私（パット）は台座の上の巨人に助言を求めるとても小さな人物のように感じていたと話したことを覚えていますか。自分がセラピストと同じ大きさだと思うと，私はより健康で，有能な人間であると感じられる。二人とも（パットとビル）チームや家族として共同でセラピーをしていた時の方がものごとがよりスムーズに，早く進んだと確信している。

- セラピーをより快適なものとするため。
  我々全員（パット，ビル，ダイナ，ミッシェル，デイヴィッド，ジル，ジーン）にとって，それぞれの専門性が評価され，すべての答を有する必要はないと考えられているこのチームの雰囲気の方がはるかに快適なのである。

- 多くの異なる観点を共有するため。
  我々は全員，複数の観点から困難な状況を見ることができることで，物事はより行き詰まりにくくなると考えている。見方がたくさんあるほど，いろいろな行動の可能性も広がる。階層的関係の最小化は一つ一つの新しい観点の価値を最大限に高めるのである。

- セラピーを評価する際に，全員の意見が尊重されるようにするため。
  我々の間に存在した階層的関係の解消法をしっかり学ぶ以前は，私（デイヴィッド）とパットが堂々巡りをしていたのを覚えていますか。

- 広範囲な文化の中の抑圧的な階層的関係を認識し，それに挑むことができるようになるため。
  より共同的に作業しようとする努力を通して，私（ミッシェル）は，広範囲な文化がどのように不当な階層的関係を支え，助長しているかがいくらか理解できるようになった。
  自分の意見をもっと主張しようとするパットの努力が，チームワークにおける階層的関係に対する文化的規定の影響を最少限にしようとするチームの努力をいかに支え，また逆に，チームの努力がいかにパットを支えているかを感じ，私（ジーン）は何度も感銘を受けた。

- そもそも問題に影響を及ぼしたと思われる抑圧的な政治性をセラピーの中で再び生み出さないため。

    ホワイト（White, in Hoyt & Combs, 1996）が述べたように，「説明責任性（accountability）の構造」はこのような再捕捉化（recapitualization）に対抗するように働く。我々が述べたセラピーの構造は，我々（ミッシェル，ダイナ，デイヴィッド，ジル，ジーン）のセラピーのプロセスを二人（パットとビル）に示し，それを評価し我々に質問を行うことに二人を参加させるという形で，我々が二人に対する説明責任を負うのに役立った。

- 相談を受けに来る人々の経験を基盤にしたセラピーを行うことができるようにするため。

    我々（ミッシェル，ダイナ，ジル，ジーン）は皆，デイヴィッドとパットが堂々巡りから抜け出した経緯と同じような経験をしている。相談を受ける側の考えが少なくとも我々の考えと同様に重要であるといった信念に基づいて行動すると，セラピーのプロセスは一層創造的になる。

- 他者とセラピーを行うことによって，セラピストが学び，成長できるようにするため。

    セラピストは専門家であるべきだとか，プロたる者は一定の距離をもって権威を維持すべきであるなどと考えると，セラピストが成長し，学ぼうとする機会は厳しく制限されてしまうと我々全員は考える。階層的関係を最少化することは，人間として成長する余地を最大限に広げてくれるのである。

- 秘密，恥，非難を最少化するため。

    プレセッションでジルと私（ダイナ）が「高ぶり」について討論するのを二人（パットとビル）が聞いたと知って以来，私が二人に対してどんなに自由で，オープンでいられるようになったかを覚えていますか。このような討論は秘密で，自分の中に閉じ込めておかなければならないと思っていると，それ自体きまりの悪いものだった。緊張感や距離感を覚え，ぎこちなくなった。このようなことはありのままにさらけ出したほうがよほど心地よいものなのである。

    我々（パットとビル）も同感である。セラピーのプロセスの中で，チーム・メンバーが個人的な苦闘について自ら話していることで，我々は価値を認められ，敬意を払われていると感じるようになった。そのように感じられたおかげで，我々はより熱心にセラピーのプロセスに専念するようになった。

- セラピストもそのクライエントも孤立感を抱かないようにするため。

私（ダイナ）は以前のリフレクションでこのことを述べたが，我々は全員，平等性や共同性の最大化は孤立感の解消につながるということに同感である。

日常のセラピーにおいて階層的な関係を最少化するには

このプロジェクトに参加したすべてのセラピストは，エバンストン家族療法センターの訓練プログラムで開発された治療構造でのチームとしてのセラピー経験が，チームではないセラピーにおける階層的関係を最少化することに役立つと同意する。スーパービジョンで用いられた構造と実践の大部分は，チームではない時にも類似のセラピーの方法を示唆することができる。セッションの冒頭で，自分が最善の状態になることを妨げる可能性のあるものを口に出して挙げることで，自分および一緒にセラピーする人たち双方に，理想的なセラピーの敵となるこれらに対して注意を促すことができる。このような制約要素がセッションに見え始めた場合，そのことについて話し，直接それを処理するための道は既にできていることになる。インターバルでは，一人のリフレクティング・チームとなって，自分が聞いたことや見たことについてリフレクションを行うための間をとることができる。リフレクション後には，我々にとっては注目すべきと思えることがクライエントにとっても重要であるか否かなど，反応を確認することができる。一つのセッションの終わりには，チーム・スーパービジョンとまったく同じやり方でセッションを評価し，脱構成するようにクライエントに頼むことができる。

我々は，我々とともに作業をする人々の体験を基盤にしたセラピーを進めるよう努力することができる。私（ミッシェル）は次の質問が有用だと考えている。つまり，私の考えは他の人たちの考えに沿っているだろうか。彼らはセラピーの方向性に満足しているだろうか。私は正しく解釈しているだろうか。自分自身の課題に捕らわれ過ぎていないだろうか。

我々（パットとビル）は，共同的セラピーはクライエントにかなりの努力を要求していると思う。みんながみんなそう感じるとは限らないが。我々はかつてのセラピーと比べて，その倍の時間を各セッションに費やした。自分たちのジレンマにのみ焦点を当てるのでなく，セラピストがセラピストとして経験しているいくつかの困難について話すのを聞いた。個人的には，我々は通常以上の時間と努力を費やしたことを喜んでいる。十分にそれだけのことはあったからである。

自問するのに役立つとわかった質問のいくつか

終わりに，我々（ジルとジーン）は次の質問のリストを提供したいと思う。我々は，チームのある場合もない場合も，セラピーの中の階層的関係を無効化するためにこれ

らが有用であるとわかった。リストを拡張し，それを個人的なものに作り上げるという形で読者の皆様が我々と共同作業をすることができるよう空欄を設けた。皆様がつけ加えた質問を我々に送っていただけるなら，我々は喜んでそれを受け取り，興味をもつ他の人たちにもそれを回したいと思う。

- 自分を専門家のように感じたり，振舞ったりしていないだろうか。
- この人物の経験の中で問題となることに基づいて共同作業的に問題を規定しているだろうか。
- 私はセラピーを可能な限り透明なものとしているだろうか。（私がセラピーに持ち込むものに関して率直で，オープンで，正直になっているだろうか。）
- いろいろな考えを当然のものとして見なすのではなく，それについてチェックしているだろうか。
- 参加した全員が治療関係やプロセスについて意見を言えるような脈絡を創りだすことに私は寄与しているだろうか。
- 物事について唯一の正しい考え方があると見なすのでなく，違いについての話し合いを促しているだろうか。
- ここでは誰の言葉が特権的なものとなっているだろうか。この人の言語的な叙述を受け入れ，理解しようとしているだろうか。私の言葉で考えを提供しているとしたら，それはなぜだろうか。そうすることによってどんな影響が出るだろうか。
- 私はこの人物を評価しているだろうか，あるいは，彼／彼女に幅広い範疇のこと（セラピーの進み具合，人生におけるより好ましい方向性など）についての評価を求めているだろうか。

- ＿＿＿＿＿＿＿＿＿＿＿＿＿＿＿＿＿＿＿＿＿＿＿＿＿＿＿＿＿＿＿＿＿
- ＿＿＿＿＿＿＿＿＿＿＿＿＿＿＿＿＿＿＿＿＿＿＿＿＿＿＿＿＿＿＿＿＿
- ＿＿＿＿＿＿＿＿＿＿＿＿＿＿＿＿＿＿＿＿＿＿＿＿＿＿＿＿＿＿＿＿＿

第9章
ソリューション・フォーカスト夫婦セラピー
クライエントが自己を満たす現実を構築するのを援助する

マイケル・F・ホイト，インスー・キム・バーグ
Michael F. Hoyt, Insoo Kim Berg

> 何について話すか，と，それについてどう話すか，とでは（クライエントにとって）違いがある。だから，「結婚問題」を「個人の問題」に言いかえるか「個人の問題」を「結婚問題」に置き換えるかとでは，いろいろなことについてどう話し合っていくか，どこに解決を見出していくかに違いが出てくる。
> スティーヴ・ディ・シェイザー『解決志向の言語学──言葉はもともと魔法だった』
> (de Shazer, Words Were Originally Magic, 1994, p. 10)

ソリューション・フォーカスト・セラピーというのは，さまざまな状況で記述されたり応用されたりしてきた介入アプローチの一つである（de Shazer, 1982, 1985, 1988, 1991, 1995; Berg, 1994a; Berg & Miller, 1992; Berg & Reuss, 1997; De Jong & Berg, 1997; Dolan, 1991; Miller & Berg, 1995; Miller et al., 1996; Walter & Peller, 1992 参照）。最初は，このアプローチは，帰納的な形で登場した。つまり，問題が「解決した」と宣言するよりも前にクライエントとセラピストが何をしたかを研究することから生まれたのである。クライエントが提示した問題に関して新しい違った認識を持ったり行動を起こし始めた時に，問題は解決した（solved）（または軽減した（resolved）とか解消した（dissolved）とか，もはや問題ではなくなった）として表現されていることに気がついた。このことを認識して，ディ・シェイザーは，ソリューション・フォーカスト・セラピーにおける「基本ルール」を生み出した（Hoyt, 1996d 参照）。

● もし，壊れていないのなら，直そうとするな。

注：本章は，F. M. Dattilio (Ed.), *Case Studies in Couple and Family Therapy*. New York: Guilfore Press, 1998. に初出。許可を得て再録。

- うまくいくことがわかったら，それをもっとせよ。
- うまくいかないのなら，二度とするな。違う事をせよ。

このルールに従って，次のようないくつかの基本的な発見的質問を編み出すことができる。クライエントがしていることで役に立っていることは何か。クライエントは何を望んでいるか。望んでいることに向かってクライエントは何ができるか。クライエントが望ましい方向に進み続けさせるのに何が役に立つか。いつセラピーを終わらせるか。

問題ではなく，解決に焦点を当てる

ソリューション・フォーカスト・セラピーは，構成主義，ポストモダン，ポスト構造アプローチとして，つまり，セラピーを，クライエントとセラピストがより望ましい「現実」を再構築していくプロセスとして見なすもの，として理解できる（de Shazer & Berg, 1992）。基本的に指針となる原則は，自分が気づいているかどうかに関わらず，セラピストとして我々は積極的に関わって，クライエントが自身を，パートナーを，状況を，関係性を見ていく上で違った方法を構築していくのを手助けしていくのである。どのように見るかが何が見えるかに影響を与え，何が見えるかが何をするかに影響を与える。そうして，その過程は繰り返されていくのである（Hoyt, 1994a, 1996b）。すべての質問が道案内となって，注意や意識をそこよりもここに，ここよりもそこにというように導いていく。ソリューション・フォーカスト・セラピーとは，まさしくそういうものである。つまり，故意に注意やエネルギーを望ましい結果の広がりに向かって導いて行くものである。解決の構築というのは，単に問題を持つことと相互関係にあったり，その逆だったりするものではない。実際，解決の展開というのは，再公式化や違った構築を含んでいることがよくあり，前の立場がその妥当性をなくしたりとか単に「解消（dis-solves）」したりしてしまうことがある。

夫婦が，自分たちがまあまあ満足できると考えることをやり遂げるのに必要なことにアクセスできないとその状況を見ているときに，問題は生じてその夫婦はセラピー（介入）を求めてくる。そのような時，サポートを与えることもできるし，スキルを教えることもできるが，ソリューション・フォーカスト・セラピーで主に強調する点は，クライエントが自分自身に存在している強さや能力をより良く利用できるように援助することである。そこで認識しておかなければならないのは，クライエントの自分たちの状況に対する捉え方が彼ら自身をエンパワーすることつながるのか，もしくは，存在するリソースから彼ら自身を切り離してしまうことにならないか，という点である。そのため，ソリューション・フォーカスト・セラピストは意図的に（Lipchik

& de Shazer, 1986; Lipchik, 1987),「問題に対するクライエントの視点に影響を与え，解決に導くように」(Berg & Miller, 1992, p. 70) 面接を行う。ディ・シェイザー (de Shazer, 1991, p. 74) が書いているように,「治療の関係は, 協議して, 合意で成り立ち, 協力し合って努力していくもので, その中で, ソリューション・フォーカスト・セラピストとクライエントは, (a) 例外, (b) ゴール, (c) 解決に焦点を当てたさまざまな言語ゲームを一緒に作り上げていく (de Shazer, 1985, 1988)。セラピストとクライエントは互いに誤解をしたり, 曖昧な出来事や感情, 関係を理解したり, それらに意味を与えながら, これらのことを協議して作り上げていくのである。それをすることによって, セラピストとクライエントは一緒にクライエントの人生の局面に意味を与えていき, 解決を導き出すという意図をもった行動を支持していくのである」

オリエンテーション

　さて, ケースの紹介に入る前に, その準備として, ソリューション・フォーカスト・セラピーについてのいくつか一般的な観点を強調しておきたい。
● 普通「将来に焦点をあてる」。セラピストは, クライエントが望ましい結果あるいは解決を得た時に, どんな違ったことをしているだろうかという方向に注意を向ける。そこでの言葉は, 変化が起こると見なしたり, 変化を予想するものである (「奇跡が起こった後で……」)。自己を満足させる将来の地図を引き出すような質問が考え出される (Penn, 1985; Tomm, 1987a)。目的はセラピーであって, 考古学ではない。もっと役に立つ方向への動きを引き出すために, 誰が悪いかとかマイナスの感情を高ぶらせることは避けられる。
● セラピストは「無知」の態度をとり (Anderson & Goolishian, 1992), セラピストがクライエントに何が「本当に」間違っていて, どうやって直すべきかを教えるのではなくて, むしろクライエントに専門家になってもらう。だからといって, セラピストはスキルのあるファシリテイターの役割を辞めろといっているのではない。そうではなく, クライエントの言葉や考え, 人生の「語り」方を尊重し, それが正当かつ真実であると捉えようとする見方をする。
● 強さ, 例外, 解決, より好ましい将来に焦点を当てることで, クライエント (とセラピスト) は奮い立ち, それで, エンパワーされる。セラピストとクライエントの関係は展開し, 機能していく。柔軟に何度もゴールについて語り合い, クライエントのその状況に対する感覚を尊重し, それを元に考えていくことで, セラピストとクライエントの協力関係が維持され, 抵抗という概念を無意味なものにする (Berg, 1989; de Shazer, 1984) [注1]。

● うまく形成されたゴールは次のような特徴を持っている。より小さいものであること，クライエントにとって大切なものであること，はっきりと，具体的な行動を表す言葉で明確に表すこと，クライエントの人生の実際の文脈の中で達成できること，クライエント自身かなりの努力が必要であると認識すること，「何かの始まり」であり，「何かの終わり」ではないとの見方をすること，今存在する行動がなくなったり，なくしたりするというよりも，新しい行動を考えるものとして扱われること（de Shazer, 1991, p. 112）。

● クライエントのゴール達成を容易にするようなプラスの現実を積み上げ，強調するために，質問をしてはそれに対する反応に注意しながら間を入れる。前に述べたように，すべての質問が，実際に誘導尋問であり，クライエントの注意や理解を他のものよりもあるものの方に焦点を当てて考えていくように仕向ける（Tomm, 1988; Freedman & Combs, 1933）。ホイトが別のところで述べているように（Hoyt, 1996c），セラピストは，凹凸があったり，こんなふうにやあんなふうにというように回転することができる特殊な鏡のように機能する。単に「反射して明確化する」ための「平らな鏡」を提供するよりもむしろ，ソリューション・フォーカスト・セラピストはある意味，意図的に，また特異的に反射したイメージを広げたり縮小したりする。つまり，ストーリーのある部分を広げたり，他の部分を閉じたり，クライエントのゴールの実現を支えていく語りのためにスペースを与えたり（または特権を与えたり）する。セラピストは夫婦が解決を構築していくのに役立つようにと努力する。

　自分の聡明さを議論する3人の野球審判の話がそれを示している（Hoyt, 1996h, p. 315）。最初の審判は，自分は倫理を守るとプライドを持っていたが，「私は見た通りに判定する」と言う。二番目の審判は，客観的な正確さを信じているが，「悪くはないね。でも，僕はあるがままに判定するよ」と言う。最後に三番目の審判は「僕が判定を下すまで何もないのさ」と言う。

　次の逐語録では，ソリューション・フォーカスト・セラピストがどのようにして強調したいものを選択するのか，また，セラピストとクライエントが一緒になってどの

注1）ショーハム，ローボー，パターソンは次のように説明している。「カスタマー，コンプレイナント，ビジタータイプの関係を区別することで，治療的な協力関係や『合わせる（fit）』ことについての指針が与えられる（de Shazer, 1988; Berg & Miller, 1992）。その関係がビジターのものでセラピストがそこにはっきりとした不満もゴールも見出すことができなければ，同情して，礼儀正しく，どんなことでもクライエントがうまくやっていることに対してコンプリメントを送る以上のことはしない（課題も与えなければ，変化を要求することもしない）。コンプレイナントの関係の場合には，クライエントは不満を漏らすが，行動を起こすつもりがなかったり，他の人に変わってもらいたいと思っているので，セラピストは，クライエントの見方を受け入れ，コンプリメントを与え，時には観察課題を与える（例，不満のパターンの例外に気づいてもらう）。最後に，その不満なことについて何かしたいと思っているカスタマーについては，それに合った原則で，セラピストはより直接的にクライエントを解決に向けていく」（Shoham, Rohrbaugh, & Patterson, 1995, p. 153，傍点は筆者）。

ように「それを判定し」、それがどういう結果をもたらすかを詳しく示したいと思う(注2)。

ビルとレズリーの事例

　レズリーとビルは、約7年前に結婚し、5歳と3歳の子どもがいた。ビルには、前の結婚相手との間にもう一人子どもがいたが、養育費を払っているもののこの子どもに会うことはめったになかった。ビルは大きな法律事務所で働く弁護士で、レズリーは大きな電話会社の消費者サービス責任者をしていた。レズリーがセラピーをしたいと言い出した。レズリーはビルに、「幸せではないこと」と「結婚カウンセリング」を受けたいと申し出た。すると、ビルも一緒に参加しても良いと言った。これは、最初の面接である。ミルウォーキーにあるブリーフ・ファミリー・セラピー・センター(BFTC)で行われた。インスー・キム・バーグがセラピストであった。

　面接は、挨拶とお互いを知り合うことから始まった。セラピストとクライエントは互いに自己紹介をし、つながりを持つきっかけを作った。夫婦はすぐに言葉や行動で争い始めた。レズリーは、自分が常勤の仕事をこなしながら子どもの世話と家事をしているのに、ビルはかなりの部分、女性のクライエントを喜ばすために働いていると不平をもらした。ビルはビルで、法律事務所で共同経営者になるために、そして、妻や家族にもっと豊かな生活を送ってもらうために、1週間に70時間も働いていると応酬した。緊張は高まった。

　　インスー：結婚されてどのくらいですか。
　　ビル：7年です。
　　レズリー：7年もの長い間です。〔目をぎょろつかせて〕
　　インスー：お話を伺っていると、お二人の間での出来事あるいはできていないことにつ

注2）この後の逐語は、バーグ（Berg, 1994b）による専門家訓練用ビデオテープに出ていた作り直されたケースの最初の面接から出されたものである。とくにポストモダンの精神で、報告された内容を伝えようとしたもので、ここから後のものは、構成（construction）についての構成であり、「何が起こったか」ということではない点を理解していただくのは重要である。ジョン・ウィークランドが人生について言っているように（Weakland & Hoyt, 1994b, p. 25から引用）、「セラピー」は、「次から次へと起こる馬鹿げたもの」から成り立っている。どんな報告もこじつけの解釈であって、ほんの少し提案できること（あるいは、むしろわかりにくくしていることを）示しているのに過ぎない。それでも、少しぐらい役に立ちそうなおおざっぱな見当（あるいは誤解、所詮、人はそれぞれ自分自身勝手な解釈をしてしまうから——ディ・シェイザー（de Shazer, 1993a）とディ・シェイザーとバーグ（de Shaer & Berg, 1992）を参照）は、信用できるかもしれない。ソリューション・フォーカストの原則の夫婦へのさらなる応用については、ディ・シェイザーとバーグ（de Shazer & Berg, 1985）、フリードマン（Friedman, 1996）、ハドソンとオハンロン（Hudson & O'Hanlon, 1991）、オハンロンとハドソン（O'Hanlon & Hudson, 1994）、ジョンソンとゴールドマン（Johnson & Goldman, 1996）、リプチックとクィッキ（Lipchik & Kuicki, 1996）、ナナリー（Nunnally, 1993）、クィック（Quick, 1996）、ワイナー-デービス（Weiner-Davis, 1992）参照。

いて，お二人とも，とてもいらいらなさっているようですね。
ビル：ええ。つまり，何が起こっているのか，妻の理解力はゼロだということですよ。
インスー：なるほど。
ビル：だから困っているんですよ。昔は理解し合ってたんです。
レズリー：おわかりになりますでしょう。それが問題の一部分なのです。
ビル：でも，今は。
レズリー：ねえ。いつも私なんですよ。私は理解力ゼロ。夫はすべてわかっている。それが問題なんです。
インスー：ええ。
レズリー：彼は……，彼は不満を感じているとは思えませんわ。もし，私が予約を取らなかったら，私たちはここに来ていませんでしたもの。
インスー：たしかに。
レズリー：こういうことがただ繰り返されても，彼は満足なのだと思います。私がぼろ雑巾のようになっているだけで。
ビル：僕だっていらいらしているよ。でも，この事は自分たちの責任だと思うんだ。
インスー：ええ。なるほどね。
ビル：でしょう。つまり，私たちは二人の大人として，座って自分たちの問題について話し合えるはずなんだ。
レズリー：そうね。二人の大人として，多くのことをやれているはずだわ。
ビル：話し合おうとするとこんなふうになってしまうのです。妻は，こんなふうに文句を言い続けて。私にはチャンスもなくて……。

前進する方向へ向かわせる：ガーゲンとガーゲン（Gergen & Gergen, 1983, 1986）とディ・シェイザー（de Shazer, 1991）に従って，三つのタイプの語りを考えている。前進しているということを立証する前進するための語り（progressive narratives），人生は変わらないということを正当化する安定の語り（stabilizing narratives），ゴールから遠ざかっているという結論を証明するわき道にそれる（あるいは退行する）語り（digressive (or regressive) narratives）である。ビルとレズリーが演じているストーリーの筋書きは，この二人がこうなりたいと思っているところから二人を遠ざけているようであった。そのため，この時点で，セラピストは不満と問題の話がどんどんエスカレートしていくのをさえぎってセラピーの望ましい結果をクライエントがどう見ているかを引き出していくようにした。こうして，ソリューションの話を構築していく相互作用に焦点を再びおくことによって，注意を前進の語りに導いたのである。

インスー：今日ここにおいでになったことで，どんなことが起こる必要があるでしょうか。それで，そうですね。今から数カ月後に今を振り返って，人生のこの時期を振り返って，自分で「インスーのところに行って話をしたのは良かった。それは役に立った」と思えるようになるためには，どんなことが起こる必要があるでしょうか。

レズリー：ビルが自分にどんな責任があるのか少しでも理解できるようになるのと，この面接で，私が言っていることを本当に聞けることを私は望んでいます。というのも，家では，彼は全く人の話を聞きませんし，だから，彼がその行動を変えてくれて，結婚したてのころの私たちに戻れたら。

インスー：まあ，本当に？

セラピストの質問は，過去にはもっと満足できる生活があったということが示されたことに反応したものであった。次のやりとりでは，レズリーは，不満を並び立てた。ビルが自分の責任を理解できれば，自分の行動を変えるだろうし，そうすれば，二人は結婚したてのころに戻れると。どんなふうにセラピストが夫婦の間の合意点を構築していくか注意していただきたい。

レズリー：つまり，お互いの話を聞いて，コミュニケーションをとって。
インスー：なるほど。
レズリー：でも，夫はそういうことから外れてしまったようなのです。
ビル：それだ，私たちに必要なのはそれです。
インスー：とおっしゃいますと？〔会話に焦点を再び当て直そうとして〕
ビル：コミュニケーションです。
インスー：はい，はい。
ビル：もし，ここに来ることによって，地に足がついたコミュニケーションが少しできるようになったら，私は，うまくいったと思うでしょう。
インスー：わかりました。
レズリー：なんと言うか，私は夫には感謝しているのです。本当に愛しています。
インスー：そうなんですね。〔二人の関係のこのプラスの面を強調して〕
レズリー：それに，夫が一生懸命に働いてくれていることはわかっています。
インスー：本当にご主人を愛していらっしゃるのですね。〔さらにプラスの部分を強調して〕
レズリー：ええ，愛していますとも。愛しています。
インスー：わかりました。ご主人がもっと責任をお持ちになられた時，彼は今していないことであなたにもっと責任を持つようになったとわかっていただけるようなどんなことをご主人はしているでしょうか。〔「もしも（if）」よりも「……時（when）」を使って変化を仮定して〕
レズリー：私たちの子どもたちに対してもっと責任をとってくれるでしょう。夫の息子に対してももっと責任をとってくれるでしょう。私も彼の息子をとても愛しています。
インスー：なるほど。
レズリー：夫は責任をもって私のことを念頭においてくれるでしょう。私のことを尊重して。彼の活動の中に私のことも含めてくれるでしょう。私のことを尊重して。

詳細を聞く： プラスのことを一般的な言葉で確認したところで，セラピストは今度は，特定の行動のレベルで話を聞いていく。

インスー：ご主人が，家で子どもたちのこと，息子さんのことで責任をとっているとあなたにわかってもらうために，ご主人は具体的にどんなことをなさるでしょうか。〔ビルがもっと「責任感をもっている」ことを示す行動は何かを確立しようとして〕

レズリー：そうですね。夫が何であれ外にいて帰ってこないので，今，私がいつも子どもたちに寝る前のお話を読んであげています。

インスー：なるほど。そうするとご主人が何回かお話を読んでくれるかもしれない。〔行動レベルのことに再び焦点を当てて〕

レズリー：ええ。とくに，それ以外のときに比べて仕事量も少ない週末には。

インスー：なるほど。

レズリー：家のことでも少し助けてもらいたいわ。夫は私のことをまるで住みこみのお手伝いさんだと思っているみたいなんです。

インスー：ご主人はどんなことをされるでしょうか。

　レズリーは，これに対して，自分が洗濯もアイロンかけも料理もすべてやっているという不満で答えてきた。ビルは，家事をやってくれる人を雇ったらどうかと提案した。レズリーは，そんな経済的余裕はないと返答した。そして，ビルは，レズリーが誰にも子どもの世話をさせたくないのだと言って議論に再び加わってきた。この時点で，セラピストはレズリーの小さいがはっきりとした行動レベルのゴール，つまり，ビルに子どもたちを寝かしつけるのを手伝ってほしいという点に焦点を当て直した。セラピストは，夫婦が自分たちの人生について共有できる視点を構築するために，不満よりもプラスの可能性を強調するようにした。

インスー：それで，ご主人は子どもが寝る時に本の読み聞かせをされるだろうと。

レズリー：はい。

インスー：他にご主人はどんなことをなさっているでしょうか。

レズリー：買い物を手伝ってくれていると思います。家事も，家をきれいにするのを手伝ってくれるでしょう。

インスー：どんなことでしょうか。お皿を洗うとか？

レズリー：ええ。たまには助けてくれるでしょう。

ビル：待った。

レズリー：たまには，お皿を洗うのを手伝うことはできるでしょう。

ビル：ちょっと待って下さい。率直に言わせて下さい。〔共有できる視点への別の道を指摘して〕

インスー：ええ。

ビル：もし，1週間に70時間も働いていたら，皿を洗っている時間はないでしょう！

レズリー：でも，私が働いているのは50時間ちょっとなので，私には時間があるってわけね。私には全責任が……。

ビル：ナンセンスだよ。

レズリー：子どもたちのこと。

ビル：おい。それはナンセンスだよ。
レズリー：私たちには皿洗い機があるのよ。そんなに難しいことではないわ。あなただってできるわ。

　セラピストは，会話が望ましい結果の方に向かうように，焦点の当て直しを試み続けた。引き金になるような言葉が使われると，夫婦で道をそれて問題についての話にのめりこんでしまうことは良くある。それゆえに，セラピストが興味を持ったことではなくて，クライエントが望んでいることに焦点を当てることが，セラピストにとってとくに役に立つのである。

インスー：お二人からお聞きする必要があるのですが，私がお二人ともにお役に立つためにはどんなことが起こる必要があるでしょうか。この点に戻らせてください。彼はどんな違ったことをしているでしょうか。そうですね，今から6カ月後は。
レズリー：夫が共同経営者になることは大事なことで，時間のかかることだとわかってますし，サポートしてあげようとは思っているのですが……
インスー：ええ。
レズリー：彼は，家でも関係を作っていく必要があると思います。〔ビルに向かって〕私たちには小さな子どもたちがいて，あの子たちはあなたのことをほとんど知らないのよ。
インスー：ということは，ご主人は家での関係を作っていくためにどんなことをされているでしょうか。
レズリー：私ともっと話し合っていると思います。
インスー：なるほど。
レズリー：もっと積極的に子どもたちと関わっているでしょう。私たちの子どもです。夫は，朝の間ちょっといて，また，出かけていく誰かさんに過ぎないのです。子どもたちはあなたが誰なのかということさえわかっていないわ。私は恥だと思います。
インスー：ええ。それで。
ビル：ああ。君は。ああ。〔言い返そうとし始める〕
インスー：このことについて，ビル，あなたのお話を伺いましょう。あなたもレズリーとのこの関係を良くしていきたいとお考えだと思うのですが。〔共有できる視点に戻り，ゴールに焦点を当て直して〕
ビル：ええ。もちろんです。私も妻を同じように愛しています。
インスー：愛していらっしゃるんですね。
ビル：ええ。
インスー：奥様はあなたがどれくらい愛していらっしゃるかご存知でしょうか。
レズリー：私が知っているかですか？
ビル：知っているはずですよ。そうでしょう。
インスー：ええ。どう思われますか。彼女はご存知でしょうか。
ビル：いいですか。私たちは7年間，一緒に過ごしてきています。私は妻のことを愛していて，妻のもとを離れたわけではありません。離れるつもりもありません。この

人は私の妻です。私は妻を愛しています。子どもたちも同じように愛しています。

レズリー：これをご覧になってください。〔指輪をしていないビルの左手を持ち上げて〕夫は結婚指輪を持っています。私は指輪をしていますが，彼は指輪をしないのです。彼は自分の結婚指輪をしないのです。

インスー：ええ。

ビル：彼ら〔子どもたち〕は3歳と5歳です。もし，今，これだけの時間働いたなら，彼らが大きくなった時に，その時，彼らと一緒に過ごす時間が増えるでしょう。その方が彼らは私のことをありがたいと感じてくれるのではないかと思っているのです。

インスー：なるほど。

ビル：それが，私の主義なのです。家にいて皿を洗うか，それとも，この仕事を安定させるため，そして，いつか君は働く必要がなくなるように1週間に70時間働くかだと考えているのです。なのに君は，我慢する気もないし，理解する気も，協力する気もないみたいだね。

レズリー：私が働く必要がなくなるですって？

インスー：すごいですね。ということは，あなたは本当に，将来のために働いていらっしゃるんですね。〔共有できる視点をもう一度構築しようとして〕

ビル：ええ。そのとおりです。私一人のためだけではなく，私たち全員のために未来を安定させようとしているのです。

ミラクル・クエスチョンを使う：面接が進んでいったところで，セラピストは，「ミラクル・クエスチョン」をとり入れた（de Shazer, 1988参照）。共通のゴールが出てくるにしたがって，感情がどのように変化していくか気をつけて見ていただきたい。また，どれくらい細かく具体的に，望ましい結果の始まりを示すものを行動レベルで語っているかも見ていただきたい。

インスー：では，これからとても変な質問をします。お二人の想像力を必要とするかもしれません。そうですね。奇跡が起こって，今日こちらに来られるきっかけとなった問題がなくなったとします。〔指を鳴らして〕こんなふうに。どうです？

レズリー：それは奇跡ですわ。〔笑う〕

ビル：〔笑う〕

インスー：そうなったら良いですよね。でも，この奇跡は，お二人が眠っておられる夜中に起こるのです。例えば，今夜。ですから，あなた方は奇跡が起きたことをご存知ないのです。〔レズリーもビルもクスクスと笑う〕それで，明日の朝，あなた方が目覚めた時，「まあ，何かが夜中に起こったに違いない。問題がなくなったわ」と思わせるような最初の小さな手掛かりは何でしょう。あなた方はそれをどうやって発見なさるでしょうか。

ビル：私は，朝起きてまずにこっとするでしょうね。避ける代わりに。

インスー：あなたはレズリーに笑いかける。

レズリー：夫は腕を背中に回してくれますわ。

インスー：ご主人はあなたの背中に腕を回してくれるだろうということですね。
レズリー：現時点では，それはまさしく奇跡の兆しと言えるでしょうね。
インスー：なるほど。では，もしご主人がそうされたら，それに対してあなたはどうされますか。
レズリー：私は夫に背を向けたりしないでしょうね。〔笑〕
インスー：なるほど。そうですか。奥様はそうなさるでしょうか。あなたにとってもそれは奇跡でしょうか。
ビル：ええ。絶対に奇跡です。
インスー：それはあなたにとって奇跡なのですね。
ビル：とても違った感じでしょう。
インスー：とても違った感じ。なるほど。
ビル：ええ。それなら奇跡です。
レズリー：ええ。
インスー：ええ。それで，奥様があなたに背を向ける時，じゃなくて，奥様はあなたと向き合っていらっしゃるのですね。あなたが奥様に笑いかけられると，奥様は背を向ける代わりに，あなたの方を向かれる。奥様がそうなさったのをご覧になったら，あなたは何をなさるでしょうか。
ビル：さあどうだろう。多分，彼女を抱くでしょうね。
インスー：なるほど。そうしたら，あなたは奥様をお抱きになる。
ビル：ええ。
インスー：あなたはいかがですか。レズリー。ご主人があなたをお抱きになったら，あなたは何をなさいますか。
レズリー：そうですね。もし，夫が抱いてくれたら，私も抱き返すわ。
インスー：そうですか。なるほど。その後どんなことが起こるでしょうか。
レズリー：明日は，土曜日ですから，なんとも言えませんね！〔セクシーな感じで言って，ビルとレズリーは笑う〕
インスー：〔笑う〕なるほど。
ビル：奇跡だ。

例外の質問を使う：セラピストはそこで，夫婦が自分たちでもうすでに成し遂げているかもしれない，最近問題から解放されていた時のことを知るために，例外の質問を行った。

インスー：一番最近，そのような朝をお迎えになったのはいつ頃ですか。多分，全部がかなえられたというわけではないでしょうが，一部分でも，奇跡の図のかけらでも。
ビル：しばらくないですね。
レズリー：多分，エブリンが生まれて直後かしら。
インスー：そうですか。
レズリー：もう2年ぐらい，ほとんど3年になるかしら。

インスー：まあ。それはかなり前ですね。
レズリー：ええ。そう思います。そうでしょう。私だってたまには正しい時があるでしょう。
ビル：そうだな。そんなに昔だったか覚えていないが。そのぐらいだったかな。でもそこまで昔ではなかったような気がするが。
インスー：そうですね。奇跡の全部というわけではなくて，一部でも。〔口論の相手をするよりも，小さなプラスの例外を求めて〕
レズリー：2年ぐらいになります。
ビル：しばらく前です。
レズリー：でも，私たちは避けてきました。彼は不在がちですし。私は子どもの世話をしています。私も自分の仕事を一生懸命やっています。でも，私は，私は，仕事と結婚したわけではありません。
インスー：ええ。
レズリー：私はこの人と結婚したのです。私の仕事は大事です。子どもたちは私にとって宝です。でも，私はすべてのものが，欲しいのです。私は……。
インスー：あなたはこの関係を取り戻したい。
レズリー：そうです。いつもそんなわけにはいかないことはわかっています。いつも甘い甘い関係というわけには。でも，こんなふうになるはずでは……。

　それをもとに構築していけるようなより最近の例外を得ることができなくなって，セラピストは関係性の質問を使ってミラクル・クエスチョンに対する二人のプラスの反応に戻った。関係性の質問とは，それぞれのクライエントを他の人がどう見ているかを，そのクライエントに聞くものである。

インスー：では，明日の朝のことに戻らせてください。お子さんたちが明日の朝，お二人を見てお二人についてどんな違ったことを見るでしょうか。お子さんたちが，「あれ，何かママとパパに起こったぞ」と思わせるような。
ビル：へー。
インスー：お子さんが話すことができたらということですが。もちろんお子さんたちはまだ小さいですから，正確な言葉を見つけることができないかもしれませんが，もし，お子さんたちが話すことができたとしたら。
レズリー：カールは何か起こっていることはわかっています。というのも，カールはいつも私に，「なぜママとパパはいつも怒鳴り合っているの」と聞きますから。カールには妹に怒鳴ってはいけませんと私は言っていますから。あなたにこのことを話していなかったけれど。そうすると，カールは，私に言うのよ。「だって，ママとパパはいつも怒鳴り合っているじゃない」
インスー：ええ。それで，明日の朝になると，カールはお二人について何が違うと気づくでしょうか。〔粘り強く好ましいプラスの結果のイメージに戻って〕
ビル：ちょっとした温かみ。

レズリー：ええ。子どもたちは私たちが最近抱擁しているのを見ていないと思います。子どもたちはそれを覚えてもいないのではないかしら。

インスー：じゃあ，カールは，お二人が抱擁しているのをご覧になるかもしれない。他には。他には，どんなことをお子さんはご覧になるでしょうか。

レズリー：私たちは一緒にどこかへ出かけるでしょう。そうなったら，本当に奇跡です。今までは私が……。

インスー：家族4人で出かけられるということですね。〔解決構築のための会話を維持するために割り込んで〕

レズリー：私たち4人全員で。

インスー：あなたたち4人全員がどこかにお出かけになるのですね。どこか楽しいところへ？〔問題ではなく解決に焦点を当てて〕

レズリー：ええ。どこか楽しいところへ。仕事に行く途中で子どもたちをどこかに預けに行くのではなくて。

インスー：なるほど。

ビル：私たち全員が同じ場所にいるというだけで奇跡でしょうね。

レズリー：ベビーシッターや託児所に行く準備をしているのではなくて，寝る準備をしているのでもなくて。そうなれば，本当に違います。

インスー：そうなれば，違うのですね。

相互作用的な橋渡しをする：この時点での治療的課題は，現れてきた変化のイメージと可能な解決との間を，この新しい違った視点の相互作用的な側面を強調することによって，橋渡しをすることであった。夫婦のどんなふうに自分たちの人生をやっていきたいかという共有された視点を，具体的な行動レベルで，誰にでもわかる形で詳しく，いろいろな視点から調べていった。それには子どもたちの視点も含めた。(「もし，子どもたちが話せたら」)

インスー：このことが現実的かどうかわかりませんが，もし，あなた方がそうされたとしたら，レズリーは，あなたから見るとどう違っているでしょうか。彼女の何が違うでしょうか。

ビル：そうですね。妻はもっと優しくなっているでしょう。

インスー：奥様はあなたに対してもっと優しくなっていらっしゃる？

ビル：私たちは，もっとうまくいっているでしょう。話し合うことができるでしょう。

インスー：なるほど。このうまくいくということについてもう少し説明していただけますか。何がうまくいくのでしょうか。お二人の間でどんなことが起こるでしょうか。

ビル：もし，私たちがうまくいかせようとすれば，うまくいくんです。でも，突然，自分を犠牲にしてうまくいかせようとすれば，つまり，私の仕事に必要な時間を削ってまでということになれば，結局，経済的に悪い影響が出てしまうでしょう。私は将来のことを考えようとしているのですが，全部をうまくいかせるためには，いくらかの時間を犠牲にする必要があると思います。

インスー：わかりました。
レズリー：時間を犠牲にしても，経済的に影響の出ないような方法があると思うわ。
ビル：私は子どもたちを愛しているし，君のことも愛しているよ。だが，僕は一つのことをやり遂げようとしているんだ。
レズリー：あなたが1週間に70時間も家を空けて，女性のクライエントと会ったりしなくてもいいように，お金を貯めて経済的にもっとうまくやっていく方法があるはずよ。「クライエント」という女性たちとね。
ビル：そうかよ。じゃ，どんな方法があるか教えてほしいね。〔怒って〕
レズリー：だって，もしあなたが毎晩家にいて……
ビル：だから，どんな方法があるか言えよ。〔怒って〕
インスー：ちょっとお待ち下さい。最初に，何が起こる必要があるでしょうか。あなた方二人の間で起こってほしいと思っていることを実現させるために必要な，あなた方をそっちに向かわせる小さな第一歩は何でしょうか。

　セラピストは，マイナスの会話がエスカレートしていくのを止めるために，積極的に介入した。セラピストは怒りの感情を無視したのではないが，ビルが子どもたちを育てるのに積極的に関わって，彼女の願いを聞いてほしいというレズリーの主張に注意を向けた。攻め合いや反論の応酬ではなく，二人の関係がより親密に，協力的になるという彼らの考えに向かって，二人がどんな小さなステップを踏んでいけるかについての話し合いに焦点を置き直すことによって，このことを追究して行った。

レズリー：彼は正直になれるはずです。
インスー：どんなことが必要だと思われますか，レズリーのことをよくご存知のあなたからみて，レズリーにあなたが正直であると信じてもらうためには，何が必要だと思われますか。〔前進的な関わり合いを強調し，また，ビルがレズリーについての専門家であるという立場を建設的に利用しながら，レズリーのコメントをたどって〕
ビル：わかりませんね。どんなことが必要か？　やる気は満々ですが。
インスー：まあ，やる気満々ですか？〔夫のプラスの動機づけを質問という形で強調して〕
レズリー：あなたが電話をしてくれたら助かるわ。何時頃に家に帰るのか教えてくれたら。あなたが会っているすべてのクライエントのことを知る必要はないわ。でも，私が尊重されているなと思うような形で，あなたの人生に私を含めてほしいの。
インスー：あーっ，あなたが本当に望んでいらっしゃるのはそれなのですね。

　これは，より良いコミュニケーションに向けての最初のステップが何であるか，夫婦には最初はわかっていないことがよくあるという典型的な例であった。「正直である」という問題と，ビルがレズリーに電話をして何時に家に帰るかを知らせるということとの飛躍については明らかではなかった。

インスー：あなたはご主人の人生の一部でありたいと思っておられるのですね。

ビル：電話をします。それはできます。それは理不尽ではありません。時々，仕事を離れられないので，電話できませんが。

インスー：なるほど。

ビル：ええ。でも，電話はできます。それならできます。

インスー：〔レズリーに向かって〕あなたがどれだけ一生懸命にこの結婚がうまくいくように努力しているかということをご主人が理解しているとあなたが感じるためには，どんなことが必要でしょうか。ご主人から何が必要ですか。

レズリー：ビルからのサポートが必要です。私も1日に8時間以上働いています。それから家に帰るのです。私は夫に，子どもの世話，あらゆることについて，もっと責任を持ってほしいと言いました。医者との予約，靴，服。私がそのすべてをやっているのです。夫は，子どもたちと今日はどうだったかとさえ聞きません。あなたは家に帰ってきて，「子どもたちはどう」と聞くわ。でも，知ってる？　あなたは私の話を聞いてもくれていない時があるのよ。あなたは通りすぎるだけで。

インスー：それで，ご主人は尋ねられると？

レズリー：子どもたちが二人とも列車事故にあったとしても，あなたはその話を聞いていないでしょうね。

インスー：それで，ご主人が尋ねて関心を示すようになられること，それがあなたが望んでおられることみたいですね。

ビル：妻は私が聞いていないと仮定しているのです。もし，知りたくなかったら，聞いたりしませんよ。

レズリー：そうは思わないわ。家に帰ってきたら，子どもたちがどうだったか聞くのは当たり前の礼儀だからじゃないかしら。いつか，試してみるつもりよ。「子どもたちが列車事故にあったって」。あなたが聞いているかどうか試してみるわ。

ビル：当たり前の礼儀だから聞いているんじゃない。この子たちは私の子どもたちだ。

レズリー：私は女よ。私だったら，子どもたちがどうだったか聞くことなしに家に入ることはしないわ。そんなこと，当然のことと思うじゃない。〔できれば女性のセラピストが夫との会話で味方になってくれることを期待していただろうが，セラピストは役に立つことは何かに焦点を当てようとする〕

インスー：それで，何が……。

レズリー：ええ。夫が子どもたちを愛していることはわかっています。そのことを責めているわけではありません。

インスー：あら，そうですか。ご主人は，あなたがどれだけご主人のことを愛していらっしゃるかご存知でしょうか。

レズリー：そうですね。結婚した当初は。

ビル：いや，そんな昔のことじゃない。今どうかについて話し合おう。

スケーリング・クエスチョンを使う：レズリーは，夫が自分のことをもはや魅力的に感じていないと感じること，夫には他にロマンチック，あるいは，性的な関心の的があるのではないかと思うこと，そして，夫がこの結婚にとどまっているのは，ことわ

ざにあるように「妻を確保しておいたほうが安くつく」からなのではないかと不満を言いつづけた。セラピストが、「あなたは本当にそれを変えることを望んでおられるのですね」と言ったとき、レズリーは、「変わらなくてはなりません。もし、そうでなければ、私は他の場所にいることになるでしょう」と答えた。そこで、セラピストはいくつかのスケーリング・クエスチョンを行った。それぞれの質問が、「数字に語ってもらう」ことを意図したものであった（Berg & de Shazer, 1993）——つまり、夫婦が自分たちの関係についての概念と二人が望んでいる方向に前進していくのに何が必要かを明確化することに役に立たせるためである。

インスー：1から10のスケールで今の状態が——今までいろんなことを経験してこられましたよね。お二人ともどんなことを経験してこられたかご存知ですよね。どんな問題が起きてきているか、どんな問題があるか、今の私よりもよくご存知ですよね。そうですね。10というのは、この結婚をうまくいかせるために、人間として可能なことを何でもしているだろうという状態としましょう。それが10です。よろしいですか。そして、1というのは、もう、タオルを投げ入れるばかりの状態で、この結婚から去ろうとしている段階だとします。お二人はこの1から10のスケールの中で、どの辺りにいらっしゃるでしょうか。

ビル：〔ちょっと考えて〕ふーむ。

レズリー：正直に？

ビル：7です。

インスー：7。奥様の方はいかがですか。

レズリー：そうですね。1年ぐらい前までは、率直に申し上げて10だったと思います。でも、今、私の感じでは、多分。そうですね。こういうふうに申し上げた方が良いかしら。私は、弁護士と話をしました。私にどんな権利があるかを知るためだけに、弁護士と話をしたのです。私は多分5ぐらいです。

インスー：5ぐらいですね。

レズリー：真中辺りのどこかです。

インスー：ええ。

レズリー：1には行きたくありません。でも……。

インスー：1にはなりたくない。

レズリー：はい。でも、私は……。私が一人で何もかもしようとしているような感じがして。

インスー：ええ。

レズリー：〔ビルに向かって〕あなたが7だなんて驚いたわ。

インスー：さて、ここで他の数字に関する質問をしたいのですが。お二人の間が今どういう状態か理解したうえで、そうですね、10は、この結婚は絶対にうまくいくだろうという自信満々の状態とします。よろしいですか。10は、この結婚はどんなことがあってもうまくいく。1はその反対です。結婚がうまくいくチャンスは全くない

という状態です。今，どの辺にいらっしゃるでしょうか。

レズリー：もし，私たちが努力したら，5より上だと思います。

インスー：本当ですか？　ということは，潜在的な可能性がいろいろあると見ておられるんですね。

レズリー：まあ，私たちはお互いに愛し合っていますし。そのようには聞こえないかもしれませんが，私たちは愛し合っていると思います。

インスー：愛していらっしゃるんですね。

レズリー：私は間違いなく夫を愛しています。

インスー：ご主人はそのことをご存知でしょうか。あなたがどのくらいご主人を愛しておられるかご存知でしょうか。

レズリー：知っているはずです。

インスー：ビル，この結婚がうまくいくチャンスはどれくらいだと思われますか。

ビル：8はあると思います。

インスー：8。

ビル：私は，この結婚がうまくいくようにしたいのです。そのためには，喜んで努力するつもりです。なんとか妥協できる方法を見つけなければなりませんが，私は，今になって突然，総てを投げ出してしまうために，大学を卒業し法律学校まで行き，手紙に埋もれて働いて，そんな馬鹿馬鹿しいことをしてきたわけではありません。つまり，私たちは，そんなことできないと……。

レズリー：あなたに総てを投げ出してほしいわけではないのよ。

インスー：レズリー，あなたの観点から5から6に行って，少し良くなったなと言えるようになるためには，どんなことが必要だと思われますか。まだ，完全ではないし，10まで行ったというわけではない。ただ，ほんの少しだけ良くなった。あなた自身がそう思えるためには，お二人の間にどんなことが起こる必要があるでしょうか。

レズリー：そうですね。夫が言ったように，電話をしてくれたら，そして……。

インスー：それは役に立ちそうですか？

レズリー：ええ。もし，夫が少し責任を分かち合おうという努力を見せてくれたら，私，それに気づきます。夫が仕事をしなければいけないのはわかっています。

インスー：そうすると，電話をかけることが少し役に立つだろうと。

レズリー：なんと言うか，わかりません。多分，夫が，時々私を抱きしめてくれたら。

インスー：ご主人がなんですって？

レズリー：時々抱きしめてくれたら。彼の妻なんだって感じさせてくれたら。

インスー：なるほど。それも役に立ちそうだということですね。さて，それはどういうことなのでしょう。どういう意味でしょう。それがどう役に立つでしょうか。ご主人があなたを抱きしめたり，電話をかけたりすることが……私にはわからないのですが。それはあなたにとって，どんなふうに役に立つでしょうか。〔二人の関係に関する文脈で，抱きしめられることと電話をしてもらうことがレズリーの個人的な構成において何を意味するのかを理解しようとして〕

レズリー：というのは，私にとっては——まず第一に，夫は信じてくれませんが，私は

夫のことを心配しています。外にいれば危険なこともあります。そして第二に，私は，二人で，夫の一日がどんなふうであったかについて話し合うことができると思うのです。何時に夫が帰ってくるかわかっていれば，多分，起きて待っていて，遅い夕食を一緒にとることもできるでしょう。

インスー：ええ。

レズリー：時々は，起きて待っていますが，何時になったら帰るのかわからないので……。いつの間にか眠ってしまって，それから，夫が帰ってきて，気がつくと夫はベッドにいて，でも，もう夫は眠っていて……。

インスー：それで，少し二人だけの時間を一緒に持てたらと。

レズリー：ええ。子どもたちはまだ比較的早く寝ます。それで，私は，ただ，いろいろと書類の整理をしたり，一人でテレビを見るだけで終わってしまうのです。何時に夫が帰ってくるかわからないので。

インスー：なるほど。それのどんなことがあなたの役に立ちますか。お二人の間でそういった時間を持つことのどんなことが？

レズリー：かつては，そういった二人だけの時間をよく持っていました。

インスー：かつては，そういった時間を持っていらした。

レズリー：子どもたちが生まれる前には。そして，そういう時間を私は楽しみにしていました。おわかりになりますかしら。夫は長い時間働いていました。でも，その時間は，私たちの特別な時間で，私たちは話をしました。以前は，彼の同僚のことを知っていました。必ずしも個人的に知っているわけではありませんが。でも，そういったことについて話していましたので，そして私も自分の仕事で起こった問題について話したりしました。

インスー：それで，あなた方が二人だけの時間に，彼の一日がどうだったか，彼の仕事がどうだったかと話し合ったり，ご主人があなたにどんな一日だったかと尋ねたりとか，子どもたちのいないところでこういった時間を過ごす……こういったことがどんなふうに役に立つでしょうか。

レズリー：親近感がありました。夫というのは，誰よりも信頼のおける人です。そういう関係が持てるでしょう。そうだわ。私たちはベッドに行って愛の時も過ごしたりして，それは素敵でした。すばらしかったわ。

インスー：ええ。

レズリー：そんなこともなくなってしまいました。

インスー：ええ。それで，そういったことを，あなたは望んでおられるのですね。ご主人を身近に感じられる特別なときを持ち，ご主人のことを誰よりも信頼のおける人のように感じられること。

レズリー：〔ビルに対して〕あなたもこういったことが好きじゃなかった？　私は楽しかったわ。楽しみにしていたわ。その日がどんなにひどい日だったとしても，私は，何かの拍子に，サラダか何か食べながらでも，それを楽しみにすることができたのよ。ワインを飲みながらでも。私たちは話をしたわ。楽しいときを過ごしたわ。

インスー：〔ビルに向かって〕そういったことが起こりやすくするために奥様がおできにな

ることはないでしょうか。
ビル：あります。
インスー：何でしょうか。奥様がどんなことをなさったら，そういったことが起こりやすくなるでしょうか。
レズリー：聞かせてよ。本当に知りたいの。私どうしたらいいの？　常識的な範囲で，それをするから。
ビル：思いやりをもって理解してくれればいいよ。
インスー：理解してくれるというのはどういう意味でしょうか。
ビル：プレッシャーをかけないでくれということです。
インスー：なるほど。
ビル：そして，君を愛している，子どもたちのことを愛しているということをわかってくれよ。本当に努力しているんだけど難しいんだ。それに，時間がないことが多くて。な，でもそれは……
レズリー：あなたは時間を作ることができるの？　そう言っているの？
ビル：ベストを尽くすよ。でも僕には将来像があって，その将来像を実現するために助けてほしいんだ。もし，この将来像のために，君が今少し我慢してくれたら，将来は，君にとっても少しましになってくると保証するよ。

フィードバックをして提案をする：ここで，セラピストは5分から10分のブレイクを取り，クライエントに待合室で待つように伝えた。この時間を，何が起こったのかを振りかえり，面接を再開した時に夫婦に示すメッセージやフィードバックを考えるために使うことができる。また，この時間に，面接を見ていたチームなどの同僚に相談することもできる。

　ここに示した面接は難しいものであったが，特異な例ではない。夫婦はふたりとも，重要な論点を持ち出してきた。ビルにとって，家族の面倒をみるというのは良い稼ぎ手になり，経済的に成功することであった。ビルの将来像は，自分が良い稼ぎ手となり，レズリーは家にいて働きに行く必要さえなくなるというもので，ある意味では大変伝統的なものであった。同時に，ビルはいくらかのバランスが必要だということも認めていた。その一方で，レズリーの論点は，もっと，今すぐに関わるもので，家族関係，子どもたちとの時間，彼女を手伝うこと，一緒に何かをしていくこと，結婚初期のようにもっと親密な時を過ごすことなどであった。レズリーが求めていることも，ビルが求めていることも，両方とも二人の関係に関わることであった。全く違った方向からではあったが，同じ人生の将来像に向かっていた。セラピストの課題は，二人がどのように協力して共に努力していくか，どのように将来像と現在の生活に必要なことを統合してやっていくかを，二人がどうにかして見つけていくのを助けることであった。それから，お互いがより満足できる方法を生み出すために，それぞれのスキ

ルとリソースを持ち寄る番になるであろう。

　ブレイクをとった後で、セラピストが夫婦を部屋に招き入れて伝えることには通常三つの要素がある（de Shazer, 1985, 1988）。それらはクライエントの視点を承認し、正当と認めること（acknowledgement and validation），これから提供する提案や指示に結びつくような橋渡しの言葉（a bridging statement），ゴールとより一致したものの見方や行動に夫婦を導くように練られたメッセージである提案や指示（suggestion or directive）である。この後，セラピストが最初のステップとして，レズリーとビルがセラピーに来たこと，そして彼らが伝えた関心事に対していかにコンプリメントを送り，プラスに表現しているかを見ていく。それから，セラピストは，それぞれに相手がこの関係をより良くするためにどんなことをしているかに注目するように，ただし，気づいたことを相手には言わないようにするという提案を行った。この課題は，何が悪かったのか，から，何が良かったのかに注意を向け直させるように注意深く構築されたもので，お互いがお互いを違う観点から見るのに役立つように，相手の良いところに気づくようにするためのものであった。気づいたことを相手に言うなという提案は，次の二つの理由から行われた。課題を面白いものにして，夫婦の注意を引き，協力を得るため。それと，何気なく行われた行動に対しても，それぞれが相手に好ましい評価を与えることも起こりうるようにするためであった[注3]。社会構成主義の考え方は，人間は皆，曖昧な状況から意味を作り上げて「現実」を作り出す，つまり，どう見ようとするかで何が見えるかが決まり，何が見えるかによってどう行動するかが決まる，そしてこれが己に再び発展した形で戻ってくるというものである。この考え方と一致するように，この観察課題は，双方にとってより自己実現的な関係の構築に，夫婦の注意を意図的に向けさせるものであった[注4]。

　注3）観察課題は，夫婦それぞれが，相手が二人の関係を良くするためにどんなことをしているか気づくというものであったが（でも，何に気づいたかは内緒にしておく），これは，MRIの戦略的セラピスト（Fisch, Weakland, & Segal, 1982, pp. 156-158; Shoham, Rohrbaugh, & Patterson, 1995, p. 149）が使いやすい「妨害」戦略に似ている。その戦略は，一人がランダムにマイナスの行動を起こして，もう一人がその行動が本当か偽物か（口には出さずに）推測するというものである。MRI戦略の意図は，二人の間のコミュニケーションから情報を得るという要素を取り除くことによって，問題のある交流パターンを邪魔しようとするものである。その一方で，BFTCの観察課題（プラスのことに気づくというもの）はもっと好ましい交流を支持するための見方を形づくっていくというものである。

　注4）関連した例をファーマンとアホーラ（Furman & Ahola, 1992, p. xix）が，"Solution Talk: Hosting Therapeutic Conversations"という本で紹介している。彼らは，知り合いの男性の態度の悪さについて不満を述べる女性のことについて語っている。一人の友人がとりなそうと申し出てくれて，その数週間後，その女性は，その男が完全に変わったと報告した。彼女がその友人にその男と対決したのかと尋ねたところ，その友人は次のように答えた。「別にそういうわけじゃないわ。あなたが彼のことを素敵な男性だと思っていると彼に伝えたのよ」。もし，誰かをプラスの光で見るようにすると，それなりの反応をするようになるものである。これは，「悪い」サイクルの代わりに「効果的な」サイクルを生み出すのに役に立つかもしれない。

インスー：あなたがこの予約を取るためにお電話下さったのは本当に良いタイミングだったと思います。お二人ともお二人の間に起こっていないことについてとても関心がおありのようですし、それについて何とかしたいと思っておられます。それから、ビル、あなたが、レズリーがこの面接を受けようという気持ちにお答えになって、とてもお忙しいスケジュールの中から喜んで時間を取ってこられたことについて、大変感銘を受けました。明らかにこの関係は、あなたにとってとても大切なものなのですね。

ビル：ええ……。

インスー：だからあなたはここにいらっしゃった。このことについて何かをするために。お二人ともこの関係のことを本当に真剣に心配しておられるのですね。ただし、お二人がとても違った形で。このことについて、説明させてください。ビル、あなたのこの関係を大事にする姿勢は、将来像を持つこと、物事がどんなふうになってほしいか、にあります。つまり、あなたは将来のためにいろいろなことを犠牲にすることに慣れておられるのですね。今でもそういうふうにこのことを見ておられる。いつか、レズリーが家にいられるようにというところまで、より良い将来を迎えるために。

ビル：ええ。

インスー：最終的には、あなたが十分な収入を得ることができて、奥様が家にいられるように。ということは、あなたには将来像があるということです。どんなふうになってほしいかという。そういう形であなたはこの関係を大事に思っておられる。一方で、レズリー、あなたがこの関係を大事にするというのは、子どもたちが小さい今に注意を払うというものですね。

レズリー：ええ。

インスー：あなたはお二人で子どもたちともっといろんなことをしたいと思っておられる。子どもを育てるという経験を一緒にやっていきたいと思っておられる。もっと親密な関係を持ちたいと思っていらして、どうにかしてそうしようと努力されている。すべてを手に入れようというような感じで、ですね。そして、あなたはそういうふうにこの関係を大事に思っておられる。ですから、あなた方がお互いのことを、違った方法で大事に思っておられるのは疑いの余地もありません。そして、それが誤解の元になっている。私は、お二人とも両方のやり方が必要だと思います。どんな関係においても両方、つまり、今すぐのことにも未来にも目を向けなければなりません。両方必要なのです。ビルさんがおっしゃったように、バランスを保つということが必要です。今、ここでのことと将来のことを心配するのとどのようにバランスをとるか。

ビル：ええ。

インスー：そして、あなた方はもうすでに今のことと将来のことを考えておられますので、始まりとしては大変良いのではないかと思います。それで、次の課題はお二人が、どうやって二人の関心事を一緒に組み合わせていくかを考えていくことです〔橋渡しの言葉〕。それは、あなたのやり方とかそちらのやり方というふうに決めつけてし

まうことではないと思います。二つをブレンドさせたものになります。これを達成するためには，お二人が共にこのバランスを保つために努力していく必要があります。そして，これを始めたいとあなた方が思っておられるのを私は良いなあと思います。あなた方は，これをどうやって始めるかについてたくさんのお考えをお持ちです。例えば，子どもたちのいない時間をこちらで少し，あちらで少し作り出すという感じで。それは，かなり役に立つでしょう。それで，今から次の面接までの間にしていただくよう提案したいのは，お互いに相手が何をしているか見ておいていただきたいということです。あなたは〔レズリーに向かって〕ビルが何をしているか見ていく。そして，あなたは〔ビルに向かって〕レズリーがこの結婚を少しでもうまくいかせるためにどんなことをしているか見ていく。重要なのは，そのことについて話し合わないということです。ただ，見ているだけです。それで，また，ここでお会いする時に，そのことについてもっと，細かいところまで話し合いをします。でも，あなた方に観察のようなこと，整理をしていくようなことをしていただきたいのです。そして，今度お会いする時に，そのことについて話し合います。よろしいですか。

　夫婦は課題をこなすことに同意した。次の予約を取り，面接を終了した。

フォローアップ：2週間後にビルとレズリーが面接に来た時，二人はニコニコしており，リラックスした感じに見えた。ビルは，彼の忙しいスケジュールから時間を取ってレズリーと子どもたちと一緒に土曜日の朝に動物園に行ったと伝えた。セラピストは二人にコンプリメントを送り，どのようにそれを達成し得たのかを一緒に探索した。最初の面接からの流れに沿って，ソリューション・フォーカスト・セラピーの基本ルール2，つまり，一度何が役に立つかわかったら，それをもっとすることを心にとめて，面接を通じて，好ましい変化を引き出し，それを強化し，増強し，拡大していくように努力が払われた（Adams, Piercy, & Jurich, 1991; Weiner-Davis, de Shaper, & Gingrich, 1987参照）。このことは次のようなことを含んでいた。プラスの動きの詳細を得ること，好ましい発展についてそれぞれが与えた意味を探索すること，それぞれの努力と達成したことにコンプリメントを送ること，今後の見込みとどんなことがそれを強めていくだろうかについてスケーリング・クエスチョンをすること，ゴールに焦点をあらためて当てて，それぞれが何をしたかさらなる解決のために何ができるかを探し出すこと，二人がそのまま努力し続けるのに役に立ちそうなさらなるゴールを展開することであった。

　この面接，そしてセラピーを通じて，セラピストは，夫婦が過去の不満（それは普通，非難−告発−防衛−非難などというサイクルの引きがねになるものであったが）を募らせるのを避ける手助けができるようにと努力した。代わりに，セラピストは質

問をして，さもなければクライエントを前進する方向に導き，二人がどうなりたいかということに一致した視点を作り出すのを助けることによって将来を強化するようにした。二人のコミュニケーション・スタイルを「対立的」というよりも「情熱的」であると再構成し，二人が「正しいか，間違っているか」「黒か白か」「夫か，妻か」という行き場のない見方に陥ってしまうよりも，プラスの方向に没頭して動きつづけるよう支援した。二人を横道にそれさせないようにする課題として，ビルには，レズリーが彼女なりに彼とコミュニケーションを取り続けるために何をしているか気づくようにしてほしいと頼み，レズリーにはビルが彼なりに，何をするにも彼女を含めて考えるようにするために何をしたかに気づくように頼んだ。つまりこれで，「コミュニケーションがなくて，除外されている」ことから「コミュニケーションがとれていて含まれている」ということに「気づき」を変えていくようにしたのである。

実践を考える：いくつかの質問とありうる答

　ここで報告した事例は，いくつかの問題点を提示している。
- おおもとにある怒りなどの問題を探索していく方向にあまり注意を払っていなかったように見えるが，これは典型的なものなのか？　治療的関わりを通じて，効果のあることをするということに力点を置いた。セラピストは，クライエントがこうなりたいと思っている方向（結果）に動いていることを示すクライエントの表現に，焦点を繰り返し当てていた。怒りや他のいわゆるマイナスの感情の表現を促すことが役に立つときもあるかもしれない。とくにセラピーが役に立っているとクライエントが感じるのにはこれも必要だと感じている場合は。しかし，今までの経験から，意識下に抑圧された経験を思い出すことを通して感情的な緊張を解消する（abreactive）アプローチは単により憎しみと不和につながると思われる。この事例では，レズリーの「犠牲者」の立場を強化したところで，物事を前進させる手助けにはならなかっただろう。セラピストは，その言葉と振舞いで，夫婦のイライラと不満に対する理解を示すようにした。患者は，自分の体験を聞いてもらって，正当なものとして認められる必要がある。しかし，長期的に見ると，まだ試したことのないプラスになるような考えを探したり，それを強調したりした方がより治療的にみて有効かもしれない [注5]。事例はそれぞれにユニークなものである。そのため，指針は一般的でなければいけない。
- ビルは浮気をしていたのか？　なぜこの重要な点に焦点が当てられなかったのか？この夫婦が何を望み，二人がその生活をどう変えていきたいかという「大きな絵」を

注5）ここに紹介されている例のビデオテープ（Berg, 1994b）の一部分を見た後で，7歳のアレキサンダー・ホイトは次のようにコメントした。「パパ。良かったね。二人をけんかさせる代わりに，先生は二人にどうしたらもっと幸せになれるかって話し合いをさせているんだね」

思い出していただくのが重要である。「妻を確保しておいたほうが安くつく」という感じで扱われていることと、彼女自身が長い時間働いていることを感謝されていないと感じていることから、レズリーはイライラして怒りを感じていた。その結果、ビルが彼女と子どもたちのことに冷淡で無関心であるというようなマイナスのことをたくさん述べた。ここで一つ興味深いのは、この面接のビデオテープ（Berg, 1994b）を見た多くのセラピストの反応の仕方である。それは、彼らがすぐに浮気をしているか、していないかという点に注目し、なぜビルは、レズリーが望んでいるように、皿を洗ったり、買い物を手伝ったり、子どもの世話を助けるといったことを忙しすぎてできないと考えているのかというような他の点に注目がいかなかったことである。セラピストは何が結婚の葛藤（そして解消）の原因につながるのかという自分たちの構成に従って、クライエント夫婦の話を選択的に聞いてしまうものである。この事例で治療的だと証明されたことは、今の時点でのより大きな信頼の方向にこの夫婦が向かうことであった。一度、現実が改善されると、起こったかもしれないこと（あるいは起こらなかったかもしれないこと）から解放されて、過去のものとしやすくなるのである。我々はかつてジョン・ウィークランドがある特定の考えに固執しているクライエントに対してこんなふうに言っていたのを聞いたことがある。「この問題を解決してから、もし、まだ、あなたがそのことに興味をお持ちなら、そのことに戻るということにして構いませんか？」と。これでクライエントは現在から未来に向かうようになり、治療が行えるようになったのである。もちろん、クライエントが無視されたと感じることがないように気をつけなくてはならない。しかし、ある点が重要だというのなら、「誰にとって重要なのか」と問う必要がある。それに取り組まなければならないとかすぐにやらなくてはいけないと感じているのは、クライエントではなくてセラピストである時もある。こういったことは、治療の行き詰まりを生み出す白か黒かという考え方に導いてしまうのである。

●ソリューション・フォーカスト・セラピーはどのように民族や文化の多様性の問題を考えているか？　クライエントが示すゴールや考え、価値観、世界観の中でやっていくことによって、ソリューション・フォーカスト・セラピーはクライエントが面接室に持ち込む文化に繊細なものになっている。セラピストのセラピーではなく、クライエントのセラピーでなくてはならない。解決は、セラピストの視点ではなく、クライエントの視点に合ったものでなくてはならない。さらに、治療の同盟関係が最も重要である。そして、セラピストではなくてクライエントにとって意味があることに対する高い敬意と尊重の念が基礎となる。つまり、セラピストとして、さまざまな民族の人たちと共にやっていけるようなスキルを持ち合わせていなくてはならない。そして、自分たちの価値観を押しつけることのないように、それがどんなものなのか（暗

黙のうちのものも，明白なものも）はっきり把握していなくてはならない。ここで紹介した事例では，夫婦はアフリカ系アメリカ人で，セラピストは韓国系アメリカ人であった。

効果のあることをする

　ソリューション・フォーカスト・アプローチは，構成主義と反病理学的な観点に強く根差しているゆえに，クライエントが存在しているリソースや能力をより効率的に引き出すのを助けることに重きを置いている（例・解決を構築するのに役に立つように例外を見つけていく）。ソリューション・フォーカスト・セラピーは，欠陥や病理といった概念の押しつけはしない。それゆえに，問題と解決の間には何の関係もないとも言いうるのである（De Jong & Berg, 1997; de Shazer, 1991; Fish, 1995; Hoyt & Friedman, in press）。我々の治療的な課題は，解決はどんなふうであろうかということについて細部にわたる記述を構築したり，この解決についての合意点を作り上げたりすることであって，障害を取り壊すことではないのである。

　いろいろな効果的なブリーフセラピーを調べていくと，すべてある基本的な特徴を持っていることが伺われる。

- すばやいプラスの共同関係
- 特定の達成しうるゴールに焦点を当てること
- クライエントとセラピストの責任と活動の明白な定義
- 変化を期待しつつ，クライエントの強さと能力の強調
- クライエントが新しい認識と行動に向かって動いていくための援助
- 今，ここで（と次に）という姿勢
- 時間に敏感であること

どのような理論的立場であれ，クライエントのゴールを達成するために何が役に立つかをクライエントが気づき，それを増幅していくためにクライエントと協力していくのは，我々セラピストの義務である。ソリューション・フォーカスト・モデルに沿うことによって，我々は，何が役に立つのかということへの興味と，自己実現的な現実を構築していくのに多くの見通しと道があるのだという認識をもっている[注6]。

　注6）1995年3月，カリフォルニアのサラトガで行われた会議で（Hoyt, 1997a），さまざまな理論をもった多くのトップ・ブリーフセラピストたちが，異なるアプローチ同士を闘わせるのではなく，むしろつながることと共同を認識することの重要性について話し合った。我々はどちらにも，そして，すべてが「革命的な」わけではなく「完全に違っている」わけではないという考えに拍手を送る。

第10章
長期間のクライエントとのよりブリーフな セラピーについての，ソリューション・ フォーカスト的なアイデア

ジェイムズ・W・クライダー
James W. Kreider

　私はもう以前のように，「私はブリーフセラピスト（そして指導者）ですが，時にはクライエントをかなり長期間見ることがあります」と報告するときに，足をがたがたさせたり目をそむけたりすることはなくなった。こういったクライエントたちは治療関係を結ぶことはもとより，ゴールを設定することがとても難しいのだが，彼らが私に，短期（ブリーフ）か長期（ロング・ターム）かという用語は，期間の長さよりもむしろアプローチのあり方に関係しているのだということを教えてくれた（Hoyt, 1990/1995参照）。セラピストがどんなに有能でも，治療モデルがなんであれ，たしかに他のクライエントほど急激には変化しない人たちがいる。
　これは必ずしも抵抗や依存ではない。単に人によってそれぞれ，異なった長さの治療期間を要するということなのである（O'Hanlon, 1990参照）。長期間のクライエントとのよりブリーフなセラピーは，もはや撞着語法的表現ではなくて，短期か長期かという両極化の溝を埋める方法なのかもしれない（Yapko, 1990参照）[注1]。クライ

注1）私は（より）長期間のクライエントと言う用語を，きちんとした基準によって定義されたカテゴリーというようには厳密には使っていない。むしろ，一定以上の長期間を治療に使う傾向があるクライエントのおおまかなグルーピングとして使用している。そのような一般化は，あるアイデア（とくに私が論じたような）をそれが単なる構成概念ではなく真実であるかのように扱ってしまうリスクを伴っている。しかし私は，こんなリスクはあるにしても，意図的に行われる治療（Combs & Freedman, 1994）のガイドとするため，そして私が紹介した考えを，読者が特定の状況下，特定のクライエントとの間で，自身の直接経験と比較し，妥当性を試すためにも，何らかの概念やメタファーが必要だと考えたのである。

エントが治療的なゴールを持っている限りは、断続的な、結果志向的セラピーの提供を考えるのならば、我々は依然としてブリーフセラピーの原則を頼りとすることができるはずである。

　クライエントの苦しみを理解し彼らを援助しようとして、過去に焦点を向けることがあるだろう。しかしそれには過去の無力感を固定化し、さらに将来の可能性への見方を狭めたり、制限してしまう危険がある。ただし、セラピーの進展につながることを期待して彼らの過去を否定してみても、それは何の役にも立たないだろう。問題の過去は、時としてその過去についての意味づけほどには問題ではなかったりする。私の一般的なやり方はクライエントと治療的な会話を持つことで彼らが、「自分たちの能力と解決すべき課題」「過去の経験と未来への可能性」「彼らの感情、対人関係、それに歴史的な面における苦しみと回復」を統合させることで、現在と将来の可能性へのドアを開けられるように援助するというものである。

　この論文での私の意図は、「治療のベテラン」(Duncan, Hubble, & Miller, 1997)——治療不可能、抵抗的、慢性的、性格的あるいは永続的な精神疾患、などのラベルを貼られるような——とも言うべきクライエントとの、長期間にわたった仕事から見つけた有効なアイデアを紹介することにある。私の臨床の基礎にある理論的オリエンテーションは、病理ではなくクライエントの能力に強調を置く、ソリューション・フォーカスト・セラピー (de Shazer, 1985, 1988, 1991; Walter & Peller, 1992) であるが、ここではさまざまなオリエンテーションを持つセラピストたち——もともと構成主義、ポストモダンの考え方に馴染んでいない人も含めて——のために、変化に時間がかかるクライエントとの治療や援助について考える際に役立ちそうな選択肢やオプションを提供してみたいと思う。

長期間のクライエントとのゴール設定

　多くの長期間のクライエントは、セラピーの達成可能なゴールを決めるのに悪戦苦闘しているようである。しかし彼らからは、セラピーが自分たちの大きな苦しみを魔法のように軽減してくれることを期待しているような印象を受けることも多い。自らの苦しみと問題に絶えず目を向けながらも、同時にそれらに対して何もできないと感じているようなのである。

　もしクライエントがセラピーの時間を、現実的な生活の変化についてではなく、問題にまつわる話にばかり費やすならば、彼らはさらに多くの失敗を経験し、望ましい変化を手に入れる能力への期待を失ったり、もっと不幸な感覚を味わうことになるだろう。どうも彼らの無力感が増大するにつれて、誰か他の人なら自分の生活をもっとましなものにできるはずだという期待が大きくなるようである。そうなると彼らク

ライエントは，自分自身で何らかの行動を起こそうという気持ちが高まる代わりに，配偶者や子ども，家族，セラピスト，あるいはその他の人たちに対して，共依存的なやり方で指図と安全の感覚を求め，期待してしまうようである。

　小さくて具体的な，クライエントのコントロール範囲内にある明確なゴールではなくて，曖昧で包括的な目標に焦点を合わせたりすると，クライエントとセラピストともに一般論の中に道を見失い，実際的なステップを踏み出すことができなくなってしまう。実は，そうやって一歩を踏み出すことこそが，有能感と（自らの生活への）支配感を増大させてくれるはずである。この点でいえば，漠然としたゴールは，投影や依存的なファンタジーへとつながるような，曖昧な関係性を助長する可能性がある。明確なゴールを提示できない長期間のクライエントたちの多くは，「私には価値がない」「私には力がない」「私は愛される値打ちがない」といったような自己制限的な一般化によって，身動きを取れなくさせられている。このような奥底の信念は非常にパワフルで，絶えず生活体験を色づけするフィルターとなり，彼らの脆弱さの感覚，絶望感，無力感を強化させる。そういった人々に対し，具体的，現実的に，どこから，どのように変化を始めればいいのかについて援助することで，彼らが自らの経験を通してそうした一般化を脱構築するのを助けることができる。それが，かつては制限や制約しかなかったところにも，多くの可能性が存在していることを明らかにしてくれる。

　多くの長期間のクライエントは，相当量のエネルギーを何か（嫌な気分になること，不当に扱われること等々）を止めようとすることに費やすことで，もっと好ましい行動パターン（いい気分になるような活動をすること，より報われる関係を持つこと等々）を始めることに向けたりしないようである。これが時として長期間のクライエントに，自分のコントロール範囲を超えたゴールを達成しようとして苦闘を続けさせることになる。それがまた，自分は自らの生活をうまく処理できない，という失敗経験を強化させてしまう。加えて，自分はいつまでたっても生活に流されるだけの犠牲者なのだという感覚を残し，人生に積極的な期待を抱くことに疑いを持たせてしまう。「もしもそんなにも不幸でなかったとしたら，あなたは一体どんなことをしていると想像しますか？」と尋ねてみることが，クライエントの主体性を尊重しながら，望まないことから自分が望むことへと話題の焦点を移行させるきっかけとなるだろう。

　長期間のクライエントが，治療的なゴールを確認したり，明確化できないときにセラピストは得てして，ただ話を聞いているだけ，あるいは関係性を発展させるだけでいいのだと思いたい誘惑に駆られてしまう。これは多くの場合，もともとこの（治療）関係が存在する目的――それは，クライエントとともにゴールを探索することで明らかにできるのだが――を無視することになる。長期間のクライエントとのゴールの展

開におけるもう一つの大きな問題点は，クライエントがとても傷つきやすい状態にいる（あるいは他人を危険にさらしている）と判断された時には，セラピストはクライエントが自分自身のゴールを設定することを認めようとしないことである（Self, 1991）(注2)。セラピストが「あなたはどんなことを望んでいるのですか？」と尋ねるのを忘れてしまうと，（エンパワーさせ，能動感を促進させるような）前向きな関係——（依存的な）後ろ向きの関係ではなくて——を展開させる治療上の重要な機会を失することになってしまう。

長期間のクライエントとの間で治療的な関係を発展させること

伝統的なセラピストたちは，多くの場合あまりにも関係性に焦点を合わせすぎていたようだが，新しいブリーフセラピストたちはどうも，ブリーフセラピーの技法（この章では傍点をつけたソリューション・フォーカストの質問を含め）に過度に焦点を合わせる傾向があるようである(注3)。これはクライエントが「せかされた」とか「強要された」と感じることにつながりかねない（Lipchik, 1994; Nylund & Corsiglia, 1994）。協力関係を形成するためにまず我々は，クライエントが苦しみや問題についてわかってもらいたいと思うことに耳を傾け，それを受け止めなければならないはずである。しかし，これを，クライエントのより好ましい未来への希望や，望ましい未来へと進むのを助けてくれる現在既にあるリソースについて耳を傾けることの妨げにさせてはならない。こういった話題こそが，問題物語の土砂に埋もれた治療的な砂金なのである。

要求がましいクライエントからは，少し耳をそらして心理的に距離をおこうとすることは，セラピストとして少し気持ちが惹かれるかもしれない。私自身，あるクライエントに対し，他のことに注意をそらしていたいという誘惑に駆られていることに気づいたことがある。しかし，後で，これを逆転移の問題と考えずに（私も最初はそう思ったが），ある種の相互作用が何らかの催眠的な効果を私に及ぼしたのだ，と考えた方がより有益だということがわかってきた。私はこういったやり取りにおいて，自

注2) ここで私は，ポジティヴなことから始め，個人の自己決定を奨励することを強調している。しかしその一方で，クライエントや他の人に危害が及ぶ可能性がある状況下では，倫理的，法的な強制措置が，虐待や危険な状況を終わらせるための働きかけを要請することになる。もちろんこれらには，臨床的な判断が必要である。

注3) ソリューションの質問は，他の技法と同じように，巧みに使われる場合もあればそうでないこともある。何をどのタイミングで聞くのかという意図なしに，機械的に行ったりすると，ソリューションの質問はもっとも非効果的になりやすい。うまく使われればこれらの質問は，クライエントが自分自身の能力を照らし出し，まとめ上げるのを助けるライトのようになる。このようなやり方でソリューションの質問を使うのを学ぶには，どんな複雑なスキルを身につけるときでも同じなのだが，相応の忍耐と修練を必要とする。

分がどこか人間的な感じを失っていて、そのクライエントとはつながりを持つことができないと、感じさせられていることに気がついた。不思議だったのは、彼らこそがまさに、人から関心を持たれ、話を聴いてもらい、理解され、受け入れられることへの強い願望をいつも言葉にしていた人たちだったことである。私が気づいたのは、彼らが自分の生活がどんなに辛く大変であるかを物語ることに没頭しているときには、あまりアイコンタクトをしない（あるいはあまり目を開けようとしない）傾向があることだ。催眠の用語で言えば、彼らは（自分の内的経験に没入して）正の（ポジティヴな）幻覚を見ながら、その一方で負の（ネガティヴな）幻覚（私……の存在に対する意識を削除するという）を経験していたのである。彼らはその時、私と一緒にいたのではなく、自分自身の過去や未来のイメージに注意を集中していたのである。これが起こっているときには、セラピストもクライエントもともに問題の辛い物語に催眠をかけられ、その中に迷い込んでしまうのだろう。

　私が次第に気づいたのは、クライエントがこの治療関係から何を望むのかを明確にしようと、私が自分から積極的に関与しているときはトランスに入らないでいることだった。そんな時には、私自身が（実際のその場での相互作用よりも、内的な経験に焦点を合わせてしまうような）そんなトランスに入るのを遮ろうとしていた。長期間のクライエントとの焦点を絞った、協力的な共同作業（ゴールの明確化から始めて）に自らが積極的に関わってゆくことで、ともに変化を作り上げるパートナーとして双方が「今、ここに」にいられるような関係を築くことが可能になってくる。これは、多くの長期間のクライエントが経験している非常な浮き沈み（トラウマ）に対して、まるで自分が自分の観察者（観客）であるかのように感じているのとは、大きく異なっている。お互いが治療的な変化において積極的なパートナーでいることは、クライエントとセラピストとの間に強力かつ生産的な連携関係を作ってくれる。

　こういった着想もクライエントによっては、実行するのはきわめて難しいかもしれない。多くの長期間のクライエントは、はっきりと援助を求めることに非常な困難さを持っているようである。これはある部分では、「解離」によって自分が感じたり考えたことがつかめなくなったり、それを信頼できなくなっているせいなのかもしれない。また、援助を求めることの困難さは、クライエントが家族の中で人間扱いされずにいて、そのせいで自分が何かを求めるに値すると思えなくなっていることに関連しているのかもしれない。クライエントが初期の他者との関係において、暗黙にあるいは公然と搾取されつづけていたような時には、また別の難しい状況が生じてくる。セラピーで何か援助を求めること（困っていることを認めること）は、そこにさらなる搾取の可能性が感じられて、危険に思えてしまうのである。

　こんなクライエントに対しては、システムに関した質問が役立つかもしれない。治

療目標に関し，他者がどう見ているかについて彼らの見解を尋ねる質問が，彼らを外的にコントロールしているものを意識させると同時に，自分の個人的な選択についても考えるようにさせてくれる。例えば，次のような質問が可能である。「あなたはまだ，ご自分がこの治療から何を得たいのかがはっきりわかっていないようですけれど，例えば誰だったら，あなたがこの治療で私と一緒にどんなことを達成できるといいかについて，何かアイデアを持っていそうでしょうか？　彼らは，あなたが治療からどんなことを得られるといいと言うのでしょうか？（彼らのいうゴールを）達成することは，あなたにとってはどんな差異をもたらすでしょうか？（彼らのいうゴールで）どこか部分的には，あなたがこの治療で取り組みたいようなことがありますか？」

長期間のクライエントが多くの対人関係の問題を抱えていることは，珍しいことではない。境界の問題，強固な三角関係化，共依存，愛憎関係，コントロールの問題，そして対人関係での疎遠さや孤立といった問題は，長期間のクライエントにはきわめて一般的である。他人との関係において，拒絶されること，危害を加えられること，捨てられること等に対して非常な恐怖感を訴える人もいるだろう。時としてこれらとまったく同じ難しさが，クライエント－セラピスト関係においても出現することがある。そんな状況では我々セラピストも，クライエントの複雑に絡み合った対人関係のスタイルに圧倒され（催眠にかけられ）たりしてしまう。しかし辛抱強くクライエントと力を合わせて，（彼らが）自分にとって重要だと実感できる治療目標を練り上げることによってこそ，我々は彼らの個人としての能動感や自律の感覚をサポートしつつ，強固な治療関係を発展させることができるのである。

関係性に焦点を合わることへの
ソリューション・フォーカスト的なアイデア

ソリューション・フォーカストのセラピストは長期間のクライエントたちがしばしば呈する極端な症状や病歴によって混乱させられたり，催眠にかけられたりしないようにしている。その人の問題がどんなに複雑で慢性的であろうとも，あるいはその問題の影響がいかに破壊的で異様なものであろうとも，我々はかつてミルトン・エリクソンが行ったように，あたかも人の通常経験内のさまざまなバリエーションを取り扱っているかのごとく，クライエントにアプローチするのである（Erickson, Rossi, & Rossi, 1976）。ソリューションのセラピストたちはクライエントの症状を病理学的に見ることはせず，むしろノーマライズしようとする（Berg & Miller, 1992）。例えば，「あの挫折からずっとうつ状態で苦しんでいるんです」というクライエントに対して，「そんな打ち砕かれるような経験をしたら，誰だって落ち込んでしまうだろうと，私は思いますね」と応えるとする。それは，クライエントの問題への見方を受け止めな

がら，同時にそれを病理の証とはせずに，通常の生活で起こりうることであり，したがって解決可能なこととして位置づけることになる。クライエントの経験が「正常」なことだと明言するのに加えて，抑うつという用語を脱構築することが，それを障害の名称というよりも，あたりまえの生活経験を指し示すだけの単なる記号にしてくれる。ブリーフセラピーでは日常の用語を使うようにして，仮定をシンプルにし，説明的な考えや仮説の一般化を避ける（O'Hanlon & Wilk, 1987; de Shazer & Weakland, Hoyt, 1994bでの引用）。我々は，クライエントたちが自ら望むことを達成するのを援助することに，絶えず焦点を合わせている。

長期間のクライエントとの取り組みの際に効果的なもう一つのソリューション・フォーカストのアイデアは，治療目標を控えめに設定することを心がけることである。クライエントたちが経験している数々の困難を考えに入れると，大幅な人格の変化や治癒といったことを求めるのではなく，とりあえずどうしたらある心配事の改善に向けて，小さな一歩を踏み出せるかを明らかにする援助の方がずっと有効だろう。同様に，クライエントが現に直面している，あるいはこれから直面しそうな，すべての大きなジレンマを解決しようとすることは，おそらくクライエントとセラピストの両方を落胆させることになるだろう。クライエントが問題の多さに圧倒されているときには，以下のように質問して問題の優先順位をつけてもらうことが有効な場合がある。「まず手始めに解決しようとするとしたら，あなたが今直面している問題の中では，どれが一番取り組みやすいと思いますか？」また，「どうやって解決したらいいかがわかったときには，どの問題（の解決）があなたの生活にもっとも大きな変化をもたらすでしょうか？」という質問によって，クライエントの動機づけを利用することもできる。「人は治療が始まる前から有効な変化を起こしているし，治療が終わった後にもそうしつづけるだろう」という前提がこの質問の基になっているが，そこにはまた，再び変化が起こるだろうという前提も含まれている。

ソリューション・フォーカスト・セラピーはまた，小さな変化が得てして大きな変化につながるということも仮定している（de Shazer, 1985, 1988; Rosenbaum, Hoyt, & Talmon, 1990）。エリクソンは（Gordon & Meyers-Anderson, 1981, pp. 16-17）この仮定を次のような言葉で表現している。「（臨床家は）患者の中に変化を引き起こさせるような，何らかのことをしなければならない……，それがどんなに小さなことであっても……，そして変化は患者自身のニーズに従っておのずから広がってゆくことだろう。山肌から落ちる雪だるまが転がり落ちるように，……転がりながらだんだん大きくなって，山の形に匹敵するなだれを起こすことになるだろう」。単に，「あなたの目標に向かうための，最初の小さなステップはどんなことですか？」と尋ねるだけで，雪だるまを転がし始めることができたりする。我々の課題は，クライエントが自分の

生活において，有用で実際的な変化をどうやって起こすのかを発見する手助けすることや，彼らの変化に対する期待感を高めるように援助することにある。

まず，クライエントが過去にうまく対処していた時のことを見つけ出し，それから再び軌道に戻るためにその頃の対処のスキルとリソースを活用する方法を探索することが，多くの場合に有効である。セラピストは「以前，状況が下り坂的に悪くなったときには，あなたはどうやってもとの軌道に戻ったのですか？」とか，あるいは「あなたが，また再び正しい軌道に戻っていると自信を持って感じられるためには，どんなことが違ってくる必要があるでしょうか？」などと質問することができる。

ブリーフセラピーは治療の当初から，終結とそれに向けてのすべてのステップについてプランを立てることを奨励している。この作業はまず，「あなたが治療を終えても良いと思える時までには，生活でどんなことが今と違っていてほしいのでしょうか？」と尋ねることで始めることができる。これに関連して「そして，あなたが治療を終えても良いと思える段階にさらにワンステップ近づいたと感じられるためには，今日のところはどんなことをはっきりさせる必要があるでしょうか？」と質問することで，治療のゴールを細分化し具体化することもできる。

これらの質問は長期間のクライエントによっては——そしてセラピストにとっても——相当に困難なものかもしれない。しかしそれには，クライエントとセラピストの双方をクライエントがある時点で治療からうまく離れられるよう準備を整えるために，実際的変化の達成に目を向けさせるという，非常に大きな治療的価値がある。率直にかつ丁寧に，治療は目的をもった，ビジネスとしてお金を払ってもらう，いずれ終わりがくる専門的なサービスであるというアイデアを伝えておくことによって，しらずしらずのうちに「治療的関係を維持することこそが，価値ある未来を提供してくれる手段なのだ」という，はかない幻想をクライエントに抱かせるリスクを減らせる。

しかし，クライエントによっては，ソリューションの「ミラクル・クエスチョン」(de Shazer, 1985, 1988) のような未来志向のゴールに向けた質問には——あるいはそれをもっとシンプルにした「将来は，どんな事が変わってほしいのですか？」というものであっても——答えることが非常に困難だったりする。ある自殺の危険が非常に大きいクライエントはこの質問に，「私の未来は真っ暗です。将来には何もありません」と答えた。「奇跡が起こって，自分の将来に何かこれまでと違った，少しはましなことが生じてくるとしたら，あなたはどんなことを目にするのでしょうか？」という仮定の上の質問をされたときにもそのクライエントは，「同じことの繰り返しです。これまで起こっていた悪いことのすべてが，もっと続くことでしょう。そんなんじゃ生きている値打ちがありません」。このような形で時間の流れを捉えて自分の生活を

語ること（過去には悪いことが起こった，そしてそれは将来も続くだろう）は，誰が見ても自殺のリスク増加につながっている。しかしそれでもやはりこんなクライエントに対する，未来のゴールの展開に向けた質問は役に立つ。ただ場合によっては，時間の枠を短縮して提示することが必要になる。例えば「生活を生きている申斐があるものにするために，（あなたが）何か努力を続けようと思えるためには，この先の3カ月でどんなことが起こる必要があるでしょうか？」というように。もしクライエントがこの質問にも答えられない場合には，「どうやって事態を改善したら良いかはまだわからないとしても，あなたがもし，状況の悪化だけは食い止め続けられるとしたら，その時にはどんなことが起こっているでしょうか？」と質問を変えて，現状維持のゴールを展開してゆくこともできる。（前文中の「まだ」という言葉に注意していただきたい。これは将来には，何か違ったことが起こることを示唆している）。

　我々がよく犯すミスに，長期間のクライエントに対し彼らの大変な苦しみと問題に焦点を合わせてジョイニングはしても，彼らの期待や希望（そのために彼らがセラピーにやってきたはずなのだが）にジョイニングするのを忘れてしまって，せっかくの好機を失ってしまうということがある。「私があなたの問題に対して，どんなふうにお手伝いできるといいとお思いでしょうか？」との質問は，多くの長期間のクライエントに対して不安を喚起させかねないのだが，半面で協力的な関係を築き上げるのに必要な会話を促進させてもくれる。できるだけ初期の段階から，クライエントが我々に望んでいること，そして我々が彼らに提供できることとできないことについて話し合うためのスペースを持っておくことが役に立つ。たとえそれによって，クライエントと我々の双方が，それぞれ自分の役割に関して不快感や不安に直面しなければならないとしても，である。この話題を取り上げるにあたってセラピストは，「あなたが，私とのこの仕事が有益だったと思えるためには，あなたの生活のどんなことが変わる必要がありますか？」，あるいは「大変困っておられるようですが，その問題に対して，私がどんなふうにお手伝いできればと期待していらっしゃるのでしょうか？」と聞いてみることができるだろう。クライエントが希望をもち，新しい考えを試し，それまでと違ったことをやってみるまでに，自分の力に自信を持てるよう援助できたときには，我々は彼らの個人内（自己への信頼）と，対人間（他者への信頼）の両方の信頼感を促進できたといって良いだろう。このようになるためには，セラピストがまずもって，そのクライエントが自分の生活において有益な変化を起す力があることを信頼しなければならない。

長期間のクライエントとのよりブリーフなセラピーの諸段階

　長期間のクライエントとのよりブリーフなセラピーには，援助関係を治療目標の達

成に焦点づけておくために相補的に働く，四つの，重なり合いながらも相互に関連した段階があると考えられる。変化の道筋は非直線的，循環的であり，クライエントによって大きなバリエーションを持つものである。したがってセラピーにおいては，これらの人為的な段階にただ追従するのではなく，クライエントがここに進む必要があると語る言葉を深刻に受け止めることが重要だろう。

段階1：強固な治療関係を展開させること

多くの長期間のクライエントは，微細な手がかりや行動に非常に鋭敏になっているが，同時に彼らはそれを誤解したりもする。互いの話し合いの上で明確な治療契約を取り決める際，セラピストとして，我々が自らの言葉をできるかぎりシンプルで明確にしておくことによって，誤ったコミュニケーションやクライエントの投影を招くというリスクを減らしたりすることができる。また，クライエントの言葉やメタファーを系統的に使うことで，長期間のクライエントの脆弱な知覚を脅かすことを避け，間接的に彼らの主観的経験を尊重することができる。これはクライエントとのラポール形成の助けともなる。しかしおそらくそれよりもっと重要なのは，クライエントの言葉を使うことがセラピストに――クライエントよりも理論に気持ちを向けることなく――個々のクライエントの言葉に注意深く耳を傾けることを要求していることだろう。クライエントの言葉を要約する時であっても，我々が彼らの言葉，見解，そして（究極的には）彼ら自身を受け入れていない，などと受け止められないように注意を払わなければならない。

以下のような言い方は，概して役に立たないものだ。「ここまで来るのにずいぶん時間がかかりましたね。ですから状態が良くなるまでにもまた時間（長くかかるという含意がある）が必要でしょうね」。そんな善意からの発言は，ノーマライズしたりサポートをしようという意図があるにもかかわらず，多くの場合，セラピストとクライエントの注意を「状態が良くなる」ために必要なことを明確化する課題から逸らせてしまったりする。もっと依存的で傷つきやすいクライエントに対しては，「多くの人たちは予想よりも早く，首尾よく問題解決へのスタートを切ることができたり，しばらくは自分たちでやっていけそうだと感じたりします。人によっては，スタートすることだけが必要だったのだと感じたりもするでしょう。また一方では，後にまた起こってくる問題を扱うために，折に触れ治療に戻って来る人もいるのです」と示唆することが有益かもしれない。

クライエントのリソースに関しては，それがどんな小さなことであっても，できるだけ速やかに，あらゆる機会を捉えて確認しておくことが有用である。これには，「そんなに気が滅入るような状態にいながら，あなたが何とかやれているのは，どん

なことがあるからなのですか？」との質問で明らかになってくるような，クライエントが気分が良くなったり，気持ちが落ち着いたり，安全に感じられたりすることなどが含まれている。クライエントが「祈るんです」とか「ホットラインに電話します」，あるいは「手紙を書くんです」と答えてくれた時には，彼らは（我々もであるが）大きな問題を抱えているのと同時に，価値ある対処手段を持っていることを自覚できるのである。

　クライエントのリソースの確認に関連したことで，自分の能力（有能さ）についてのストーリーへのアクセスということがある。問題に満ちあふれたストーリーを聞きながら，その中に嵌め込まれた能力や有能さの例を探したり，直接「過去においてあなたが，どんなに短い間だけでも，困難を克服（問題に立ち向かうことが）できた時について話してもらえますか？」と質問してもいい。「その時には，どんなふうにそれまでとは違った形でやった（話した，見た）のですか？　それはあなたにとってはどうだったのですか？」と尋ねて，有能さのストーリーをさらに精密なものにできる。また，「周りの人たちはその時に，あなたがどんな違ったことをするのを見ていたのでしょうか？　周りの人がそんなふうに見ていることは，あなたにとってはどうなのですか？　あなたはそれに関してどう思いますか？」と質問を続けてもいい。どんなに些細なことであっても，能力や有能さについて語ったり，語り直してもらうことは，単にクライエントを励ますことよりずっと効果的に，（解決に）必要な力をもつ自己のイメージを作る助けとなる（White & Epston, 1990）。そうすることがクライエントに，自分の面倒を見る能力についての自信を育み，治療の終結について考えることを容易にしてくれる。

　問題の例外（問題がいつもより少なかったり，ひどくなかった時）について尋ねることは，コーピング（対処）のリソースを確認する助けとなる。例えば，「偏執的妄想」と診断された男性が，他人の言葉やニュース，ガールフレンドの手紙に隠された「裏の意味」に大いに悩まされていた。これは大変な悩みの種となっていて，彼はさらに多くの「裏の意味」に出くわすことを恐れて，家を離れることができなくなったのである。改めて質問されるまで彼は，「自分が『人が言っているのは本当のことなのだ』と自分自身に言い聞かせて裏の意味を探そうとせずに，そんなふうに考えないように我慢している」日々には，ちゃんと仕事をしており，そんな観念に悩まされてもいないことを，とくに重要だとは考えていなかった。このシンプルな問題対処の例外パターンに気づいたことが，彼の心理的安定と日常生活を送る能力の面で，劇的な変化をもたらしたのである。

　特定の問題に対して例外パターンを見つけられないときには，包括的な例外を尋ねることが有効だったりする。例えば「あなたはそんなに多くのトラウマを抱えながら，

どうやって生きる気力を維持してこられたのですか?」と質問してもいい。この質問の形式には,困難への対処能力と過去のトラウマの両面(その一方を排除してしまうのではなく)を受け止め,認めることを意図している。加えてそのような質問は,クライエントが頼るべき主なリソースとして,我々治療者に目を向けずに,困難な生活状況に対処する自分自身の力の方に,持続的に注意を向けるようにしてくれる。

人によってはあまりに悲観的でたとえ例外を確認できたとしても,その重要性を認められないこともある。もしクライエントが例外を重要だと見てないのなら,そうだと説得しようとしてもまずうまく行かないだろう。しかし,「もし将来,例外が起こった場合にはどんなふうに状況が変わる可能性があるだろうか?」と好奇心を保ちながら,質問をすることが役立つかもしれない。例外の質問をこのように使用して,希望と可能性の種を植えつけておくこともできるのである。

クライエントの周囲にあるサポーティヴな関係について繰り返し質問し,そんな関係を拡大することを奨励するのもまた有効かもしれない。「以前状況が厳しかったときには,誰の存在が助けになりましたか?」とか「もし誰かに電話するとしたら,今は誰の助けがいちばん役立ちそうですか?」と質問してもいい。サポート的なネットワークに関した話題を促進させるような質問は,脆弱なクライエントの安定性を維持するのに役立つ。それらの質問はまた,「誰もがまだ気づいていないリソースを持っているし,セラピーは生活について扱うものであって,生活から守ってくれるシェルターではないのだ」という前提の効果を発揮させたりもする。

段階2:現時点のストレスに関し,症状の軽減を促進すること

過去の経験によって現在のストーリーがあまりに強力に支配されているために,好ましい将来への希望が持てないクライエントの場合には,症状の軽減がとりわけ重要である。この段階は,そんなクライエントに対し,彼らのもっとも差し迫ったゴールを尋ねることから始まる。クライエントが最も必要としているニーズを真摯に受け止めることで,彼らの症状軽減への希望とともに,危機状態や非常な苦しみの中にいるという気持ちへの理解を伝えることができる。「もう少し状態が良いと感じられるために,この1,2カ月先にはどんなことが違ってきてほしいと思いますか?」とか「生活をもう少しコントロールできていると感じられる方向に進み始めた時に,それをあなたに教えてくれる小さな兆候としては,どんなことがあると思いますか?」と質問しても良いだろう。

クライエントがセッションに持ち込んでくるさまざまな問題の内容を,そのたびごとに彼らのゴールに関連づける作業は,治療の焦点化を促進させると同時に彼らの自己決定の努力を確認し奨励することにもなる。これにはシンプルに「もし(現在の心

配事の）状況が良くなったら，それはどんな影響を（ゴールに）及ぼすのでしょうか？」と聞けばよい。「今日のところは，現在の心配事と，治療のゴールのことでは，どちらの方に取り組むのがいいと思いますか？」と聞いてみるのも役立つだろう。

　セッション間の課題は，次回の来所までに注意の焦点を向けておくことを提供するのに役立つことが多い（de Shazer, 1988）。これはまたクライエントの現在のリソースと，既に役立っている事を見つける助けともなる。また一方でこれは，クライエントの強烈で移ろいがちな問題への焦点づけに受動的に流されることなく，それぞれの面接を結びつけ，治療の焦点を絞っておくことを助けてもくれる。「次回お会いするまで今の状態を維持するには，以前あなたが使っていた（あるいは将来使っていることを想像して）さまざまな強さの中では，どれが一番役に立ちそうですか？」とか，「今日の面接で取り上げたなかで，次回お会いするまでにあなたが試してみたいのは，どんなことですか？」とも尋ねることもできよう。この段階では，メタファーやイメージ・リハーサル，そしてロールプレイ等も，クライエントが現在の苦悩を軽減させるために必要なリソースにアクセスし，それらをまとめることにも役に立つだろう。

　どんな小さなことであっても進歩が見られ始めたら，セラピストはすべてのチャンスを捉えて，クライエントがその経験を時間経過の中にきっちり位置づけられるように援助するべきである。「かつて問題を抱えていた時には，あなたはどんなふうに対応していたのですか？」と尋ねることは，言葉の上では問題を過去に位置づけている。「もっと状態が悪かったときと比べると，今はどんなことが違っていますか？」という質問は，現在がいかに過去と違ってきているのか（したがって進歩していること）を際立たせてくれる。「まだこれまでどうしたら良いかを見出せないフラストレーションは，私にも理解できる気がします」と述べることは共感的でありながら，同時に将来には状態が変わってくるだろうということを示唆もしている。「あなたが，その『気にしすぎ傾向』に打ち勝つ方法を見つけたときには，誰にそれをわかってもらいたいですか？」という質問は，遅かれ早かれ変化が起こるだろうということを暗示している。これはまた，変化の目撃者を想定しておく助けになり，それがさらなる動機づけと期待感を増加させ，変化の可能性を高めることにもなる（White & Epston, 1990）。

　先に紹介した，将来が「真っ暗で，……同じことの繰り返し」と思っていた自殺の危険があるクライエントのケースは，時間の経過の中で進歩を際立たせるために物語に区切りをつける方法の良い例を提供してくれる。彼は卒業できるかどうかわからないことと，厳しい就職状況に直面して，再び非常に不安で抑うつ的になってしまった。彼はこれを「問題の再発」と見ていた。私は「この状況がもし2年前に起きていたとしたら，当時のあなたはどんな影響を受けたと思いますか？」と尋ねてみた。彼は即

座に「きっと，何もかもおしまいだったでしょう！……。本当に，今は前よりずっと良くなったのだと思います。すぐに忘れてしまうんですよね，そういうことは」と答えてくれた。彼の安堵の微笑みが，自分が進歩していること，そしてその結果，来るべき不安定な生活やそれがもたらす感情に対処することが，以前より容易になったと気づいたことのインパクトをよく表現していると，私には思えた。

　薬物治療もまた，クライエントの苦痛の軽減と機能の改善のための一つの手段として有効だろう。薬物乱用と自殺企図で入院を繰り返していた重い抑うつの男性のケースがある。彼はベッドの中で縮こまって，いつもどんな悪いことが起こるかを考えてはそれに圧倒され，「全く何の価値もない人間」になってしまうという恐怖にさいなまれていた。しかし，あるとき薬の助けを得て病室から出て仕事に行けるようになった。薬物治療を始める前には，面接で何らかの進展があったとしても，それらは次回までに泡のように消え去ってしまっていた。人によっては薬物治療のおかげで，苦悩の軽減や状態の改善が見られたり，進展に向けての試みの一歩を踏み出せるようになったりする。ホイト（Hoyt, 1996a）が述べたように，適切な薬物使用は「物語り方を修復させる」ことができたりするのである。しかしながら薬物治療で重要なのは，それが個人の選択のオプションとして提示されるべきであり，他者（セラピストを含めて）を安心させる目的で使用されてはならないということである。

　短期間の症状軽減というゴールを達成することは，クライエントの危機感を減らす一方で，彼らのニーズの重要性を尊重することにもなる。それは多くの場合，クライエントが一番重要だと考えていることを（彼らが）手に入れられるように（我々が）援助できることを示すことで，信頼を高め，治療的な同盟関係を促進させてくれる。そして今度はこれが，彼らが次の，そしておそらくより困難な目標への挑戦に際して我々に援助を任せ，次の段階へ進む危険を冒す勇気を与えてくれるのかもしれない。

段階3：より大きな生活目標と期待された変化を扱う

　この段階においても，クライエントが治療目標として定義したことに焦点を合わせてはいるが，前の段階のように危機状態や症状の軽減だけに向けられてはいない。ここでのゴールは多くの場合，クライエントが繰り返し苦闘し続けてきた，発達課題の習熟問題を反映したものとなる。ここでの焦点は，不安の管理，問題の解決，分裂ではなく統合，衝動的に反応せずに立ち止まって考えることを学ぶこと，主体性や能動感を増やし，自己評価や自信を高めること，等の内面的なスキルに向けられる。また，家族に関する事柄──家族から何が得られ，何が得られないかを受け入れること，境界を設定すること，肯定的な絆を見つけること，距離と結びつきのバランスを見出すこと，家族の期待に直面しながらも自分独自の選択をできること，新しい役割をうま

く果たすこと（ティーンエージャー，親，配偶者などとしての）等――が焦点になったりもする。クライエントのより大きな生活目標にはまた，他の社会システム（職場，友人関係など）での有能さを増やしたいという期待が反映されたりする。例えば，支持的，仲間的な関係へと近づけるようになること，自己評価を高める活動を見つけること，性的な親密さを発展させることや，その他の多面的な社会的サポートのネットワークを広げる経験が含まれていたりする。

　先にあげたオプションのリストは，長期間のクライエントが治療に頼らずに生活をおくる際の備えとなる，さまざまな進歩／進展の領域の典型例である。ただそうはいってもやはりそれぞれの個人のゴール（我々の理論ではなくて）が彼／彼女らにとって，何が治療で達成すべきことで最も重要なのかを決定するのである。治療のできるだけ早い段階に，ソリューションのミラクル・クエスチョン（de Shazer, 1985）を聞かれることで恩恵を受けるクライエントも多くいるだろう。しかし，そうではない人々もいる。初期の段階ではミラクル・クエスチョンを拒否したり，あるいはとても答えられなかったような長期間のクライエントたちの中にも，この第3段階においてなら役立てられる人もいるはずである。進歩を経験するにつれてクライエントは，今と違った未来を期待し，治療的な会話を将来の事柄に費やすことが容易になってくる。

段階4：セラピーの外への移行

　この段階では「あなたがもう私に（そんなに頻繁に）会う必要がないのだとの自信が持てるようになるためには，生活の中でどんなことが違ってくる必要がありますか？」とか「もうここに治療に来るのをやめる時期だということは，あなたにはどうやってわかるのでしょうか？」と聞いてみることもできる。

　長期間のクライエントの中には，治療関係の終結に対して非常に不安になってしまう人もいる。そんな人たちにとってはむしろ治療の終結ではなくて，治療の縮小に向けてのステップを考えることの方が容易である。またもし，再び治療に戻ることを（彼らにも治療者にとっても）失敗の証拠だと感じずに，いつでも戻ってこられるというオプションが用意されているのならば，これもまた彼らが治療を離れることを考えるのを容易にしてくれる。クライエントに対し，今後起こってくる問題の解決のためにセラピストが必要に応じて手助けする用意があることを伝えることも大きな安心になったりする。こういった関わり方がクライエントに――そしてセラピストにも――，単に傷つきやすいとか生活に安心感がないからといって，永遠に治療を続ける必要はないのだと考えやすくさせてくれる。

　スケーリング・クエスチョン（de Shazer, 1985, 1988）は，焦点を治療の進歩，進

展に向ける上で有効だが，クライエントが治療や治療関係なしで事に対処してゆく自信がなく，終結について話すことに非常な不安に感じる場合にはとくに役立つだろう。例えば「10を治療で達成したいことのすべてとして，1をあなたが治療を始めたときの状態としたら，今日のあなたはどのあたりにいると思いますか？」という質問がある。あるいは治療的なサポートを失うことへの不安が非常に強い人に対しては，「1を問題が最悪だったときとし，10を（少なくとも大部分の時間は）問題に対処できる自信を持っている時だとすると，今日のあなたはどこにいますか？」と聞いてみることもできるだろう。「生活の大部分は完全ではあり得ないですから，今回の治療であなたが十分成し遂げたと思えるためには，どれくらいまで10に近づく必要がありますか？」という感じで示唆し，質問を続けるとよい。（「今回の」という言葉が，クライエントにまた戻って来られることを示唆していることに注意）「1ステップだけその数（十分成し遂げたところ）に近づいたときには，あなたは今と違ってどんなことをしているでしょうか？」と尋ねることで援助的関係の焦点を，クライエントのゴールに向かっての小さな，処理しやすいステップへと向け続けられる。「あなたが自分の力でやってゆく自信を将来もっと強く持てるようになるために，まず今日のところは，私がどんなふうにお手伝いすることを望んでおられますか？」と聞くことでもまた，いつかやって来る治療の終結にそれとなく話を向けながら，治療関係の焦点をゴールに絞っておくことができる。

またクライエントに対して，継続的な保護とサポートが必要だとの関わり方を示しながら，一方でできるだけセッションの間隔を広げることも役立つだろう（Hoyt, 1990/1995を参照）。「今の時点で，あなたが自分だけでやっていけると想像できる，最長の期間はどれくらいでしょうか？」と聞いてみることで，このやり方について話し合ったり，プロセスを開始させたりできる。「しばらくの間は面接に来ないとしても，なんとかうまくやってゆける確率を上げるためには，あなたはどんなことをする必要があるでしょうか？」と質問することでも，独力で困難に対処してゆくためのリソースを際立たせ，強調することが可能である。ある長期間の精神科治療と入院の経歴を持つとても不安の高い男性が，面接の間隔を開けることの効果について次のようにコメントしてくれた。「3～4週おきに面接にくるというのは，とても効果があります。自分と向き合う時間を与えてくれるのです。自分自身の疑問に答える時間をね」。以前の我々は毎週会っては，面接ごとの大波のような不安と自殺願望を何とかしようとして，四苦八苦を続けていたのであった。

白か黒かだけのフィルターを通して生活を見てしまう長期間のクライエントに関しては，人生のアップダウンをノーマライズすることや，対処するために予想したり，あらかじめ計画を立てておくことが役立ったりする。もし再発を生活の一部だと見る

ことができるのならば，人はもっと，どうやってもとの軌道に戻るかに関心や注意を向けるはずである。逆に，再発を病理や欠陥，力のなさの証拠と見るのなら，どうしてもそれを「修理する」治療の方に焦点が向けられてしまうだろう。「人生はいつも山あり谷ありなのですけれど，本来の軌道からはずれてしまったときは，どうやってそれがあなたにわかるのでしょうか？」と質問したり，さらに「そして，元の軌道に戻るには，あなたは何をする必要があるのでしょうか？」と続けることで，役立ちそうな枠組みを提供できる。

　治療のドアを開けたままにしておきながら，クライエントが他のリソースも利用する能力を発展させているという考えを植えつけることもできる。それには例えば「治療から少し援助を受けるべきなのか，あるいは今回は自分自身で整理してみる方がいいのかということを，あなたはどうやって決めるのですか？」と質問してもいい。また，「もし行き詰まって助けを求めたくなっても，まず治療以外のことから試してみようと決めたとしたら，あなたはどんなことをするのでしょうか？」と尋ねてみることで，それとなくサポートのためのリソースの範囲を拡大してみるように勧めたりもできる。これに関連した質問としては，「また状況が厳しくなったときには，セラピー以外だったら，あなたは誰を頼りにできると思いますか？」というものがある。

　ブリーフ的にやっているときでも，クライエントによっては「時々行き詰まったときには，先生はなんておっしゃるかを考えたりするんですよ」と語ったりする。こんな言葉に示されるように，彼らがセラピストを内的なリソースとして経験している場合もある。そのような時には「私がそこにいてあなたが問題に対処するのを援助するとしたら，私はどんなことを言ったと思いますか？　もしそうだったら，それからあなたはどんなことをしたでしょうか？」と質問するだけでも，こういったリソースの取り入れを促進させることができる。また「また問題が起こった時には，何でも私に聞けると想像してみるのもいいかもしれませんね。それからちょっと何かを試して，それでどうなるか様子を見てください」と助言することもできるだろう。この助言は，依存性を受け止めておいてから，それを依存的でない行動へと変容させるもので，他人に依存しすぎる傾向のクライエントには極めて有効である。

　生活の困難にぶつかるとすぐに打ちひしがれてしまうような，不安が高く，依存的なクライエントにはこういった短期間の枠組みでの質問が有効なことが多い。セラピストは面接の合間（つまり，治療に来ていない間）においての対処の仕方を，以下のような質問によって支持することができる。「もし，１週間かそこら治療にこられなかったとして，あなたが自分なりに精一杯対応できたことは，どうやってわかるのでしょうか？」クライエントが能動感を増強できるよう援助するためには，「もう少し自分の力だけで対処するやり方がわかった時には，長期的な見地からは，あなたには

どんな違いが生じてくるでしょうか？」と尋ねてみるのも良いだろう。上記のような質問がうまく行くと，治療の終結をめぐる感情についてクライエントと話し合う機会へとつながるかもしれない。このことは治療の全過程を通して，感情的，認知的，行動的プロセスへの焦点をバランスよく配分することの重要性を反映しているし，治療関係と治療目標との間の継続的な相互作用の役割を強調してもいる。

進歩／進展のサイン

　私がすべてのクライエントに用いている進展のサインは，とくに長期間のクライエントには関係が深い。最初の大きな進展のサインは，クライエントが達成可能なゴールを設定し始めた時である。これは何を治療の焦点とするかの変化だけでなく，彼らが普段の生活でどのように自分に注意を向けるかについての変化も反映していることが多い。とくにこんな変化を起こす人たちは，生活が浴びせかけてくる難題の無抵抗な受け手（犠牲者）と感じるのでなく，生活や他の人から何を期待するのかをより明確にできるようになっているようである。

　もう一つの進展のサインは，クライエントがもっと直接的に助けを求められるようになった時である。これは彼らが，自分が希望をもつことを許し，認めていることの現れなのかもしれない。また同時に，彼らが望むことを手に入れるためにセラピストに援助を求める，という危険を冒す用意もできていることを示しているのだろう。このような治療関係の使い方の進歩／進展は往々にして，クライエントが他者との関係の持ち方をより有効（自己主張をし，自分の価値を表現するなどの）ものへと変化させる刺激となるようである。

　クライエントが自分自身について，強さも弱さも持っていると考えたり語ったりし始めることは，彼らの統合が進んでいることを反映しているし，またもう一つの進展のサインでもある。例えば，ある長期間のクライエントは「私は他の人の意見に敏感すぎることはわかっています。でも他の人が何と思おうとも，自分には価値があるのだということを忘れないでいられるようになったのです」と報告してくれた。クライエントがあれかこれか一方だけのレンズで生活を見るのではなく，自らの（そして生活の）苦しみと可能性の両面とともに生きることを学ぶことで，いっそう自己受容が進むようなのである。

　これら三つの進展のサインが見られた後まもなく，長期間のクライエントがより大きな自己の能動感を表し始めることがよくある。そしてそれがまた，彼らが治療以外のサポートシステムを切り拓き，利用し始めているという次の等しく重要なサインに導いてくれる。自分自身のために行動できると信じ，問題対処の助けとなるリソースを増やせることで，クライエントたちがセラピーなしでの生活について考えやすくな

る。このような見方の変化は、治療の初期には「セラピーは私の生活で一番重要なものです」と語っていたある長期間のクライエントのコメントにはっきり表れている。彼の以前のセラピストであれば、1週間に2～3回（とくに混乱したと感じた場合には）治療に来るように勧めることで、この見方を追認してしまったかもしれない。後になって、彼が6週間おきの面接で十分になるだろうと感じたころには「ギターを弾いたり、仕事をしたり、友人と出かけたり、カヌーに行ったりもできるんです。前だったらパニックになっていたような絶望的なことがあっても、今はいろいろそれをしのぐ方法があるんですよ」と語ったのである。彼がこれを話すときに大きなプライドを感じていたことは、見逃しようがなかった。

　これらの進展のサインは、変わりようのない「同じことの繰り返し」ではなく、可能性を含んだ、前向きな物語が展開してゆくことと関係している。これは、『DSM-Ⅳ』（American Psychiatric Association, 1994）の拒食症と境界線人格障害の基準に当てはまる男性のコメントに良く表れている。「私は妙なことを考えたのです。たしかに、自分は進歩している。ひょっとしたら自分は、ずっと考えていたようなおかしな奴ではないかもしれない、なんて。時間をかけ努力すれば、変化は可能なのだという気がしてきているんです」。彼の能動感が増加するにつれて、彼の抑うつ感情と自殺の願望は劇的に減少していったのである。

継続中の長期間のクライエントと、よりブリーフなセラピーを始めること

　長期間のクライエントとの間で、途中でアプローチを変えることはクライエントとセラピストのどちらにとっても難しいことかもしれない。私自身がこの難しさを自覚させられたのは、ミルウォーキーのブリーフ・ファミリー・セラピー・センター（BFTC）で始めてソリューション・フォーカストのトレーニングを受けた後、地元に戻って自分のクライエントに対し「治療を終える準備ができたことは、あなたにはどうやってわかるのでしょうか？」と聞いてみた時のことである。何人かの長期間のクライエントの反応は、私が彼らの膨大な診断リストに、パニック障害という項目をつけ加えてしまったことを示唆するものだった。この質問によって、クライエントはパニック症状を呈してしまったのである。

　私は何度も、クライエント（そしてセラピスト）が怒りを含めて見捨てられたとか裏切りという用語を使うのを聞いたことがある。これらの言葉は、お互いに取り決めた治療目標なしにだらだらと治療期間の引き延ばした後に、セラピストが治療契約をもっと明確でゴールを目指したものにしようと試みたときに、それへの反応を言い表すのに用いられたりする。この裏切られた、見捨てられたという感情はおそらく、セ

ラピストは永遠に「あなたのためにそこにいる」ということを暗黙に約束した曖昧な契約を，セラピストが一方的に変更したこととの関係しているのだろう。

　曖昧な契約関係から，明白でお互いに話し合って決めた治療ゴールに基づいた関係への移行を始めるにはまず，治療関係のあり方をその時点でクライエントが（我々に）求めていることへと，無理のないように向けることが必要だろう。例えば，変化（援助を求めること）のゴールについて明確にすることなく問題のストーリーばかりを語るクライエントに対しては，「この問題について今日，私にお聞きになりたいこと，あるいは私に聞いてほしいことでは，どんなことがありますか？」と聞いてみてもいい。そしてセラピストは，「あなたが今ほどは面接に来なくてもいい段階に，少し近づいたということの小さなサインはどんなことになるでしょうか？」と質問したりしながら，ゴールへの焦点を段階的に絞ってゆくこともできる。またそんなふうにゴールに焦点を向けることが，結果的にセラピーがクライエントの生活の中で占める位置を下げてくれる。クライエントに対してはいつでも，彼らを排除しようとしているのではなく，自分との間で有益な時間，お金，関係を手に入れられるように考えているのだ，という事をきちんと伝えられるよう準備しておくと良いだろう。適切なタイミングならば（例えば，クライエントが自分の進展に気づき，それを受け入れた後なら），この質問に続く会話は多くの場合成功の印として——拒絶や落第ではなくて卒業だというふうに——受け止められることだろう。

　関係性を継続的に，一貫して，そしてゆるやかに治療のゴールに焦点づけることは，多くの場合非常に治療的な効果がある。とくに長期間のクライエントに対してはそれが，生活が課す挑戦から学び，それによって成長するという可能性を発見し，自己に統合する援助へと結びついているからである。このことは単に，困難な生活に対処することを学んだというだけではなく，そんな発見や統合が有能さの感覚，スキルの習熟，個人としての能動性の増加につながっているのである。

これらのアイデアを実践に応用するには

　これまで紹介したソリューション・フォーカストのアイデアは，共同的な治療関係を発展させ，新たな未来に向けたクライエントの力（有能さ）と希望を用い，前向きな物語を促進させることに焦点を絞ることで，治療をより短期間（ブリーフ）にするのを助けてくれるだろう。しかしそれは，治療的変化が必ず短期間で起こることを保証してはいない。それは単に，「差異を生む差異」を見つけるのを助けてくれるだけだろう。しかし，このことがクライエントとの間で使える時間を少しでも効率的に用い，治療をより効果的にすることにつなげてくれるはずである。

第11章
拒食症へのナラティヴ・アプローチ
言説・再帰性・質問

ステファン・P・マディガン，エリオット・M・ゴールドナー
Stephen P. Madigan, Elliot M. Goldner

　拒食症はクライエントとセラピストを打ち負かすことを得意としている。そういう状態になると，拒食症には絶望感やさらに悪化する可能性が頻繁に伴い，時には死にいたることさえある。セラピストがそういう時に経験する恐怖は，時には抗しがたいものとなる。クライエントや家族，愛する人たちにとって，拒食症がいったいどのようなものなのか，想像してみてほしい。

　　　カルメンがドアに現れた時，死が間近であるかのように見えた。やせこけた頬で弱々しく微笑み，あくせくすることもなく率直に，彼女は胸の痛みが続いていることについて話した。わずか1週間前に買ったというのにぼろぼろになっている赤い靴は，彼女が日課としている8時間のウォーキングを再開したことを物語っていた。彼女は拒食症によって命を食いつくされていた。彼女は何年もの間，死の扉によりかかっていた。にもかかわらず，彼女はまったくさりげない様子を見せていた。これこそが，拒食症の手ごわさなのである。経過は一見普通に見えてもそれはあてにはならず，実は破壊的で時には致命的なことさえある。夜眠れないということも起こりうるのである。

　拒食症という問題には，多数の理論や治療法があるにもかかわらず，その位置づけは依然として不安定で困難なままである。拒食症は，高く評価されている理論や信念ですら冒涜するようなところがあり，柔軟に対応しなければ，手におえないものになるであろう。数年かけて，私たちは一定の実践上の前提を変更しなければならず，他のものを採用してきた。もし私たちの対応が柔軟でなくなったら，拒食症は確実に優位にたってしまうであろう。

　いわゆる拒食症の根本的な問題に対する「真の」アプローチや正しい理解を求めて競いあう中で，セラピストが間違って使用する可能性のある理論や実践の種類はすで

に数多くあり，私たちはそれに新たなものを加えようと望んでいるわけではない。治療的専門性というものが，支配的な母親や，虐待的な父，纏綿とした家族の境界，化学物質の不均衡などを明るみに出すことを主張してきたため，クライエントや家族は，さらなる苦しみをこうむってきたというのが私たちの見解なのである。

問題の詳細は複雑であるということ，そして還元主義的な仮説は，私たちに援助を求めてくる一人ひとりに適切に適用されるものではないとの認識をもつことがもっとも大事であると私たちは信じている。この章で私たちが意図しているのは，がらくた入れのような理論ではなく，むしろ，私たちとともに拒食症と闘っている大部分の人々にとって，役にたつと思われる考え方やアプローチである。

テクスチュアル・アイデンティティ

しばしばナラティヴ・メタファー（Bruner, 1986）で言及されるテキスト・アナロジーによると，社会科学者は，人間が世界を本質的に理解することは不可能だとの認識にたったとしている。そのかわりに，人は生きた経験を物語ることによって人生を知るという，より柔軟な考えを提示した（Epston, 1989）。人生のストーリーは，一連の言語ルールやゲームの範囲内で形づくられるものだといわれている。それは人が語った言説であり，経験に対する意味づけを決定する社会政治的，文化的な文脈を通して形づくられ，語られた言説である。

ガーゲン（Gergen, 1989, p. ix）は次のように書いている。「アイデンティティが生み出され，それが通用する主要な媒体というのは，言語的なものだけでなく，テクスチュアルなものである。人は主に，その人を取り囲む言説（それは自分自身の，あるいは，他者の言説だったりするのだが）の特徴に応じたアイデンティティを持っているとみなされる」。人のアイデンティティはテクスチュアルであるという考えは，個人を，同一性を確認する上で主権をもつ中心的な客体である，と定義する近代主義者の一般的な定義に対抗するものである。単一の精神があらゆる言葉の背後にあるというこの考えは，個人主義という西洋社会の精神を生み出した土台である。フーコー（Foucault, 1989）は，「著者」という観念が存在するようになることが，思想，知識，文学，哲学，科学の歴史における個人化の特権的契機となると示唆している。

個人に関する西洋の神話については，文化人類学者クリフォード・ギアーツ（Clifford Geertz, 1973, p. 229）がうまく表現している。ギアーツは次のように述べている。「人についての西洋の概念というものは，有限であり，唯一で，多かれ少なかれ統合的に動機づけられ，認知的な存在であり，社会や自然という背景に対してはっきりと区切られた一つのまとまりとして組織化されている，気づきや情動や判断や行動の力動的な中心であり，それは，私たちにとっては変更しがたいものに思えるが，

世界文化という文脈の中においてはむしろ特殊な考えなのである」

あらゆる学派のセラピストたちは，人を物として語る習慣をいやおうなしに開発してきた。人を「モノ化」することは，科学や政府や出版という技術を通して支持され，「真実の地位」（Foucault, 1989）を与えられてきた。伝統的な心理療法の文化は，問題を人の身体の内部に位置づける技術に集約させ，それゆえに主体と問題を脱文脈化する，ということを通してこれらの孤独な人間を生み出すことに参加してきたのである。

私たちの治療的アプローチは，知の客体としての自己という考えや，治療において問題とみなされたものとしての自己という認識を捨てるのである。これとは対照的に，人のアイデンティティについてのテクスチュアルな記述というものは，以下のことを放棄するということを示す。

- 原始的な衝動との戦いにおいて，深いところで頼りになる内的豊かさとしての自己という概念。
- 神秘への合理的な理解（科学的発見）を通して，そして激しい情緒的な愛着（ロマンチックな愛情）を通して，再結合しようとする世界すなわち環境から疎外された自己という観念。
- 保護や制限を受けていて，理解され測定され指示されうる一貫した認識可能な永続的なアイデンティティ（ヒューマニズム）としての自己という感覚。
- 自己についての歴史的な（精神分析，家族の起源），あるいは環境的な（行動主義，サイバネティックス，システム）真実を発見することに焦点をあて，新しい方向に自己を向けていく力を治療のおかげだと称するような，自己に対する治療。

言説的アプローチは（Law & Madigan, 1997），言説と権力のコミュニティが構成する特質の中で，アイデンティティが問題だとみなされている時に，その人の人生をテキストとしてみなすことに役立つのである（Foucault, 1982; Madigan, 1996）。人と問題は，所与の言説の特色の範囲内で，相互に影響しあうものとみなされる。拒食症と闘っている人々は，強力な一群のドミナントな認識のかたわらで，対抗していこうとしていることが想像される。科学的な心理学とは，人々や問題という世界についてのあらゆる説明が——心理学自身も含まれるのだが——どのように生み出されてきたかという言語的で構成的な文脈というものを無視する立場をとっている。皮肉にも，このことは拒食症が生きのびる手段のひとつでもある。

拒食症の内在化された問題を外在化する対話によって，私たちは，問題を言語的に分離し，拒食症が生きのびていくことに影響を与えているものについて考えるスペー

スを開く。したがって，拒食症をその人の「内面に生きているもの」としてみなさないばかりか，その人のもつ支配行動の表れであるとか，「注目獲得」の手段であるとみなしたりはしない。拒食症がコミュニティのテクスチュアルな言説の中に位置づけられる時には，その人の家族を病理化する必要はない。拒食症は，言語という領域の範囲内で考察され，言説的な身体の政治という言葉で検討されるのである（Bordo, 1990）。

内在化された拒食症を外在化する対話

摂食障害者病棟での勤務や，コミュニティや開業での私たちの経験からいうと，拒食症という問題は，人々を激しい恐怖と思いこみにおとしいれるように，罠をかけるという方法をとる。それは，執拗で油断のならないものである。

> カルメンにとっては，拒食症は彼女が夜めざめて孤独だと感じる時に存在している。拒食症は四六時中存在している。「24／7」――1日24時間，週7日間。拒食症は，それ自身を否定的なものとして示しながら，あらゆるほんの少量の食べ物の中にも，また，カルメンが満足できないように感じるいろんな方法で，あらゆる鏡や洋服の広告の中に，強力に立ちはだかるのである。拒食症は一歩進むたびに完全を要求し，彼女を批判する。それは滑りやすい坂道のようなものであり，否定と反論のドミナントな言説なのである。拒食症は，混乱した恐怖の対話であり，前進と再発見に向おうとするカルメンの希望を無力化する。

人が，自分の人生を再発見するために，拒食症の過酷でとらえようのない支配から自由になることは，不可欠である。もしも罠がまだ作動しているなら，拒食症が再びつかまえにくることは大いに起こりうる。このことは，初期の体重増加に焦点をあてる治療がめったに安定した回復へとつながることはないということの理由でもあるだろう。それはまた，なぜ体重増加を強要することが長期的にみて，しばしば効果なく終わるのかということをも説明するであろう。拒食症を構成しているドミナントな恐怖や思いこみが人を陥れる限り，拒食症という症状はその根本からよみがえってくる確率が非常に高いといわざるを得ない。

人を衰弱させるような思いこみや意味を脱構築していくことの重要性を再認識することは，ナラティヴ・アプローチに独自なものではない。認知的，動機づけ的な面接その他の枠組みは，変化への機会を与える核となる信念が重要であることを強調してきた。人が拒食症を忘れ去る手助けをするには，医療的，栄養学的，情緒的な要素を含む他の活動もまた大変重要である（Goldner & Birmingham, 1994を参照）。しかしながら，大部分の状況において，重要な領域は，問題――そして，その問題を支える制度上の構造――から出てくるドミナント・ナラティヴへの注目を必要とする。これ

らのドミナント・ナラティヴが脱構築されると，拒食症の鉄のような罠の力を緩めることができるのである。

問題の位置づけ

問題に対するナラティヴ・アプローチにおいて重要なこととは，不動産購入の際の黄金律であるともいえる。位置，位置，位置！ もしも，セラピストがもはや完全に問題を人の身体の中に位置づけないという一歩を踏むことができるなら,その時には，人と問題はまったく違って見えはじめる。それは決してささいな一歩ではない。セラピスト－クライエント関係を100年に及ぶ心理学という科学を超えてその外側に，模範的な形で移動させるものなのである。

> カルメンは，何かひどく悪いことが彼女の人生に起きているという思いこみをもっていた。彼女は，健康になろうという希望を持っていたわけではなかったが，拒食症が彼女の人生を多くの方法で後退させていると理解していた。カルメンは，何か理由も不明なままに疲弊した人生に導くように運命づけられた「要注意人物」か何かなのだろうと思っていた。カルメンは，自分が抱えるすべての問題は，自分が不完全な存在であることの結果であると理解していた。

マディガン（Madigan, 1992, 1996）は，ホワイトとエプストン（White & Epston, 1990; Roth & Epston, 1996）によって発展してきた考えをさらに精密にして，内在化された問題を外在化する言説という治療実践を論じてきた(注1)。私たちの仕事の方向は，拒食症について当然のことと思われている観念を脱構築し，拒食症と闘っている「自己」を誰が構成しているのかという考えを再考するというような方法で，問題から人を論証的に（discursively）分離することを目的としている（Madigan & Epston, 1995）(注2)。

拒食症のケースの場合，その論証的な足場は複雑である。拒食症を支えるシステムは，多くの形態をもち，ドミナントな認識についての記録を通して捏造され，強力な訓育の実践を通して完成されるのである（Law & Madigan, 1997; Madigan, 1997; Madigan & Epston, 1995）。それらのシステムには，完全と安全と支配をめぐる特定の文化的訓練が含まれるかもしれない。例えば，女性は身体を監視され価値が低い存在であるという性役割に関するしつけや教育，身体の純潔や自己犠牲や罪悪感に関する宗教上の信念，非難の政治学を助長する自己救済の文化などであり，さらにいろい

注1）言説は，何が言われ，誰がそれを言い，どんな権威をもってそれが言われたかという点から考察できる。
注2）脱構築についてさらに深く知るためには，デリダ（Derrida, 1976）とパーカーとショッター（Parkaer & Shotter, 1990）を参照のこと。

ろなものがある。

　ポスト構造主義の立場から，何が人と問題を構成しているのかを再考する機会を自分自身に与えることによって，これまでとは異なる方向の治療実践が刺激され，治療関係は変化する(注3)。つまり，私たちが問題と人を論証的にどこに位置させるのかを決定するということが，セラピストのイデオロギーに基づいた実践上の信念を位置づけるのである。

　恐怖，完璧さを求めるしつけ，父権性，罪悪感に関する言説の外在化にはきわめて共通したものがあるようである。その場合，これらの内在化された信念とその意味を，ドミナントな制度や，家族や文化や宗教上の規範などの特定の領域の中に位置づけることは，きわめて重要である。

　私たちは，治療上のテクニックとして問題の外在化を実践しているのではない。そしてまた，それを戦略やトリックとして提案しているのでもない。内在化された問題を外在化する言説は，明らかな政治的哲学的思考という風景の中に配置されているのである。要するに，内在化された問題を外在化する言説は，

- 拒食症にかかっている人が，自分のアイデンティティを問題から分離されたものとして経験する文脈をうちたてる。
- 人の身体，心，他者との関係というものは問題ではないということを提案する。つまり問題が問題なのである（分類し，病理化し，全体化する記述の影響に対抗する洞察）。
- 問題の影響を無効にするために人々がともに取り組むことを可能にする(注4)。
- 拒食症的な状態にある人を対象化する代わりに，拒食症そのものを対象化するために，対象化という文化的慣習を利用する。
- 科学的分類による個人化の技術に挑戦し，さらに完全な問題の記述を求めてより幅広い文脈を見つめる。
- 拒食症にかかった人が，問題の破壊的な影響の輪郭をつかみ，拒食症促進的なコミュニティのしつけや教育などの中に，問題についての言説を位置づけることを励ますような質問を紹介する。
- 社会に受け入れられ，当然のこととみなされている社会規範に挑戦することを通

注3）ポスト構造主義は，近代主義者によって提起された真実についての普遍的な主張に批判的であり，時間を経ても生き残っている見解や，これらの見解や実践をささえる構造を研究するものである。ポスト構造主義についてさらに深く知るためには，ホグウッド（Hoagwood, 1993）やローとマディガン（Low & Madigan, 1997）を参照のこと。

注4）マディガンとエプストン（Madigan & Epston, 1995）のいたわりのコミュニティと手紙キャンペーンの仕事を参照のこと。

して，病理化している女性のモノ化や対象化を脱構築する。
- 過去，現在，未来についてのオルタナティヴな解釈を前面に持ってくることによって，人は再び思い出して多面的に描写する可能性があることを考慮にいれる（Madigan, 1997参照）。
- 仲間から引き離すという拒食症の影響に対抗するために，友人関係，活動そしてコミュニティへ戻り，再び仲間に入るようにその人を勇気づける（Madigan, 1997参照）。

再帰性と初期の取り組み

　拒食症に熱心に取り組むには，膨大な量の内省と関係しているすべての人による質問が要求されることになる。私たちは，再帰性を実践にうつすことを基本にすえること（Lax, 1990; Madigan, 1993）――すなわち質問や治療的信念について自分自身に質問をするという実践――は，クライエントへのアカウンタビリティを高め，セラピーを柔軟なものに維持しておくことに役立つことを発見している。私たちがどのようにカルメンを援助するのかを考える時に，私たちは，自分たち自身にそしてお互いに多くの再帰的な質問をしようと思う。

- 私はどんなふうにして，拒食症についてのごくありふれた誤解をこのセッションで再生産してしまうような罠に引っかかるのだろうか？
- カルメンを，自分を援助しようと願うすべての人と戦わせるというような，拒食症の罠にはまることを，私はどんなふうにして避けることができるだろうか？
- 拒食症がカルメンの人生に対していかに失礼なことをしているのかということを示すことができるような，まだ試されたことのないユニークな方法はどんな方法だろうか？
- カルメンを怖がらせることなく援助するために，私はどんなふうにして誠実さを示すことができるだろうか？
- カルメン自身が拒食症に対する個人的な抗議を取り上げて，検討していくために，私はどんな質問をすることができるだろうか？
- 私はセラピストとしての自分の力を認め，かつそれを誤用しないために，自分の専門家としての立場や，ジェンダーに，どんなふうにして気づいていることができるだろうか？

　　カルメンに最初に会った時，彼女は何年もの間，彼女の人生に拒食症が存在していたと話した。彼女はたくさんの友達から痩せ過ぎだと言われ，何人かがスクールカウンセラーに自分のことを話しに行ったことなどを思い出した。カルメンは私たちに，両親が

スクールカウンセラーや看護婦から呼び出された時に，彼女は何かひどく悪いことをしてしまったように感じたと話した。家庭医がカルメンに「おそらく拒食症だね」といった時，彼女は「混乱した」。カルメンは自分が「もっと細くなりたい」と思っているということは自覚していたが，みんなが「大げさに言っている」かのように思っていた──彼女は拒食症の少女の写真を見たことがあり，その子たちはもっともっと痩せて見えたので，カルメンはそれと比較すれば太っているように感じていたのだった。それからの数カ月，数年にわたり，カルメンは自分のまわりの人たちとの会話がどんどん嫌になっていった。彼らはみんな，カルメンが運動コントロールができず，体重を増やせないでいることに焦点をあてているように思われた。父親や妹を含めたたくさんの人が，彼女に対して「常に怒っている」ように思われた。その後，カルメンは引きこもることを決心した。

カルメンは，最初のうちは自分自身を拒食症と闘っている人間だとみなすことができなかったと話した。家族やカウンセラー，医者が拒食症が問題なのだといえばいうほど，カルメンはますます孤独になり，わかってもらえないと感じていた。

もしも，私たちが，拒食症との闘いの初期にカルメンに会っていたとしたら，以下の領域への質問を検討したであろう(注5)。

- カルメン，この時期に，私のところに会いに来ようと思ったのはどうしてですか？
- ほかの人たちが拒食症について説明することは，あなたが自分自身について説明することと，いくらかは合っているのでしょうか？
- いったいどうして，それはあなたに合った説明なのでしょうか？
- 今の状況を説明するのに，私たちはどんな名前をつけたらいいでしょうか？
- 拒食症はあなたの人生から，あなたが大事にしているものを何らかの方法で奪ってしまいましたか？
- 拒食症は，どんなふうにして，あなた自身や友人や家族などとの関係に影響を及ぼしましたか？
- 拒食症があなたの心をだまして，拒食症の人生こそが可能な限り最善の人生であると思いこませようとしましたか？
- 拒食症は他の若い女性の心をだますと思いますか？
- もしあなたが，予言に賭けることができるとしたなら，拒食症はあなたのためにどんな将来を与えてくれるでしょうか？

注5) これら一連の質問は，決り文句からなるものではなく，またすべてのクライエントにそれらを尋ねるわけでもないということを心にとめておいていただきたい。質問は，共感や共同作業や好奇心によってなされるのである。この章にあげた質問は，何年にもわたる，何百回ものインタビューをもとに作られたものである。

以上のような質問によって，カルメンは，おそらく自分の問題を「私のことに関わっているみんなの問題」と説明したであろう。そして，彼女が問題に名前をつけることができたら，それは解決を見出すためにいっしょに取り組む出発点になったであろう。私たちは思いきってこうも尋ねるだろう。「カルメン，どうすればみんなにあなたのことから下りてもらえるか，何か考えはある？」あるいは，みんながカルメンのことに関わることによって生じる，監視されている，見られているという感覚を取り囲んでいる感情というものを探求するであろう。さらに，家族や大衆文化，友人やカウンセラーなどに見られていると感じるそれぞれの異なった場所を探索しはじめることによって，これらの体重監視者たちが彼女の人生にもたらしてきた影響について驚きの念をもつかもしれない。私たちはカルメンの言説を取り囲むさまざまな議論に対して説明を行い，そして，カルメンがよいと思う人生の中にこの言説を位置づけはじめるであろう。そこで，次のような質問をするだろう。「あなたのことを見ている人の中で，いちばんカルメンを支持して，拒食症に対抗してくれるのは誰ですか？」「あなたのことを見ている人の中で，いちばん拒食症を支えているのは誰ですか？」「人はあなたが拒食症に支配されているのを見ているだけで，あなたのいくつかの側面が見逃されていると思いますか？」「あなたは人生がこんなふうになればいいな，というような見通しをもっていますか？」

 ところが，カルメンの身に起こったことは——カルメンは以前によそで治療を受けていたのだが——専門家集団が援助するために用いようとしている方法に対抗する立場をとることだった。その経験によって，彼女は拒食症とより密着した関係になり，その状況を治療しようとするすべての人に異議を唱えるようになっていた。

> カルメンは重篤な状態であるように思われたので，カウンセラー，家族や医者は，彼女の意思に反して強制的に病院での治療を受けさせるよう手配するしかなかった。カルメンは当時，医者やセラピストやほかの人たちと「完全な戦い」の状態にあったことを覚えていた。それはまさにカルメンと拒食症対世界という事例になっていた。

 私たちはカルメンと最初に出会った時から，拒食症を支持している言説と拒食症は彼女自身の内にあるとする見解を支持してきた言説が，カルメンとまわりの世界との間にくさびを打ち込んだような状態になっていると理解した。この論証的なくさびは，対称性を際立たせる闘いをもたらし，カルメンをいかなる回復への希望からも引き離した。ナラティヴ・アプローチが拒食症という問題と彼女との関係の内に取り入れられた時，初めて対称性のエスカレーションの多くに歯止めがかけられた。私たちの目的は，拒食症のあれかこれか，黒か白かという立場を壊すことであり，そうすることで，オルタナティヴな可能性をもった言説空間を開くことであった。

家族について

　カルメンの家族は,他の多くの家族と同様に,恐怖,恥,怒り,フラストレーション,無力感という言葉で初期の拒食症との体験を述べた。カルメンの家族は,自分たちの子どもが経験している痛みに対して全面的に自分たちに責任があると感じていたのだが,このことは,家族の対処能力を衰弱させる影響を持っていた。家族の体験は,拒食症についてのドミナントな言説を通して構成されたものであった。そしてそれらは,いわゆる拒食症の子どもに対して責任があるとされる家族,とりわけ母親を拘束してきた心理学的,哲学的,生物学的理論に関する大衆向けの出版物によって後押しされてきたものだった。

　カルメンの家族は無力であるというストーリーになっていたが,解決を見つけ,問題から自由になって彼女を援助するということを目ざして,カルメンとともに多面的な戦略を取り入れることができた。彼らが採用した戦略は,他の多くの家族が取り上げてきたものと似たようなものであったと思われた（Epston, 1989参照）。それらは,「厳しい愛」という方策と,「卵の殻の上を歩くような」アプローチと描写されるようなより受身的な立場との両方を含んでいた。いずれの方法も,家族は拒食症が家族のすべての生活を奪い取っているように感じていた。

　拒食症との戦いの初期の段階で,もしも私たちがカルメンの家族と会っていたなら,次にあげるようないくつかの質問をしたであろう。

- これまで,拒食症の原因はどんなことだと思ってきましたか？
- 専門家が拒食症の原因として両親に責任があるようにいうのは,なぜなのでしょうか？
- お嬢さん（妹さん）がもがき苦しんでいることを思うと,どんなふうに心配になり,どんな最悪のシナリオが浮かんでくるでしょうか？
- あなた方がなさっていることで,お嬢さん（妹さん）の健康を支え,拒食症の支配を衰えさせるのに役立っているな,と思われるのはどんなことですか？
- 拒食症が,この問題について家族にいっしょに取り組んでほしくないと思う理由が何か考えられますか。
- カルメンがいつかは拒食症から自由になると思える根拠はありますか？
- あなたの家族に関することで,拒食症が決してなくせないものは何でしょうか？

　治療へのナラティヴ・アプローチは,問題を支えて動かしているドミナント・ストーリーの「包みを解く」ことに役立つ。これらの拒食症を促進する話には,両親の責任という強力な構成要素と同様に行動についての生物学的な基礎も含まれている。最

初のセッションでの私たちの質問の目的は，勇気や有能感，評価や変化についての経験を再び思いおこすことを通して，希望をもたらすことである。対話しながら私たちの質問に応えることは，専門家集団とそれらの局在的な文化の「影響を受けて」，家族がこれまで感じ続けてきたこととしばしば矛盾するものである。

　私たちの質問は，新しい記述や例外，そして問題によってすでに拘束されていた情報に対してスペースを広げるのである。質問をする目的は，このクライエントと家族を拒食症であるとする見方を弱めるような新しい情報と差異を含むことにある。質問は，可能性のある将来や，自由でいられるひと時，一時の安定にとどまらない拒食症への勝利などを予言するように，文法的に立案されている。セッションを通して，セラピストの質問は，拒食症の発症に対して，オルタナティヴな生育史上の説明を提供していく。

　私たちは，カルメンの家族には，アンチ拒食症調査用紙（文書11.1参照）を送り，家族のメンバーそれぞれが，最初のセッションまでにそれに記入してくるように頼んだ。

　最初のセッションの時に，私たちはその調査に対する家族の回答について討論する機会を持つ。しばしば私たちは，家族が拒食症についての深い知識の証人として静かに座り，一生懸命に闘ってきた結果，あきらめることに対してノーと言えるようになったことを高く評価する。次のセッションでは，家族に以下のような質問をするだろう。

- 拒食症はどのようにして，家族全体を分裂させ，征服する企てをしてきたのでしょうか？
- 拒食症はどのようにして，親としてのあなたが自分自身にそむくようしむけてきたのでしょうか？　拒食症は，完璧な親であることが可能であるというふうにあなたに確信させようとしてきたのでしょうか？
- お嬢さん（妹さん）が拒食症の支配から自由でいるところを見ることがありますか？　またはそういう姿を思い出すことがありますか？
- お嬢さん（妹さん）がそのような自由な時間にいる時，お嬢さん（妹さん）について，あなたが気づいていることはどんなことでしょうか？
- お嬢さん（妹さん）がそのような自由な時間にいる時，親として（きょうだいとして）の自分自身について，気づいていることはどんなことでしょうか？
- お嬢さん（妹さん）には拒食症になったことに対する責任はないということがわかった今，あなたはどんな感情をいだきますか？
- 拒食症という試練の背後にいるのは誰なのでしょう？　それらは，あなた方に試

文書11.1. アンチ拒食症調査用紙

アンチ拒食症調査にご協力いただきありがとうございます。私たちは目下，拒食症にかかったことのある方々の知識というものを調査しています。同様にご家族，恋人，友人，セラピストの方々にもご協力いただいています。ご回答は，私たちがみなさまのニーズによりよくお応えする上で役立つよう使用します。以下の質問にお答えいただくにあたって，30分以上はかけないでください。空欄に書ききれない場合はご自由に空いているところをお使いください。これらには正しい答や完全な答というものはありません。

1. あなたは拒食症という問題をどのようなものと理解していますか？
2. あなたの人生の中で，拒食症が役立ってきたこと，または役立ってこなかったことといえば，どんな考えがあなたの頭に浮かびますか？ 例をあげて説明してください。
3. あなたの経験から，セラピーはどういう点で役に立つと思いますか？ あるいは，どういう点で役に立たないと思いますか？
4. 拒食症がその犠牲者を増やしていく特定のやり方というものがありますか？
5. 社会の中に，拒食症を支持しているとみられるような構造や信念がありますか？ もしそうであれば，それらの拒食症を助長する構造を書いてください。
6. あなたの経験では，拒食症のもっとも効果的な武器，あるいは，戦略は何ですか？ 説明してください。
7. あなたが経験した治療の中で，拒食症を助長すると思われるような治療はありましたか？ 説明してください。
8. あなたの考えでは，拒食症にかかるのは男性よりも女性の方が多いのは何故だと思いますか。
9. 拒食症は家族や恋人や友人との関係にどんな影響をもたらしますか？
10. 拒食症は専門家との関係にどんな影響をもたらしますか？
11. 他の人が拒食症に対抗している現場をどのように経験してきましたか？ 説明してください。
12. あなたがこれまでに経験した拒食症を助長する主な活動の名前を三つあげてください。
13. あなたがこれまでに経験した拒食症に対抗する主な活動の名前を三つあげてください。
14. 今拒食症の仲間入りをさせられている人に，あなたはどんなアドバイスをしたいですか？
15. 拒食症や過食症の影響で苦しんでいる人たちと今関わっている専門家に，どんなアドバイスをしたいですか？
16. 拒食症や過食症の影響で苦しんでいる人たちと今いっしょに暮らしている家族に対して，どんなアドバイスをしたいですか？
17. 一番必要としている拒食症に対抗するための知識を教えてくれる場所はどこですか？
18. 拒食症が人を操作するのに使っているもっとも効果的な方法は何ですか？
19. 1998年に（1999年など）どのくらいの人が拒食症の仲間入りをさせられたと思いますか？
20. 2000年までにどのくらいの人が拒食症の仲間入りをすると思いますか？
21. 私たちコミュニティの責任とみなされるような拒食症に対抗する動きはありますか？
22. 拒食症は遺伝的なものだと思いますか？ 説明してください。
23. 拒食症は他の国々にも進出すると思いますか？ もしそうなら，どうやって進出するか具体的に説明してください。
24. もしも数分間拒食症と対面することができるとしたら，あなたは何を言いたいと思いますか？
25. 拒食症や過食症に向ってそういう言葉を口にすると，どんな感じがするでしょうか？
26. 書き終えてみての感想。

練を与えようとしたことがありますか？

カルメンとの取り組み

　カルメンは自分には価値がないと感じ，その観念に苦闘していた。彼女は平均以上の知性と創造性をもち，中流家庭の愛情ある両親のもとで育ち，白人で異性愛者で，大学卒のキャリアをもっていた。彼女は自分自身の命を絶とうとした。そして，彼女を愛し支えようとしたすべての人から孤立していた。

　私たちが最初にカルメンに会ったのは，つい最近拒食症で亡くなった，カルメンとほぼ同い年の若い女性の追悼式であった。彼女はこの女性を知らなかったが，この悲劇に動揺しているようであった。拒食症で人が亡くなるということは，拒食症と闘っているすべての人にとって，ひどくおそろしいことである。命を絶たれるということは，一時的にすべての人に希望を失わせるようである。たぶん，このことがきっかけとなってカルメンは危機を脱し，助けを求めるようになった。そしてたぶん，それが私たちみんなをセラピーに戻らせることになったのであろう。

カルメンは電話で，「ここ数年間」拒食症との「戦い」で苦しんでいることを私たちに伝えた。この会話のあとで，私たちはセラピストとして自分自身に対して，以下の再帰的な質問について考察した（Madigan, 1993参照）。

- カルメンを支えかつ拒食症を打ち負かすような方法で，カルメンが一生懸命に学んだ拒食症についての認識を，私はどのようにして明らかにすることができるだろうか？
- カルメンが恥ずかしいと感じたり価値がないと思ったりしないように，カルメンの人生における拒食症の影響を無効化していくにはどうしたらいいだろうか？
- 私の彼女に対する意気込みによって，彼女がおびえて援助から逃げ出すようなことにならないためにはどのようにしたらいいだろうか？
- 背後から「応援する」最良のポジションをとるにはどうしたらいいだろうか？
- 拒食症の増殖に手を貸すことなく戦ってきた彼女のストーリーを称えるには，どうしたらいいだろうか？
- 自尊心を傷つけ絶望のふちへと沈黙させてしまうことなく，拒食症のおそろしい影響についてカルメンに尋ねるにはどうしたらいいだろうか？
- 身体も心も飢えた人生について，カルメンに尋ねるいちばんよい方法は何だろうか？
- カルメンの人生について，私ができる限り希望を持ち続けるためには何が役立つだろうか？

拒食症の補強戦術を脱構築すること

カルメンとの最初の何度かの面接で，私たちはこの章で以下にリストアップした質問を行った。私たちの意図しているところは，人としてのカルメンはどんな人なのかについての拒食症のストーリーを粉砕し，彼女と拒食症との関係を衰弱させることであった。

- 拒食症は，あなたには価値がないということをあなたに伝えることで，あなたの自分自身との関係に，どんなふうに影響を及ぼしたでしょうか？ 拒食症の子分だと言われているようですか？ 単なる拒食症者に過ぎないと言われているようですか？
- 拒食症はあなたから集中力（concentration）を強奪することで，あなたをさらに拒食症の強制収容所（concentration camp）に入れてしまっているようですか？
- どんなふうにして，拒食症は，あなた自身の考えや世界観からあなたを強引に引き離したのでしょうか？
- あなたは拒食症が，あなたはこういう人よと伝えるところの人に過ぎないと信じていますか？
- 拒食症はどんな手段であなたを孤独と絶望の中へ誘ったのでしょうか？ もしもよい友人であれば，あなたに対してそんなことをするでしょうか？
- 拒食症はどのようにして，病院や死の方が自由な世界における人生よりもよい選択肢であると考えるよう，あなたをだましたのでしょうか？
- 拒食症の自己を特殊化する規則集では，拷問や暗殺を専門に扱っていると思いますか？
- 拒食症はどのようにして，人々に自分のいちばんすばらしいところを忘れるということを覚えさせるのでしょうか？
- 拒食症はどのようにして，安全だと約束して人をだまし，静かにその究極の目的——死に向かって連れて行くのでしょうか？

オルタナティヴな生育歴の中に拒食症を配置すること

セラピストとして，私たちはまた，カルメンの拒食症との関係についての生育歴に関する話を取り上げることにも関心をもつであろう。面接の間になされる質問は，社会の大部分に共通する質問と特定の質問とが混ざったものとなるであろう。普遍化する質問は，クライエントが他者と関係をとることを援助し（孤立化の習慣を破壊する），

拒食症についてのオルタナティヴな理論を再考したり，回想したりすることを助ける（自己特殊化の習慣を破壊する）。カルメンの過去の拒食症との関係を「再吟味」する際，私たちはこう尋ねる。

- 完全主義の奴隷であるということは，拒食症が人におそいかかる時に，どんな影響を持つのでしょうか？
- あなたのコントロールを超えた人生の中に，拒食症が魅力的な選択肢であるかのように思わせる要因があったのですか？
- あなたの人生において，拒食症をいちばん手助けしたものが何か覚えていますか？
- 拒食症との最初の出会いを振り返ると，あなたと何か約束をかわしたというようなことがありましたか？
- 拒食症はこれらと同じ約束を誰とでもすると思いますか？ あるいは，あなたは特別の生徒だと思わせたようですか？
- 〔 誰々 〕の手から受けた虐待が，価値のない人であるというこの感情を手助けしてきたのでしょうか？
- 〔 誰々 〕の手から受けた虐待が，あなたに対する拒食症の補強に何らかの手助けをしてきたのでしょうか？
- 「細いほうがいい」という文化は，自分自身の中にあるその他の目立たない性質から，人々の考えを遠ざけてしまうのでしょうか？

拒食症に対抗するアイデンティティをもう一度思い出すこと

専門家が，拒食症にとりつかれている人と取り組むときに時折，その人を軽蔑したり非難的になったりするということが，よく報告されている（Tinker & Ramer, 1983; Garner, 1985）。拒食症という問題は，介護者を目指している人たちに，怒りや絶望やフラストレーションなどの強い感情を発生させる。よくあることだが，自分を責め，罪悪感をもっており，専門家によって「支配しすぎ」とか「自己愛的」というレッテルをはられてきたカルメンのような人と取り組むときには，これらの他の専門家の言説を否定する効果のある質問をするという仕事を，細心の注意を払って行わなければならなかった。

- 拒食症になる前のあなた自身の性質でもう一度思い出したいと思うところを思い出すことができますか？
- あなたのすばらしいところを忘れさせてしまうような自分についてのストーリー

がこれまでにありましたか？
- これまでの治療の中で，ご自分についてなされる一般的または専門的な説明に同意しかねることはありましたか？
- ほかの人からいろいろ言われたのにもかかわらず，あなたなりの自分自身についてのポジティヴな考えを，どのようにして維持することができたのでしょうか？
- 拒食症があなたを殺そうとしてきたにもかかわらず，ここ何年もの間，あなたを生き延びさせてきたあなたの中にある性質に名前をつけることができますか？
- 拒食症にかかる前のあなた自身の性質で，あなたがセラピストや家族や友人にもう一度思い出してもらいたいと思うところを，思い出すことができますか？
- 私たち専門家はどのようにしてあなたの最高のすばらしさを忘れてしまうようになったのでしょうか？

　カルメンは，策略を練ることのできるスペースを広げることによって，私たちの質問に答えているようであった。拒食症という問題を彼女の自己から分離すると，カルメンは彼女が経験してきた喪失について話し合うことがより心地よいものになった。彼女は自分のおかれている状況の中で恥の感覚が少なくなってきたことに気づくようになり，拒食症の限界と境界について議論することに強い関心を示すようになった。とりわけ，問題についてこれまでとはちがった方法で家族に話すことができたことで，自己についての感覚を新たにすることができたようであった。カルメンは，拒食症や過食症と闘っている女性や，回復した女性とのつながりにさらに関心を持つようになり，より活発に，食べることや体を動かすことへの取り組みに変化を加えて試してみていた。カルメンは一人で過ごす時間がほとんどなくなった。彼女は姉と義理の兄の家で過ごす工夫をし，時々彼らといっしょに食事をするようにした。彼女のウォーキングの時間は減り，訪問することが多くなった。

自由を経験すること，そして正しく評価すること

　私たちは，クライエントの拒食症と闘ういかなる努力にも光をあてて，支えていく。拒食症という圧制下で，それに立ち向かおうとする人の闘いを承認することは，セラピストにとってもクライエントにとっても同様にすばらしい経験であり，本当に正しく評価する価値のあることである。次の質問は，絵にたとえるならば，増大する自由という絵の，輪郭を描き，下線を引き，色塗りを手助けするものである。

- あなたがいちばん拒食症から自由でいられるのは，1日のうちのどんな時でしょうか？
- どんなふうにして，あなたはこの自由を見つけることができますか？
- 今週，あなたがいったいどんな方法で「拒食症の外に踏み出した」のかなと思っ

ていたのですが，この踏み出しによって，あなたは何に向かって一歩足を踏み入れたのでしょう？
- 拒食症から自由でいられたというこのすばらしい業績に，病棟では誰が気づいたでしょう？
- 拒食症の外で費やした時間は，気持ちよかったですか？
- 自分が今，拒食症という監獄の外で生活しているな，とふと気づくことがありますか？　それはどんなふうですか？　あなたの自由は何色ですか？
- 他の人が，拒食症にかかっているあなたではなく，あなた自身といることを楽しんでいると感じることがありますか？
- もしもあなたがこのように拒食症と闘って勝利した瞬間のすべてをまとめて一本につなげたら，拒食症にどんな影響を与えるでしょう？
- 今日，この面接に参加するために，拒食症のどんなルールを破らなければならなかったのですか？
- あなた自身が拒食症と闘っているという認識は，拒食症に警告を与えたと思いますか？
- もしもあなたが拒食症を置き去りにしたとしても，ほとんど驚かない人は誰でしょうか？
- 人が拒食症から自由になるための手助けをするにはどうすればよいのかということに困惑している私の多くの同僚に対して，どんなアドバイスがありますか？
- あなたはこれまでに拒食症からの逃亡をもくろんだことはありますか？
- あなたの中にいる拒食症から自由になれる人は，あなたのためにどんな計画をたてているのでしょう？
- ひとたびあなたが拒食症から自由になったら，あなたの人生のどんな部分をとりもどし，どんなすばらしいところが思い出されて，あなたのところにもどってくるのでしょう？
- あなたが自由になって，拒食症のしつこい苦痛にみちた文化に合わせるのではなく，あなたなりの状態でいられるようになるというのは，あなたにとってどんなことでしょう？
- あなたが自分自身の人生にカムバックするということは，他の女性にとってどういうふうに励ましになるでしょう？

文化的な質問を脱構築すること

　カルメンは拒食症という問題を探索し，彼女自身の人生やほかの人たちの人生への拒

食症の影響力に限界を定めることでさらに自由を感じてくると，確実に元気になっていった。彼女は押さえつけられていたところから解放されたふうだった。カルメンは拒食症と闘っている顔見知りの女性たちとの話し合いに参加した。彼女らは，ジェンダー，文化，社会と拒食症との関係に注目していた。

私たちはこの女性グループと会い，次の質問について話し合った。

- なぜ，拒食症は私たちの世代のとくにすぐれた女性たちを悩ませる傾向があると思いますか？
- 拒食症がどんな方法で女性に「強引にやってくる」のか見当がつきますか？
- あなたは，大衆文化の中にあって，理想にかなわない生活スタイルに流れ込んでいくものが何かを識別することができますか？
- もしもある女性が拒食症の破壊的な影響について社会に主張したいとしたら，あなたは彼女にどんな示唆を与えますか？
- 拒食症があなたの身体に向ける暴力は，男性が女性に対して行う暴力と同じですか？　違いますか？
- 社会が何を促進した結果，多くの女性がゆがんだ身体感覚を持つようになったのでしょうか？
- 完全主義を促進しているのは何か，そして誰なのかわかりますか？

アンチ拒食症・アンチ過食症連盟

　カルメンは，彼女が出会った何人かの女性とともに，地域のアンチ拒食症・アンチ過食症連盟の会合に参加した。この連盟は，メンバーや他の人たちに対して拒食症や過食症が補強してくることに対抗して，新しい活動を後援するフォーラムとして組織された。たくさんの連盟が世界中のさまざまな場所で作られ（Grieves, 1997; Madigan & Epston, 1995），やさしさと思いやりを持つコミュニティを構成している。

バンクーバーのアンチ拒食症連盟は，私たちがカナダのバンクーバーにある聖ポール病院でやっていたアンチ拒食症グループから誕生した。「ニュースウィーク」の記事（Cowley & Springen, 1995）で紹介されたように，バンクーバー連盟の活動には次のようなものが含まれる。世界的なネットワークづくり，コミュニティへの教育プログラム，手紙を書くキャンペーン，コミュニティを組織すること，拒食症を助長すると思われる身体についての文化的な誤説に対する抗議，セラピストに対するオルタナティヴなアプローチの教育，病院スタッフのかたわらで働いてコミュニティのニーズを査定すること，高校生や教師へのカウンセリング，グループの運営，連盟の雑誌「復活（RE-VIVE）」の出版などである。

第11章 拒食症へのナラティヴ・アプローチ

　私たちのバンクーバー連盟は，これまで5年間運営されてきた——そして私たちは，このようなものの中でもっとも長期間続いているアンチ拒食症連盟であることに誇りを感じている。友人デイヴィッド・エプストンは，私たちに連盟の考えの手ほどきをしてくれたのだが，彼の今も続く創造性や支援に対して，恩を感じている。バンクーバー・グループは，北アメリカや西欧諸国の多くの都市にある重要な連盟やコミュニティの成立を手助けしてきた。アンチ拒食症グループとそれに倣った研究グループは，以下の質問について討論を行う。

- なぜ拒食症は，このグループの女性たちを二流市民に引き下げることにそんなにも熱心なのでしょうか？　拒食症はあなたの人権を売り渡すのですか？
- 拒食症がこのグループのメンバーを孤立，完璧，従順，苦悩という人生へとおいやることを，あなたは正しいと思いますか？
- グループで話をしていて，拒食症を置き去りにしようと思うぐらいの気持ちになったことがこれまでにありましたか？
- アンチ拒食症という自由のために戦う人のグループと一緒にいて，どうでしたか？
- 互いの中に見出しているアンチ拒食症の特性で，いつの日か，自分の中にもそれがあると気づくようなものがあったりするでしょうか？

恐怖と嫌悪感

　　カルメンにとって拒食症から自由になることはたやすいことではなかった。拒食症はとても説得力を持っていることに気づき，恐怖感が大きく立ちはだかると，時折失望を感じていた。カルメンはもっとたやすく自由を手に入れたいと願った。彼女はいつもの恐怖に振り回されるのに辟易していた。

　恐怖はしばしば拒食症を再発させるネガティヴな循環とかかわっている。私たちは，恐怖が人の人生に与えてきた影響に関して質問する際，恐怖を言説の「フィルター」に通して，恐怖の所在とその支配の仕方を明らかにする（Law & Madigan, 1997）。私たちは，ジェンダー，学校教育，「礼儀」，友人関係，共同作業，階級，人種，宗教，同性愛嫌悪，身体などについてのしつけや教育に関する言説の中から恐怖の影響を探し出し，それらについて話し合う。互いに関連した言説と影響は慎重に描き出すことができる。言説はたえず互いにつながりあっているものであり，治療的対話の中でそれらの「点をつなぎ」はじめ，恐怖の訴えを明るみに出すことができるようになる。ここに，人の人生において価値がないという恐怖の問題を取り上げる時に考慮すべきいくつかの重要な点と質問例を示す。

- 「正常」であると言われていることを構成している前提という足場に関して：自分自身を価値のない人間だと思うことを支持している見解や経験について，私に説明することができますか？
- 「正常」であると言われていることについての見解を支える知識体系に関して：あなたの人生の中で，自分自身を価値のないものだと思うことを何らかの形で促進してきた人はいましたか？ それらの人々があなたについて過去に言ってきたことは，今日のあなた自身を説明する上でどれぐらい強く影響しているのでしょうか？
- 何が正常（な家系）であるかについての見解を支持する制度上の構造に関して：人々を価値のないものとみなすことを助長するようなやり方で，影響を受けてきた，（私たちの文化の中にある）より大きな制度上の価値観があると思いますか？ 今日，これらの価値観とあなたとの結びつきはどんなものですか？
- この解釈の影響に関して：価値のない人間という自分自身についての見方が，あなたの他の人との関係に及ぼしてきた影響はありますか？

恐怖がどのように生産される（そして再生産される）のかについての議論は，完全主義や，常に誰かに監視されていることや，否定的なものの見方や，水準に達していない生活様式や，価値がないと思うことなどのような，問題を支えることに役立っている自己の組織や訓育，そして好ましいありかたという回復の姿を脱構築することを含むものである。恐怖の生産とそれについての議論は，プロフェッショナリズムや協調主義や，性差別，人種差別，同性愛嫌悪，などに見られる自己に影響を及ぼす権力，そして，これらがいかにこの章で取り上げられている問題の存続に影響を与えているのか，ということを含んでいる。恐怖は完全に否定的に抑制された循環の中で，あらゆる論争を同時に利用するのである。

拒食症の恐怖を解きほぐすためにとくに役立つその他の質問には，以下のようなものがある。

- 恐怖がそのような狭い角にあなたを押し込めた時，どうやって拒食症の恐怖を押し戻すことができたのでしょうか？
- 恐怖がもたらしたパニックから自分自身を自由にするためにどんな特別の方法を使いましたか？
- ゆっくりだが確実にあなたが今自分の恐怖をコントロールしているということを知ると，どんな感じがしますか？
- あなたが恐怖から自由でいられる時には，世界はどんなふうに違って見えますか？

- 恐怖から自由でいるにもかかわらず，あなたがそれを認識していない時があると思いますか？　もしそうであれば，あなたが思っている以上に恐怖から自由になっていると思いますか？
- あなたはこの恐怖が，恐怖としては不十分なものであると思いますか？

　　カルメンは拒食症と闘い続け，他の人からの援助を求めていた。彼女は体重をふやす決意をし，自分が決めた目標値をクリアするために一定期間病院の治療プログラムに戻ることを選択した。カルメンの医者たちは，彼女が拒食症から離れていることに注目し，彼女と生産的な関係を持つようにした。後に彼女は，音楽学校にもどり，何年ものあいだ忘れていた楽しみを経験した。カルメンは彼女を左右する拒食症の潜在的可能性は感じつつも，拒食症と安全な距離を保ち，保護的なネットワークを積極的に維持していた。彼女は，アンチ拒食症・アンチ過食症連盟の多くの友人との関係を続けており，時には，セラピストや医者のアドバイスを求めた。完全に自由というわけではないけれども，カルメンは拒食症から顕著に離れていった。もしも彼女がもっと早くにやってきたならば，拒食症からさらに遠く離れられていたのではないだろうかと思わずにはいられない。

ナラティヴという方法論と拒食症についての研究

　たくさんの研究者や理論家が拒食症の支配を軽くする方法に注意を向けてきた（Vitousek, 1997; Garner, 1997）。拒食症はしぶとくて，私たち専門家が試みてきた多くのアプローチに抵抗するということは広く認識されている。クライエントはしばしば治療から撤退し，次第に来なくなってしまう。悲しいことに，回復する人は，拒食症にかかって最初に病院にやってきた人のちょうど半分に過ぎないのである（Hsu, 1991）。

　私たちは，予備的調査研究を行ってきた。私たちは，短期間のナラティヴセラピーによるアンチ拒食症グループは，拒食症のために病院のプログラムで治療をして回復を促す統制群よりも，より効果的であろうと仮説した（Goldner & Madigan, 1997）。女性たちは，ナラティヴ・グループ（$n=10$人）か，経験のあるカウンセラーによって進められているサポートグループである統制群（$n=10$人）にランダムに割り当てられた。両方のグループの女性たちは，家族といっしょの2回のセッションを含む8回のグループセッションを受けた。ナラティヴ・グループに割り当てられた女性たちは，より治療とつながりをもって参加し存続しているようであった。さらに最後のセッションの数週間後，ナラティヴ・グループの女性たちは，回復に対してより希望的になっていること，自分自身を拒食症という問題から切り離して見ており，問題についての恥の気持ちが少なくなったことを報告した。この予備的研究は，非常に小規模なものであり，参加者の長期的な経過をまだフォローしていないので結論を導くこと

はできないけれども，ナラティヴ・アプローチは，拒食症の支配から逃れようとする人々に，その第一歩を提供する見こみを持っているということを示唆している。

私たちは，拒食症へのナラティヴ・アプローチが，これまで自由になる道を見つけることができなかった人々のために役だつことを望んでいる。

第12章
暴力を振るう男性と行う
内在化された他者への質問法
アラン・ジェンキンズによるコメント付き

デイヴィッド・ナイランド，ヴィクター・コルシグリア
David Nylund, Victor Corsiglia

　性的虐待や暴力を行う加害者の男性との取り組みにおいて，私たちは，アラン・ジェンキンズ（Jenkins, 1990）の研究の影響を受けている。ジェンキンズは，男性がなぜ虐待するのかといった原因論よりも，文脈と拘束の理論（Bateson, 1972, 1979; White, 1986）によって虐待行動を把握する方がより役立つことに気づいた。このアプローチは，虐待責任を免除するよう働く拘束に対して，虐待者が検討し挑戦するセラピーを進展させる。ここでいう拘束とは，社会文化的伝統（例えば，男性は家父長支配による力の戦術を教え込まれる），相互作用パターン（例えば，結婚という文脈における男女間の不均衡な関係パターン），特定の慣習や信念（例えば，自己中心的な思考パターン）といったものである。虐待者は，拘束に挑戦することによって，虐待に対するオルタナティヴを考えることが可能になる。
　ジェンキンズは，虐待者が虐待と罪を認め，オルタナティヴな在り方と関係性を築けるよう援助する質問形式を採用する[注1]。好奇心と敬意をもった治療姿勢で虐待する男性に接することによって，虐待する男性との共同過程が進められる。セラピーにおけるこのようなアプローチは，虐待者の行動が積極的に変化するよう促す。これ

注：本論は *Dulwich Centre News Newsletter*, 2, 1993, p. 29-36 に初出。許可を得て再録。

注1）ジェンキンズは，ホワイト（White, 1986, p. 37）の影響相対化質問法（relative influence questioning）の過程による影響を受けている。「影響相対化質問法は，家族メンバーがセラピーで示された問題との関係について，二通りの描写を行うよう促す。第一の描写は，家族メンバーの人生と人間関係に対する問題の影響に関する描写である。第二の描写は，問題の存続に対する家族メンバーと人間関係の影響に関する描写である。さらに，影響相対化質問は，家族メンバーが問題自体についての新たな描写，つまり，外在化された描写を構成するよう導く」。さらにつけ加えれば，虐待する男性が自分の個人的責任を矮小化しないよう外在化を行う必要があるのは当然である（Tomm, 1989 を参照）。

は，セラピストが「専門家」として虐待者を診断し，虐待者の「否認」と対決しながら，指示や助言を与えるといった従来のセラピーのアプローチとは全く対照的なものである。

「内在化された他者」への質問法を通じて共感を高める

このセラピーにおける重要な局面は，ジェンキンズが虐待する男性に他者への虐待の影響を理解するよう促す時に訪れる。加害者が被害者に対して謝罪し，虐待に対する責任を果たすためには，加害者が「被害者の身になって」，自分の行った虐待の影響を理解することが重要である（Jenkins, 1992）。ジェンキンズの意図は，「娘さんにとって，あなたにセックスを強制されていたことがどんなものだったと思いますか」や「奥さんはどんな気持ちであなたの虐待を秘密にしていたと思いますか？」といった虐待する男性に対する一連の質問を通じて，彼らの共感が育つよう援助することにある(注2)。

加害者が虐待の影響に対する理解をより深めるのを目的として，私たちは，ジェンキンズと同様の質問を行ってきた。しかし，この種の質問では，中途半端な成果しか得られないことがわかった。虐待する男性は，被害者が何を堪え忍んできたのかを推測する傾向はあった。しかし，推測では，自らを被害者の経験に適切に重ね合わすことのできない男性がいるのである。この問題に取り組むために，私たちは，カール・トム（Tomm, 1992）の「内在化された他者」への質問法（intenalized other questioning）というアイデアに着目した。そのアイデアのおかげで，私たちは，ジェンキンズのアプローチをよりよく解釈し応用することができた。

再帰的質問の研究における思慮深さと創造性で知られるトムは，デイヴィッド・エプストン（Epston, 1993; Tomm, 1987）の仕事に注目し，内在化された他者への質問法という実践を明らかにした。エプストンは，相互参照質問法（cross-refrential questioning）(注3)という実践を生み出していた。この質問は，敵対的な相互作用パターンが優勢であるカップルへの支援を目的としている。その質問過程は，カップルに対して，葛藤パターンを終わりにしたいかどうか尋ねることから始まる。二人が同意すれば，エプストンは，一方のパートナー（例えば，サム）に対して，もう片方のパートナー（例えば，スー）に対するように話しかける。エプストンは，「スー，あなたたち二人の関係における葛藤は，二人にどのような影響をもたらしたのですか」

注2）ホワイト（White, 1991）は，この種の質問を「経験の経験（experience of experience）」質問法と呼んでいる。トム（Tomm, 1993a）は，同じ質問を「対人関係における認識（nterpersonal perception）」質問法と呼んでいる。

注3）エプストンは，トムが名づけた「内在化された他者」の質問法という名称を採用し，彼がもともと「相互参照（cross-referential）」質問法（Epston, 1993）として紹介した過程を描写している。

とサムに尋ねる。サムは，スーの経験から答えるよう促される。次に，二人のやりとりを注意深く聞いていたスーは，サムが自分の経験をどの程度理解していたかサムに伝えるよう求められる。この過程は，それぞれが相手の自分についての経験に入っていけるよう互いに求めることによって共感を深め，関係性において新たな回復パターンを育てるのである。

　トム（Tomm, 1992）は，「内在化された他者」への質問法の実践を支える理論的枠組みのもとに，エプストンの考えを発展させた。トムは，内在化する会話の積み重ねによって構成される自己，という見方を打ち出した。人間に関するこのような見方によって，セラピストは，人間の内側に存在するどんな重要な他者に対してもインタビューすることができる。人間は，他者との会話を数多く内在化することによって，他者の経験を「具体的な」経験として（頻繁に，そして，驚くほど容易に）参照することができる。トムは，この理論と実践に基づき，虐待する男性との取り組みをはじめとした多くの治療的文脈において，この種の質問を行ってきた。私たちも，このインタビュー実践が特別な価値を持つと考え，多くの治療的文脈において同様の質問を行ってきた。

　トムは，人間の持つ自己の感覚は他者との関係から生じると主張する（Tomm, 1993a, 1993b）。このような個別性についての見方，つまり，個人のつながりや組織内，さらに，コミュニティの中で個別性が構成されるといった見方は，西洋における個別性についての一般的な見方とは一線を画している。ドミナントな自己の実践は，個別性が差異化や個別化によって決定されるという説明を強調する方向にある。ホワイト（White, 1993b）は，こうした自己の実践を「孤立する個別性」（isolating individualities）と呼んでいる。こうした個別性は，孤立を強調し関係を軽視する自己の実践を推進するため，虐待者が被害者の経験に「入り込む」ことを困難にする。このような個別性についての見方は，一種の拘束となり，虐待する男性が被虐待者に対して敬意と思いやりをもって関わることへの障害になりかねない。私たちは，「内在化された他者」への質問法によって，虐待する男性が他者に及んだ虐待の影響を認めるだけに留まらず，孤立する個別性という拘束的影響に挑戦する方向性を開けると確信している。虐待する男性が「孤立する個別性」に立ち向かえば，互助や平等，そして，協力といった精神をもったオルタナティヴな個別性を探求しやすくなるだろう（White, 1991, 1993b）。

「内在化された他者」にインタビューする

　私たちは，虐待する男性とのセラピーの過程を，セラピーの目的について男性に尋ねることから始める。次に，虐待のきっかけとなった出来事および虐待自体に焦点を

当てたり，人間関係を回復する際の絶望感に配慮することによって（Jenkins, 1990），男性が自分の犯した虐待に向き合えるよう促す。

　加害者がある程度の自覚をもって虐待を認めた時点で，私たちは，加害者に被害者の受けた虐待の影響を理解するよう促す。ここで強調しておきたいのは，虐待のない関係が確立される前に，男性が「被害者の身になる」ことが大切であるということである。次に，私たちは，「内在化された他者」のアイデアにとりかかる。この質問は非常に辛く厳しいため，私たちは，このような言い方で男性に覚悟を迫る。「今から行われる質問にあなたが耐えられるかどうか，私にはわかりませんが」。男性の覚悟が確認されれば，私たちは，男性の「中に存在する」犠牲者へのインタビューに移る。

　「内在化された他者」への質問法の過程は，男性があたかも虐待の被害者であるかのように接することから始まる（例えば，ある男性がジェーンという女性に身体的虐待を行ったとすれば，私たちは，彼をジェーンとみなす）。私たちは，被害者が実際に受けた虐待経験，虐待による後遺症，虐待を正当化するある種の態度による影響，そして，虐待を生み出す力の実践による影響に関する質問を行う[注4]。インタビューの最後に，私たちは，男性自身に存在する被害者の声によって語られる経験を，描写するよう男性に依頼する。私たちが気づいたのは，男性がインタビューの過程を通じて被害者にもたらされた虐待の影響をより正確に理解すると，その自責感の表現パターン（Jenkins, 1990, p. 165）が変化してくることだった。この新たな認識は，知性による理解よりも，むしろ，感情による理解に基づいている。次にケースを二つ挙げて，インタビュー過程を例示してみよう。

ケース1：スティーヴ

　27歳の男性，スティーヴは，危機的な状況で自ら私たちのクリニックにやって来た。セラピーに来る3日前に，彼はフィアンセのマーサに暴力を振るったのであった。最初のセッションで，セラピストは，虐待の内容と程度について詳しく聞いた。スティーヴは，これまで女性に対して暴力を振るったことはなく，今回の虐待のせいで，マーサとの関係が終わってしまうのではないかと心配していた。スティーヴがとくに心配していたのは，マーサが以前のパートナーからも虐待を受けた経験があるため，彼のもとを離れてしまうのではないかということだった。二人がつきあい始めたとき，マーサは，「男性からの虐待はもうたくさん」とスティーヴにはっきり伝えていた。セッションに入ると，スティーヴは，マーサに対する自分の暴力について率直に語り，責任を果たそうとした。さらに，彼は，セラピストに，マーサと暴力のない関係を望

注4）男性の暴力を生み出す力の実践と態度に関する議論については，ホワイト（White, 1986）とジェンキンズ（Jenkins, 1990）を参照のこと。

んでいることを明らかにした。2回目のセッションで，セラピストは，スティーヴが虐待による影響を潜在的に理解できるよう導いた。ここで「内在化された他者」への質問法が使用された。以下の対話は，スティーヴと共に行った「内在化された他者」へのインタビューの抜粋である。

セラピスト：〔スティーヴに向かって〕マーサ，スティーヴがあなたを虐待した日にいったい何があったのですか？

スティーヴ：〔「内在化された」マーサとして〕言い争いのさなかです……私は友人と出かける約束をしていましたが，そのことでスティーヴが怒りだしたのです。彼は，私と一緒に家で過ごしたかったのです。

セラピスト：次にどうなりましたか？ スティーヴは何をしたのでしょう？

スティーヴ：彼は，私が二人の関係をないがしろにしていると言って，私を責め始めました……私が友人の方を優先していると言うのです。

セラピスト：二人の関係をないがしろにしているという彼の発言をどう受け取りましたか，マーサ？

スティーヴ：私は傷つき，頭にきました。

セラピスト：次に，彼は何をしたのですか？

スティーヴ：ひとつのことが引き金になって，次から次へとエスカレートしてケンカになりました。私は，友人に電話しようとしました。すると，スティーヴは，突然私につかみかかってきたのです。

セラピスト：彼は，どこをつかんだのですか，マーサ？

スティーヴ：襟元です。

セラピスト：強くつかんだのですか？

スティーヴ：〔しばらくして〕はい。

セラピスト：マーサ，スティーヴはあなたより大きいですか？ 手も大きいのでしょう？

スティーヴ：ええ。

セラピスト：それで，彼がそんなふうにおそってきたとき……どんな気持ちでしたか？

スティーヴ：恐かったです……彼は理性を失ってるみたいで。

セラピスト：次にどうなることを恐れていましたか，マーサ？

スティーヴ：彼の抑えが効かないことです……私は首を締められていました。

セラピスト：スティーヴはどんな表情をしていましたか？

スティーヴ：恐ろしい形相でした。

セラピスト：それから，どうなりましたか？

スティーヴ：彼を振りほどこうとしたら，彼は手を緩めました。そして，私の顔を……頬を殴ったのです。私は寝室に逃げ込み，鍵を掛けました。すると，スティーヴは車で外へ出掛けて行きました。

セラピスト：その時，どのような気持ちでしたか。

スティーヴ：恐怖で怯えていました〔泣き出すスティーヴ〕……彼が，私にあんなことをするなんて信じられませんでした。

セラピスト：次にスティーヴに会ったとき，彼は，謝罪して責任を負いましたか？　それとも，あなたを非難しましたか？

スティーヴ：謝るには謝りましたが……私を非難しました。

セラピスト：どういうふうにですか？

スティーヴ：お前が電話しようとしたのは間違いだ……お前が逃げようとしたのがいけないんだ……そんなことをするから俺の怒りを買うんだと言いました。

セラピスト：マーサ，スティーヴがあなたを非難したのは当然だと思いますか？

スティーヴ：いいえ。

セラピスト：スティーヴがあなたを虐待したという事実によって，あなたは，彼のことをどのような人間と思うようになりましたか？

スティーヴ：彼のことを否定的に思うようになっています。彼との結婚も考え直すつもりです。以前のボーイフレンドとも同じことがありました。私は何度も暴力を振るわれました……その人は，とても嫉妬深い人だったから。

セラピスト：どんなふうにですか，マーサ？

スティーヴ：彼は，私のせいだと思わせていたのです……ですから，スティーヴが私を非難したときも，私が彼を怒らすようなことをしたのではないかと思うところでした。今は，スティーヴも以前のボーイフレンドのように嫉妬深いタイプなのかなと思っています。

セラピスト：つまり，スティーヴは，以前のボーイフレンドのように，あなたの自責感を強めようとしたのですね？

スティーヴ：その通りです。

セラピスト：どうしてでしょうか……女性が生きていく上で自責感を増すような観念が社会には存在するのでしょうか？……男性が責任を持とうとしないのは，そのせいでしょうか？

スティーヴ：そう思います。

セラピスト：あなたは，そのような観念に影響されていますか？

スティーヴ：ええ……けれども，スティーヴがあんなことをするまでは，私は，自分のことをもっと信じ，男性を信じるようになってきていたのです。

セラピスト：スティーヴは，そのような昔からの観念を叩き込まれた人間なのでしょうか？……「そうさ，女性は虐待されて当然なんだ」というような観念，それから，男女関係において常に女性を見下すような観念，さらに，女性は自立した人生など送るべきではない！　といった観念ですが。それとも逆に，スティーヴは，そうした観念に挑戦し，女性が自分の人生を生き，自分で友人を選択できるよう支援したいと考えているのでしょうか？

スティーヴ：彼はもっと今どきの人だと思っていたんだけど……どうだろう……彼のことがわからなくなっているんです。

セラピスト：つまり，疑念と不信感が影響しているのですね？　スティーヴは，まだあ

なたに信じてもらえると思っているほど無神経な人でしょうか？……もう二度と虐待しないと信じてもらえると。それとも，彼は，粘り強くあなたの信頼を取り戻すつもりなのでしょうか？

スティーヴ：どちらかはわかりません……でも，いい質問だと思うわ！

セラピスト：彼が襟元をつかんで首を絞めてきたとき，あなたは，以前に受けた虐待を思いだしましたか？　また同じことが起きたと思いましたか？

スティーヴ：ええ，そうです……あれ以来ぐっすり眠れないのです。

セラピスト：つまり，一連のことがあなたにとって苦痛なのですね。あなたに援助をするには，スティーヴはどのようにしたらいいでしょうか？　どうすれば，彼は，自分の虐待に対する責任を最大限に果たせるのでしょうか！

スティーヴ：彼は，私をもっと自由にしてくれれば……〔しばらくして〕私を非難せずに，虐待の責任を十分に果たしてほしいです。それに，自分の友人と過ごせるようにしてほしいです。

セラピスト：マーサ，スティーヴは，以前の関係における自責感から逃れようとするあなたの勇気と努力を理解し応援してくれていると思いますか？……そして，女性の在り方についての昔からの観念にあなたが挑戦してきたことを理解し，応援してくれていると思いますか？

スティーヴ：いいえ，そうは思いません。

セラピスト：はい。そこまでにしましょう。〔スティーヴが自分自身を取り戻してから〕どうでしたか？

スティーヴ：〔彼自身として〕何だか不思議な感じでした……最初は自分の意見を言いそうになっていました。彼女の視点から答えるのは，ほんとうに難しいことでした……でも，今は彼女のことをより理解できるようになったと思います。

ケース２：ロン

　39歳の既婚の男性，ロンがクリニックに紹介されたのは，12歳になる娘シャロンが8歳のときに性的虐待を受けたことを母親（ロンの妻）に打ち明けたからであった。ロンは，シャロンの性器をなでまわし，強制的にフェラチオをさせた。ロンは，性的虐待の責任を認めたが，それはあくまでも表面的なものだった。彼は，虐待の程度とそれがシャロンと家族に及ぼした影響を軽視しているところがあった。裁判所命令で家族との別居を余儀なくされていた彼は（私たちとのセラピーが始まった時点で，彼は自分の両親の家にいた），自分の不快感ばかりで一杯になっていた。セラピーの最初の頃，ロンは「お手上げの」状態であり，シャロンを虐待した動機の方に話を逸らしてセラピストの同情を買おうとした。セラピストは，そのような誘いに乗らず，ついにロンと虐待の詳細に踏み込む面接を行うことになった。セッションを重ねると，ロンは，自分の行った虐待を直視するようになった。そうして，ロンは，「内在化された」シャロンへのインタビューを通じて，自分の虐待がもたらした影響を認識でき

るようになった。以下は，そのインタビューの抜粋である。

　　セラピスト：〔ロンに向かって〕シャロン，あなたが8歳の時に，意味のわからないような
　　　　　　　ことを他でもないお父さんからされていたのはどんな気持ちでしたか？
　　ロン：〔「内在化された」シャロンとして〕恐かったです。
　　セラピスト：それ以前は，お父さんのことを愛して信じていましたか？
　　ロン：はい。
　　セラピスト：それで，どんな気持ちでしたか？……むりやり撫でられたり……意味もわ
　　　　　　　からないままセックスを強制されるのは，シャロン？
　　ロン：〔震えて泣きながら〕ショックで……混乱しました。
　　セラピスト：お父さんがいつ夜中に乱暴しに来るかもわからず，「お父さんは次にいつ
　　　　　　　同じことをするのだろう？」と思うと，どんな気持ちになりましたか？
　　ロン：〔震えながら号泣し，とてもセラピストに答えられる状況にない〕
　　セラピスト：あなたは，そのことをずっと秘密にしてきたのですね。どのような気持ち
　　　　　　　で秘密にしていたのですか？
　　ロン：嫌でした……でも，そうするしかなかったんです。誰も私の言うことなんか信じ
　　　　てくれないと思っていたのです。
　　セラピスト：よくないことが起こるのを心配していたのですか？　例えば，秘密がバレ
　　　　　　　たら，両親が離婚してしまうと思っていたのですか？
　　ロン：ええ，そうなれば自分のせいだと思っていました。
　　セラピスト：つまり，罪悪感があなたを支配し始めていたんですね？
　　ロン：そうです。
　　セラピスト：そのことを隠して，本当はお父さんが負うべき問題に対して責任を感じて
　　　　　　　いたなんて，ほんとに辛かったでしょうね。お父さんは，あなたを口止めするため
　　　　　　　に，脅したり何かを買い与えようとしましたか？
　　ロン：いいえ。
　　セラピスト：ほんとうなの。シャロン？
　　ロン：ああ，そういえば……お父さんは私を虐待した後に，何か買ってくれた……そう
　　　　することで，たぶん私を買収して，もみ消そうとしたのかもしれない。
　　セラピスト：虐待は……自責感，罪悪感，秘密は……何をもたらしたのでしょう？　虐
　　　　　　　待によって，自分のことをどう思うようになりましたか？
　　ロン：凄く嫌でした。

インタビューの後半より

　　セラピスト：シャロン，12歳になった現在のあなたに，虐待はどのような影響をもたら
　　　　　　　していますか？
　　ロン：恐くて，混乱しています……恥ずかしいとも思っています。
　　セラピスト：男性を信頼することに関して，あなたはお父さんからどんなメッセージを
　　　　　　　受け取りましたか？　つまり……男性であるお父さんが，あなたを苦しめたわけで

すが。
ロン：男性が信用できなくなりました。
セラピスト：シャロン，あなたは，お父さんが虐待の責任を果たしていると思いますか？
ロン：いいえ……お父さんは，家にいられなくなることの方が心配なんです……。それに，お金がないこと，セラピーに行かなければならないことも。お父さんは，私とお母さんがどれだけ傷ついたかなんて関心ないんです。
セラピスト：そのことについては，どんな気持ちなのですか？
ロン：腹が立ちます。
セラピスト：お父さんは，あなたを怒らせたいのでしょうか？　それとも，気の毒に思ってほしいのでしょうか？
ロン：同情してほしいのだと思います。

　さらに，インタビューは，シャロンにもたらされた虐待の影響についての質問へと移っていった。このインタビューはロンにとって転機となった。彼は，心からの後悔を経験するようになり，シャロンと自分の家族に対してより責任を感じ謝罪するようになった。

考　察

　「内在化された他者」への質問法は，多くの利点をもつ実践であるが，欠点がないわけではない。例えば，質問が紛らわしく複雑で不自然だと受け取られる可能性がある。虐待する男性が，被害者の経験に根ざすのではなく，セラピスト受けする模範回答を出す場合もあるだろう。さらには，自分の都合に合わせて，被害者の声という経験を組み立ててしてしまう男性がいるかもしれない（Tomm, 1992）。例えば，本章の最初のケースで，スティーヴが（マーサとして）マーサは非難されて当然だと言うかもしれないのだ。その場合，セラピストは，スティーヴに対して，マーサが他者の行為の責任を自分に求めるよう訓練されているかどうか質問したり，マーサが本当はどのように思っているのかと単刀直入に聞いたり，さらには，彼自身がそのように仕向けているのではないかと尋ねる方法もあるだろう。もしもマーサが「内在化された他者」への質問法の面接に同席していれば，スティーヴの発言が彼女の実際の経験（Tomm, 1993bを参照）と照らし合わせて正しいのか間違っているのかフィードバックを求めることもできよう。

　このようなデメリットがある一方で，「内在化された他者」へのインタビューが，男性が自らの虐待のもたらした影響を理解する上で役立つのも事実である。こうした質問を通じて，被害者の経験に根ざすための経験的道筋（Tomm, 1993a, p. 77）というものが虐待する男性に与えられる。本形式のインタビューは，男性が心からの後悔

を経験し，被害者に対して償いを行うよう導く。

さらに，「内在化された他者」の質問法は，虐待を生み出す特定の態度と力の技術による影響を，虐待者が理解するよう促す。こうした影響がより明確になることによって，虐待する男性は，こうした力の実践に挑戦し，そこからの決別を経験することができる。つまり，「内在化された他者」への質問法は，男性がドミナントな男性文化から逃れるためのアカウンタビリティの実践として使用される。私たちは，男性虐待者が力と支配といった破壊的姿勢から離れることによって，オルタナティヴなより好ましい在り方を選択できると思っている。

アラン・ジェンキンズによるコメント

本章を読んで，私はおおいに楽しませてもらった。デイヴィッド・ナイランドとヴィクター・コルシグリアは，「内在化された他者」への質問法という有益なアプローチを描写したが，これは，虐待者が被害者に及ぼした虐待の影響を経験的手法によって振り返るための援助である。

ナイランドとコルシグリアによる本章を読んだ後，私は，「内在化された他者」の質問法の過程を試み，検討を行った。私が理解したのは，この概念が役立つものであること，そして，虐待する男性が虐待行為の影響を学習する過程で，考えることから感じることへ急速に移行することだった。つまり，それは，虐待行為についての知性による理解から，感情による理解への移行というわけである。

私は，こうした移行が虐待する男性において最も変化する側面のひとつであると信じている。被害者をはじめとする関係者にもたらされた虐待の影響を経験しようと心から願う態度にこそ，全責任を負う決意は最もよく表れるのである。

また，「内在化された他者」への質問法というアプローチは，考慮しなければならない重要な矛盾のいくつかを明らかにした。とりわけ大切なのは，この概念がどのようにクライエントに提示されるかだろう。虐待者が「被害者の身になる」ことは，実際のところ不可能である。男性は，自分がどのような虐待行為を行ったか，そして，被害者が何を経験してきたのかを想像するにすぎない。被害者からのフィードバックなしでは，男性は，被害者が何に耐えてきたのか想像し，被害者の経験という感覚に自らを重ね合わそうとする程度に終わるだろう。男性は，他者の経験を自分の感覚からでしか理解しようがない。したがって，他者の経験を知ることができない，あるいは，完全には理解できないという認識を男性が持つことが大切である。男性にとっての決定的な移行とは，自分の欲求と感情ばかり優先させる自己中心的な思考や幻想を捨て去り，他者の経験や自分がもたらした被害について真剣な関心をもって考え，感

じるようになることである。

　もっとも，このこと自体は，「被害者に及んだ虐待の影響をより正確に理解する」ことにはならない。このような共感を達成するには，男性が被害者をはじめとした関係者に及ぼした虐待について自分なりの理解を示し，その認識の正当性を証明するため，被害者たちからのフィードバックを無条件に受け入れるステップを踏む必要がある。

　たいていの場合，虐待する男性は，他者の経験や感情を理解できる，あるいは，理解していると思っている。彼らの自己中心的な認識は，自分たちがパートナーや子どもたちの知識と経験を熟知し，知る権利があるといった思いこみにつながっている。例えば，

「お前が本当に必要としているのは……」
「お前の言っている本当の意味は……」
「お前に少しわからせてやろう……」
「お前は，私に触られるのがほんとうに好きだね」

というのは，その表れである。

　私は，男性が自分の虐待行為の影響力について考え感じるだけでなく，実際の影響力を完全に理解できるわけではないと気づくことも大切だと思っている。他者の経験を心から理解しようとする態度や心構えは，男性自身にとっても，男性から虐待を受けた人たちにとっても，ポジティヴな相違をもたらすように思う。共感は，他者の経験を心から認め理解しようとする試みから始まり，その試みの正当性を評価するためのチェックや傾聴，そして，観察を必要とするのである。

　虐待の影響を独力で想像するよりも，近道をして，虐待を受けた人々にそれについて語ってもらおう，つまり，他者に仕事をしてもらおう，と考える人がいる。もちろん，これは，他者から要請される前に，男性が自発的に認識をチェックし謝罪するのと同様，さらなる虐待を招く危険性がある。虐待する男性は，自分たちの権利外のものまで要求し，自分の所有しないものを不当に入手してきた。虐待した相手から，さらに求める権利など彼らにはない。彼らの多くは，偽りのない実感の理解より迅速な赦しと忘却を求めている。こうした男性が自らの虐待行為について自分の理解を述べたりチェックを受ける前に，自分一人で考え，感じるべき仕事がたくさんある。「内在化された他者」への質問法の過程は，こうした仕事を促す有効な手段となる。

　この概念のもつ潜在的影響力は，私の仕事において重要なものである。虐待を繰り返す男性は，被害者への見かけ上の影響にばかり気を取られ，潜在的影響を無視している。例えば，娘が父親による性的虐待を受けていながら，周囲に苦しみを悟られま

いとすることがある。その場合,「あの娘は平気だ。私のところへ走ってやってくるから」などと父親が結論づけてしまうおそれがある。虐待の被害者は,虐待の影響を感じさせないよう振舞うことがある。それは,被害者がまだ心の準備ができていなかったり,幼いために自分の経験を考えたり話すことができなかったり,自分に責任があると感じたり,起こりうるダメージや苦しみを防ぐ何らかのリジリアンス（立ち直り）を経験しているからかもしれない。しかしながら,被害者が信頼していた人から裏切られ,虐待を受け続けてきた事実には変わりないのである。こうした文脈では,共感という概念よりも,隠された影響に目を向けることの方が役立つ。男性は,なぜ被害者が虐待を受けていないかのように振舞うのか学ぶ必要がある。もしも男性が自分の娘には性的虐待による影響はないと思っているようなら,彼に次のような質問を行う。

- 彼女には,父親から裏切られたと感じる資格はありますか？
- なぜ彼女は裏切られたと感じないのでしょうか？
- 彼女は,あなたの虐待を受け入れていると思いますか？
- 彼女は,あなたの虐待について何を理解していないのでしょうか？
- あなたが虐待したという真実について,彼女に何を伝えたいですか？
- 彼女があなたの認めた裏切りを感じるとすれば,あなたはどう対処しますか？
- あなたを尊敬し信頼する娘としてではなく,物として,つまり,性欲の対象として利用しただけだということを彼女が知ったなら,あなたはどう対処しますか？
- 彼女があなたによって裏切られ傷ついたと感じるのと,あなたの行為を正当化するのとでは,どちらが彼女にとって健全なことだと思いますか？
- 彼女があなたに腹を立てるのと,自分のことを恥ずかしく思うのとでは,どちらが彼女にとって健全なことだと思いますか？
- 以上のことについて,あなたが考える最も健全な方法とは何でしょうか？

　虐待してきた男性が虐待を止め,他者,とりわけ,裏切り傷つけた人々に対して敬意と思いやりをもって関わろうとするなら,自分の行為のもたらした潜在的影響について考え感じることを学ばなければならない。たとえ虐待を受けてきた人たちの行動や経験上に明らかなダメージが見られなくても,男性は,虐待行為とはそのようなものであると名づけを行い,起こりうるダメージを理解しようとしなければならない。
　虐待者が,被害者によって虐待の影響が明らかにされても,その経験を理解できないことを認識し,自分の行動のもたらした潜在的影響力を検討する責任を負うならば,「内在化された他者」への質問法は,その過程に対して極めて価値ある援助の手だてとなる。

第13章
治療的スプリットを使って
共感的ナラティヴをつくる

ハイム・オマー
Haim Omer

　今日まで，セラピーに関して繰り返し討論されているテーマの一つは，次のようないずれの側面に焦点をあてるべきかということである。すなわち，否定的な事象か肯定的な事象か，問題か解決か，苦労か目標か，といったものである。第一線の多くの治療的アプローチに取り入れられている治療的ナラティヴはこの両極の中に簡単に位置づけられる。例えば，行動療法と解決志向アプローチは「明るい」極の方に，精神分析と正統的な実存療法は「暗い」極のほうに位置することになるだろう。シェイファー（Schafer, 1976）は「明るい」極を著しく喜劇的に，「暗い」極を悲劇的に表現したが，私は本章でこの両極を統合する治療的ナラティヴを提唱したい。豊かな治療的ナラティヴは，肯定的なものと否定的なものの双方の本来の特徴と役割を発揮させ，両者を包含するものであり，しかもこの統合はいい加減な妥協ではなく，双方を十分に表現させる真の統合であるべきなのである。

治療的スプリットの定義

　どの学派のセラピストも，クライエントはしばしば彼ら自身の一方に偏った姿勢のせいで苦しむことを知っている。彼らは自分自身や他人を全面的に良い人であるか悪い人であるというふうに考える。小さな行動一つをとって絶賛したりけなしたりするし，自分の過去や未来をも黒か白かというふうにみる。このような悉皆か絶無かという考え方はしばしばトラブルを招く。治療的スプリット（Omer & Alon, 1997）はこのような一価的な解釈に対抗して，治療的メッセージを用いてクライエントが事柄の否定的な側面と肯定的な側面をともに考えられるようにする試みである。セラピスト

はまず,一方にかたよった姿勢を二つの対照的な側面にスプリットし,否定的な側面によって肯定的な側面の存在が暗示され,またこの逆も行われるように導く。この介入の目的は,割り切った考え方からは締め出されがちな,複合的なナラティヴや他の選択肢が受け入れられるようにすることである。

治療的スプリットは病理的なスプリットの鏡像である。病理的なスプリットが生じると主体は感情的対象を良い面と悪い面の双方をもつものとしては捉えられず,対立する二つのものに分けてしまう。このようにして母性は二つの相反するもの(全面的によいものと全面的に悪いもの)にスプリットされ,セラピストはクライエントからあるときは一切の美徳の象徴とされ,他の時は諸悪の権化とみられる。また自己も,あるときはうっとりするほど美しく強力な本物で,つぎの瞬間には醜く低俗な偽物とみなされる。スプリットされた対象の一方が消失してしまうということもしばしば起こる。このときには,人は悪い母性や悪いセラピストや否定的な自己にだけ(ポジティヴな部分はファンタジーの領域に押し込められているので)出会うだろう。ところが治療的スプリットはこれとは逆の方向に働きかけるのである。すなわち,一方に偏った姿勢に出会ったとき,セラピストは対になった表現を用いて一つの見方が反対の見方をも呼び起こすようにもっていく。どのようにすればこれを実践できるかを次に述べる。

成功の鍵は,クライエント自身の感情,目標,価値観を用いて肯定的な側面と否定的な側面のスプリットをつくることである。クライエントの見方に合わせずに,彼らの行動パターンの功罪や得失を指摘しても効果的メッセージにはならない。例えば過食症の少女に「あなたの摂食パターンでは妊娠しにくくなるよ」と言ったり,完璧主義で自己批判的なクライエントに肯定的な業績を指摘してあげても元気づけることにはならないのである。こういうクライエントにとっては,不妊や他人からの業績の評価は重要ではない。スプリットが治療的であると言えるのは,クライエントが肯定的・否定的両面について「そのとおりなんです!」と言ってくれたときだけなのである。そのときにはこの両方を含む全メッセージに対して「それは私のことです!」という力のこもった反応が返ってくるだろう。これは私が以前に(Omer, 1997; Omer & Alon, 1997)共感的ナラティヴ(empathic narrative)と呼んだものの尺度である。治療的スプリットが共感的ナラティヴとして作られているにもかかわらずクライエントが二つの側面のどちらか一つを拒否するときには,他の側面も拒否していると思ってよい[注1]。

注1) 同様な類似が,どんな反応も否定的に経験される病理的な二重拘束(pathological double-bind) (Bateson, Jackson, Haley, & Weakland, 1956)とどんな反応も肯定的な可能性があると経験される治療的二重拘束(therapeutic double-bind)(Erickson & Rossi, 1975)との間にも見られる。

治療的スプリットを用いるのに良い時機は，セラピストが，前進を妨げるようなかたくななクライエントの姿勢に直面したときである。クライエントの一方にかたよった姿勢に出会うと，セラピストはしばしば正反対のことをしたらどうかと提案したくなる。例えば自己を否定しているクライエントには支持するように，自己満足のクライエントには敵対するように，といった具合である。こういう「善かれと思っての行為」がしばしば的外れであることは経験的に言われていることである。クライエントの経験とあまりにはっきりと食い違うことをすると参加の規則に反することになる。実のところ，彼らはクライエントの一方的な姿勢に対してそれに劣らず一方的な姿勢で対決しているというわけである。このことからわかるように，適切な治療的スプリットを使うとクライエントだけでなくセラピストの誤りも矯正されるといえる。治療的スプリットを用いると，たしかにセラピストは支持的であるとか挑戦的であるとかいう一方的な構えを取らなくてすむ。クライエントのほうも，セラピストに肯定的評価をされて「セラピストはよいことだけをみようとする」と割り引いて考えたり，セラピストからの苦痛な言葉を「セラピストは悪いところだけをみる」と加減して考えたりするということは減るだろう。

ケース１：完璧を求めて

スーザンは最高のセックスをしてくれるパートナーを探していたが，彼女がかつて経験した「あの輝かしいオーガズムの１週間」にはその後，二度と出会えなかった。自分の内面のイメージにしたがって全力を尽くしてみたが，ヴァギナの痛みしか感じなかった。それでもまだ，ぴったりのパートナーとならうまくいくだろうと信じていた。

そのうえ，パートナーはハンサムで，おしゃれで，社交的で，知的で，極上のユーモアのセンスの持ち主で，たばこを吸わない人でなければならなかった。

セラピーではスーザンはこの話題を繰り返して取り上げ，セラピストが他の話にもって行こうとしても，この話題にもどるのだった。自分の経歴についてはいかにも嫌そうに話してくれるだけだった。セラピストが会話をリードしたり一つの話題に深入りしようとすると，スーザンはそんなことについては話したくないと言うので，セラピストはいらいらしてスーザンに対して批判的で挑戦的な気持ちになり始めた。

スーザンは19歳で結婚し23歳で離婚したが，その夫は理由こそ言わないが，つねに彼女とのセックスには失望しているという態度を示していて，始めからどこか奇妙なところがあった。そのうち彼は服装倒錯だということがわかったのだが，それでもスーザンが勇気を出して離婚に踏み切るまでには２年かかった。理由もわからないままに常に試され，何かわからないものが欠けていると感じさせられ続けてきた結婚生

活は彼女にとっては大きな苦痛でしかなく，カフカの『審判』が実生活で起こったようなものであった。

オーガズムの問題の他にもトラブルがあった。例えば，彼女は髪の毛を抜いたり，潰瘍性の傷ができてしまうまで皮膚のシミをいじくりまわさずにはいられなかった。また，ボーイフレンドが素足で床に触れたときには，体全体をきれいに洗い直さないとベッドに入らせないというように，些細なことにこだわり続けた。自分の部屋またはオフィスの様子を損なうものがあれば，それを取り除いてしまわないと我慢できなかった。

彼女は自分の移り気な感情も含めて，パートナー選びもオーガズムもセラピーもすべてのことを自分の規格と理想的な青写真どおりにしようとした。彼女は自分の要求水準がつねに高いということを知っていて，それが誇りでもあった。

セラピストは彼女自身，そして他人に対する要求の不合理さを指摘したが，役に立たなかった。彼は，彼女がデートのように，セラピーもコントロールしようとしていると指摘して対決さえしたが全く無効だったうえに，そのせいでスーザンはセラピーをやめそうになった。介入の行き詰まりに困って，セラピストは私が指導していたグループにケースのコンサルテーションを依頼しに来た。

このセラピストはセラピーでのクライエントとの相互作用に問題があるとよくわかっていた。そこで，寛容にそして柔軟にスーザンを助けようとすればするほど，彼女はますます批判的で完璧な方向へと駆り立てられるようだった。非共感的なナラティヴが使われるときにはこの種の膠着状態があらわれやすい。セラピストのナラティヴ（その中では「完璧主義」は明確に否定的にみられている）の基礎をなしている価値観があまりに自分のものとは異なっていたので，スーザンはセラピストの見方で自分を見ることはできなかった。セラピストは，だからといって単に支持的な姿勢をとるだけでいいとは思えなかった。彼女の一方にかたよったパターンを放置することはいけないというわけではないが，スーザンは自分の人生を純粋主義と絶対的な基準の犠牲にしているのだから，専門家としては何とかしなければならないだろう。このようなときに治療的スプリットを使うとよい。彼女の完璧主義のメリットと危険性の両方を示し，スーザンもそれを充分に受け入れることができるようにしなければならなかった。その次のセッションで下記のメッセージがスーザンに伝えられた。

> 私は自分のセラピーのやり方がいいとは思えなかったので，専門家にコンサルテーションを受け，私の見方と姿勢が変わりました。その結果，「完璧にしたい」というあなたの願望があなたにとって何を意味するか，そしてそれがどのようにあなたの人生に影響を及ぼすかが私にも少しわかったと思います。ものごとがこうであってほしいという感覚やイメージを守りたいので，あなたの苦闘が始まるんですね。こういうイメージは，

他の人々の内面のイメージよりずっとはっきりしていて詳細で，あなたにとっては非常に大切なものなんです。正義，調和，美，そしてセックスの理想像なんですね。あなたはこの「完璧」のイメージがあなたの中で最良で最も価値のあるものだと良く心得ているので，捨ててはいけないと知ってるんです。それを捨ててしまうことは，自己への大きな裏切りなので，そんなことをしてもちっとも事態はよくならないんですよね。これがわからなかったのが私の大きな間違いだったと思います。

とはいえ，自分の理想のせいであなたが大きな犠牲を払っていることもまた事実です。髪の毛が一本変な具合だったり，皮膚にシミができたりして，理想を損なうので，あなた自身や世界と戦い続けなければなりません。世界にはいつもがっかりさせられます。この衝突のせいで生活が挫折と苦痛で混乱してしまいます。あなたはシミと戦い，ひっかいてつぶそうとしますが，強情な皮膚は反撃して理想に屈服することを拒否するので，あなたは血を流して傷だらけになります。セックスについても同じことが起こります。絶頂のイメージ，忘我の1週間の大切な記憶があるので，自分自身のセックスがその記憶と一致するようにしたいと望む。が，あなたの体は反撃してセックスはうまくいきません。

これが皮肉にも悲劇的なものになるのは，あなた自身が何度も何度もいじめられたり，試されたり，失敗を責められたりすることがどんなことかをよく知っていることです。これはまさにあなたが夫にされたことだったんですよね。それは，その経験のひどさがあなたの皮膚に染みついて悩ませ続けているかのようです。夫がかつてあなたに失望したように，今度はあなたが自分の生活に失望しています。でもこのままずっと，あなたが縛られていなくてはいけないという理由はありません。あなた自身の価値観と理想のために生きていく方法があるはずです。大変な努力をして逃げ出した拷問部屋にい続けるのではなくて。

私たちはつねに，内面の完璧なイメージと失望する現実という方程式の両側を見なければなりません。両方のための場所が必要なのです。あなたのイメージと夢は価値があって重要なものです。でも，その価値は，それが実現し得るかどうかということとは必ずしも関係ないのです。なぜなら，イメージと夢の値打ちはインスピレーションや大切だという気持ちを与えてくれたり，肺を空気で満たしてくれたり血管の血をわきたたせてくれるところがあるからです。ところが，こんな理想もそれをめざして地獄の特訓をするようになった途端に美しさを失ってしまうのです。

もう私たちの会話を二つの独り言にスプリットさせておくのはやめましょう。あなたは理想だけに注目し，私はあなたの皮膚の傷に注目するなら，私たちの会話は食い違ったままです。両方をとりいれて，このセッションを豊かなものにしましょう。私はあなたと言い争うのをやめなければあなたを助けることができないし，そうしなければ私はあなたにとって髪の毛やシミのような関係になってしまうでしょう。

スーザンは，この言葉に対して，はっきりと「それは私のことだわ，そのとおりよ！」という反応で答えた。このあと，治療の対話は変わり，二人は以前より複合的で柔軟な姿勢を取ることができるようになった。セラピストが新しい方向へセッショ

ンを導こうとしてもスーザンはもはや反対しなくなり，セラピストも彼女の一見不合理な挙動の底にある価値観を見ることができるようになった。この寛容さがスーザンの生活においても現れ始めた。彼女はもはや，将来のパートナーや自分の体や心を合格できないテストのために苦しめることがなくなった。自分の内部にあった暴君のような審判者から二度目の離婚とも言える決別をし，自分を元気づけてくれる調和のとれたイメージを作り始めた。

ケース2：泥沼の中で

ロンは感受性豊かな優秀な少年で，校長と高名な外科医夫婦の養子であった。まだ18歳だったのにすでにたくさんのポップ歌手やグループのために作曲をしていた。また社交的イベントづくりが驚くほど上手で，容貌も天使のようだった。にもかかわらず，ロンはすでに3回の自殺未遂，ほとんどあらゆる麻薬の使用，強盗，そして数カ月間の男娼という仕事（同性愛者へのサービス）を経験していた。彼はあることが大成功したすぐあとに，特別危険なことをやり始めるようだった。例えば，彼の歌が発売されて大反響を得た途端，ギャングに加わってコンピューター店に押し入った。幸いにも今までのところ，ロンは犯罪社会とのつきあいからは毎度うまく脱け出している。クラックとコカインをやめ（それぞれ数カ月間かかったが），ギャングとの交際から脱け出し，売春もやめた。しかし，悪いことが何も起きていない状態というのはいつもほんの短期間だった。

15歳のとき，スクールカウンセラーが彼の学習障害に気づいた。高い知能にもかかわらず，成績はいつも平均またはそれ以下で，たまに良い成績をとっても長続きすることはなく，すぐに失望することが待ち受けていた。スクールカウンセラーの尽力によりロンの読字・書字障害は10カ月後に解消した。ロンは読書が大好きになったが，数学と英語では（彼の話し言葉はヘブライ語だったので）まだ大きな遅れをとっていた。

ロンはスクールカウンセラーとはうまくいっていたが，二人は長い間，学業についてしか話さなかった。彼の他の問題についても少しはロンの両親から聞いていたので，カウンセラーはロンをセラピストに会いに行かせた。しかし彼の人生の他の多くの実験と同じように，セラピストとの関係も初めは良かったが，すぐに失望する結果となった。というのは，セラピストはロンが麻薬を使っていることを知り，すぐ薬をやめなければ治療を続けないと言ったのである。ロンは治療に通うのをやめた。

ロンはますますスクールカウンセラーに心服するようになった。彼は自分が自己破壊的な欲求に取りつかれていると信じていて，麻薬，窃盗，虚言，売春へ惹かれるほうが，前向きの業績を挙げるより本当の自分であると感じていた。社会的成功のきら

めきは表面的なものにすぎず，暗黒の姿が本当のロンであった。カウンセラーとロンは，犯罪社会へロンが惹きつけられることと彼が養子である事実とは関連があるのではないかと推測した。彼の自己卑下は，自分は元来値打ちがなく，本当の出生地である貧民街にふさわしい人間だという気持ちを表しているのだと考えられた。カウンセリングの場は，ロンの暗闇と光という両面が戦う場になった。カウンセラーはロンの自尊心を強めることによって彼を救おうとしたが，カウンセラーは良かったことばかりを強調し，それに対してロンは悪かったことについてのみ強調するので二人の関係は行き詰まってしまった。ロンは彼女が専門家くさく良いことばかり取り上げようとすると言い，彼女はロンが悪いことだけを見ると反論した。これはまさに治療的スプリットを必要とする状況である。そこで彼女はスーパービジョンを受けて下記のメッセージをつくり，以後のセッションで少しずつロンに伝えた。

　あなたが自滅の欲求から無茶な行動をしていたと思っていたのは間違いだったと思います。多分その正反対で，あなたは自衛のために行動していたのですね。良いことが起こってもいつでも，あとで失望するということをあなたはよく知っています。あなたにとっては，良いことを期待しても必ずそのあとで失望することになるし，実際そうだったのです。上昇するといつでもその後に，確実に大きく墜落するのでそれにひどく怯えていたんですね。心につきまとうこういう恐れに対して自分を守ろうとしていつも地獄に片足を突っ込んでいたのですね，つまり所詮自分は泥沼にふさわしい人間なのだという思いから。そうすればあなたは恐怖に耐えることができます，「もうすでにどん底にいるんだから，これ以上落ちる危険はないんだ」と自分に言いきかせて，ね。ユダヤ教の祭を企画した時や，あなたの歌が大喝采を受けたときみたいに，たまたまあなたが地獄からしばらくの間離れると，大急ぎで苦境の泥に潰かり直さなければなりません。これはあなたの防衛なんです。「ぼくはもう泥沼にいるんだし，それ以上のことを期待したことなんかない」。あなたはよいことがあるとちょっとばかり喜ぶかもしれないし，成功ではしゃぐかもしれないけど，どの場合も本気ではないのね。希望はあなたの最大の敵なんです。あなたは，悪魔が地獄に連れて行こうとしたとき「ぼくを地獄へ連れて行くことはできないよ！　はじめからそこにいるんだから！」と言ったオスカー・ワイルドの物語の主人公みたいです。
　この呪縛から逃れる道はあるのでしょうか。あるにはありますが，人を失望させることを学ぶ以外にその道はありません。あなたはその方法を知らないので，大変な目に合っているんです。失望させるというのは歯ぎしりのような相互作用のプロセスなのですが，あなたはそれを回避しようとして，負けた子どもがチェス盤をひっくり返すようにしてゲームから降りているのです。そのツケとして麻薬や非行にはしるだけでなく，自分の内面の決断にではなく外部に依存するようになったり，外面的・みせかけのことにとらわれるようになったりもしました。そうするかわりにいま，あなたが探らなければならないものはより深い，自分の内部の闇なのです。
　あなたは失望させること，そしてそれを感じることを学ばなくてはなりません。そし

て，それに耐えられるのだということを知る必要があります。何かよいことが起こっても，自分の中で失敗の影を育まなければなりません。成功のたびに聞こえてくるそのエコーを内なる耳で絶えず聞いていなければなりません。自分の心にブラックホールを担っていかなければなりません。これがあなたの保険になるのです。あなたを希望から守ってくれる内面の泥沼になってくれるでしょう。幼年時代に母親を亡くした人々によく見られますが，前向きな期待をするという危険に陥らないように自衛のための悲観論にしがみついて暮らそうとします。大切なものを失った辛さを知っているので，もう何かをしっかり掴もうとはしません。だからあなたは次のような暗黒の祈りを唱えながら生きていくしかないのです。「私は失望させる人であり，もうすぐ次の挫折が来るだろう。でも私は大きな希望に身を任せていないから失望させても平気なのだ。私は失望のとても近くにいるので，失望に耐えられるのだ」

　多分この祈りを身につけるまでには，まだ2，3回大きな上がり下がりを経験しなければならないでしょう。しかし一つ一つの揺れから学ぶのが目的なのです。いまや下がることは無駄ではなく，内面の守りを作る助けになるのです。私は楽観的過ぎるでしょうか。多分。しかし本当のところ，あなたがいつも落ち込んでいた外部の泥沼は，ある意味，あなたの内面の泥沼よりも小さいし，本物でもありません。例えば，あなたは麻薬を使いましたがそれから脱けられることがわかりました。売春しましたがそれをやめることもできました。外部の泥は洗い流せるもので，今日はこびりついていても明日にはもう取れています。しかし内面の泥は取れない汚れのようなものなのです。「私には同性愛の傾向があるし，頭がおかしいとか生まれが良くないというような汚れがある」とあなたはこだわるでしょう。自分の内面の真実は麻薬，窃盗，売春で，こういう汚れは決してとれないし，洗い流すこともできないとあなたは思ってきました。しかしこんな汚れは外面的な出来事にすぎないのです。影，ブラックホール，暗い祈りはもっと深くて真実なもので，このような内部の影があなたを二重に守ってくれるでしょう。ひとつには成功から守ってくれます。パーティーの最中にカディッシュ（ユダヤ教の死者のための祈り）を唱えるように，成功のただ中で失敗を感じることができるから。もう一つには外的な事件が起こらないように守ってくれます。自分の中に闇をかかえているのだから，あなたもそれ以上ことを起こす必要がなくなったのだから。これは，闇の分野でのあなたの成功になります。

　このように，カウンセラーは前向きの悲観論のコーチとなり，仲間となった。この考え方にロンはすっかり同感し，挑戦をはじめた。カウンセラーがいつも明るい側を代表し，ロンがいつも暗い側に立つということはもはやなくなり，彼女は，つぼみの中に虫がいるように善と悪は同居していることを思い起こさせる人になった。治療的スプリットによって二人は一方的で排他的な相互関係から解放された。カウンセリングは継続されており，この6カ月間，ロンは「外的な事件」を起こしていない。彼はいくつかの試験に落ちて両親，先生，自分自身を失望させたが，ほかのことでは成功もおさめた。

ケース3：城壁と破城槌

　治療的スプリットは支持と対立のメッセージのバランスをとるのを助けるので，夫婦療法で非常に役に立つことがある。それに加えて，メッセージがシンメトリー（夫婦の双方が治療的スプリットを含むメッセージを受ける）なので，セラピストが一方にえこひいきをしていると疑われないという利点がある。

　結婚して7年たったころ，リチャードはニーラがセックスに無関心になり，ときには何カ月も彼を避けていると不満に思っていた。彼は身体の暖かさ，触れ合い，親近感を味わいたがっていた。ニーラの方は，リチャードが家事を手伝わないし，気をつかわせるし，かんしゃく持ちだと不平を言った。彼はしばしば彼女を口汚くののしり，顔を平手打ちしたことさえあったので彼女は彼をとても恐れていた。彼の強要や攻撃を受けて彼女はなおさら固くうちにこもってしまった。

　ニーラの母親は彼女（ニーラ）を妊娠したために養護施設から追い出されたが，結婚の約束をしていた相手の男子学生も姿を消してしまった。母親は生活のために長時間働き，ニーラを施設に入れて週に一度面会に来た。ニーラが4歳のとき母親は結婚し，この後の数年間の家族生活はニーラの記憶の中でも最もポジティヴな思い出として残っている。継父は温かく接してくれていた。しかし彼は次第にニーラの母に暴力を振るうようになり，辛い別れが来た。母はその後何年間もひどいうつ状態に陥り，ニーラは10歳から後，ほとんどかまってもらえなかった。15歳でニーラは彼女の貧乏につけ込んだポップ歌手と最初の性体験をしたが，彼は粗野で攻撃的で，3週間後にはどこかへ消えてしまった。彼女はこれに懲りてリチャードに会うまではもう他の男とはつきあわなかった。

　リチャードは治療中には，自分の家族を「普通だ」とか「並み」だというふうにしか話さなかったので，幼年時代や家族のことは何もわからなかった。セラピストが彼の家族についてイメージが湧かないと言ったら，リチャードは家族関係がいつもよそよそしかったので自分は離れて家族を見ていたと述べた。彼はよその子どもたちの家庭の和やかな雰囲気を羨ましく思っていた。

　夫婦面接をはじめて2，3カ月後には，リチャードは前より長く子どもたちと過ごし，家庭のことにかかわるようになった。セックスの満足度は改善されたが，回数はリチャードにとってはまだ足りなかった。セックスは週に一度だったが，彼は少なくとも3，4回必要だという。個別のセッションのときにニーラは，セックスで自分を開放したあとには毎回，バッテリーを充電するかのように自分の中にひきこもらなければならないので，リチャードの性的要求を満足させることはとてもできないとセラピストに打ち明けた。回数の問題は残っていたが，カップルもセラピストもよい方向

に向かっていると感じたのでセッションを終結したところ，4カ月後に二人はまたセッションに訪れた。2カ月間もセックスがなく，リチャードは再び爆発しそうだった。子どもたちと彼のよいかかわりだけは続いていた。2回のセッションをして状況が落ち着いたとき，セラピストは以前に治療を終結したときと同じ状態だと感じたので，コンサルテーションを受けることにした。リチャードはもっとセックスをしたがっており，ニーラのほうは思いやりを欲しがっていた。セラピストは，二人とも塹壕の中に入って動かなくなっていて，少しでも動かそうとするとお互いに主張と要求を増やすばかりだと感じた。この時点でセッションを中止すると，多分以前の終結と同じ失敗を繰り返すことになるだろう。セッションを前進させること，もしくは今までとは異なる調子で終わらせることをめざして，以下のシンメトリーなスプリットを作った。

あなた方との相談は行き詰まっていると感じていました。全く始めの状態にもどったようだし，実を言うと，何を目指したらいいかわからなくなっていたので，私は専門家のコンサルテーションを受けました。そこで得たことをお伝えしたいと思います。あなた方の問題は，お二人とも相手に対して大変もっともな要望を持っているという非常にシンメトリーなものであるという結論に達しました。二人とも自分の要望を相手に話して実現したいのに，結局，望んだ反対になってしまうのです。

まず，ニーラから始めましょう。個人的な生活と結婚についてのあなたの第一の望みは，何でしょうか。攻撃されても安全と思える保護された囲いをみつけることなんですよね。そのためには少々寂しい思いをしてもかまわないと思っている。この望みは，あなた方母子の生い立ちから見れば当然だと思います。あなたの母親は，自分のまわりの保護の囲いをこわされたために生きることに絶望していました。彼女は，よくみられるとても残酷なやり方で，誘惑され捨てられたのです。あなたがた母子は，母親が無邪気に男を信用した代償として広い世界に放り出されたのです。これであなたは，保護される囲いの値打ちとそれを破られた危険について学んだのです。後に母は結婚し，その数年間，あなたは本当の家庭を持ちました。でも，その安全は長続きせず，家庭は破壊され，母親はうちのめされて長い間回復しませんでした。その時，人生があなたにくれたメッセージは「信用しないように！　自分を守りなさい！　他人を入れるな！」でした。実際に，あなた自身も人に心を開いたら，すぐにしっぺ返しをされましたね。最初の親しい触れ合いと思ったものは，弱みにつけ込まれただけだったと悟らされたのです。「私は馬鹿だったわ。男に心を許すなって，わかっていたはずじゃないの」と思ったことでしょう。

こういうわけであなたは，侵入の気配を感じると本能的に固く自分に閉じこもるようになったのです。あなたの体は，何層もの壁に囲まれた砦の真ん中で完全に守られていなければならないのです。こういう望みを持つようになったのはもっともです。これは生き残るための大切な教訓だったので，そのお蔭であなたは母親のように打ちのめされなかったのです。またリチャードがひどく強要，非難，攻撃をしてくるときにも，あな

たは同じように自分に閉じこもらなくてはいけないと思ってしまう。しかし皮肉にも，こうやって強く自分を守ろうとするせいで，かえってあなたが夢見ている安全は逃げていってしまう可能性があるのです。これには二つの理由があります。ひとつは，砦があれば必ず侵入しようとする者がいるのです。城壁を造ったら，向こうは破城槌（訳注：城壁を壊すための昔の兵器）を振り回してくる。防御が強くなればなるほど攻撃も強くなるということは自然の法則だともいえます。第二に，完璧な保証を夢みるとかえって危険を招くというのは，地面を深く掘り進むほど，大地は大きく揺すぶられるからなのです。あなたが一人で塹壕を作ろうとすることは結婚生活を揺すぶることになり，あなたはもっと不安に駆られるようになります。希望は呪いに変わるのです。あなたに残るのは，厚い壁，断固とした侵入者，震える穴，そして，際限のない不安の予感なのです。今，なすべき作業は孤立して一人でやるのではなく二人で，別の種類の安全をつくることです。

　つぎにリチャード，あなたのほうはどうでしょうか。あなたが結婚生活に望むものは親しさですね。垣根のない親しさ，隔てのないこと。愛されたり愛したり，触れたり触れられたりしたい。去年，あなたが家族と子どもたちをとてもよく世話したのは，この理想のためだったんですよね。この願いは子ども時代に，親密で温かそうな他所の家族に憧れていたときに培われたものだと思います。よそよそしかった自分の家族に対するあなたの自然の反応だったのです。この希望がどうして自滅的なものになったのでしょうか？　それは，パートナーがときどきみせる親しさと触れ合いに満足できないで，あなた流の親しさと触れ合いを強要するからでしょう。例えば，あなたは，ニーラが時々はセックスの時に親しさを表すことができることを知っていますね。最近は，週に1回はこういうセックスができるようになっています。彼女が心を開いたのであなたの期待は高まりました。「いいスタートだ，これが週に3，4回になればいいんだ」と言いました。つまりあなたは400パーセントを希望しているんです！　ニーラはあなたがそれで満足するとは信じられませんでした。彼女にとっては，あなたの希望にあわせるために体を開放することは大きな努力が必要だったけれど，うまく開放できても成功するごとにもっと回数をふやすように期待されるだけでした。週4回，できるじゃないか。彼女の努力は分割払いの1回分みたいに当たり前のものになりました。セックスで満足した瞬間にも彼女は「週に4回のセックスができないので，あなたを失望させている」と感じていたのです。「なんで彼女は週に4回，私とセックスできないのか」とあなたは思うでしょうが，彼女には親密になった後，充電のために一人にならなければならないという，あなたとは大変違う開放と回復のサイクルがあるのです。彼女はそういう人なんです。一緒にいるためには，あなたの求めているのとは違う種類の親しさ，相手の限界を受け入れるような親しさを作る必要があるのです。

　残念なことに，このメッセージにこめた私たち（セラピストとコンサルタント）の期待は届かなかった。ニーラはその方向でやる気だったが，リチャードは裏切られたように感じた。彼だけが犠牲を強いられたと感じて治療に来なくなった。このシンメトリーは結局シンメトリーではなかったのだ。セラピストとコンサルタント（筆者）

は現在，治療に来ないというリチャードの権利を認めながらも，失敗を償う新しいメッセージを作ろうとしている(注2)。

考　察

ナラティヴの立場をとるセラピストは，上述の一方的な公式化と長々しい治療的メッセージには困惑するだろう。ナラティヴという専門用語からは通常，案内するというよりは従う，主張するというよりは聴く，教えるよりは学ぶという傾向が連想されてきた。その上，以上の治療的スピーチはナラティヴが根絶しようとした全能の権威主義的な姿勢を思い出させる。予想されるこのような批判について詳しく検討してみたい。

ナラティヴの概念は，心理療法の文献にはなばなしく登場し，その後，精神分析学者（Spence, 1982; Schafer, 1983），家族療法家（Boscolo, Cecchin, Hoffman, & Penn, 1987; White & Epston, 1990），認知療法家（Meichenbaum, in Hoyt, 1996; Russell & Van den Broek, 1992），統合・折衷主義者（Omer & Strenger, 1992）や，さらにセラピー各派のいずれにも属さない理論家たち（Bruner, 1986; Gergen & Gergen, 1986; Sarbin, 1986）に取り入れられてきた。ナラティヴがこのように大きな影響力をもつようになった背景には「過去の隠された真実を治療によって明かすという仮説の消滅」や「心が知覚された世界を造るという考えが心理学のすべての分野でひろがってきたこと」や「知識と文化についての一般的な見通しとしての言語の解釈学と哲学の勃興」がある（Omer & Alon, 1997参照）。これらの背後にはさらに，うまく作られたケースのストーリーに心理療法家たちが強い興味を抱くという事実がある。偉大なセラピストは偉大なストーリーテラーであるし，良い治療が良いストーリーになることも多い。上記のアプローチすべてに共通なことは，しばしば想定されるようにクライエントが自分の人生の唯一の作者でなければならないという信念ではなく，人々が信じて演じるようになる個人的なストーリーこそが彼らの人生で大きな役割を果たすという理解である。ストーリーが役に立つか立たないかは，始めにそれを作ったのが自分自身であるか他人であるかには関係がない。本章の中で示した治療的メッセージはこのようなナラティヴの見方に基づいている。すなわち，クライエントが行ってきた，またはセラピーの中で行われてきた一方にかたよったナラティヴは行き止まりに来ているので，今や他のもっと開放的で豊かなものに変わらなければならない。

治療的スプリットの上述の例は，同僚やスーパーバイザーとともに治療の外部での議論によってつくられたものであるが，いつもこのようだとは限らない。治療的スプ

注2）悪い終わり方をした治療の修復についてはオマー（Omer, 1991）を参照のこと。治療の相互作用についての新しいナラティヴを提案する手紙をクライエントに出すやり方が書かれている。

リットは治療の際の会話から徐々に有機的につくられることもある。セラピストとクライエントは，否定と肯定が渾然一体になったものを共同しながら作っていく。しかし，わかりやすくするために，治療的スプリットの必要性とパターンを示すケースとして双方の一方的な解釈によって治療が行き詰まり，スプリットが一度にまとめて伝達されたものを選んで示した(注3)。実際には，行き詰まりが生じてもセラピストはしばしば一方的な介入を用いずに，クライエントとともに注意深く検討して乗り越えている（Safran, 1993）。とはいえ，セラピストが行き詰まりを認識して積極的に修復しない限りは，このような共同作業が行えない場合もある事を指摘しておきたい。この章において示された治療的スプリットは，双方が動けなくなった行き詰まりからセラピストが抜け出そうと試みるときの介入である。私はこういう試みを危機への介入（critical interventions）（Omer, 1994）と名づけている。

　以上の私の記述は自説を弁明しようとしているのだろうか。行き詰まりという状況に必要だからといって，セラピストが自分自身の物語を作る権利を正当化しようとしているのだろうか。セラピストのスタイルに合った治療的な絵を作る権利を，セラピストのナラティヴをクライエントに口述する権利を正当化しようとしているのだろうか。治療的スプリットの二つの側面について行ったと同様に，私も弁明であることは認めて，同時に挑戦的な治療に役立つ信条を提唱するという両面作戦を実践したいと思う。その信条というのは，クライエントの助けによって以前の暗い描写ではなく新しい描写を，自滅的なものに換えて新しい構想を，選択の幅を広げる新しいテーマを，干からびたナラティヴに血を送り込む新しい意味を新しく作るしか方法はないということである（Omer & Alon, 1997）。こういうことによって，後戻りをしないくらい活発になり，私たちの姿勢は言葉や沈黙から明らかになる（Omer, 1996）。しかし，そのときには私たちのナレーションには何の制限も必要ないのだろうか。否。最低限，クライエントの心からの自己承認のテストをパスしなければならない。私たちのナラティヴは，クライエントの状況とニーズにぴったり合ってはじめて治療に役立つものだといえる。クライエントが拒絶したり反応してくれないときには，私たちの努力は空しく，恣意的なものになる。クライエントに対してナラティヴを質問のかたちで示すか主張の形式で示すか，短文か長文か，治療的手紙か口頭か，いずれの方法をとっても同様のことがいえる。治療的スプリットは，シンメトリー，両面からの描写，支持と挑戦の混合，そして冗舌という私の好みのスタイルをたしかに反映している。そ

注3）しかし，これにも代償がある。一度に伝えられたメッセージは，また，一度でだめになるかもしれない。ケース3はこの例である。しかし，ケース3のように治療がそこで終わることはあまりない。私の著書 "Critical Interventions in Psychotherapy"（Omer, 1994）には，重要なメッセージが失敗した後でも治療が続き，さらに実りがあった多数のケースが示されている。

れにしても，スプリットはそれがクライエントの感情を響かせ，価値観を動かし，要求に沿うものでないと，全くの失敗作となるのである。

監訳者あとがき

　本書は，Michael F. Hoyt編 "The Handbook of Constructive Therapies: Innovative Approaches from Leading Practitioners. Jossey-Bass Publishers, San Francisco, 1998" に収められた22本の論文のうちから13本の論文を選択して翻訳したものである。できることならば，すべての論文の訳出といきたいところであったが，原著自体500頁にも及ぶ大著であり，それらすべてを日本語にするとなれば，あまりにも膨大なものとなるので一部を割愛せざるを得なかった。そこで，編者のホイトと相談しながら，本書のエッセンスとなるであろう13本の論文を選択したわけである。もちろん，今回は割愛せざるを得なかった9本の論文いずれもきわめて価値あるものなので，いずれかの機会に日本語として紹介されることを願うところである。

＊

　さて，最初に指摘しておかなければならないのは "構成主義" というタームについてである。ただ，日本のこの領域における動向からすると，本書にも序文を寄せているガーゲンの "社会構成主義" という方が定着したものとなっているようである。実際，"社会構成主義" に基づいた心理療法ということになれば，それらは家族療法を出自とするナラティヴ・モデルによるマイケル・ホワイトらのナラティヴセラピー，ハーレーン・アンダーソンらの共同言語システムアプローチ，トム・アンデルセンのリフレクティング・チームを指す（McNamee & Gergen, 1992; 小森・野口・野村, 1999）。ところが，本書では，ホイトの序論の冒頭にもあるように「構成主義的心理療法の傘のもとに」これらのナラティヴ・モデルに加えてブリーフセラピーの一群に入る論文が多数収められている。つまり，本書は，とくに現在の家族療法とブリーフセラピーとの間の共通性を前面に押し出したものとなっており，これが本書の最大の特徴といえる。そこで，まずは "社会構成主義" もしくは "構成主義" ということについてごく手短に触れた上で，家族療法とブリーフセラピーのこれまでの関係の歴史について監訳者なりに若干の補足をしておこうと思う。なお，この点については，別のところでも論じているのでそちらも参考にしていただけるとありがたい（児島, 2006）。

＊

　ガーゲンの"社会構成主義"に対する日本における関心の高まりは，実は，ナラティヴ・モデルを通じての臨床の世界だけにあるのではない。これは，近代以降主流となっている客観主義・実証主義に基づく心理学のあり方そのものを，ポストモダンと称せられる人文・社会科学全体の新たな思想の流れに基づきながら徹底的に問い直すことを主眼にしたものである。そして，彼の場合には，彼自身が社会心理学者としてそうした主流の心理学にあくまで内在しながら進めてきた研究であることがその価値を一層高めている。だからこそ，その影響は日本の心理学界にも徐々に浸透してきているのである。その証拠に彼の主要な著作がたて続けに邦訳出版されている（Gergen, 1994a; 邦訳1998, 1994b; 邦訳2004, 1999; 邦訳2004）。ところが，日本においては，上記の訳者として名を連ねている心理学者たちと我々臨床家との間の対話の機会はあまり見られない。もちろん，そこに"社会構成主義"に対する同様の関心がありながらも方向性の違いが出てくるのは当然ではあるけれども，それがもし，従来からの心理学における"基礎と臨床"もしくは"理論と実践"の間の乖離現象をそのまま受け継いだものであるとするならば，それ自体すでに"非社会構成主義"であると言わざるを得ないのではないだろうか。これ以上，この議論にとどまるつもりはないが，ガーゲン（Gergen, 1999）自身がナラティヴセラピーはもとより最近では，解決志向ブリーフセラピーについてもかなりのページを割いて論じている点を省みれば，早晩，日本においてもそうした対話が開始されることを期待したいものである。

　ところで，この"社会構成主義"が，実は社会学の領域においてすでに1960年代に登場してきたものであることを我々は案外知らない。それは，ピーター・バーガーとトーマス・ルックマン（Berger & Luckmann, 1966）によって発表された文字通り「現実の社会的構成」と題する著作である。そして，それ以降，社会学の領域においては，心理学の領域よりも一層その理論的な議論が展開される中で，"社会問題"の読み解きから"社会実践"への動きをより促進していくことになる（野口，1999; Endress, 2003）。その中でも，とくに本書との関連から興味深いのは，解決志向ブリーフセラピーの面接現場をこうした社会学者たちが直接観察することによって，その臨床実践を社会構成主義の観点から読み解いていった研究である（Miller, 2003）。

　こうしてみると，心理学と社会学の対話が"社会構成主義"による心理療法を通じて促進されていく様には大変興味深いものがある。いずれにせよ，我々人間の外側に何がしかの現実があるわけではなく，現実とは我々人間が常に"構成"していくものに他ならず，そして，たとえ個人の心的現実であったとしても，それはすでに関係性を孕んだすなわち"社会"的なものであるという考えをもとにすれば，"構成"はすでに"社会構成"に他ならないのである。となれば，心理療法の世界自体がすぐれて

今日的な社会的に構成された"社会問題"の一つであることを認識せざるをえないのではなかろうか。

          ＊

　さて，次に，家族療法とブリーフセラピーの関係の歴史について簡単に述べることにする。周知のごとく，ブリーフセラピーの祖といえばミルトン・エリクソンであるが，彼は，文化人類学者であるグレゴリー・ベイトソンと共に1950年代後半からの家族療法の誕生期に多大なる影響を与えた。その後，家族療法は，当時としては実に画期的な"IPは家族システムの病理の反映である"とする構造論的システム理論に基づいた家族臨床を展開していくことになる。しかし，彼は，このような家族療法の動きとは早晩一線を画すことになる。なぜならば，彼にとっては，このような家族"理論"はたとえそれ自体精緻なものであっても，実際のクライアント・家族へのより効果的で効率的な援助には必ずしもつながらず，かえって足かせになることを強く感じ取っていたからである。彼は，ジェイ・ヘイリー（Haley, 1973）をして"非凡"と言わしめたほどの実に見事な臨床実践の数々を残しているが，そのエッセンスは優秀な弟子たちによって今日ではより洗練されてきている。その中にあって独自の路線を開拓したのが可能性療法のビル・オハンロンである。また，家族療法の伝統を引き継ぎつつもエリクソンからの強い影響のもとに今日のブリーフセラピーの基礎を作ったのがジョン・ウィークランドを中心とするMRIであり，さらにスティーヴ・ディ・シェイザーとインスー・キム・バーグによる解決志向アプローチである。これらが現在のブリーフセラピーの核となっているものである。

　一方，家族療法内部においても1980年代に入ると，既述したようなシステム論的発想に基づく家族療法の限界が，より社会的・文化的な面から強く意識されるようになってきた。そこには，同時期におけるガーゲンの"社会構成主義"を含むいわゆるポストモダンによるあらたな社会理論の枠組みからの影響ともあいまって，家族療法は大きな理論的転換を見せ，それが1990年代になると今日のナラティヴ・モデルへの動きに拍車をかけることになる（楢林，2003）。その詳細な経緯については，本書中のリン・ホフマンが自らの家族療法家としての長年の遍歴をもとにまとめた論文が大変参考になる。そして今日においては，このナラティヴ・モデル自体がより広範な領域へと拡大を見せることになる。そのもっとも典型的な例が昨今の医療領域におけるEBM（エビデンスに基づく医療）とNBM（ナラティヴに基づく医療）を繋ごうとする動きである。

          ＊

　以上のような流れのなかで，家族療法とブリーフセラピーは再び結びつくことになるが，その共通項となったのは，何といっても"治療的会話"をキーワードとする言

語の相互行為的な現実構成の側面に対する認識であった。この点についての洞察をより深める上では，ホイトによる序論の中の「言語と言語行為」に関する一節が示唆に富んでいる。もっとも，家族療法における共同言語システムアプローチのアンダーソンは，自らの立場をホワイトのナラティヴセラピーと同列に扱われることに懸念を表しているし（2001年6月，京都で行われたワークショップでの発言より），ブリーフセラピーにおいては，オハンロンが本書の中でかつて解決志向アプローチのディ・シェイザーのスタンスに批判を加えた経緯が述べられている。このように，それぞれの領域内においても個々の立場による違いはあるのである。それはともかく，家族療法とブリーフセラピーが再度接近を見せるなかであらためて多くの臨床家の関心を呼んだのが，ホワイトとディ・シェイザーの間で展開された「ユニークな結果」と「例外」の異同に関する議論である（White & de Shazer, 1993）。しかし，この議論の中には"技法"レベル以上のものが潜んでいたように思われる。すなわち，前者にはセラピストも含めた治療システム自体の社会的・政治的なコンテクストを重視する傾向が認められるのに対して，後者には，セラピストをあくまでセラピー場面におけるいわば職人的な役割に限定する志向性が読み取れるのである。言い換えれば，治療的プラグマティズムということになろうか。この違いは「外在化」を導入する際にも現れているように思われる。いずれもクライエント・家族自体を問題視（病理化）しないという点では共通しているが，前者は，あくまで「外在化」される問題そのものの存在（たとえメタファーやストーリーの形式によるものであれ）を前提としているのに対して，後者はその問題をいわば"不問に付し"た形であくまで解決構築のための質問形式の一つとして取り扱おうとしているようである（児島・森，2002）。いずれにせよ，こうした違いは，セラピストの"専門性"に関わる議論にも集約されるが，監訳者自身のセラピストとしての経験と照らし合わせた時，このいずれをも肯定したい思いに駆られて仕方がない。

　このような差異は，考えてみれば，かつてエリクソンが家族療法と一線を画すことになった経緯においてすでに内包されていたものと見ることができるかもしれない。その点では，たしかに，今日のブリーフセラピー発展の原動力となった解決志向アプローチの基本的な性格にもそれが反映されている。しかし，解決志向アプローチ自体もその後の世代によってより社会的な文脈へと拡大を見せつつある。こうして，今では，ダンカン，バブル，ミラー（Duncan, Hubble, & Miller, 1997）らも指摘しているように，心理療法各派に共通する治療要因に目を向けようとする動きがある中で，本書は，あらためて家族療法とブリーフセラピーの関係をつなぎながら，より幅広い形で今日の心理療法における動向の一端を示そうとしているのである。それが他ならぬ"構成主義"というタームで束ねられている。

＊

　ここで，あらためて気づかされたのは「本書は『我々人間は構成的存在であるという構成』(傍点は監訳者による) に基づいたものである」というホイトの序論の冒頭における一文のもっている意義である。我々人間はその"言語的"本性からして，物事に名前を与えないわけにはいかないし，何かを「○○である」と定義しないわけにはいかない。するとその途端，そこにあたかも一つの確定された世界ができあがってそれを自らの手にしたかのように考える。しかし，実は，これはディ・シェイザーいうところの"誤読"に他ならない。同じく，我々はまた，いつも何か"完成され"，"閉じられた"体系へと誘惑される存在である。だからこそ，ガーゲンは序文の中で本書に「未完成の霊感」という言葉を贈ったのではないか。とはいえ，はたして我々は，自らをこの未完成のうちにとどめ置くことができるであろうか。さらに同じく，アンダーソンとグーリシャンのいう「理解の途上にとどまる」ことができるのであろうか。つまり，"構成"とはそこに常に"脱構成"を孕んだ不断の動きに他ならず，これこそが"変化"そのものでもある。そして，クライエント・家族のみならずセラピストとしての我々自身もまたこの"変化"のうちにあることの認識なしには，おそらく彼らにとっての"より良い現実"もしくは"より良いナラティヴ"を共同創造することはできないのではなかろうか。これこそが，どのような立場や学派に立とうとも，読者の方々が本書から学び取っていただきたい最大のものである。と同時に，それぞれの臨床領域や多様なクライエントとの日々の臨床実践に生かしていただければ監訳者にとってこれ以上の喜びはない。

＊

　ここで，訳文について一言述べておきたい。なにぶんにも，著者たちのスタイルの違いにさらに各訳者の日本語のスタイルの違いが掛け合わされた結果，日本語訳の原稿がそれぞれきわめて個性的なものとなった。このままだと確かに読者にはバラバラな印象を与える懸念があった。しかし，これも本書の精神にならって，各筆者と訳者の組み合わせによる"構成"の結果を尊重することにして，訳文および訳語についても機械的な統一はあえて避け，ごく最低限の手直しにとどめた。それでもなお，論文によってはかなり訳出に苦労したところもあって，もっと適切な訳文の可能性も残されている。いずれにせよ，これらについてはすべて監訳者の責任にあることはいうまでもない。

＊

　最後に，本書訳出の経緯について是非とも触れておきたい。それは，たしか1999年の秋の頃であった。当時，私は日本ブリーフサイコセラピー学会のメンバーとともに，2001年大阪で第2回環太平洋ブリーフサイコセラピー会議を開催する準備にと

りかかっていた。そこで，私は，この会議のメインスピーカーにホイトを招聘しようと心に決めていた。その理由は，1995年，福岡で開催した第1回環太平洋ブリーフサイコセラピー会議（日本ブリーフサイコセラピー学会，1996）にインスーの紹介で初めて来日した彼の，ブリーフセラピストとはいえ，心理療法全般についての広範な知識と豊かな経験に裏打ちされたバランスのよさに敬服していたからである。さて，彼は，この大阪での会議にも大いなる賛同と参加の意を表してくれた。また招聘する海外講師陣についても的確なアドバイスとその交渉役まで買って出てくれたのである。おかげで，実行委員長の吉川悟氏をはじめとする本学会のメンバーたちや，その他多数の国内の各派臨床家たちの協力もあって，この会議は国内外から1000名以上の参加者を得て成功のうちに終えることができた。ちなみに，この会議の内容は一冊にまとめられ（日本ブリーフサイコセラピー学会，2004），また，主要なセッションがビデオに収録されている（これは，現在も販売中である：注文先は日本ブリーフサイコセラピー学会のHPに掲載されている）。

そして実は，その折に，彼が私に贈呈してくれたのが出版されてまもない本書であった。私は，当代一流の執筆者をこれほどまでに集めた質量共に圧倒的な内容にただただ驚嘆するばかりであった。同時に，臨床家としての，また米国での臨床の世界では稀な"編集者"としての彼の実力と人柄に惹かれ日本語訳出版を決意したのであった。さっそく，論文の選択と，それぞれの内容に精通した日本の臨床家の方々に翻訳を依頼して作業を始めた。しかし，その直後より，公私にわたって予想もしない事態に見舞われ多忙を極めるなか，計画は大幅にずれ込んでいった。この間，彼は，辛抱強く，やさしく私を励まし，ここまで待ってくれた。また，翻訳に協力していただいた諸先輩や仲間たちにも迷惑ばかりおかけすることになった。ここに，あらためてホイトをはじめとして関係者の方々に心からお詫びする次第である。

さて，いよいよ最後になってしまったが，本書の編集および出版をお引き受けいただいた金剛出版の田中春夫氏にはどのようなお礼の言葉も見つからない。本当にこれまでご苦労ばかりをおかけした。ここで，このようなことを申し上げるのは如何かとは思われるが，できる限り，多くの臨床家の方々が本書を手にとっていただくことを願うばかりである。

2006年8月

児島達美

（文献）

Anderson, H. & Goolishian, H. (1992) The client as a expert: A not-knowing approach to therapy. In McNamee, S. & Gergen, K. (eds.) Social Construction and the Therapy Process. Sage, Newbury Park, CA, pp. 25-39.（野口裕二・野村直樹訳（1997）クライエントこそ専門家である——セ

ラピーにおける無知のアプローチ．（野口裕二・野村直樹訳）ナラティヴ・セラピー——社会構成主義の実践，金剛出版，pp.59-88.）
Berger, P.L. & Luckmann, T. (1964) The Social Construction of Reality. A Treatise in the Sociology of Knowledge, New York. （山口節郎訳（2003）現実の社会的構成——知識社会学論考．新曜社）
Duncan, B.L., Hubble, M.A., & Miller, S.D. (1997) Psychotherapy with "Impossible" Cases. W.W. Norton, New York. （児島達美，日下伴子訳（2001）「治療不能」事例の心理療法．金剛出版）
Endress, M.(2003) On social constructionism （飯田卓訳：社会構成主義について）．文化と社会，マルジュ社，4；6-35.
Gergen, K.J.(1994a) Toward Transformation in Social Knowledge, 2nd Edition. Sage Publication, London. （杉万俊夫・矢守克也・渥美公秀監訳（1998）もう一つの社会心理学——社会行動学の転換に向けて．ナカニシヤ出版）
Gergen, K.J.(1994b) Realities and Relationships: Soundings in Social Construction. Harvard University Press, Cambridge, MA.（永田素彦，深尾誠訳（2004）社会構成主義の理論と実践——関係性が現実をつくる．ナカニシヤ出版）
Gergen, K.J.(1999) An Invitation to Social Construction. Sage Publication, London. （東村知子訳（2004）あなたへの社会構成主義．ナカニシヤ出版）
Haley, J. (1973) Uncommon Therapy: The Psychiatric Techniques of Milton H. Erickson,. M.D. Norton, New York. （高石昇・宮田敬一監訳（2000）アンコモンセラピー——ミルトン・エリクソンのひらいた世界．二瓶社）
児島達美（2006）家族療法とブリーフセラピー．（牧原浩監修／東豊編）家族療法のヒント，金剛出版，pp.38-46.
児島達美，森俊夫（2002）ブリーフセラピーへの招待．現代思想，30(4); 70-83.
小森康永・野口裕二・野村直樹（編著）（1999）ナラティヴ・セラピーの世界．日本評論社．
McNamee, S. & Gergen, K. (eds) (1992) Social Construction and the Therapy Process. Sage, pp. 25-39. （野口裕二・野村直樹訳（1997）ナラティヴ・セラピー——社会構成主義の実践．金剛出版）
Miller, G. (2003) From theory to application: The constructionist sociology of social problems. （岡田光弘訳：理論から応用へ？——構築主義を採用する社会問題の社会学）．文化と社会，マルジュ社，4; 57-81.
楢林理一郎（2003）家族療法とシステム理論．（日本家族研究・家族療法学会編）臨床家のための家族療法リソースブック，金剛出版，pp.40-49.
日本ブリーフサイコセラピー学会（編）（1996）ブリーフサイコセラピーの発展．金剛出版．
日本ブリーフサイコセラピー学会（編）（2004）より効果的な心理療法を目指して——ブリーフサイコセラピーの発展Ⅱ．金剛出版．
野口裕二（1999）社会構成主義という視点——バーガー＆ルックマン再考．（小森康永・野口裕二・野村直樹編著）ナラティヴ・セラピーの世界，日本評論社，pp.17-32.
White, M., & de Shazer, S. (1993) New direction in Family therapy. In Gilligan, S., & Price. R. E. (eds) Therapeutic Conversations. Norton, pp.95-135. （森俊夫，瀬戸屋雄太郎訳（2002）家族療法の新しい方向性．現代思想，30(4); 84-112.）

文　献

Adler, A. (1958). *What life should mean to you.* New York: Capricorn Books. (Original work published 1931)
Albee, G. W. (1997). Speak no evil? *American Psychologist*, 52(10), 1143-1144.
Adams, J. F., Piercy, F. P., & Jurich, J. A. (1991). Effects of solution focused therapy's "formula first session task" on compliance and outcome in family therapy. *Journal of Marital and Family Therapy*, 17, 277-290.
Allen, J. R. (1998, in press). Of resilience and vulnerability-and a woman who never existed. In B. Pfefferbaum (Ed.), *Child-adolescent psychiatric clinics of North America*. Philadelphia: Saunders.
Allen, J. R., & Allen, B. A. (1984). *Psychiatry: A guide (2nd ed.)*. New York: Medical Examination.
Allen, J. R., & Allen, B. A. (1991). Towards a constructivist TA. In B. R. Loria (Ed.), *The Stamford papers: Selections from the 29th annual ITAA conference* (pp. 1-22). Madison, WI: Omnipress.
Allen, J. R., & Allen, B. A. (1996). Narrative theory, redecision therapy and postmodernism. *Transactional Analysis Journal*, 25(4), 327-334.
Allen, J. R., & Allen, B. A. (1997a). A new version of transactional analysis and script work, with a constructionist sensitivity. *Transactional Analysis Journal*, 27(2), 1-11.
Allen, J. R., & Allen; B. A. (1997b). Of constructivism, constructionism, postmodernism and psychotherapy. *Journal of Transactional Social Psychology*. Internet. http://www.bravenewweb.com/idea/. Editor, Alan Jacobs.
Allen, J. R., & Allen, B. A. (1997c). Redecision therapy with children and adolescents. In C. Lennox (Ed.), *Redecision therapy: A brief action-oriented approach* (pp. 227-253). Northvale, NJ: Aronson.
Allen, J. R., Allen, B. A., Barnes, A., Hibner, B., Krausz, R., Moiso, C., Welch, S., & Welch, C. (1997). Permission: Two decades later. *Transactional Analysis Journal*, 26(3), 196-205.
American Psychiatric Association. (1994). *Diagnostic and statistical manual of mental disorders (4th ed.)*. Washington, DC: Author. (高橋三郎・大野　裕・染矢俊幸訳：DSM-IV精神疾患の分類と診断の手引き. 医学書院, 1995)
Amundson, J. K. (1996). Why pragmatics is probably enough for now. *Family Process*, 35, 473-486.
Amundson, J., Stewart, K., & Valentine, L. (1993). Temptations of power and certainty. *Journal of Marital and Family Therapy*, 19, 111-123.
Andersen, T. (1987). The reflecting team: Dialogue and meta-dialogue in clinical work. *Family Process*, 26, 415-428.
Andersen, T. (Ed.). (1990). *The reflecting team: Dialogues and dialogues about the dialogues*. Broadstairs, Kent: Borgmann.
Andersen, T. (Ed.). (1991a). The refleeting team: Dialogues and dialogues about the dialogues. New York: Norton. (鈴木浩二監訳：リフレクティング・プロセス——会話における会話と会話. 金剛出版, 2001)
Andersen, T. (1991b). *Relationship, language, and pre-understanding in the reflecting process*. Paper presented at the Houston Galveston Narrative and Psychotherapy Conference, New Directions in Psychotherapy, Houston, TX.
Andersen, T. (1992). Reflections on reflecting with families. In S. McNamee & K. J. Gergen (Eds.),

Therapy as social construction (pp. 54-68). Newbury Park, CA: Sage.

Andersen, T. (1995). Reflecting processes, acts of informing and forming: You can borrow my eyes, but you must not take them away from me! In S. Friedman (Ed.), *The reflecting team in action: Collaborative practice in family therapy* (pp. 11-37). New York: Guilford Press.

Anderson, H. (1995). Collaborative language systems: Towards a postmodern therapy. In R. Mikesell, D. D. Lusterman, & S. McDaniel (Eds.), *Integrating family therapy: Family psychology and systems theory*. Washington, DC: American Psychological Association.

Anderson, H. (1996, Fall). Chocolate cake and coke. *Houston Galveston Institute Newsletter*.

Anderson, H. (1997). *Conversation, language, and possibilities: A postmodern approach to therapy*. New York: Basic Books. （野口直樹・青木義子・吉川　悟訳：会話・言語・そして可能性――コラボレイティヴとは？　セラピーとは？　金剛出版，2001）

Anderson, H., & Goolishian, H. A. (1988). Human systems as linguistic systems: Evolving ideas about the implications of theory and practice. *Family Process, 27*, 371-393.

Anderson, H., & Goolishian, H. A. (1992). The client is the expert: A not-knowing approach to therapy. In S. McNamee & K. J. Gergen (Eds.), *Therapy as social construction* (pp. 25-39). Newbury Park, CA: Sage. （野口裕二・野村直樹訳：クライエントこそ専門家である――セラピーにおける無知のアプローチ．（野口裕二・野村直樹訳）ナラティヴ・セラピー――社会構成主義の実践，金剛出版，1997, pp. 59-88）

Anderson, W. T. (1983). *The upstart spring: Esalen and the American awakening*. Reading, MA: Addison-Wesley.

Anderson, W. T. (1990). *Reality isn't what it used to be: Theatrical politics, ready-to-wear religion, global myths, primitive chic, and other wonders of the postmodern world*. San Francisco: Harper San Francisco.

Atwood, J. D. (1993). Social constructionist couple therapy. *Family Journal: Counseling and Therapy for Couples and Families, 1*(2), 116-130.

Bateson, G. (1972). *Steps to an ecology of mind*. New York: Ballantine. （佐藤良明訳：精神の生態学．思索社，1990／新思索社，2000）

Bateson, G. (1979). *Mind and nature: A necessary unity*. New York: Dutton. （佐藤良明訳：精神と自然――生きた世界の認識論．思索社，1982／新思索社，2001）

Bateson, G., Jackson, D. D., Haley, J., & Weakland, J. H. (1956). Toward a theory of schizophrenia. *Behavioral Science, 1*, 251-264.

Baudrillard, J. (1984). The progression of simulacra. In B. Wallis (Ed.), *Art after modernism* (pp. 253-281). New York: New York Museum of Contemporary Art.

Berg, I. K. (1989). Of visitors, complainants and customers. *Family Therapy Networker, 13* (1), 27.

Berg, I. K. (1994a). *Family-based services: A solution-focused approach*. New York: Norton. （磯貝希久子監訳：家族支援ハンドブック――ソリューション・フォーカスト・アプローチ．金剛出版，1997）

Berg, I. K. (1994b). *Irreconcilable differences: A solution-focused approach to marital therapy*. Videotape. Available from Brief Family Therapy Center, Milwaukee, WI.

Berg, I. K., & Anderson, H. (1994, July). *Supervision: Leading from one step behind*. Workshop at Therapeutic Conversation 2, Reston, VA.

Berg, I. K., & de Shazer, S. (1993). Making numbers talk: Language in therapy. In S. Freedman (Ed.), *The new language of change: Constructive collaboration in psychotherapy* (pp. 5-24). New York: Guilford Press.

Berg, I. K., & Miller, S. D. (1992). *Working with the problem drinker: A solution-focused approach*. New York: Norton. （斎藤　学監訳：飲酒問題とその解決――ソリューション・フォーカスト・アプローチ．金剛出版，1995）

Berg, I. K., & Reuss, N. H. (1997). *Solutions step by step: A substance abuse treatment manual*. New York: Norton. （磯貝希久子監訳：解決へのステップ――アルコール・薬物乱用治療へのソリューション・フォーカスト・セラピー．金剛出版，2003）

Berger, P. L., & Kellner, H. (1979). Marriage and the social construction of reality. In H. Bobboy, S. Greenblatt, & C. Clark (Eds.), *Social interaction: Introductory a readings in sociology* (pp. 308-322). New York: St. Martin's Press.

Berne, E. (1972). *What do you say after you say hello?* New York: Grove Press.
Bernstein, A. (1990). Ethical postures that orient one's clinical decision making. *AFTA Newsletter,* 41, 13-15.
Bordo, S. (1994). *Unbearable weight: Feminism, Western culture and the body.* Berkeley: University of California Press.
Boscolo, L., & Bertrando, P. (1993). *The times of time.* New York: Norton.
Boscolo, L., Cecchin, G., Hoffman, L., & Penn, P. (1987). *Milan systemic family therapy.* New York: Basic Books.（鈴木浩二監訳：家族面接のすすめ方――ミラノ派システミック療法の実際．金剛出版，2000)
Boyd, D. (1974). *Rolling Thunder.* New York: Delta.
Brown, L. (1997). The private practice of subversion: Psychotherapy as Tikkun Olam. *American Psychologist,* 52 (4), 449-462.
Bruner, J. (1986). *Actual minds, possible worlds.* Cambridge, MA: Harvard University Press.（田中一彦訳：可能世界の心理．みすず書房，1998)
Bruner, J. (1987). The transactional self. In J. Bruner & Haste (Eds.), *The child's construction of the world* (pp. 81-96). London: Methuen.
Bryant, P. (1979). Inferences. In A. Floyd (Ed.), *Cognitive development in the school years* (pp. 67-86). London: Croom Helm.
Buber, M. (1958). *I and thou.* New York: Scribner.（田口義弘訳：我と汝・対話．みすず書房，1978)
Budman, S. H., Hoyt, M. F., & Friedman, S. (Eds.). (1992). *The first session in brief therapy.* New York: Guilford Press.
Bull, R. (1995). Innovative techniques for the questioning of child witnesses, especially those who are young and those with learning disability. In M. S. Zaragoza, J. R. Graham, G. C. N. Hall, R. Hirschman, & Y. S. Ben-Porath (Eds.), *Memory and testimony in the child witness* (pp. 179-194). London: Sage.
Butterworth, G. (1987). Some benefits of egocentrism. In J. Bruner & H. Haste (Eds.), *The child's construction of the world* (pp. 62-80). London, Methuen.
Cantwell, P., & Holmes, S. (1994). Social construction: A paradigm shift for systemic therapy and training. *Australian and New Zealand Journal of Family Therapy,* 15(1), 17-26.
Capra, F. (1996). *The web of life.* New York: Anchor.
Cecchin, G. (1987). Hypothesizing, circularity, and neutrality revisited: An invitation to curiosity. *Family Process,* 26, 405-413.
Cecchin, G., Lane, G., & Ray, W. A. (1992). *Irreverence: A strategy for therapists' survival.* London: Karnac Books.
Cederberg, A. C. (1997). Young children's participation in family therapy talk. *American Journal of family therapy,* 25(1), 28-38.
Chang, J. (in press-a). The trouble with normal. *Journal of Systematic Therapies.*
Chang, J. (in press-b). Five things to do in social constructionist therapy. *Journal of Collaborative Therapies.*
Chang, J., & Phillips, M. (1993). Michael White and Steve de Shazer: New directions in family therapy. In S. G. Gilligan & R. Price (Eds.), *Therapeutic conversations* (pp. 93-111). New York: Norton.
Coale, H. W. (1992). The constructivist emphasis on language: A critical conversation. *Journal of Strategic and Systemic Therapies,* 11(1), 12-26.
Cockburn, B. (1983). The trouble with normal. In G. Martynec (Producer), *The trouble with normal* (musical recording). Toronto: High Romance Music.
Combs, G., & Freedman, J. (1994). Narrative intentions. In M. F. Hoyt (Ed.), *Constructive therapies* (pp. 67-91). New York: Guilford Press.
Cowley, G., & Springen, K. (1995, April 17). Rewriting life stories. Newsweek, pp. 70-74.
Coyne, J. C. (1985). Toward a theory of frames and reframing. *Journal of Marital and Family Therapy,* 11, 337-344.
Cushman, P. (1995). *Constructing the self, constructing America: A cultural history of psychotherapy.*

Reading, MA: Addison-Wesley.
De Jong, P., & Berg, I. K. (1997). *Interviewing for solutions.* Pacific Grove, CA: Brooks/Cole.（玉真慎子，住谷祐子監訳：解決のための面接技法――ソリューション・フォーカスト・アプローチの手引き．金剛出版，1998）
de Shazer, S. (1982). *Patterns of brief family therapy.* New York: Guilford Press.
de Shazer, S. (1984). The death of resistance. *Family Process, 23,* 79-93.
de Shazer, S. (1985). *Keys to solution in brief therapy.* New York: Norton.（小野直広訳：短期療法 解決の鍵．誠信書房，1994）
de Shazer, S. (1988). *Clues: Investigating solutions in brief therapy.* New York: Norton.
de Shazer, S. (1991). *Putting difference to work.* New York: Norton.（小森康永訳：ブリーフセラピーを読む．金剛出版，1994）
de Shazer, S. (1993a). Creative misunderstanding: There is no escape from language. In S. G. Gilligan & R. Price (Eds.), *Therapeutic conversations* (pp. 81-90). New York: Norton.
de Shazer, S. (1993b). Commentary: de Shazer and White-Vive la différence. In S. G. Gilligan & R. Price (Eds.), *Therapeutic conversations* (pp. 112-120). New York: Norton.
de Shazer, S. (1994). *Words were originally magic.* New York: Norton.（長谷川啓三監訳：解決志向の言語学――言葉はもともと魔法だった．法政大学出版局，2000）
de Shazer, S., & Berg, I. K. (1985). A part is not apart: Working with only one of the partners present. In A. S. Gunman (Ed.), *Casebook of marital therapy* (pp. 97-110). New York: Guilford Press.
de Shazer, S., & Berg, I. K. (1992). Doing therapy: A post-structural re-vision. *Journal of Marital and Family Therapy, 18*(1), 71-81.
Derrida, J. (1976). *Of grammatology* (G. C. Spivack, Trans.). Baltimore, MD: Johns Hopkins University Press. (Original work published 1967)
Doherty, W. J. (1991). Family therapy goes postmodern. *Family Therapy Networker, 15*(5), 36-42.
Dolan, Y. D. (1991). *Resolving sexual abuse.* New York: Norton.
Drengenberg, C. (1996). Cyber-cyber!！！*Journal of Systemic Therapies, 15*(3), 52.
Duncan, B., Hubble, M., & Miller, S. (1997). *Psychotherapy with "impossible" cases: The efficient treatment of therapy veterans.* New York: Norton.（曽我昌祺監訳：心理療法・その基礎なるもの――混迷から抜け出すための有効要因．金剛出版，2000）
Durrant, M. (1990). Saying "boo" to Mr. Scarey: Writing a book provides a solution. *Family Therapy Case Studies, 5*(1), 39-44.
Durrant, M., & Kowlaski, K. (1990). Overcoming the effects of sexual abuse: Developing a self-perception of competence. In M. Durrant & C. White (Eds.), *Ideas for therapy with sexual abuse* (pp. 65-110). Adelaide, South Australia: Dulwich Centre Publications.
Duvall, J. D., & Beier, J. M. (1995). Passion, commitment, and common sense: A unique discussion with Insoo Kim Berg and Michael White. *Journal of Systemic Therapies, 14*(3), 57-80.
Ecker, B., & Hulley, L. (1996). *Depth-oriented brief therapy: How to be brief when you were trained to be deep-and vice versa.* San Francisco: Jossey-Bass.
Efran, J. S., Lukens, M. D., & Lukens, R. J. (1990). *Language, structure, and change: Frameworks of meaning in psychotherapy.* New York: Norton.
Efran, J. S., Lukens, R. J., & Lukens, M. D. (1988). Constructivism: What's in it for you? *Family Therapy Networker, 12*(5), 26-36.
Eliot, T. S. (1943). *Four quartets.* Orlando: Harcourt Brace.
Elkaim, M. (1980). From general laws to singularities. *Family Process, 24,* 151-154.
Elkaim, M., Goldbeter, A., & Goldbeter, E. (1980). Analyse des transitions de comportement dans un systeme familial en termes de bifurcations [Analysis of behavioral transitions in a family system in terms of bifurcations]. *Cahiers Critiques de Therapie Familiale et de Pratiques de Réseaux, 3,* 18-34.
Epston, D. (1989). *Collected papers.* Adelaide, South Australia: Dulwich Centre Publications.
Epston, D. (1993). Internalized other questioning with couples: The New Zealand version. In S. G. Gilligan & R. Price (Eds.), *Therapeutic conversations* (pp. 183-189; with commentary by M. White, pp. 190-196). New York: Norton.

Erickson, M. H. (1967). The method employed to formulate a complex story for the induction of the experimental neurosis. In J. Haley (Ed.), *Advanced techniques of hypnosis and therapy: Selected papers of Milton H. Erickson, M.D.* (pp. 312-325). New York: Irvington.

Erickson, M. H. (1980a). *The collected papers of Milton H. Erickson on hypnosis* (Vol. 1-4, E. L. Rossi, Ed.). New York: Irvington.（ミルトン・H．エリクソン全集．二瓶社，2005〜）

Erickson, M. H. (1980b). Hypnosis: Its renascence as a treatment modality. In E. L. Rossi (Ed.), *The collected papers of Milton H. Erickson on hypnosis: Vol. 4. Innovative hypnotherapy* (pp. 52-75). New York: Irvington. (Original work published 1966)

Erickson, M. H. (1980c). Hypnotic psychotherapy. In E. L. Rossi (Ed.), *The collected papers of Milton H. Erickson on hypnosis: Vol. 4. Innovative hypnotherapy* (pp. 35-51). New York: Irvington. (Original work published 1948)

Erickson, M. H. (1980d). Special techniques of brief hypnotherapy. In E. L. Rossi (Ed.), *The collected papers of Milton H. Erickson on hypnosis: Vol. 4. Innovative hypnotherapy* (pp. 149-173). New York: Irvington. (Original work published 1954)

Erickson, M. H., & Rossi, E. L. (1975). Varieties of double bind. *Amertcan Journal of Clinical Hypnosis,* 17, 144-157.

Erickson, M. H., & Rossi, E. L. (1979). *Hypnotherapy: An exploratory casebook.* New York: Irvington.

Erickson, M. H., & Rossi, E. L. (1980). The indirect forms of suggestion. In E. L. Rossi (Ed.), *The collected papers of Milton H. Erickson on hypnosis: Vol. 1. The nature of hypnosis and suggestion* (pp. 452-477). New York: Irvington.

Erickson, M. H., & Rossi, E. L. (1981). *Experiencing hypnosis: Therapeutic approaches to altered state.* New York: Irvington.

Erickson, M. H., Rossi, E. L., & Rossi, S. I. (1976). *Hypnotic realities: The induction of clinical hypnosis and forms of indirect suggest.* New York: Irvington.

Erickson, M. H., with Haley, J., & Weakland, J. H. (1967). A transcript of a trance induction with commentary. In J. Haley (Ed.), *Advanced techniques of hypnosis and therapy: Selected papers of Milton H. Erickson, M.D.* New York: Irvington.

Erikson, E. H. (1950). *Childhood and Society.* New York: Norton.（仁科弥生訳：幼児期と社会1・2．みすず書房，1977, 1980）

Eron, J. B., & Lund, T. W. (1996). *Narrative solutions in brief therapy.* New York: Guilford Press.

Feldman, C. F. (1987). Thought from language: The linguistic construction of cognitive representations. In J. Bruner & Haste (Eds.), *The child's construction of the world* (pp. 131-147). London: Methuen.

Fisch, R., Weakland, J. H., & Segal, L. (1982). *The tactics of change: Doing therapy briefly.* San Francisco: Jossey-Bass.（鈴木浩二・鈴木和子監訳：変化の技法――MRI短期集中療法．金剛出版，1986）

Fish, J. M. (1995). Does problem behavior just happen? Does it matter? *Behavior and Social Issues,* 5(1), 3-12.

Fish, V. (1993). Poststructuralism in family therapy: Interrogating the narrative/conversational mode. *Journal of Marital and Family Therapy,* 19(3), 221-232.

Fivush, R., & Shukat, J. R. (1995). Content, consistency, and coherence in early auto- biographical recall. In M. S. Zaragoza, J. R. Graham, G. C. N. Hall, R. Hirschman, & Y. S. Ben-Porath (Eds.), *Memory and testimony in the child witness* (pp. 5-23). London: Sage.

Foucault, M. (1980). *Power/knowledge: Slected interviews and other writings 1972-1977* (C. Gordon, Ed.). New York: Pantheon.（蓮実重彦訳：権力と知．（蓮實重彦・渡辺守章監修／小林康夫・石田英敬・松浦寿輝編）ミシェル・フーコー思考集成Ⅵ，筑摩書房，2000, pp. 557-577）

Foucault, M. (1982). The subject and power. In H. Dreyfus & P. Rabinow (Eds.), *Michael Foucault: Beyond.* Chicago: University of Chicago Press.（渥海和久訳：主体と権力．（蓮實重彦・渡辺守章監修／小林康夫・石田英敬・松浦寿輝編）ミシェル・フーコー思考集成Ⅸ，筑摩書房，2001, pp. 10-22）

Foucault, M. (1989). *Foucault live: Collected interviews, 1961-1984* (S. Lotringer, Ed.). New York: Semiotext(e).

Freedman, J., & Combs, G. (1993). Invitations to new stories: Using questions to explore alternative possibilities. In S. G. Gilligan & R. Price (Eds.), *Therapeutic conversations* (pp. 291-303). New York: Norton.

Freedman, J., & Combs, G. (1996). *Narrative therapy: The social construction of preferred realities.* New York: Norton.

Freedman, S. (Ed.). (1995). *The reflecting team in action: Collaborative practice in family therapy.* New York: Guilford Press.

Freeman, J., Epston, D., & Lobovits, D. (1997). *Playful approaches to serious problems: Narrative therapy with children and their families.* New York: Norton.

Freud, S. (1961). Introductory lectures on psycho-analysis. In *The standard edition of the complete psychological works of Sigmund Freud. Vol. 15* (J. Strachey, Ed. & Trans.). London: Hogarth Press. (Original work published 1915)（懸田克躬, 高橋義孝訳：精神分析入門. フロイト著作集１, 人文書院, 1971）

Freud, S. (1966). *The complete introductory lectures on psychoanalysis* (J. Strachey, Trans.). New York: Norton. (Original work published 1923)

Freud, S., & Breuer, J. (1955). Studies on hysteria. In *The standard edition of the complete psychological works of Sigmund Freud. Vol. 2.* (J. Strachey, Ed. & Trans.). London: Hogarth Press. (Original work published 1893-1985)（懸田克躬訳：ヒステリー研究. フロイト著作集７, 人文書院, 1974）

Friedman, S. (Ed.). (1993). *The new language of change: Constructive collaboration in psychotherapy.* New York: Guilford Press.

Friedman, S. (1994). Staying simple, staying focused: Time effective consultations with children and their families. In M. F. Hoyt (Ed.), *Constructive therapies* (pp. 217-250). New York: Guilford Press.

Friedman, S. (Ed.). (1995). *The reflecting team in action: Collaborative practice in family therapy.* New York: Guilford Press.

Friedman, S. (1996). Couples therapy: Changing conversations. In H. Rosen & K. T. Kuehlwein (Eds.), *Constructing realities: Meaning-making perspectives for psychotherapists* (pp. 413-453). San Francisco: Jossey-Bass.

Fuller, B. (1970). *I seem to be a verb.* New York: Bantam Books.

Furman, B., & Ahola, T. (1992). *Solution talk: Hosting therapeutic conversations.* New York: Norton.

Gardner, R. A. (1971). *Therapeutic communication with children: The mutual storytelling technique.* New York: Science House.

Garner, D. M. (1985). Iatrogenesis in anorexia nervosa and bulimia nervosa. *International Journal of Eating Disorders, 4,* 701-726.

Garner, D. M. (1997, April). *Cognitive behavioural treatment of anorexia nervosa.* Proceedings of the 2nd London International Conference on Eating Disorders, London.

Geertz, C. (1973). *The interpretation of cultures.* New York: Basic Books.

Gergen, K. J. (1985). The social constructionist movement in modern psychology. *American Psychologist, 40,* 266-275.

Gergen, K. J. (1989). Warranting voice and the elaboration of self. In J. Shotter & K. J. Gergen (Eds.), *Texts of identity.* Newbury Park, CA: Sage.

Gergen, K. J. (1992). Beyond narrative in the negotiation of therapeutic meaning. In S. McNamee & K. J. Gergen (Eds.), *Therapy as social construction* (pp. 166-185). Newbury Park, CA: Sage.

Gergen, K. J. (1993). Foreword. In S. Friedman (Ed.), *The new language of change: Constructive collaboration in psychotherapy* (pp. ix-xi). New York: Guilford Press.

Gergen, K. J. (1994a). *Realities and relationships.* Cambridge, MA: Harvard University Press.（永田素彦, 深尾　誠訳：社会構成主義の理論と実践――関係性が現実をつくる. ナカニシヤ出版, 2004）

Gergen, K. J. (1994b). *Toward transformation in social knowledge (2nd ed.).* London: Sage.（杉万俊夫・矢守克也・渥美公秀監訳：もう一つの社会心理学――社会行動学の転換に向けて. ナカニシヤ出版, 1998）

Gergen, K. J., & Gergen, M. J. (1983). Narratives of the self. In T. R. Sabin & K. E. Scheibe (Eds.), *Studies in social identity.* New York: Praeger.

Gergen, K. J., & Gergen, M. M. (1986). Narrative form and the construction of psychological science. In T. R. Sabin (Ed.), *Narrative psychology: The storied nature of human conduct.* New York: Praeger.

Gergen, K. J., & Kaye, J. (1992). Beyond narrative in the negotiation of therapeutic meaning. In S. McNamee & K. J. Gergen (Eds.), *Therapy as social construction* (pp. 166-185). Newbury Park, CA:

Sage.

Gilligan, C. (1982). *In a different voice: Psychological theory and woman's development.* Cambridge, MA: Harvard University Press.

Gilligan, S. G. (1987). *Therapeutic trances: The cooperation principle in Ericksonian hypnotherapy.* New York: Brunner/Mazel.

Gilligan, S. G. (1996). The relational self: The expanding of love beyond desire. In M. F. Hoyt (Ed.), *Constructive therapies* (Vol. 2, pp. 211-237). New York: Guilford Press.

Gilligan, S. G. (1997). *The courage to love: Principles and practices of self-relations psychotherapy.* New York: Norton. (崎尾英子訳：愛という勇気――自己間関係理論による精神療法の原理と実践. 言叢社, 1999)

Gilligan, S. G., & Price, R. (Eds.). (1993). *Therapeutic conversations.* New York: Norton.

Gleick, J. (1987). *Chaos: Making of a new science.* New York: Penguin.

Goldfield, J. (1994, December). *A utilization approach for working with adolescents and their families.* Workshop held at the Sixth International Congress on Ericksonian Approaches to Hypnosis and Psychotherapy, Los Angeles.

Goldner, E. M., & Birmingham, C. L. (1994). Anorexia nervosa: Methods of treatment. In L. Alexander-Mott & D. B. Lumsden (Eds.), *Understanding eating disorders: Anorexia nervosa, bulimia nervosa, and obesity* (pp. 135-157). Bristol, PA: Taylor & Francis.

Goldner, E. M., & Madigan, S. P. (1997, April). *Narrative ideas in family therapy.* Proceedings of the 2nd London International Conference on Eating Disorders, London.

Goldner, V. (1993). Power and hierarchy: Let's talk about it! *Family Process,* 32 (2), 157-162.

Goolishian, H. A., & Anderson, H. (1987). Language systems and therapy: An evolving idea. *Psychotherapy,* 24, 529-538.

Goolishian, H. A., & Anderson, H. (1992). Strategies and interventions versus non-intervention: A matter of theory. *Journal of Marital and Family Therapy,* 18, 51-55.

Gordon, D., & Meyers-Anderson, M. (1981). *Phoenix: Therapeutic patterns of Milton Erickson.* Cupertino, CA: Meta Publications.

Goulding, M. M. (1997). Childhood scenes in redecision therapy. In C. Lennox (Ed.), *Redecision therapy: A brief action-oriented approach* (pp. 87-94). Northvale, NJ: Aronson.

Goulding, R. L. (1976). Gestalt therapy and transactional analysis. In C. Hatcher & P. Himelstein (Eds.), *Handbook of Gestalt therapy* (pp. 87-94). new York: Aronson.

Goulding, R. L., & Goulding, M. M. (1978). *The power is in the patient.* San Francisco: TA Press.

Goulding, R. L., & Goulding, M. M. (1979). *Changing lives through redecision therapy.* New York: Brunner/Mazel. (深沢道子訳：自己実現への再決断. 星和書店, 1980)

Graff, C. (1979). *Literature against itself.* Chicago: University of Chicago Press.

Grieves, L. (1997). Beginning to start: The Vancouver Anti-anorexia, Anti-bulimia League. *GECKO: A Journal of Deconstruction and Narrative Therapy,* 2, 78-88.

Griffith, M. E. (1997). Foreword. In C. Smith & D. Nylund (Eds.), *Narrative therapies with children and adolescents* (pp. xvii-xix). New York: Guilford Press.

Haley, J. (1963). *Strategies of psychotherapy.* New York: Grune & Stratton. (高石　昇訳：戦略的心理療法――ミルトン・エリクソン心理療法のエッセンス. 黎明書房, 1986)

Haley, J. (1973). *Uncommon therapy: The psychiatric techniques of Milton H. Erickson,. M.D.* New York: Norton. (高石　昇・宮田敬一監訳：アンコモンセラピー――ミルトン・エリクソンのひらいた世界. 二瓶社, 2000)

Haley, J. (1977). *Problem-solving therapy.* San Francisco: Jossey-Bass. (佐藤悦子訳：家族療法――問題解決の戦略と実際. 川島書店, 1985)

Haley, J. (1985). *Conversations with Milton H. Erickson, M.D.: Vol. 1. Changing individuals.* New York: Norton. (門前　進訳：ミルトン・エリクソンの催眠療法――個人療法の実際. 誠信書房, 1997)

Haley, J. (1987). *Problem-solving therapy (2nd ed.).* San Francisco: Jossey-Sass.

Hare-Mustin, R. T. (1992). Meanings in the mirrored room: On cats and dogs. *Journal of Marital and Family Therapy,* 18, 309-310.

Hare-Mustin, R. T. (1994). Discourses in the mirrored room: A postmodern analysis of therapy. *Family Process,* 33, 19-35.

Hawking, S. (1988). *A brief history of time: From the big bang to the black holes.* New York: Bantam Books.

Held, B. S. (1995). *Back to reality: A critique of postmodern theory in psychotherapy.* New York: Norton.

Hillman, J. (1995). *Kinds of power: A guide to its intelligent uses.* New York: Doubleday.

Hoagwood, K. (1993). Poststructuralist historism and the psychological construction of anxiety disorders. *Journal of Psychology,* 127(1), 105-122.

Hoffman, L. (1981). *Foundations of family therapy.* New York: Basic Books. (亀口憲治訳：システムと進化――家族療法の基礎理論．朝日出版社，1986)

Hoffman, L. (1989). A constructivist position for family therapy. *Irish Journal of Family Therapy,* 9, 110-129.

Hoffman, L. (1990). Constructing realities: An art of lenses. *Family Process,* 29, 1-12.

Hoffman, L. (1993). *Exchanging voices: A collaborative approach to family therapy.* London: Karnac Books.

Hoffman, L. (1997). Postmodern and family therapy. In J. K. Zeig (Ed.), *The evolution of psychotherapy: The third conference* (pp. 337-348). New York: Brunner/Mazel.

Hoffman, L., & Wheat, D. (1997). The evolution of a different voice in family therapy. *Journal of Systemic Techniques,* 18, 101-112.

Horgan, J. (1996). *The end of science: Facing the limits of knowledge in the twilight of the scientific age.* Reading, MA: Addison-Wesley.

Hoyt, M. F. (1979). "Patient" or "client": What's in a name? Psychotherapy: Theory, Research and Practice, 16, 46-47. Reprinted in M. F. Hoyt, *Brief therapy and managed care: Readings for contemporary practice* (pp. 205-207). San Francisco: Jossey-Bass, 1995.

Hoyt, M. F. (1985). "Shrink" or "expander": An issue in forming a therapeutic alliance. Psychotherapy, 22, 813-814. Reprinted in M. F. Hoyt, *Brief therapy and managed care: Readings for contemporary practice* (pp. 209-211). San Francisco: Jossey-Bass.

Hoyt, M. F. (1990). On time in brief therapy. In R. A. Wells & V. J. Giannetti (Eds.), *Handbook of the brief psychotherapies.* New York: Plenum. Reprinted in M. F. Hoyt, *Brief therapy and managed care: Readings for contemporary practice* (pp. 69-104). San Francisco: Jossey-Bass, 1995.

Hoyt, M. F. (1994a). Introduction: Competency-based future-oriented therapy. In M. F. Hoyt (Ed.), *Constructive therapies* (pp. 1-10). New York: Guilford Press.

Hoyt, M. F. (1994b). On the importance of keeping it simple and taking the patient seriously: A conversation with Steve de Shazer and John Weakland. In M. F. Hoyt (Ed.), *Constructive therapies* (pp. 11-40). New York: Guilford Press.

Hoyt, M. F. (1994c). Single session solutions. In M. F. Hoyt (Ed.), *Constructive therapies* (pp. 140-159). New York: Guilford Press. Reprinted in M. F. Hoyt, *Brief therapy and managed care: Readings for contemporary practice* (pp. 141-162). San Francisco: Jossey-Bass, 1995.

Hoyt, M. F. (Ed.). (1994d). *Constructive therapies.* New York: Guilford Press.

Hoyt, M. F. (1995). *Brief therapy and managed care: Readings for contemporary practice.* San Francisco: Jossey-Bass.

Hoyt, M. F. (1996a). Introduction: Some stories are better than others. In M. F. Hoyt (Ed.), *Constructive therapies* (Vol. 2, pp. 1-32). New York: Guilford Press.

Hoyt, M. F. (Ed.). (1996b). *Constructive therapies* (Vol. 2). New York: Guilford Press.

Hoyt, M. F. (1996c). Postmodernism, the relational self, constructive therapies, and beyond: A conversation with Kenneth Gergen. In M. F. Hoyt (Ed.), *Constructive therapies* (Vol. 2, pp. 347-368). New York: Guilford Press.

Hoyt, M. F. (1996d). Solution building and language games: A conversation with Steve de Shazer. In M. F. Hoyt (Ed.), *Constructive therapies* (Vol. 2, pp. 60-86). New York: Guilford Press.

Hoyt, M. F. (1996e). Cognitive-behavioral treatment of posttraumatic stress disorder from a narrative constructivist perspective: A conversation with Donald Meichenbaum. In M. F. Hoyt (Ed.), *Constructive therapies* (Vol. 2, pp. 124-147). New York: Guilford Press.

Hoyt, M. F. (1996f). Haiku. In M. F. Hoyt (Ed.), *Constructive therapies* (Vol. 2, p. 375). New York: Guilford Press.
Hoyt, M. F. (1996g). Welcome to PossibilityLand: A conversation with Bill O'Hanlon. In M. F. Hoyt (Ed.), *Constructive therapies* (Vol. 2, pp. 87-123). New York: Guilford Press.
Hoyt, M. F. (1996h). A golfer's guide to brief therapy (with footnotes for baseball fans). In M. F. Hoyt (Ed.), *Constructive therapies* (Vol. 2, pp. 306-318). New York: Guilford Press.
Hoyt, M. F. (1997a). Unmuddying the waters: A "common ground" conference. *Journal of Systemic Therapies,* 16(3), 195-200.
Hoyt, M. F. (1997b). foreword. In C. Lennox (Ed.), *Redecision therapy: A brief action-oriented approach* (pp. xiii-xix). Northvale, NJ: Aronson.
Hoyt, M. F. (1997c, August). *Brief therapy and managed care: Prospects for the future.* Distinguished Speaker, Continuing Education Seminar, American Psychological Association Convention, Chicago.
Hoyt, M. F., & Berg, I. K. (1998). Solution-focused couples therapy: Helping clients construct self-fulfilling realities. In F. Dattilio (Ed.), *Case studies in couple and family therapy* (pp. 203-232). New York: Guilford Press.
Hoyt, M. F., & Combs, G. (1996). On ethics and the spiritualities of the surface: A conversation with Michael White. In M. F. Hoyt (Ed.), *Constructive therapies* (Vol. 2, pp. 33-59). New York: Guilford Press.
Hoyt, M. F., & Friedman, S. (in press). Dilemmas of postmodern practice under managed care and some pragmatics for increasing the likelihood of treatment authorization. *Journal of Systemic Therapies.*
Hsu, L. K. G. (1991). Outcome studies in patients with eating disorders. In S. M. Mirin, J. T. Gossett, & M. C. Grob (Eds.), *Psychiatric treatment advances in outcome research* (pp. 159-180). New York: American Psychiatric Press.
Hudson, P. O., & O'Hanlon, W. H. (1991). *Rewriting love stories: Brief marital therapy.* New York: Norton.
Jackson, D. (Ed.). (1968a). *Communication, family, and marriage (Vol 1).* Palo Alto, CA: Science and Behavior Books.
Jackson, D. (Ed.). (1968b). *Therapy, communication, and change (Vol. 2).* Palo Alto, CA: Science and Behavior Books.
Jenkins, A. (1990). *Invitations to responsibility: The therapeutic engagement of men who are violent and abusive.* Adelaide, South Australia: Dulwich Centre Publications.
Jenkins, A. (1992). *The therapeutic engagement of men who abuse their partners.* Workshop, Bay Area Therapy Training Associates, Cupertino, CA.
Johnson, C. E., & Goldman, J. (1996). Taking safety home: A solution-focused approach with domestic violence. In M. F. Hoyt (Ed.), *Constructive therapies* (Vol. 2, pp. 184-196). New York: Guilford Press.
Keeney, B. P. (1990). *Improvisational therapy.* St. Paul, MN: Systemic Therapy Press. （亀口憲治訳：即興心理療法――創造的臨床技法のすすめ．垣内出版，1992）
Kelly, G. (1955). *The psychology of personal constructs (Vols. 1-2).* New York: Norton.
Kinman, C. (1995). *Honouring community.* Abbotsford, BC, Canada: Fraser Valley Education & Therapy Services.
Kogan, S. M., & Gale, J. E. (1997). Decentering therapy: Textual analysis of a narrative therapy session. *Family Process,* 36, 101-126.
Kohlberg, L. (1981). *The philosophy of moral development: Moral stages and the idea of justice.* New York: Harper Collins.
Kushner, T. (1995). American things. In *Thinking about the longstanding problems of virtue and happiness* (pp. 3-11). New York: Theatre Communications Group.
Laing, R. D. (1967). *The politics of experience.* New York: Pantheon. （笠原 嘉・塚本嘉寿訳：経験の政治学．みすず書房，1973）
Laing, R. D. (1972). *The politics of the family.* New York: Ballantine Books. （阪本良男・笠原 嘉訳：家族の政治学．みすず書房，1979）
Lakoff, G. (1995). Body, brain, and communication. In J. Brook & I. A. Boal (Eds.), *Resisting the virtual*

life: The culture and politics of information (pp. 115-129). San Francisco: City Lights Books.

Lakoff, G., & Johnson, M. (1980). *Metaphors we live by.* Chicago: University of Chicago Press.

Lankton, S. R. (1980). *Practical magic: A translation of basic neuro-linguistic programming into clinical psychotherapy.* Cupertino, CA: Metapubs.

Lankton, S. R., & Lankton, C. (1983). *The answer within: A clinical framework of Ericksonian hypnotherapy.* New York: Brunner/Mazel.

Lankton, S. R., & Lankton, C. (1986). *Enchantment and intervention in family therapy.* New York: Brunner/Mazel.

Lankton, S. R., & Lankton, C. (1989). *Tales of enchantment: Goal-directed metaphors for adults and children in therapy.* New York: Brunner/Mazel.

Law, I. (1997). Attention deficit disorder: Therapy with a shoddily built construct. In C. Smith & D. Nylund (Eds.), *Narrative therapies with children and adolescents* (pp. 282-306). New York: Guilford Press.

Law, I., & Madigan, S. (1997). *Discourse, power and identity: A discursive approach.* Unpublished manuscript.

Lax, W. (1991). The reflecting team and the initial consultation. In T. Andersen (Ed.), *The reflecting team: Dialogues and dialogues about the dialogues.* New York: Norton.

Levin, S. B. (1992). *Hearing the unheard: Stories of women who have been battered.* Unpublished doctoral dissertation, The Union Institute, Cincinnati, OH.

Lipchik, E. (Ed.). (1987). *Interviewing.* Rockville, MD: Aspen.

Lipchik, E. (1994). The rush to be brief. *Family Therapy Networker,* 18(2), 34-39.

Lipchik, E., & de Shazer, S. (1986). The purposeful interview. *Journal of Strategic and Systemic Therapies,* 5, 88-89.

Lipchik, E., & Kubicki, A. D. (1996). Solution-focused domestic violence views: Bridges toward a new reality in couples therapy. In S. D. Miller, M. Hubble, & B. L. Duncan (Eds.), *Handbook of solution-focused brief therapy* (pp. 65-98). San Francisco: Jossey-Bass.

Lloyd, B. (1987). Social representations of gender. In J. Bruner & Haste (Eds.), *The child's construction of the world* (pp. 147-162). London: Methuen.

Luepnitz, D. A. (1988). Bateson's heritage: Bitter fruit. *Family Therapy Networker,* 12(5), 48-50, 52-53, 73.

Lyotard, J. P. (1993). *The postmodern condition* (G. Bennington & B. Massumi, Trans.). Minneapolis, MN: University of Minnesota Press.

Madanes, C. (1984). *Behind the one-way mirror: Advances in the practice of strategic therapy.* San Francisco: Jossey-Bass. （佐藤悦子訳：戦略的セラピーの技法——マダネスのスーパービジョン事例集．金剛出版，2000）

Madigan, S. P. (1992). The application of Michel Foucault's philosophy in the problem externalizing of Michael White. *Journal of Family Therapy,* 14, 265-279.

Madigan, S. P. (1993). Questions about questions: Situating the therapist's curiosity in front of the family. In S. G. Gilligan & R. Price (Eds.), *Therapeutic conversations* (pp. 219-230; with commentary by D. Epston, pp. 231-236). New York: Norton.

Madigan, S. P. (1996). The politics of identity: Considering community discourse in the externalizing of internalized problem conversations. *Journal of Systemic Therapies,* 15(1), 47-62.

Madigan, S. P. (1997). Re-considering memory: Re-remembering lost identities back towards re-membered selves. In C. Smith & D. Nylund (Eds.), *Narrative therapy with children and adolescents* (pp. 127-142; with commentary by L. Grieves). New York: Guilford Press.

Madigan, S. P., & Epston, D. (1995). From "spy-chiatric gaze" to communities of concern: From professional monologue to dialogue. In S. Friedman (Ed.), *The reflecting team in action: Collaborative practice in family therapy* (pp. 257-276). New York: Guilford Press.

Markowitz, L. (1997). The cultural context of intimacy. *Family Therapy Networker,* 21(5), 51-58.

Maturana, H. R. (1988). Reality: The search for objectivity or the quest for a compelling argument. *Irish Journal of Psychology,* 9, 46-48.

Maturana, H. R., & Varela, F. J. (1980). *Autopoiesis and Cognition.* Dordrecht, Holland: Reidel.

McAdams, D. P. (1993). *The stories we live by: Personal myths and the making of the self.* New York: Guilford Press.

McBride, J. (1996). *The color of water: A black man's tribute to his white mother.* New York: Riverhead Books.

McNamee, S., & Gergen, K. J. (Eds.). (1992). *Therapy as social construction.* Newbury Park, CA: Sage. (野口裕二・野村直樹訳：ナラティヴ・セラピー——社会構成主義の実践．金剛出版，1997)

Metcalf, L. (1995). *Counseling toward solutions.* New York: Simon & Schuster.

Miller, G. (1997). *Becoming miracle workers: Language and meaning in brief therapy.* Hawthorne, NY: Aldine de Gruyter.

Miller, S. D., & Berg, I. K. (1995). *The miracle method: A radically new approach to problem drinking.* New York: Norton. (白木孝二監訳：ソリューション-フォーカスト・アプローチ——アルコール問題のためのミラクル・メソッド．金剛出版，2000)

Miller, S. D., Duncan, B., & Hubble, M. (1997). *Escape from Babel: Toward a unifying language for psychotherapy.* New York: Norton. (曽我昌祺監訳：心理療法・その基礎なるもの——混迷から抜け出すための有効要因．金剛出版，2000)

Miller, S. D., Hubble, M., & Duncan, B. L. (Eds.). (1996). *Handbook of solution-focused brief therapy.* San Francisco: Jossey-Sass.

Minuchin, S. (1991). The seductions of constructivism. *Family Therapy Networker,* 9(5), 47-50.

Monk, G., Winslade, J., Crocket, K., & Epston, D. (Eds.). (1997). *Narrative therapy in practice: The archaeology of hope.* San Francisco: Jossey-Bass.

Neal, J. H. (1996). Narrative training therapy and supervision. *Journal of Systemic Therapies,* 15(1), 63-78.

Neimeyer, R. A., & Mahoney, M. J. (Eds.). (1995). *Constructivism in psychotherapy.* Washington, DC: American Psychological Association.

Nelson, K. (1986). *Event knowledge: Structure and function in development.* Hillsdale, NJ: Erlbaum.

Nunnally, E. (1993). Solution-focused therapy. In R. A. Wells & V. J. Giannetti (Eds.), *Casebook of the brief psychotherapies* (pp. 271-286). New York: Plenum.

Nunnally, E., de Shazer, S., Lipchik, E., & Berg, I. (1986). A study of change: Therapeutic theory in process. In D. Efron (Ed.), *Journeys: Expansion of the strategic-systemic therapies* (pp. 77-96). New York: Brunner/Mazel.

Nylund, D. (1997, May). *Narrative therapy with children: Using play and imagination.* Workshop sponsored by Solutions Consultation and Training, Calgary, AB, Canada.

Nylund, D., & Corsiglia, V. (1994). Becoming solution-focused forced in brief therapy: Remembering something important we already knew. *Journal of Systemic Therapies,* 13(1), 5-12.

Nylund, D., & Corsiglia, V. (1996). From deficits to special abilities: Working narratively with children labeled "ADHD." In M. F. Hoyt (Ed.), *Constructive therapies* (Vol. 2, pp. 163-183). New York: Guilford Press.

Nylund, D., & Thomas, J. (1994). The economics of narrative. *Family Therapy Networker,* 18(6), 38-39.

O'Hanlon, B. (1982). Strategic pattern intervention: An integration of individual and family systems therapies based on the work of Milton H. Erickson, M.D. *Journal of Strategic and Systemic Therapies,* 1(4), 26-33.

O'Hanlon, W. H. (1987). *Taproots: Underlying principles of Milton Erickson's therapy and hypnosis.* New York: Norton. (森　俊夫・菊池安希子訳：ミルトン・エリクソン入門．金剛出版，1995)

O'Hanlon, W. H. (1988). Solution-oriented therapy: A megatrend in psychotherapy. In J. K. Zeig & S. Lankton (Eds.), *Developing Ericksonian psychotherapy* (pp. 93-111). New York: Brunner/Mazel.

O'Hanlon, W. H. (1990). Debriefing myself: When a brief therapist does long-term work. *Family Therapy Networker,* March/April, pp. 48-50.

O'Hanlon, W. H. (1991). Not strategic, not systemic: Still clueless after all these years. *Journal of Strategic and Systemic Therapies,* 10, 105, 109.

O'Hanlon, W. H. (1993a). Frozen in time: Possibility therapy with adults who were sexually abused as children. In L. VandeCreek, S. Knapp, & T. Jackson (Eds.), *Innovations in clinical practice: A sourcebook* (Vol. 12). Sarasota, FL: Professional Resource Press.

O'Hanlon, W. H. (1993b). Possibility therapy: From iatrogenic injury to iatrogenic healing. In S. G. Gilligan & R. Price (Eds.), *Therapeutic conversations* (pp. 3-17; with commentary by J. H. Weakland, pp. 18-21). New York: Norton.

O'Hanlon, W. H. (1994). The third wave. *Family Therapy Networker,* 18(6), 18-26, 28-29.

O'Hanlon, B., & Beadle, S. (1994). *A field guide to PossibilityLand: Possibility therapy methods.* Omaha, NE: Possibilities Press. (宮田敬一・白井幸子訳：可能性療法——効果的なブリーフ・セラピーのための51の方法. 誠信書房, 1999)

O'Hanlon, W. H., & Hudson, P. O. (1994). Coauthoring a love story: Solution-oriented marital therapy. In M. F. Hoyt (Ed.), *Constructive therapies* (pp. 160-188). New York: Guilford Press.

O'Hanlon, W. H., & Hudson, P. O. (1995). *Love is a verb.* New York: Norton.

O'Hanlon, W. H., & Martin, M. (1992). *Solution-oriented hypnosis: An Ericksonian approach.* New York: Norton. (宮田敬一監訳・津川秀夫訳：ミルトン・エリクソンの催眠療法入門——解決志向アプローチ. 金剛出版, 2001)

O'Hanlon, W. H., & Weiner-Davis, M. (1989). *In search of solutions: A new direction in psychotherapy.* New York: Norton.

O'Hanlon, W. H., & Wilk, J. (1987). *Shifting contexts: The generation of effective psychotherapy.* New York: Guilford Press.

Olson, M. (1995). Conversation and writing: A collaborative approach to bulimia. *Journal of Feminist Family Therapy,* 6, 21-44.

Omer, H. (1991). Writing a post-scriptum to a badly ended therapy. *Psychotherapy,* 28, 484-492.

Omer, H. (1994). *Critical interventions in psychotherapy: From impasse to turning point.* New York: Norton.

Omer, H. (1996). Three styles of constructive therapy. In M. F. Hoyt (Ed.), *Constructive therapies* (Vol. 2, pp. 319-333), New York: Guilford Press.

Omer, H. (1997). Narrative empathy. *Psychotherapy,* 34, 19-27.

Omer, H., & Alon, N. (1997). *Constructing therapeutic narratives.* Northvale, NJ: Aronson.

Omer, H., & Strenger, C. (1992). From the one true meaning to an infinity of constructed ones. *Psychotherapy,* 29, 253-261.

Paff, F. (1996). *Poetry in crisis: Conversations and stories in Marburg.* Paper presented at conference titled The Social Poetics of Therapy: Systemic Therapy and Beyond, Marburg, Germany.

Pakman, M. (1996). Therapy in contexts of ethnic dissonance. *Journal of Systemic Therapies,* 14, 64-71.

Pangaro, P. (1996). *Biography of Gordon Pask.* Eulogy delivered at the Department of Management Science, American Society for Cybernetics, George Washington University, Washington, DC.

Parker, I., & Shotter, J. (1990). *Deconstructing social psychology.* New York: Routledge.

Parry, A., & Doan, R. E. (1994). *Story re-visions: Narrative therapy in the postmodern world.* New York: Guilford Press.

Penn, P. (1985). Feed-forward: Future questions, future maps. *Family Process,* 24, 289-310.

Penn, P., & Frankfurt, M. (1994). Creating a participant text: Writing, multiple voices, narrative multiplicity. *Family Process,* 33, 217-231.

Perls, F. (1969). *Gestalt therapy verbatim.* Lafayette, CA: Real People Press.

Piaget, J. (1973). *The child and reality* (A. Rosin, Trans.). New York: Viking. (芳賀　純訳：発生的心理学——子どもの発達の条件. 誠信書房, 1975)

Piaget, J. (1977). *The development of thought* (A. Rosin, Trans.). New York: Viking.

Pirsig, R. (1974). *Zen and the art of motorcycle maintenance.* New York: Bantam Books.

Pittman, F. (1992). It's not my fault. *Family Therapy Networker,* 16(1), 56-63.

Poole, D. A., & White, L. T. (1995). Tell me and tell me again: Stability and change in repeated testimonies of children and adults. In M. S. Zaragoza, J. R. Graham, G. C. N. Hall, R. Hirschman, & Y. S. Ben-Porath (Eds.), *Memory and testimony in the child witness* (pp. 24-43). London: Sage.

Price, D., & Goodman, G. (1990). Visiting the wizard: Children's memory for a recurring event. *Child Development,* 61, 664-680.

Prigoyine, I., & Stengers, I. (1984). *Order out of chaos: Man's new dialogue with nature.* New York:

Bantam.
Quick, E. K. (1996). *Doing what works in brief therapy: A strategic solution-focused approach.* San Diego, CA: Academic Press.
Reddy, M. (1993). The conduit metaphor. In A. Ortony (Ed.), *Metaphor and thought (2nd ed.).* Cambridge: Cambridge University Press.
Rorty, R. (1979). *Philosophy and the mirror of nature.* Princeton, NJ: Princeton University Press.
Rosen, H., & Kuelhwein, K. (Eds.). (1996). *Constructing realities: Meaning-making perspectives for psychotherapists.* San Francisco: Jossey-Bass.
Rosenbaum, R., & Dyckman, J. (1996). No self? No problem! Actualizing empty self in psychotherapy. In M. F. Hoyt (Ed.), *Constructive therapies* (Vol. 2, pp. 238-274). New York: Guilford Press.
Rosenbaum, R., Hoyt, M. F., & Talmon, M. (1990). The challenge of single-session therapies: Creating pivotal moments. In R. A. Wells & V. J. Giannetti (Eds.), *Handbook of the brief psychotherapies* (pp. 165-189). New York: Plenum. Reprinted in M. F. Hoyt, *Brief therapy and managed care: Readings for contemporary practice* (pp. 105-139). San Francisco: Jossey-Bass, 1995.
Roth, S., & Chasin, R. (1994). Entering one another's worlds of meaning and imagination: Dramatic enactment and narrative couple therapy. In M. F. Hoyt (Ed.), *Constructive therapies* (pp. 189-216). New York: Guilford Press.
Roth, S., & Epston, D. (1996). Consulting the problem about the problematic relationship: An exercise for experiencing a relationship with an externalized problem. In M. F. Hoyt (Ed.), *Constructive therapies* (Vol. 2, pp. 148-162). New York: Guilford Press.
Russell, R. L., & Van den Broek, P. (1992). Changing narrative schemas in psychotherapy. *Psychotherapy, 29,* 344-354.
Rybczynski, W. (1986). *Home: A short history of an idea.* New York: Penguin.
Safran, J. D. (1993). Breaches in the therapeutic alliance: An arena for negotiating authentic relatedness. *Psychotherapy, 20,* 11-24.
Sampson, E. (1990). Social psychology and social control. In I. Parker and J. Shotter (Eds.), *Deconstructing social psychology.* London: Routledge.
Sanders, C. (1997). Reauthoring problem identities: Small victories with young persons captured by substance misuse. In C. Smith & D. Nylund (Eds.), *Narrative therapies with children and adolescents* (pp. 400-422). New York: Guilford Press.
Sarbin, T. R. (Ed.). (1986). *Narrative psychology: The storied nature of human conduct.* New York: Praeger.
Satir, V. (1964). *Conjoint family therapy.* Palo Alto, CA: Science and Behavior Books.（鈴木浩二訳：合同家族療法．岩崎学術出版社，1970）
Saywitz, K. J. (1995). Improving children's testimony: The question, the answer, and the environment. In M. S. Zaragoza, J. R. Graham, G. C. N. Hall, R. Hirschman, & Y. S. Ben-Porath (Eds.), *Memory and testimony in the child witness* (pp. 113-140). London: Sage.
Schafer, R. (1976). *A new language for psychoanalysis.* New Haven, CT: Yale University Press.
Schafer, R. (1983). *The analytic attitude.* New York: Basic Books.
Schafer, R. (1992). *Retelling a life: Narration and dialogue in psychoanalysis.* New York: Basic Books.
Schloegl, I. (1975). *The wisdom of the Zen masters.* New York: New Directions.
Schmidt, G., & Trenkle, B. (1985). An integration of Ericksonian techniques with concepts of family therapy. In J. K. Zeig (Ed.), *Ericksonian psychotherapy: Vol. II. Clinical applications* (pp. 132-154). New York: Brunner/Mazel.
Schön, D. (1983). *The reflective practitioner.* New York: Basic Books.
Segal, L. (1986). *The dream of reality: Heinz von Foerster's constructivism.* New York: Norton.
Selekman, M. D. (1993). *Pathways to change: Brief therapy solutions for difficult adolescents.* New York: Guilford Press.
Selekman, M. D. (1997). *Solution-focused therapy with children: Harnessing family strengths for systematic change.* New York: Guilford Press.
Self, S. (1991). The other side of client possibilities. In *T. C. Times* (Newsletter of Therapeutic

Conversations Conference Tulsa, OK), 1, 3.

Shafarman, G. (1996). Thirteen ways of looking at how a poet and a therapist are one. *Poetry Flash*, June-July, p. 25.

Shoham, V., Rohrbaugh, M., & Patterson, J. (1995). Problem- and solution-focused couple therapies: The MRI and Milwaukee models. In N. S. Jacobson & A. S. Gurman (Eds.), *Clinical handbook of couple therapy* (pp. 142-163). New York: Guilford Press.

Short, D. (1997). Interview: Steve de Shazer and Insoo Kim Berg. *The Milton H. Erickson Foundation Newsletter,* 17(2), 1, 18-20.

Shotter, J. (1993). *Conversational realities: Constructing life through language.* London: Sage.

Singer, M. (1996). From rehabilitation to etiology: Progress and pitfalls. In J. K. Zeig (Ed.), *The evolution of psychotherapy: The third conference.* New York: Brunner/Mazel.

Singer, M., & Lalich, J. (1997). *"Crazy" therapies.* San Francisco: Jossey-Bass.

Sluzki, C. (1988). Case commentary II. *Family Therapy Networker,* 12(5), 77-79.

Sluzki, C. E. (1992a). Transformations: A blueprint for narrative changes in therapy. *Family Process,* 31(3), 217-230.

Sluzki, C. E. (1992b). The "better-formed" story. In G. Cecchin & M. Mariotti (Eds.), *L'Adolescente e i suoi sistemi.* Rome: Kappa.

Smedslund, J. (1979). Piaget's psychology in practice. In A. Floyd (Ed.), *Cognitive development in the school years* (pp. 34-42). London: Croom Helm.

Smith, C. (1997). Introduction: Comparing traditional therapies with narrative approaches. In C. Smith & D. Nylund (Eds.), *Narrative therapy with children and adolescents.* New York: Guilford Press.

Smith, C., & Nylund, D. (Eds.). (1997). *Narrative therapy with children and adolescents.* New York: Guilford Press.

Speed, B. (1984). How really real is real? *Family Process,* 23, 511-517.

Speed, B. (1991). Reality exists, OK? An argument against constructivism and social constructivism. *Family Therapy,* 13, 395-409.

Spence, D. P. (1982). *Narrative truth and historical truth: Meaning and interpretation in psychoanalysis.* New York: Norton.

Stierlin, H. (1988). Systemic optimism-systemic pessimism: Two perspectives on change. *Family Process,* 27, 121-127.

Szasz, T. (1961). *The myth of mental illness: Foundations of a theory of personal conduct.* New York: HarperCollins. (河合 洋, 他訳：精神医学の神話. 岩崎学術出版社, 1975)

Tinker, D. E., & Ramer, J. C. (1983). Anorexia nervosa: Staff subversion of therapy. *Journal of Adolescent Health Care,* 4, 35-39.

Tomm, K. (1987a). Interventive interviewing: Part I. Strategizing as a fourth guideline for the therapist. *Family Process,* 26, 3-13.

Tomm, K. (1987b). Interventive interviewing: Part II. Reflexive questioning as a means to enable self-healing. *Family Process,* 262), 167-183.

Tomm, K. (1988). Interventive interviewing: Part III. Intending to ask lineal, circular, strategic or reflexive questions? *Family Process,* 27(1), 1-15.

Tomm, K. (1989). Externalizing the problem and internalizing personal agency. *Journal of Strategic and Systemic Therapies,* 8(1), 54-59.

Tomm, K. (1991). The ethics of dual relationships. *Calgary Participator,* 1(Winter), 11-15.

Tomm, K. (1992). *Interviewing the internalized other: Toward a systemic reconstruction of the self and other.* Workshop, California School of Professional Psychology, Alameda, CA.

Tomm, K. (1993a). The courage to protest: A commentary on Michael White's work. In S. G. Gilligan & R. Price (Eds.), *Therapeutic conversations* (pp. 62-80). New York: Norton.

Tomm, K. (1993b). *Constructivist theraypy.* Videotape, Distinguished Presenters Series. Denver, CO: International Association of Marriage and Family Counselors.

Vitousek, K. (1997). *Motivation for change in anorexia nervosa.* Unpublished manuscript.

von Foerster, H. (1984). On constructing a reality. In P. Watzlawick (Ed.), *The invented reality* (pp. 41-61).

New York: Norton.
von Glaserfeld, E. (1984). An introduction to radical constructivism. In P. Watzlawick (Ed.), *The invented reality* (pp. 17-40). New York: Norton.
von Glaserfeld, E. (1987). The control of perception and the construction of reality. *Dialectica*, pp. 3337-3350.
Waldegrave, C. (1990). Just Therapy. *Dulwich Centre Newsletter*, no. 1, pp. 1-47.
Walter, J. L., & Peller, J. E. (1992). *Becoming solution-focused in brief therapy*. New York: Brunner/Mazel.
Watzlawick, P. (1966). A structured family interview. *Family Process*, 5, 256-271.
Watzlawick, P. (1976). *How real is real? Communication, disinformation, confusion*. New York: Vintage.
Watzlawick, P. (1978). *The language of change: Elements of therapeutic communication*. New York: Norton.（築島謙三訳：変化の言語——治療コミュニケーションの原理．法政大学出版局，1989）
Watzlawick, P. (Ed.). (1984). *The invented reality: How do we know what we believe we know?* (Contributions to constructivism). New York: Norton.
Watzlawick, P. (1992). The construction of clinical "realities." In J. K. Zeig (Ed.), *The evolution of psychotherapy: The second conference* (pp. 55-62). New York: Brunner/Mazel.
Watzlawick, P., Beavin, J. B., & Jackson, D. D. (1967). *Pragmatics of human communication: A study of interactional patterns, pathologies, and paradoxes*. New York: Norton.（山本和郎監訳：人間コミュニケーションの語用論——相互作用パターン，病理とパラドックスの研究．二瓶社，1998）
Watzlawick, P., Weakland, J. H., & Fisch, R. (1974). *Change: Principles of problem formation and problem resolution*. New York: Norton.（長谷川啓三訳：変化の原理——問題の形成と解決．法政大学出版局，1992）
Weakland, J. H. (1993). Conversation-but what kind? In S. G. Gilligan & R. Price (Eds.), *Therapeutic conversations* (pp. 136-145). New York: Norton.
Weiner-Davis, M. (1992). *Divorce busting*. New York: Simon & Schuster.
Weiner-Davis, M. (1993). Pro-constructed realities. In S. G. Gilligan & R. Price (Eds.), *Therapeutic conversations* (pp. 149-157). New York: Norton.
Weiner-Davis, M., de Shazer, S., & Gingrich, W. J. (1987). Building on pretreatment change to construct the therapeutic solution: An exploratory study. *Journal of Marital and Family Therapy*, 13, 359-363.
Whitaker, C. (1989). *Midnight musings of a family therapist* (M. O. Ryan, Ed.). New York: Norton.
White, M. (1984). Pseudo-encopresis: From avalanche to victory, from vicious to virtuous cycles. *Family Systems Medicine*, 2(2), 150-160.
White, M. (1986). Negative explanation, restraint, and double description: A template for family therapy. *Family Process*, 25(2), 169-183. Reprinted in M. White, *Selected papers* (pp. 85-99). Adelaide, Australia: Dulwich Centre Publications.
White, M. (1988a). The externalizing of the problem and the reauthoring of lives and relationships. *Dulwich Centre Newsletter*, Summer. Reprinted in M. White, *Selected papers* (pp.5-28). Adelaide, South Australia: Dulwich Centre Publications, 1989.
White, M. (1988b). The process of questioning: A therapy of literary merit? *Dulwich Centre Newsletter*, Winter, pp. 8-14. Reprinted in M. White, *Selected papers* (pp.37-46). Adelaide, South Australia: Dulwich Centre Publications, 1989.
White, M. (1991). Deconstruction and therapy. Dulwich Centre Newsletter, 3, 21-40. Reprinted in S. G. Gilligan & R. Price (Eds.), *Therapeutic conversations* (pp. 22-61). New York: Norton, 1993.
White, M. (1993a). Commentary: The histories of present. In S. G. Gilligan & R. Price (Eds.), *Therapeutic conversations* (pp. 121-135). New York: Norton.
White, M. (1993b). Commentary: Systems of understanding, practices of relationship, and practices of self. In S. G. Gilligan & R. Price (Eds.), *Therapeutic conversations* (pp. 190-196). New York: Norton.
White, M. (1995a). *Re-authoring lives: Interviews and essays*. Adelaide, South Australia: Dulwich Centre Publications.（小森康永・土岐篤史訳：人生の再著述——マイケル，ナラティヴ・セラピーを語る．IFF出版部，2000）
White, M. (1995b). Reflecting teamwork as definitional ceremony. In M. White, *Re-authoring lives: Interviews and essays* (pp. 172-198). Adelaide, South Australia: Dulwich Centre Publications.

White, M. (1997). *Narratives of therapists' lives.* Adelaide, South Australia: Dulwich Centre Publications.（小森康永監訳：セラピストの人生という物語．金子書房，2004）

White, M., & de Shazer, S. (1996, October). *Narrative solutions/solution narratives.* Conference sponsored by Brief Family Therapy Center, Milwaukee, WI.

White, M., & Epston, D. (1990). *Narrative means to therapeutic ends.* New York: Norton.（小森康永訳：物語としての家族．金剛出版，1992）

Wick, D. T. (1996). Social constructionism: Groping toward this something. *Journal of Systemic Therapies,* 15(3), 65-81.

Wittgenstein, L. (1963). *Philosophical investigations* (G. Anscombe, Trans.). New York: Macmillan.（藤本隆志訳：哲学探究．ウイトゲンシュタイン全集 8，大修館書店，1976/1995）

Wolin, S., & Wolin, S. (1993). *The resilient self.* New York: Villard Books.

Wright, L., Watson, W., & Bell, J. (1996). *Beliefs: The heart of healing in families and illness.* New York: HarperCollins.

Yapko, M. (1990). Brief therapy tactics in longer-term psychotherapies. In J. K. Zeig & S. G. Gilligan (Eds.), *Brief therapy: Myths, methods, and metaphors* (pp. 185-195). New York: Brunner/Mazel.

Young-Eisendrath, P., & Hall, J. A. (1991). *Jung's self psychology: A constructivist perspective.* New York: Guilford Press.

Zeig, J. K. (1990). Seeding. In J. K. Zeig & S. G. Gilligan (Eds.), *Brief therapy: Myths, methods, and metaphors* (pp. 221-246). New York: Brunner/Mazel.

Zeig, J. K., & Lankton, S. R. (Eds.). (1988). *Developing Ericksonian therapy: State of the art.* New York: Brunner/Mazel.

Zeig, J. K., & Munion, W. M. (1990). What is psychotherapy? In J. K. Zeig & W. M. Munion (Eds.), *What is psychotherapy? Contemporary perspectives* (pp. 1-14). San Francisco: Jossey-Bass.

Zimmerman, J. L., & Dickerson, V. C. (1994). Using a narrative metaphor: Implications for theory and clinical practice. *Family Process,* 33, 233-246.

Zimmerman, J. L., & Dickerson, V. C. (1996). *If problems talked: Narrative therapy in action.* New York: Guilford Press.

人名索引

あ行

アレン Allen, B. A.　39-55
アレン Allen, J. R.　39-55
アンダーソン Anderson, H.　23, 32, 54, 56-81, 85, 88, 91, 95
アンデルセン Andersen, T.　23, 32, 60, 61, 91, 95, 198
ウィークランド Weakland, J. H.　21, 28, 108, 133, 237
ウィタカー Whitaker, C.　98
ウィック Wick, D. T.　23
ヴィトゲンシュタイン Wittgenstein, L.　89
ウォーリン Wolin, S.　84
ウォーリン Wolin, S.　84
エプストン Epston, D.　29, 48, 49, 52, 93, 263, 277, 282, 283
エフレン Efran, J. S.　31
エリクソン Erickson, M. H.　98, 108, 111, 112, 114, 115, 116, 117, 120, 125, 137, 138, 244, 245
エリクソン Erikson, E. H.　177, 178
エロン Eron, J. B.　29
オハンロン O'Hanlon, W. (B.)　84, 125-148, 186
オマー Omer, H.　293-306

か行

ガーゲン Gergen, K. J.　5-9, 18, 21, 26, 31, 59, 219, 260
ギリガン Gilligan, C.　195
キンマン Kinman, C.　100
グーリシャン Goolishian, H. A.　23, 32, 54, 85, 88, 91, 95
グールディング Goulding, M. M.　39, 49, 50
グールディング Goulding, R. L.　39, 49, 50
クライダー Kreider, J. W.　239
コアーレ Coale, H. W.　23, 27
コーヘン Cohen, S. M.　196-213
コームズ Combs, G.　183, 196-213

ゴールドナー Goldner, V.　23, 259-280
コルシグリア Corsiglia, V.　281-292

さ行

サティア Satir, V.　39, 92, 98, 99, 100
シェーン Schön, D.　85, 86, 87
ジェンキンズ Jenkins, A.　281, 282, 290-292
ジャクソン Jackson, D. D.　108
シュールマン Shulman, D.　196-213
シンガー Singer, M.　82, 83, 84, 85
スルツキー Sluzki, C. E.　149-170

た行

ダンカン Duncan, B.　183
チェイシン Chasin, R.　22
チャン Chang, J.　173-195
ディ・シェイザー de Shazer, S.　20, 25, 32, 49, 52, 54, 84, 125, 127, 214, 216, 219
トム Tomm, K.　32, 200, 282, 283
ドレンゲンバーグ Drengenberg, C.　31

な行

ナイランド Nylund, D.　195, 281-292

は行

バーグ Berg, I. K.　25, 32, 84, 214-238
パクマン Pakman, M.　85, 86
ハブル Hubble, M.　183
ピアジェ Piaget, J.　177
ヒルマン Hillman, J.　20
フィッシュ Fisch, R.　21
フーコー Foucault, M.　23, 260
フリードマン Freedman, J.　19, 183, 196-213
フロイト Freud, S.　83, 106, 107, 111, 112
ベイトソン Bateson, G.　107, 108, 109, 111
ヘイリー Haley, J.　27, 89, 98, 108
ホイト Hoyt, M. F.　3-4, 6, 15-35, 54, 130, 214-238, 252

ホフマン Hoffman, L.　16, 18, 20, 82-102
ホワイト White, M.　25, 29, 32, 48, 49, 52, 53, 54, 93, 94, 174, 175, 201, 211, 263, 283

ま行

マディガン Madigan, S. P.　32, 259-280
ミニューチン Minuchin, S.　27, 98
ミラー Miller, S. D.　25, 28, 183

ら行

ラリマー Larimer, D.　196-213
ランクトン Lankton, C.　103-124
ランクトン Lankton, S. R.　103-124
リブチンスキー Rybczynski, W.　21
ルーケンス Lukens, M. D.　31
ルーケンス Lukens, R. J.　31
ルンド Lund, T. W.　29
レビン Levin, S.　56-81
ロス Roth, S.　22

わ行

ワイナー-デービス Weiner-Davis, M.　28, 186
ワツラウィック Watzlawick, P.　21

事項索引

あ行

曖昧課題　120
新しい認識論　103-124
アトラクタ　153
　　周期——　153
　　ストレンジ・——　149, 152, 153
　　平衡点——　153
アンカリング　40, 51-52, 54
アンチ拒食症・アンチ過食症連盟　276-277
アンチ拒食症調査用紙　269, 270

位置づけ質問　201
逸話　111, 151
意味と行動の変容　8
意味の構成　5
イメージ・リハーサル　251
隠喩的会話　184

エバンストン家族療法センター　212
（ネオ）エリクソン派　15, 100, 103-124, 184
円環的質問法　151

大いなる観念　174
オフィシャル・ストーリー　156, 158, 169
オルタナティヴ・ストーリー　29, 53, 151, 199
オルタナティヴ・ナラティヴ　49, 50

か行

解決志向アプローチ　15, 25, 84, 126-127, 173, 293
　　→ソリューション・フォーカスト・アプローチ（セラピー）
解決の構築　177, 215
解決のパターン　137, 138, 140-141, 144, 191, 192
外在化　24, 42, 47, 93, 174, 181, 188, 189, 264
　　——する言説　263, 264
　　——する対話　261, 262-263
解消　22, 63, 88, 214, 215

階層的関係の最少化　196-213
解離　119, 120, 243
会話　56, 57, 61
　　隠喩的——　184
　　双方向の——　62
　　治療的——　19, 20, 22, 23, 57, 69, 72, 81, 90, 143, 180, 240, 253
　　——の理論　91
　　リフレクティヴな——　85-88
カオス理論　152
カスタマー　32, 131, 179-180, 182, 192, 193
家族療法　52, 56, 59, 60, 82, 108, 149-170, 175, 304
可能性療法　125-148
関係性の質問　225
観察課題　190, 233
関心を向け合うコミュニティ　93
間接法（間接的暗示，間接的指示）　30, 111-114, 116, 120
関与宇宙　107

記憶の真偽症候群　50
危機への介入　305
技術的・合理的見方　86
帰納的推理　178
決めつけのストーリー　135
客観性　5, 6, 17, 26, 31
逆説　98, 120
虐待　64, 117, 119, 127, 273, 281-292
虐待者　281-292
共感的ナラティヴ　293-306
共同（性）　3, 7, 15, 16, 19, 23, 27, 30, 53, 54, 105, 128-130, 173, 175-177, 195, 207, 212
共同言語システム　15, 88
許可　43, 47, 49, 50
拒食症　259-280
均衡維持域値　152
禁止令　42, 45, 49, 50, 52, 188
近代主義　5-9, 260

経験　131, 132, 135, 140, 146, 148, 192
経験の再連合　116, 107-120
決断　39, 42, 43, 46, 49, 50, 52
決定論的パターン　152
言語システム　20, 60
　　　共同的――　15, 88
現実課題　120
言説　23, 53, 58, 59, 63, 84, 93, 95, 174, 259-280
　　　→ディスコース
　　　外在化する――　263, 264
　　　専門家の――　273
　　　――的アプローチ　261
　　　ドミナントな――　262, 268
　　　文化的――　84, 93
権力　23, 28-31, 57, 109, 261

行為におけるリフレクション　86, 87
好奇心　17, 138, 189, 201, 207, 281
後催眠暗示　118-120
絞首台の交流　42
構造的アプローチ　98
硬直した家族　168
肯定的意味づけ　98, 151
肯定的な側面　90, 98, 293, 294
行動　131-134, 135-138, 140, 142-144, 147, 148
行動リハーサル　120
行動療法　8, 145, 293
コーポラティズム　174
ゴーリング　180-182
ゴール（目標）　45, 52-54, 109-113, 130, 148, 168, 180-183, 191, 192, 216, 217, 221, 223, 233, 235, 237, 238, 240-242, 243, 246, 247, 250-258
　　　――志向　54, 104, 116, 119, 120, 123
　　　――の陳述　142
子どもの力　182-183
孤立する個別性　283
コンプリメント　193, 233, 235
コンプレイナント　192
混乱　111

さ行

再帰（性）　19, 54, 87, 95, 97, 259-280
再帰的な質問　265, 271, 282
再決断　39-45, 46, 47, 49, 50, 52-54
再決断療法　39-55

再体験　39, 49, 53, 54, 83
再発　251, 254, 277
催眠　111, 114, 117, 119, 120, 122, 145, 146, 243
催眠誘導　118
差異を生む差異　16, 25, 189, 258
三角関係　98, 244

ジェノグラム　97
自己関係モデル　195
自己破壊的な欲求（行動）　43, 298
自殺　40-43, 46, 47, 92, 104, 118, 119, 127, 131, 246, 247, 251, 252, 254, 257, 298
実存療法　293
質問　209
　　　円環的――法　151
　　　関係性の――　225
　　　相互参照――法　282
　　　内在化された他者への――法　281-292
社会構成主義　17, 18, 56, 63, 88, 89, 92, 150, 173-175, 184, 195
　　　――療法　179, 186, 189
社会的サポート　253
社会的に構成された物語　59
社会的抑圧　127
終結　70, 131, 140, 246, 249, 253, 254
症状の軽減　250-252
冗長な暗示　114
使用における理論　86
真実　5-7, 21, 59, 106, 261
心身二元論　105
人生の再叙述　24
人生の再－著述　24
身体的問題　118
診断　8, 19, 111, 117, 128, 154
進展のサイン　256-257
信念　66, 73, 82, 120, 132, 134, 174, 175, 182-184, 186, 188, 189, 241, 262-264, 281
信奉されている理論　86
心理発達段階　177

スキル　114, 183, 215, 232, 246, 252, 258
スケーリング　191
スケーリング・クエスチョン　191, 228-232, 235, 253
ストーリー　3, 23, 53, 58, 59, 62, 150, 260, 304
　　　決めつけの――　135

残された―― 24
　　　――の転換　135
　　　無効化の――　135
　　　問題の――　134-135, 136
ストレンジ・アトラクタ　149-170

生活目標　252, 253
精神分析　8, 83, 103, 108, 145, 261, 293, 304
性的虐待　118, 281, 287, 291, 292
性的要求　301
正当化する安定の語り　219
正の幻覚　243
世界観　3, 15, 21, 54, 103-107, 124, 174, 179, 182-184, 186, 201, 237, 272
　　　変化を創造する――　109
責任性　23, 29, 62
説明責任　32, 123, 211
セルフ・リハーサル　118
前進するための語り　219
選択肢　129, 153, 159, 272, 273, 294
専門家　6, 8, 28, 29, 56, 82, 87, 88, 95, 107-110, 114, 121, 122, 124, 128, 196, 200, 201, 205,-208, 211, 213, 216, 265, 268, 273, 274, 282, 296, 299
　　　――とクライエントの境界　7
　　　――の言説　273
　　　――文化　23
専門性　7, 16, 59, 62, 210, 260

相互作用的な橋渡し　226-228
相互作用モデル　15, 24
相互参照質問法　282
相互物語作り　191
ソリューション・フォーカスト・アプローチ（セラピー）　100, 125, 180, 185, 190-194, 214-238, 239-258
　　　→解決志向アプローチ

た行

対称性のエスカレーション　267
対人関係の問題　151, 240, 244
対話　62
　　　外在化する――　261, 262-263
　　　構成的――　9
　　　治療的――　153, 277
　　　――的会話　23, 57, 59, 61
　　　内的――　52

立会人　93, 94
脱構成　199, 201, 208, 212
脱構築　29, 183, 189, 241, 245, 262, 263, 265, 272, 275-276, 278
　　　――的質問　188-189
脱中心化　151, 178

小さな変化　245
知識　6, 7, 17, 23, 27, 30, 56-58, 63, 84, 97
治癒　112-114, 116, 117
中立性　29, 144
長期間のクライエント　239-258
重複抑制　174
直接的暗示　112, 114, 116
治療過程（プロセス）　54, 61-62, 81, 127, 128-131, 132, 175, 180
治療契約　39, 45, 46, 123, 150, 248, 257
治療システム　22, 59, 60-61, 81
治療的インタビュー　150
治療的拘束　111
治療的スプリット　293-306
治療的ナラティヴ　293
治療同盟　3, 183
治療の焦点化　130, 250
治療前の肯定的な変化　141, 245
治療目標　3, 19, 28, 29, 32, 117, 121, 123, 131, 202, 241, 244, 245, 247, 252, 256, 257, 294

ディスコース　174, 177, 186, 187
　　　→言説
テキスト・アナロジー　260
伝統的認識論　104-106, 110, 112, 114, 115, 117, 121, 122

透明性　30, 201, 205
同様の徴候　136
ドミナント・ストーリー　150, 151, 170, 268
ドミナントな言説　262, 268
ドミナント・ナラティヴ　262, 263
トラウマ　117, 144, 243, 249, 250

な行

ナイーブ・コメント　151
内在化された他者への質問法　281-292
内在化された問題　261, 262-263, 264
内的対話　52

内的な作業　144-147, 148
ナラティヴ　42, 50, 52, 53, 55, 149, 178, 190, 191, 294, 296, 304, 305
　→物語
　　共感的——　293-306
　　治療的——　293
　　ドミナント・——　262, 263
　　——による変容　149-170
　　——・メタファー　260
ナラティヴ・アプローチ（セラピー）　15, 24, 25, 29, 39, 52-55, 93, 97, 173, 194, 196, 205, 207, 209, 259-280, 304

認知発達段階　177
認知療法　8, 304

ノーマライズ　187-188, 244, 248, 254

は行

ハイライト特集　190-191
橋渡しの言葉　193, 233, 234
パターン　174, 186
反対の徴候　136
反復する連鎖　136

被虐待者　146, 283, 291, 292
非言語的な行動　139
非構造主義　173-175, 195
ビジター　192
ビデオトーク　130, 131, 137, 143, 186-187
非難して変化させる方法　83, 84
非難のストーリー　135
病因論　83, 84, 88, 95, 175
病因論的モデル　82
描画　185, 190
病理的なスプリット　294

フィードバック抑制　174
夫婦療法（セラピー）　56, 59, 60, 145, 214-238, 301
フェミニズム　82
フォローアップ　81, 235-236
不可能のストーリー　134-135
複雑系の理論　153
負の幻覚　243
不満を定義すること　130

プラグマティズム　173, 177, 195
ブリーフセラピー　26, 28, 84, 108, 133, 238, 239-258
ブリーフ・ファミリー・セラピー・センター　125, 218, 257
文化的な訓練　263
文化的言説　84, 93
文化の意味　5
文脈と拘束の理論　281
文脈・背景　131-134, 136, 138

変化の可能性　21, 57, 251

ポストモダン・アプローチ（セラピー，ポストモダニズム）　17, 52, 53, 56-81, 82, 90, 97, 106, 149, 150, 177, 178, 215

ま行

前向きの悲観論　300
未完成の霊感　7

ミニマリズム　126
未来志向　113, 246
ミラクル・クエスチョン　52, 126, 185, 223-224, 225, 246, 253
ミラノ派　98

無意識　83, 106, 186, 188, 191
無知　54, 57, 63, 85, 175, 182, 189, 201, 216

命令形の陳述　146
メタ認知　178
メタファー　22, 24, 58, 97, 111, 112, 113, 114, 115, 116, 120, 130, 151, 152, 175, 248, 251
面接の間隔　254
メンタルヘルス　6, 8, 84, 93
メンタル・リサーチ・インスティテュート　84

目標　→ゴール
物語　3, 22, 23, 58, 59, 115, 178
　→ナラティヴ
問題に対する以前の解決　140
問題のストーリー　134-135, 136
問題のパターン　42, 54, 134, 136, 137, 138-139, 140, 143, 186
問題の見方　131-136, 142-144, 147, 148

問題描写　138, 186-187

や行

薬物治療　83, 110, 252
薬物乱用　40, 104, 154, 252

優先順位　245
ユニークな結果　174, 190, 194
夢の利用　47

良い責任　193
容認と価値を認めるメッセージ　147

ら行

楽観主義　92, 98-100, 152
ラポール　123, 248

リソース　109, 110, 113, 120, 123, 148, 215, 233, 238, 242, 246, 248-251, 254, 255, 256

リハビリテーション・モデル　82, 83
リフレイミング　27, 109, 111, 119, 151, 189
リフレクティヴな会話　85-88
リフレクティング・チーム　15, 32, 34, 91, 92, 97, 196-213
利用　100, 111, 112
理論モデル　15, 82, 95-98, 152

例外　42, 49, 52, 54, 147, 174, 180, 185, 186, 190, 192, 194, 216, 224-226, 238, 249, 250, 269
　　包括的な――　249
レッテル　106, 131, 147, 186, 273
練習　119, 120, 182, 184, 185, 192, 193

ロールプレイ　251
ロジャーズ派　8

わ行

わき道にそれる（あるいは退行する）語り　219

訳者一覧

児島　達美（こじま　たつみ）長崎純心大学：日本語版への序文／まえがき／序論

深澤　道子（ふかざわ　みちこ）早稲田大学名誉教授：第1章

吉川　悟（よしかわ　さとる）竜谷大学文学部：第2章

吉川理恵子（よしかわ　りえこ）システムズアプローチ研究所／
　　　　　　　　　　　　　　　コミュニケーション・ケアセンター：第2章

伊藤順一郎（いとう　じゅんいちろう）国立精神・神経センター：第3章

馬場　安希（ばば　あき）前国立精神・神経センター：第3章

小林　清香（こばやし　さやか）東京女子医大精神神経科・心身医療科：第3章

高工　弘貴（たかく　ひろき）埼玉県立杉戸高等学校：第4章

宮田　敬一（みたた　けいいち）大阪大学：第4章

原口葉一郎（はらだ　よういちろう）解決志向アプローチ研究所／志學館大学：第5章

竹田菜穂子（たけだ　なほこ）解決志向アプローチ研究所：第5章

中村　伸一（なかむら　しんいち）中村心理療法研究室：第6章

森　俊夫（もり　としお）東京大学：第7章

黒沢　幸子（くろさわ　さちこ）目白大学／KIDSカウンセリング・システム：第7章

志村　宗生（しむら　むねお）にしちば心和クリニック：第8章

日下　伴子（くさか　ともこ）あおばクリニック竜美ヶ丘：第9章

白木　孝二（しらき　こうじ）名古屋市児童福祉センター：第10章

大河原美以（おおがわら　みい）東京学芸大学：第11章

土岐　篤史（とき　あつし）沖縄県立南部医療センター・こども医療センターこころの診療科：第12章

玉真　慎子（たまま　しんこ）カウンセリングSoFT：第13章

監訳者略歴
児島　達美（こじま・たつみ）

長崎純心大学人文学部人間心理学科，同大学院臨床心理学分野　教授
同心理教育相談センター長　（臨床心理士）

　　昭和62（1987）年3月：上智大学大学院教育学専攻博士課程単位取得満期退学（文学修士）
　　平成2（1990）年9月：九州大学医学部附属病院心療内科；技官および助手
　　平成8（1996）年4月：三菱重工長崎造船所メンタルヘルスサービス室；室長
　　平成12（2000）年4月：現職
＊日本家族研究・家族療法学会元評議員（1992～1995年）
＊日本ブリーフサイコセラピー学会元会長（1997～2001年）
＊第2回環太平洋ブリーフサイコセラピー会議大会委員長（2001年）
＊日本ブリーフサイコセラピー学会学会賞受賞（2002年）
＊日本臨床心理士会九州・沖縄地区会会長（1999年～現在）

専門領域：家族療法，ブリーフセラピー，コンサルテーション・リエゾン心理学，質的心理学
主な著書：心理臨床学の冒険（共著）1991，星和書店．
　　　　　産業心理臨床（共著）1993，星和書店．
　　　　　心身医学標準テキスト（共著）1996, 2002，医学書院．
　　　　　ブリーフサイコセラピーの発展（共著）1996，金剛出版．
　　　　　ブリーフサイコセラピーの発展Ⅱ（共著）2004，金剛出版．
　　　　　心理療法の本質―内観療法を考える（共著）1999，日本評論社
　　　　　摂食障害の「解決」に向かって（監訳）1999，金剛出版
　　　　　児島達美監訳『治療不能』事例の心理療法（共訳）2001，金剛出版
　　　　　他

構成主義的心理療法ハンドブック

2006年9月15日　印刷
2006年9月25日　発行

編　者　マイケル・F・ホイト
監訳者　児　島　達　美
発行者　田　中　春　夫

印刷・平河工業社　　製本・河上製本

発行所　株式会社　金剛出版
〒112-0005　東京都文京区水道1-5-16
電話03-3815-6661　振替00120-6-34848

ISBN4-7724-0929-7 C3011　　　　　　　©2006, Printed in Japan

会話・言語・そして可能性
コラボレイティヴとは？　セラピーとは？

H・アンダーソン著／野村直樹・青木義子・吉川　悟訳
四六判　275頁　定価3,150円

　心理療法における会話の可能性，言語の可能性を社会構成主義の文脈から語った本書は，欧米の1990年代に生きるセラピストにもっとも感銘を与えた本のひとつである。
　アンダーソンのアプローチは，数多くある心理療法の方法論のひとつとしてのナラティヴ・セラピーではなく，多くのクライエントとの会話から導き出された，心理療法におけるさまざまな価値観や概念を転換させる「哲学」でもある。本書は，現代の心理療法に違和感を持つポストモダーンたちにひとつの方向性を与えるものになろう。

ナラティヴ・セラピー
社会構成主義の実践

S・マクナミー，K・J・ガーゲン編／野口裕二・野村直樹訳
四六判　230頁　定価2,940円

　精神療法のあり方に根底から変革を迫る，待望の書。
　本書に共通するのは「現実は人々の間で構成される」という考え方であり，「無知のアプローチ」に基づく「治療的対話」こそ，社会構成主義の考え方を実践レベルでもっとも見事に結晶化させたものといえる。本書を通して浮かび上がってくるのは，無知というスタンスであり，純粋な好奇心に満ちた構えであり，クライエントから教わるという姿勢である。

物語としての家族

M・ホワイト／D・エプストン共著　小森康永訳
A5判　300頁　定価5,775円

　物語モデルによる家族療法の最前線！　本書の著者らは「問題の外在化」ならびに手紙を用いた「ストーリーだてる治療」において，いかに問題と人間関係を区別し，「問題の染み込んだストーリー」を交代させることによって人々の人生や関係に新たな意味を与えうるかを，多くの手紙を使った事例の提示から詳述する。コンストラクティヴィズムの旗手と目される著者らの新著が，気鋭の家族療法家の手によって翻訳された期待の書！

価格は消費税込み（5％）です

ナラティヴ・セラピーって何？

アリス・モーガン著／小森康永・上田牧子訳
四六判　224頁　定価2,730円

　ナラティヴ・セラピーは，近年，カウンセリング，コミュニティワークにおいて急激に浸透してきている最先端の治療的介入法であるが，社会学・文化人類学・フェミニズム・言語学・哲学等の多くの分野の影響をうけており，そのために臨床技法として難解なイメージを抱かれがちであった。本書には，ナラティヴ・セラピーを実践する上で重要な鍵となるいくつかの概念が，多くのケースを例示しながら簡潔に説明されている。わが国に「ナラティヴ・アプローチ」を導入した訳者の手によって，読みやすい，使いやすい，肩の凝らない最適の入門書がここに訳出された。

ナラティヴ・セラピーみんなのQ＆A

S・ラッセル，M・ケアリー編／小森康永・奥野　光訳
四六判　276頁　定価2,940円

　本書の各章は，ナラティヴ・セラピーを実践するための重要なキーワードについての10個ほどの質問にそって技術書風に書かれている。セラピストが実際に遭遇する困難事例も数多く紹介され，外在化するための会話のこつや，再著述の始め方・進め方にもふれられているので，大変読みやすいものとなっている。そして，ポスト構造主義とナラティヴ・セラピーの関係についてのわかりやすい解説や，さまざまなフェミニズムとそのセラピーへの貢献にまで論及されている。
　好評の『ナラティヴ・セラピーって何？』に続く，ダルウィッチ・センター入門書シリーズの第2弾！

ナラティヴ・セラピー入門

高橋規子，吉川　悟著
Ａ5判　170頁　定価2,730円

　本書は，社会構成主義をベースにした心理臨床を日常的に実践しているプロのセラピスト二人によって書かれた，プロのセラピストのためのナラティヴ・セラピー入門書です。セラピーで糊口をしのいでいて，かつ「『ナラティヴ・セラピー』って役に立つの」とお疑いの方，あるいは「いろいろと専門書を読んではみたが，あるのは古臭いものばかり」とお嘆きの方，もしくは「新しい考え方を貪欲に取り入れたい」という向上心に燃える方等々に，本書はとても役立ちます。どうぞご一読ください。

価格は消費税込み（5％）です

ADHDへのナラティヴ・アプローチ
子どもと家族・支援者の新たな出発

D・ナイランド著／宮田敬一・窪田文子監訳
Ａ５判　222頁　定価3,360円

　今日のADHD診断の急激な増加や易な投薬治療の現状に疑問を投げかけ、薬物療法が色濃いADHD神話に鋭く切り込む。著者はナラティヴ・アプローチに基づく５つの段階を「スマート・アプローチ」と名づけ、その過程で、一人ひとりの子どものもつすばらしい能力や才能を見抜き、それをときにユーモラスな、ときに思いやりに満ちた、子どもや親との真摯な対話によって導き出していく。さらに家庭や学校における環境づくりの提案は、豊富な臨床経験を基にさまざまな創意工夫に溢れている。

ブリーフセラピーの再創造
願いを語る個人コンサルテーション

Ｊ・Ｌ・ウォルター，Ｊ・Ｅ・ペラー著／遠山宜哉，他訳
Ａ５判　248頁　定価3,990円

　本書はクライエントの多様なニーズに合うフレキシブルな方法論であるポストモダン・アプローチと、経済的で効率的な技法論であるブリーフセラピーとの融合をはかった、一番新しい「ブリーフセラピー」の入門書であるが、近年のブリーフセラピーやナラティヴ・セラピーの論文で必ずといっていいほど取り挙げられている重要な文献である。二人の地道でしっかりと地に足のついた臨床から得られた生きた知見は本書の中に息づいており、心理面接のクオリティをあげたいと考える臨床家に必読である。

家族療法学
その実践と形成史のリーディング・テキスト

Ｌ・ホフマン著／亀口憲治監訳
Ａ５判　380頁　定価5,880円

　本書には、半世紀にわたり家族療法の最前線で活躍してきた著者により、家族療法の歴史と理論、そして自らの実践・研究の成果が織りなすように記されている。錚々たるメンバーとともに臨床と研究の道を歩み、さらにミラノ派やナラティヴ・セラピストらとのかかわりから、新しい地平を切り開いてきた彼女の歩みは、そのまま家族療法の歴史と重なっている。読み応えのある家族療法のテキストというばかりでなく、一人の臨床家の成長の物語としても破格の面白さを兼ね備えている。

価格は消費税込み（５％）です

解決のための面接技法〈第2版〉
ソリューション・フォーカスト・アプローチの手引き
P・ディヤング，I・K・バーグ著／玉真慎子・住谷祐子・桐田弘江訳
A5判　342頁　定価4,830円

　解決志向ブリーフセラピー（ソリューション・フォーカスト・アプローチ）の入門書の決定版として定評のある初版の改訂増補第2版。わが国でもその考え方は広まりつつあるが，実際には理論を理解するよりも解決構築の技法を臨床の場で使うことの方がはるかに難しい。その技法をどう使用するのか，どんな言葉で面接しているのかを主眼に，面接の構成とその実施法を解き明かしたものが本書である。第2版では，多くの改定がなされるとともに重要な知見が追加された結果，初版より大幅な頁増となった。

ミルトン・エリクソンの催眠療法入門
解決志向アプローチ
W・H・オハンロン，M・マーチン著／宮田敬一監訳　津川秀夫訳
A5判　240頁　定価3,570円

　ミルトン・エリクソンは20世紀最大の心理療法家といわれるが，その本質は催眠療法にあるにもかかわらず，彼の新しい催眠療法は，これまであまり理解されてこなかった。オハンロンは，そこに展開されるクライエントとの効果的なコミュニケーションの方法やクライエントの可能性を引き出し強調していく技法などを，実技や事例を通して明らかにし，エリクソンの治療技法を一つ一つ学んでいくことを可能にしてくれる。

より効果的な心理療法を目指して
ブリーフサイコセラピーの発展 II
日本ブリーフサイコセラピー学会編
A5判　220頁　定価3,780円

　言語，文化や立場を異にする実践家たちが国内外から「第2回環太平洋ブリーフサイコセラピー会議」に結集し，熱した議論学派を超え，理論的背景や臨床的スタンスの違いを超えて心理療法の新たな視点を模索した本会議は，他に類を見ない熱気をはらんだものであった。本書はそのエッセンスを盛り込んだ記録であり，わが国での実践の数々が，単に欧米の理論や技法を一方的に輸入するだけではなく，世界中のセラピストに多大な刺激を与え心理療法の進歩に貢献できることをも示している。

価格は消費税込み（5％）です

軽度発達障害へのブリーフセラピー
宮田敬一編　子どもたちの能力を引き出し、変化と解決を喚起するブリーフセラピーの考え方と技法は、すぐにでも実践できる数々のヒントを与える。　3,360円

家族療法のヒント
牧原浩監修／東豊編集　わが国の家族療法の草分け的存在である監修者を筆頭に、気鋭の臨床家が家族療法の諸技法を整理し、かんどころを伝える。　3,150円

「治療不能」事例の心理療法
ダンカン他著　児島達美他訳　「治療不能」とみなされたクライエントに、いかに対応するか。困難事例にかかわるセラピストに新たな可能性を示す。　3,570円

子ども虐待の解決
I・K・バーグ、S・ケリー著　桐田弘江他訳　虐待への効果的な対応と援助方法、面接技法の提示のみならず関係諸機関への多面的な提言がなされる。　4,410円

ミルトン・エリクソン
ザイグ、ムニオン著　中野善行、虫明修訳　劇的なコミュニケーションの達人であったエリクソンの生涯と治療技法を理解するための最適な入門書。　2,940円

ミルトン・エリクソン子どもと家族を語る
ヘイリー編　森俊夫訳　本書は、ベイトソン、ヘイリー、ウィークランドの三人がエリクソンを囲んで、家族と子どもの治療について語り合った記録。　3,360円

摂食障害の「解決」に向かって
B・マクファーランド著　児島達美監訳　多くの事例および治療面接の逐語記録を示しながら、具体的な面接技法や介入のための戦略を詳述する。　3,990円

リフレクティング・プロセス
アンデルセン著　鈴木浩二監訳　新しい家族療法の鍵概念であり、実践方法でもある「リフレクティング・チーム」をその後の発展を踏まえて再構成。　3,360円

家族療法の基礎
P・バーカー著　中村伸一・信国恵子監訳　家族療法の歴史から説き起こし、各派・各理論を基本から技法まで具体的な事例をまじえて丹念に解説。　7,140円

みんな元気になる対人援助のための面接法
相場幸子・龍島秀広編／解決のための面接研究会著　「解決志向アプローチ」を元に、さまざまな面接場面で磨かれていったテクニックを披露する。　2,940円

精神障害への解決志向アプローチ
ローワン、オハンロン著／丸山晋監訳／深谷裕訳　健康的な側面や能力、可能性を強調するアプローチにより、慢性の精神障害者に希望の光をあてる。　2,730円

心理療法・その基礎なるもの
S・D・ミラー、他　曽我昌祺監訳　心理療法の根底に流れる《基礎なる》有効要因を明らかにし、その実践方法を説いた刺激的な臨床実践書。　3,360円

安全のサインを求めて
ターネル、エドワーズ著　白木孝二、井上薫、井上直美監訳　サインズ・オブ・セイフティ・アプローチの進め方を、詳細な実例に基づいて詳述する。　3,570円

セラピーをスリムにする！
吉川悟著　現場主義の著者自らの臨床経験をもとに、効率的で効果的な心理臨床・対人援助法を解説したクリニカル・テキストブック。　2,940円

ミルトン・エリクソン入門
W・H・オハンロン著　森俊夫、菊池安希子訳　20世紀最大の心理療法家といわれるエリクソンのアプローチを簡明に解き明かしその実際の姿を示す。　3,990円

ナラティブ・ベイスト・メディスン
T・グリーンハル他編　斎藤清二他監訳　医療者にパラダイム・シフトを求めるNBMの、理論と背景、実践に関する膨大な情報をまとめる。　5,040円

人生のリ・メンバリング
L・ヘツキ、J・ウィンスレイド著／小森康永、石井千賀子、奥野光訳　社会構成主義の立場から、死の臨床におけるナラティヴセラピーを解説する。　2,940円

ブリーフセラピー入門
宮田敬一編　さまざまな技法を実践の中で活用している代表的な臨床家、研究者が、その基本的な考え方と技法の実際をわかりやすく簡明に解説。　3,885円

価格は消費税込み（5％）です